教师教育系列教材
省级优秀教材

主　编　孙惠欣
　　　　李红梅

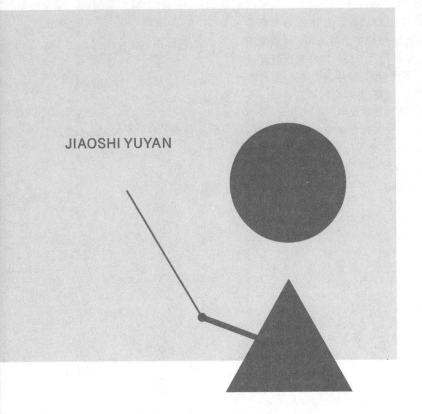

JIAOSHI YUYAN

教师语言

（第二版）

中国教育出版传媒集团
高等教育出版社·北京

内容提要

本书是教师教育系列教材之一。

本书在第一版的基础上修订而成,以语言训练为主,着重培养学生的口语运用技能、言语识别能力、言语判断能力和言语应变能力,突出实践性,强调适应性,体现时代性。主要内容包括教师语言概述、教师语言表达基础、教师朗读训练、教师讲述训练、教师教学语言、教师教育语言、教师态势语训练、教师交际语言训练。本书旨在提升教师的语言表达能力,改善教学效果。

本书既可作为普通高校、职业院校教师教育专业基础课教材,也可作为中小学教师在职培训用书,或准备从事教师职业的人员报考"教师资格证"的辅导用书,还可作为希望从事教师工作人员的工具书。

图书在版编目(CIP)数据

教师语言 / 孙惠欣,李红梅主编. —2 版. —北京:高等教育出版社,2023.3

ISBN 978 - 7 - 04 - 059862 - 9

Ⅰ. ①教… Ⅱ. ①孙… ②李… Ⅲ. ①教师-语言艺术-高等师范院校-教材 Ⅳ. ①G42

中国国家版本馆 CIP 数据核字(2023)第 021784 号

策划编辑 朱争争　责任编辑 朱争争　封面设计 张文豪　责任印制 高忠富

出版发行	高等教育出版社	网　　址	http://www.hep.edu.cn
社　　址	北京市西城区德外大街 4 号		http://www.hep.com.cn
邮政编码	100120	网上订购	http://www.hepmall.com.cn
印　　刷	上海当纳利印刷有限公司		http://www.hepmall.com
开　　本	787mm×1092mm　1/16		http://www.hepmall.cn
印　　张	16.5	版　　次	2023 年 3 月第 2 版
字　　数	410 千字		2016 年 1 月第 1 版
购书热线	010-58581118	印　　次	2023 年 3 月第 1 次印刷
咨询电话	400-810-0598	定　　价	36.00 元

第 二 版 前 言

教师是人类灵魂的工程师,担负着教育人、塑造人的历史重任。高等师范院校是教师职前培养的摇篮,师范生必须掌握未来从事教育教学工作所应具备的职业技能,这是教师教育专业学生区别于其他学科专业学生的一个重要特征。因此,对学生进行教师职业技能训练,是师范院校人才培养过程中不可缺少的重要教学内容,也是高等师范院校发展过程中不可忽视的核心特色。

在高等师范院校中,"教师语言"课程是在教育学、语言学的理论指导下,培养教师教育专业学生在教育、教学过程中语言运用能力的实践性很强的课程,是教师教育专业学生的专业基础课、必修课。"教师语言"课程是 2012 年新开设的一门教师教育类课程,以教育部颁布的《教师教育课程标准(试行)》(教育部于 2011 年 10 月 8 日以教师〔2011〕6 号文发布实施)和《高等师范学校学生的教师职业技能训练大纲(试行)》为依据。本课程的教学目标是训练学生运用普通话进行口头表达的技能,使学生在未来的教育工作和社会实践活动中具有良好的心理素质,在语言表达中能做到发音准确、主旨明确、条理清晰、语言生动、仪态自然。

"教师语言"课程虽然有着自身的理论知识,但是它不以传授理论为目的,而是以训练为手段,培养学生的口语运用技能、言语识别能力、言语判断力和言语应变力的能力。因此,本教材在编写过程中力求突出以下特色:

一是突出实践性。将理论和训练材料融为一体,减少理论分析,注重实践环节。教材各篇章都提供了具体、生动、有一定代表性的实例,训练内容丰富,训练形式多样,力求做到既能使学生进一步加深对有关技能训练理论基础的理解,又能激发学生对有关技能训练的兴趣。

二是强调适应性。教材以教育部关于推进教师教育课程和教学改革的精神为编写依据,适应基础教育课程改革,力图充分反映教育教学改革和发展的实践要求,体现以学生为本、强化实践意识、关注专业发展的教育理念。本教材适用面较宽,可适用于教师教育专业和非教师教育专业的本科院校和高职院校学生。

三是体现时代性。力求反映教师教育理论和教学实践领域的最新成果,注意对新文科、新课改理念的输入与强化,注意凸显师范性特色。本教材的编写语言明快、体例活泼。精选了丰富的案例和多样的训练篇目,兼顾古今中外,有利于学习者自主学习意识和主动探索能力的养成,引导他们主动建构专业知识。

教材共分为八章：第一章、第二章是教师语言概述与表达基础。教师语言概述主要是对教师语言的内涵、艺术特征与艺术技巧进行阐述,试图从宏观上对教师语言有个总体的把握；教师语言表达基础以普通话训练为主线,在掌握普通话语音基本知识的基础上,通过丰富多样的习题进行训练,重点突出对普通话语音的准确和规范程度训练。

第三章、第四章是教师朗读训练和讲述训练,包括朗读和讲述的概念、基本技巧和训练方式等,这一部分属于教师一般语言的训练,也是进行教师职业语言训练的基础。

第五章、第六章是教师教学语言和教育语言,主要结合教师的职业特征,重点进行教学语言和教育语言能力的训练,并着重强化教师语言的艺术性、创造性、综合性的模拟训练。这一部分属于教师职业语言的训练,是在前两章教师一般语言训练基础上的职业化提升部分。

第七章、第八章是教师态势语训练和交际语言训练,包括教师态势语、教师交际语言的类型、训练形式与技巧等。教师态势语是教师有声语言的重要补充和辅助手段,教师交际语言是教师教育教学活动之外的其他工作语言,针对不同的对象、不同的场合采用不同的语言交际方式,也是教师必须掌握的一种言语技巧。

由于时间仓促,水平所限,书中疏误之处在所难免,诚恳希望业内同仁、广大师生和读者不吝批评指正,以便我们今后进一步修正、完善。

另外,我们在编写过程中参考了一些专家学者的专著和教材,汲取了本专业近年来最新的理论研究和实践成果,由于篇幅有限,未能一一注明出处,恳请见谅并致以衷心的感谢。

编　者
2023 年 2 月

目　录

第一章　教师语言概述

第一节　教师语言的内涵

教师担负着教书育人的历史重任,语言表达是教师开展教育教学工作的主要手段和方式,教师职业的特殊性,使得每一位从事教育工作的人,不得不高频率地使用语言。无论教育手段现代化的程度如何之高,都替代不了教师通过言语媒介向学生传道、授业、解惑这一基本手段。因此良好的语言修养,是教师能力结构的重要组成部分,是教师必备的职业技能,每一位教育工作者都必须注重语言学习,并把语言技能的提高作为终身努力的目标。

一、教师语言的含义

教师语言课程是以教育部颁布的《教师教育课程标准(试行)》(教育部于 2011 年 10 月 8 日以教师〔2011〕6 号文发布实施)和《高等师范学校学生的教师职业技能训练大纲(试行)》为依据开设的一门教师教育类课程。其前身是 20 世纪 90 年代兴起的教师口语课、教师职业技能课。教师语言课程虽然有着自身的理论知识,但它不以传授理论为目的,而是以训练为手段,培养教师口语运用技能、言语识别能力、言语判断力和言语应变力等的能力训练课程。

教师语言是指教师在从事教育教学活动过程中所使用的教师职业用语,是用标准或比较标准的普通话表达符合教育教学要求的教师工作用语,是教师完成教育教学活动最基本、最重要的手段,是教师职业特有的劳动工具。

教师语言的类型通常包括三类:教师口头语言、教师书面语言和教师态势语言。教师口头语言又可分为教学口语、教育口语和交际口语三类。教学语言、教育语言是教师语言的核心内容。

教师语言的各种类型是相辅相成的,常常交叉或综合运用。教师从事教学活动时,可以利用多种信息传输形式,如有声语言、态势语言、板书、教具、课件等,但口头语言是教师语言的主体,在教育教学工作中,最为便捷,使用频率最高,作用最大,教师的教学任务和教学目的绝大部分是依靠口语形式完成或达成的。

教师书面语有其规定性内容,从其使用功能上看,可以划分为教案用语、学生评语、班主任日志、教学心得、教研论文、经验交流等,均要求教师具有较高的书面语言表达能力。

教师态势语言是教师有声语言的重要补充和辅助手段,它可以增强有声语言的表达效果,扩大教师教学信息的输出量,增加学生对有用信息的接受量。因此,教师在课堂教学中要加强自己的角色意识,规范自己的行为动作,增强态势语言的表达效果。

二、教师语言的主要特征

教师语言的特点是由教师职业所决定的。教师语言表达所处的环境、面对的交际对象、语言交际的目的等方面的因素构成了教师语言的内在特征。

（一）口语语体与书面语语体的结合

教师语言是教师在长期的教学过程中,受到课堂教学表达方式、特定的交际对象、特定的交际场合等因素制约和影响而形成的具有一定口语特点,并通过相应的语言成分固定下来的书面语言。口语语体是语言的自然表现形态,生动、灵活、富于变化,与书面语语体相比,在遣词、造句、修辞等方面都有明显的差别。书面语语体是在口语语体的基础上发展形成的,是口语语体的加工形式。书面语语体一般比较舒展、严密,词汇量也较口语丰富。口语与书面语在语言学上是两个不同的概念,前者作用于人们的听觉,后者作用于人们的视觉,前者存在的方式是语音,后者存在的方式是文字,教师语言就是这两种语体特点的结合。

口头语体是在以口头方式进行语言交际的基础上形成的,口头语言具有通俗易懂、灵活随意、语气轻松自然等特点。教师职业口语和其他各类行业口语,如外交口语、旅游口语、商贸口语、司法口语等一样,都是一般口语的行业延伸和应用。但教师职业的教书育人性使得其职业口语既是一般口语的提高和发展,又是一般口语在教育教学活动中的转化。口语语体是课堂教学环节衔接的纽带,是贯穿教学内容的桥梁,起着调节课堂气氛、促进师生交流的作用。在使用口头语言的过程中,语气词不宜过多,尽量避免口头禅,更不应流于粗俗。

书面语语体通常用于比较正式的场合,在选用词语、句式、句法结构等方面十分严谨。运用书面语可呈现典雅、优美、庄重、严谨、规范的特点。因此,在课堂教学分析文章、讲解原理、推导公式等过程中,使用书面语有助于学生准确掌握知识,可以展现严谨的教风,但也要避免照本宣科、语言古板。一般来说,随着学生的学历和年龄层次的提高,书面语的比重应该逐渐增加。

口语语体与书面语语体的结合是教师职业语言的一个突出特点。在教书育人过程中传授知识、讲授道理是教师职业口语表述中占据主体部分的内容,不能随意为之,而应具有规范性。而规范性恰恰是书面语语体具有的显著特点,教师职业口语中兼顾书面语语体的规范性特点,有助于学生准确接受知识。此外,书面语语体又具有凝练性特点,兼顾这一特点有助于提高教师在单位时间内的信息输出量,有助于学生准确掌握知识。但同时,教师职业口语在兼顾书面语时又不宜过于"书面语"化。以课堂教学而言,过于"书面语"化会使教学生硬、呆板,甚至影响教学内容的有效传达。这就需要教师把握好教学口语语体与书面语语体二者交融结合的"度",以使其既能在限定的教学时间内完成既定的教学计划,又不使学生在接受、消化知识时有过多的理解、记忆方面的困难。教师职业语言所应有的知识性、规范性、准确性、接受性等特点正是通过口语语体与书面语语体的结合得到最好的体现。这两种语言形式交替运用,有利于形成通俗易懂、清新流畅、庄重典雅、寓意深邃、机智风趣的教学风格,从而取得良好的教学效果。

（二）单向表述语言与双向交流语言的结合

单向表述语言与双向交流语言是教师职业语言的两种主要表现形式,一个合格的教师应当能自如地转换这两种语言表述形式。教师的单向表述语应该具有准确性、层次性,在单位时间内所传达的信息含量较高;教师的双向交流语应该具有灵活性、敏捷性,依据教育教学中出现的实际问题随机应变。以往的传统课堂,往往被称为"满堂灌",基本上是以教师单向表述为主。随着新时代教学改革的推进,以生为本、以学为中心的贯彻落实,双向交流在课堂上所占比重越来越大。因此,教师应根据教学内容的需要,在讲述中灵活自如地变换交流的方向性,把讲述权尽量交给学生,让学生直接参与课堂教学。按现代教学论看,教师应多采用对话语体进行教学。有学生直接参与的具有双向交流特点的会话式教学过程必然会及时地向教师提供反馈,教师也会随时针对学生不懂或不清楚的问题进行针对性回答。单向表述语言和双向交流语言的有机结合是教师职业语言的一大特征。倡导双向交流,打破师生人为界限,从而提高学生主动学习的热情,调动学生接受教育的积极性,提高教学的时效性。

(三) 预设语言与应变语言的结合

通常教师的教学语言和教育语言是预设性的,即根据教学内容的需要,教师在课前精心准备,认真备课,反复熟悉教案等,甚至每节课的导语、讲授语、提问语、结束语等也是按照一定模式设想的,所以预设语言是教师语言的一大特征。但是,教师语言也有其随意性的一面。随意性是指在按照准备好的教案或讲稿上课时,教师往往会面临一些新情况、新问题,这就要根据课堂情境做随机性的变化,临场发挥,或调或改,或增或减。针对学生提出的超出预设范围的问题,教师必须及时做出回答,这就需要教师具有较强的应变能力。因此,教学语言的预设性也不是一成不变的,它必须与随机应变紧密关联,只有这样,教学语言才能更准确地传递教学信息,更好地完成教学任务。

三、教师语言的基本要求

教书育人,传道、授业、解惑是教师的天职,如何"传"、如何"授"、如何"解"必须遵循科学规律。教师语言是有声的行为,无形的楷模。一个教师的价值观、道德水平、文化修养、知识水平、审美情趣乃至心理品质和思维方式,都会在教育教学和其他工作中通过教师特有的言语表达形式体现出来,对教育对象和其他与教育有关的受众产生影响。因此,教师语言必须规范、合乎要求。

(一) 规范性

规范性是指教学语言要力求规范、科学、准确,包含正确的知识信息,这是教学口语的基本要求。教师语言不仅要准确传递信息,还要给学生以示范,教师的一言一行本身就是学生模仿学习的对象,教师语言的规范程度直接影响到学生对自我语言规范要求的标准高低。因此,教师的教学语言具有规范性,才能在学生中产生正面的语言示范效应。

教育学家苏霍姆林斯基曾说:"教师的语言修养在极大的程度上决定着学生在课堂上的脑力劳动的效率。"教学的根本目的是向学生传授知识、技能和方法。知识的准确性、技能的明确性和方法的科学性要求教师在使用教学语言时必须是规范的。

首先,教师必须运用宪法规定的"全国通用的普通话"。语言是语音、语义的结合体,教师语言的规范包括语音规范和语义规范两个方面。教学语言要做到语音规范准确,要力求发音准确、吐字清晰、语流流畅。语义内容表达要规范准确,即语言表述内容要准确,要能正确、深刻地分析和传授知识。语义的准确性还表现在语言的逻辑上,如果教学语言出现含混不清的概念、模棱两可的判断或模糊不清的表述,会使学生思维混乱,达不到教学目的。

其次,教师语言要受各种社会规范的制约。从大范围讲,要受国家政策法令、道德标准、教育方针、教学大纲的制约;从小范围讲,要受教学内容、教学目的的制约,不同学科教学中体现不同的语言特点。

例如：

> 在物理课堂上，一位学生问物理老师：
> "晒粮食时，为什么要把粮食放在向阳的地方，并把粮食摊开？"
> 教师答道：
> "因为向阳地方热，摊开粮食薄容易晒透。"

从生活常识上看，这位教师回答得没错，其语音、词汇、语法也都符合普通话的要求。但从物理学科内涵上看，这位教师的回答就不够专业了，因为教师没有把列出的现象转化为物理学科语言，没有达到科学规范的要求，对提高学生物理水平也起不到太大的帮助。应该把"因为向阳地方热"改为"向阳地方利于提高粮食温度"，把"容易晒透"改为"增加粮食接触阳光的表面积"，这样就归结到升高温度和加大蒸发面积、加速蒸发这一物理原理上了。

（二）教育性

教育并不是简单的说教，教师的全部活动都应贯穿着明确的教育目的，作为教师借以完成现实职责的主要手段的教师语言，当然也始终贯穿着教育性。教师语言担负着对学生进行言传身教的重任，要积极传递正能量，引导学生正面积极地看待各种社会现象，将思政教育贯穿教育教学始终。在讲授知识的过程中，教师要用自己的语言有机地、潜移默化地进行思想教育，既不能脱离教材做空洞的说教，也不能忽略教育使教学纯知识化。在进行思想教育的时候，要善于运用具有哲理性的语言，采取民主的态度，要以理服人，以情感人。

教师语言的教育性首先要求教师语言本身要健康、文明、进步，禁绝粗俗、低级、反动；其次，无论是在教育语言、教学语言中，还是在交际语言中，教师都要注意对学生进行思想品德教育，即把"德育"渗透到全部语言实践当中去，教师在传授知识、培养能力的同时要处理好道与德的关系。

例如，一位老师在做学术报告的时候说："'早恋'这个词反映了人们对早恋的态度，恋爱是多么美好的事情，反对'早恋'就是反人类。"反对"早恋"是不是反人类，可以进行学术讨论，但是作为面对学生的学术报告，不纯粹是学术讨论，应该考虑到这种观点会对学生产生什么样的影响。此外，还有一些社会普遍关注的问题，如该不该给老人让座，老人摔倒该不该扶等，教师在评价这些现象的时候，应该做正面积极的引导，语言一定要有所约束。

（三）启发性

所谓启发性，是指教师在教学时，通过教师语言的启发诱导而使学生有所领悟。在教育教学活动中，教师应用各种方式启发、引导学生自主探究、自主发现，以提高学生的自我教育、自主学习的能力，使学生自主成长。威廉曾说："平庸的教师只是叙述，好教师讲解，优异的教师示范，伟大的教师启发。"所以新的教学理念主张教师在教学中不要采取灌输式的教学方法，不要把知识教授的量作为衡量教学成效的唯一标准，而应当注重学生思维的发展、智力的开拓、创新能力的提高。事实上，在对教学主体的认识上，我们走过了"教师主体—学生主体—教师学生双主体"这样一个发展轨迹。从教师为主体到学生为主体的转变是一个进步。传统的注入式、灌输式教学方式强调教师的主体地位，学生只是被动接受。提出学生为主体是认识到了学生的能动性，但是，教师的地位又发生了偏移。现在，普遍接受"教学双主体"的观点，即教师是教的主体，学生是学的主体，他们在教学活动中各自有各自的角色。具体地说，就是教师启发引导，学生自主学习。这就要求教师运用教学语言的时候，应当注重启发、开导、设疑和点拨,注重问题情境的创设,给学生留有思考的余地,充分调动学生学习的好奇心、积极性和主动性。同时,要注意把握的时机,"不愤不启,不悱不发",才能真正发挥教学语言的启发性作用。

(四) 应变性

教师应具有应变能力,它是一种特殊的智力定向能力,能根据意外情况做出迅速反应并及时采取恰当措施的能力。课堂教学不是简单机械的知识灌输,而是一项富于灵活性、创造性和艺术性的复杂活动,不仅需要认真仔细地做好课前准备,也要求教师在课堂上有良好的心理状态和教学机制。在教育教学实践中,无论我们事先计划多么周密,准备多么充分,安排多么细致,都无法避免一些意外情况的出现。这就要求每一位教师要掌握一定的应变技巧,因人而异,因事制宜,灵活应变,调动身心潜能,做出超常的发挥。课堂应变乃是一种艺术,面对突发的情况教师要及时地找出症结所在,尊重学生,因势利导,机智灵活,用应变话语使学生幡然醒悟。

(五) 接受性

所谓接受性,是指根据不同的教育对象、不同的学科特点选择运用不同的语言。首先教师语言必须针对学生不同的年龄特征、心理需求、知识水平而有所变化,以充分发挥启发诱导作用,达到最佳教育教学效果。

例如,《论语·先进》中有这样一段记载:子路和冉有先后向孔子请教同样一个问题:"闻斯行诸?"意思是听到了觉得自己应该做的事情就去做吗?孔子却给了两种完全不同的回答。公西华问原因,孔子解释说:"求也退,故进之;由也兼人,故退之。"意思是冉有遇事退缩不前,所以激励他;子路好胜心强,易冲动,所以阻止他。这里,作为教育家的孔子依据冉有、子路两个学生不同的性格特点采用了不同的解答方式,可谓是因材施教的典范。

其次,要根据不同学科的特点选择不同的语言方式才能取得良好的教育教学效果。教师所讲的概念、原理、规则、结论等,都必须符合各门学科的科学性要求,做到准确无误、完整、周密。不能向学生传播无用信息,更不能传播错误信息。教学的目的不仅仅是让学生明白道理,更要培养学生在这一学科领域的素养。教师语言是建立在对学科知识的透彻理解与熟练把握的基础上的,必须按照教学方案、学科特点进行讲述,要求精确、严谨,符合逻辑。不同学科的教学,都有各自不同的知识领域和知识系统。例如符号"0",数学教师把它讲成一个数值,语文教师把它讲成一个拼音字母,化学教师把它讲成氧原子,音乐教师把它讲成休止符。各有所别,含糊不得。讲授不同的学科就要使用不同学科所规定的不同术语、概念,教师只有准确使用科学的专业术语,才能使学生学到应有的科学知识。

第二节　教师语言的艺术特征

爱因斯坦曾说:"一个人的智力发展和他形成概念的方法在很大程度上取决于语言。"教师掌握教学语言的艺术,有利于促进学生的全面发展。教师语言的艺术,指教师在教育教学情境中,传授知识、培养能力、启迪智慧时选择和运用话语的高超艺术。教师语言的艺术,是一种创造性的语言应用艺术,包括教师富有独创性的口语风格、巧妙的口语策略、敏锐的口语应变能力和丰富的口语表现力,以及对语言美的不断追求的精神等。

一、教师语言艺术的内涵

教师语言艺术是教师针对特定的对象、为达到特定的教学要求而创造性地运用语言技能和技巧的总和。

客观地讲,教师语言艺术是一门学问,不管你是否注意课堂教学语言的艺术性,它都是客观存在的。有些教师忽略了教师语言的艺术,受传统的以教师为中心的教学观念的影响,充当课堂上绝对的主体角色,说话强势,唯我独尊。这种师生关系限制了学生主观能动性和独立创造性的发挥,压抑了学生个性的发展,不利于教学。

语言艺术,或者叫作语言的艺术性,是指运用语言反映客观事物、表现思想,达到准确、鲜明、生动、完美的程度,即具有艺术性的程度。这里说的"艺术"是指富有个性和创造性的方式方法。换言之,语言艺术,也就是富有个性和创造性的、完美的语言方式。

教师对学生传授知识主要是在课堂教学过程中进行的,言语交流是师生互动的基本方式,教师语言具有教育功能。如果教师懂得运用语言艺术,用生动的语言去讲述内容,能激起学生的兴趣;用准确的语言去讲解知识,能激发学生的求知欲;用理性的符合逻辑的充满激情的语言去讲演主题,能启迪学生的智慧,陶冶学生的心灵。

人与人之间的平等有利于双方的沟通,教师在课堂教学过程中运用良好的语言艺术,可以使得师生之间互相尊重、实现平等,使教学过程从原来的单向灌输变为双向交流。尊重学生的思想,有利于学生健全人格的培养,也有利于教学效果的优化。

二、教师语言艺术的重要性

(一)实现教学效果的需要

语言是教师用来传授知识、进行教育的主要手段。教师能否掌握语言的艺术,直接影响着教育的效果。精心设计的、闪耀着智慧火花的教师语言,能把模糊的事理讲清晰,能把枯燥的道理讲生动,能把静态的现象讲得活起来,启发学生去探索,去追问,去挖掘,使学生的思维经常处于活跃的状态,从而大大地提高学习效率。无数生动的教例表明,语言能力强的教师虽然教学效果未必都好,但教学效果好的教师必定语言能力较强,有的还堪称语言艺术家。在班主任工作中,教师的威信与威望,除其他因素外,还与教师语言的威力与魅力有很大关系。可见,掌握教师语言的艺术,对于完成教育、教学工作十分必要。

但是,相当多的教师不重视语言技巧的把握,不懂得教师语言的艺术,甚至存在着三"不"、两"没有"的现象:不规范——既包括语音不规范,南腔北调,方言土语充斥课堂,又包括语法不规范,说话颠三倒四,语句不完整;不切中肯綮——讲话模棱两可,似是而非,不得要领;不生动——说的是"字儿话",语言干瘪,艰涩难解;没条理——东一句,西一句,语意跳跃,语义杂糅;没感情——板着面孔讲说教式语言,不真诚,没热情,干巴巴,冷冰冰。

这样的教师语言,怎么能唤起学生的注意力,怎么能调动学生的思维呢?国外一些有关训练教师语言的规定值得我们借鉴。例如,美国的一些高等师范院校专设教师语言课(有的叫"会话矫正"课),按必修课安排,并通过较严格考试。对教师能力的考核,也是按是否了解教学对象、是否熟悉教学内容、是否掌握教学方法,以及是否能驾驭教学语言这四个方面进行考评。其中,在教师语言的评测标准方面,提出了较高的要求,考查教师是否懂得运用教学语言来调动学生的学习积极性,使所教的课程适应不同水平学生的需要。

(二)适应教学对象的心理

从教学对象来看,青少年学生对教师的语言,普遍具有一种美好期待的心理。因为这个时期的学生,其视听感受性已大大增强,对周围客观事物的感受十分敏锐,常常表现为兴奋、惊奇、好思索,可是又由于知识的不足,理性思维的难度大,常需要依靠教师用直观的语言去解析某些较复杂的事理。再加上这个时期的心理倾向,学生呈现不稳定、多变、兴趣多向等特点。这些生理与心理特征,决定了他们对教师的语言有一种期待的心理,一种渴求的心态:语言优美,动听,有意思,听起来不费劲就明白了,即创设一个良好的学习情境,使他们愉快、乐于投入。

(三) 培育学生的语言素养

教师提高语言艺术修养,还是培养青少年学生语言美的需要。作为人类灵魂工程师的教师,也应该是塑造社会公民语言美的工程师。对教师来说,语言本身既是"言"传,也是"身"教。教师的话直接影响、感染、熏陶着学生的心灵。在这个方面,教师应当把青少年一代语言美的培养,看作一项具有战略意义的任务。这是由于在一个较长的历史时期内,学校教育只重读写,轻视听说,许多青少年既不会写,也不能说。有的站起来发言战战兢兢,词汇贫乏,条理不清;有的语言粗鄙,不堪入耳。这种状况和我们这个以历史悠久、高度文明而著称的中华礼仪之邦是很不相称的。因此,塑造青少年一代语言美,提高其语言表达能力,是一项有着战略意义的任务。教师应当以优美的、艺术的语言示范,以自己的言传身教来感染学生,教育学生。

(四) 培养教师的语言风格

教师语言艺术是教师教学风格的重要组成部分,也就是说,教师既是学问家、教育家,也应是语言艺术家,是这三者的统一,并由此构成了每个教师独特的教学风格。但它又不是这三者的简单叠加,而是某些新品质的融合,是一种创造。同是一部教材,你也讲,我也讲,但风格不一,有的殊途同归,而有的却效果各异。其中,教师通过自己富有个性的语言去施加影响,去处理教材,则是构成不同风格的重要方面。

综上所述,学习、把握教师语言艺术,既是完成教育、教学任务的重要手段和前提条件,也是教师有效影响或改变学生心理、行为的必不可少的本领,还是师生之间情感相通、心理相容、亲密无间的重要条件。

三、教师语言的基本特征

我们大致可以从语言修养、语言表达方式与语言心理等角度,来阐释教师语言的基本特征。

(一) 从语言修养的角度看教师语言的特征

1. 示范性与楷模性

教师的语言应当是优美的语言。而有的教师为了活跃气氛,常在讲话中加进一些土话、俚语,这样做一般是不可取的。这种过分口语化的课堂用语,反而会降低讲课的质量。讲课不等于说相声,虽然相声艺术中的某些语言技巧可以借鉴。在学生看来,教师是知识的化身。教师说的每一句话,他们往往认为都是对的,所以他们总是有意无意地把教师的讲话当作楷模。教师应考虑到自己语言的影响力、感染力,要设法使自己的语言成为学生可以仿效的那种文明、文雅的语言。

2. 适应性与针对性

教师的语言必须以学生现有的语言接受能力为起点,也就是说,学生有相应的知识与词汇储备,能听得懂,而且能促进学生语言能力的提高和智力的发展。如对低年级的学生,应当选用语调抑扬顿挫、生动形象,富有知识性、趣味性的语言;而对高年级学生则应多选用科学性、逻辑性、启发性强的语言,这种语言的适应性与针对性是教师语言的另一特征。

3. 准确性与鲜明性

准确性是教师语言的基本特性。因为教师是传授科学知识的,如果自己的用词不准确,表述不科学,就容易把传授的知识讲走样儿,或引起歧义,造成学生理解的失误或产生新的疑点。鲜明性是教师语言功力的又一表现。语言要做到生动形象、深入浅出,就要善于运用多种语言修辞技巧,使那些深奥的道理形象化、抽象的道理具体化,让学生们一听就能明白,留下鲜明的印象。

4. 逻辑性与哲理性

不管是文科教师还是理科教师,在科学技术日益发展的今天,都越来越需要学习一些形式逻辑和辩证逻辑的有关知识,使自己的教学语言条理清晰,上下承接,推导有致,言之成理。语言只有立论精辟,才能简练而深邃,富有哲理性。即古人所说的"其言也,约而达、微而臧、罕譬而喻"。这样的语言,话不在多,说出的话往往可以产生"点石成金"的效果。

5. 量力性与启发性

教师的语言应当包含较丰富的理性信息,即讲授的内容里有新知,这样学生听起来才不会走神。但信息量又不宜过大。这是因为学生在听讲时,为了领悟其内容,必须有思考教师语言内容的时间,把教师的话转换成相应的表象和概念。有关研究材料表明:教师一口气说出五至九个意义单位构成的句子时,听讲人大约可在五秒钟内保持有效的记忆。过长的句子,过多的严密句,其句意不能完全进入学生的意识里,因此,注意力就会分散。教师的语速也要快慢适度。教师语言中应蕴含潜在的信息内容,具有启发性,有助于学生展开想象与联想,举一反三,触类旁通,联系已知去解决新知。

（二）从语言表达方式的角度看教师语言的特征

1. 口头语言和书面语言的结合运用

教师的课堂语言既有书面语言那种简括、有条理、规范的特点,用来讲授定理、定义、结论等,也有口头语言那种自然、亲切、灵活的特点,用来具体地阐释事理,描绘情境,用来组织教学,启发诱导学生去思考。

2. 独白语言和会话语言的结合运用

教师在做系统讲解时,主要运用独白语言。这种独白语言要求有更严格的逻辑连贯性、句子的完整性和修辞的准确性。一般不得有语病,也不能有较长时间的停顿。教师在课堂上组织教学,进行问答、讨论时,又要运用有来有往的会话语言,以便进行师生的双边活动。教师应当把独白语言与会话语言,根据教育、教学活动的需要,灵活而自然地组织起来。

3. 口头语言和态势语言的结合运用

教学是面对面进行的双边活动,学生一方面在听教师讲授,另一方面也在看教师的手势、动作、表情。教师应当善于把口头语言和态势语言巧妙地加以结合运用,以收到相得益彰的教学效果。

（三）从语言心理的角度看教师语言的特征

教师语言本身还反映着教师的语言心理,即具有三种意识:

1. 自信意识

教师语言本身充满着自信,语气恳切,语义肯定。教师相信自己对知识的传授是正确的,对学生的情况是了解的。哪里是教学的重点,哪里是难点,哪里是兴奋点,哪里是低潮点,教师都能心中有数,因此,讲起话来非常自信。这份自信不是与生俱来的,也不是一蹴而就的,它源于教师的职业认同感,源于长时间的积累与沉淀。

2. 吸引意识

教师在讲话过程中,始终存在着一种潜意识,即我怎样讲,才能吸引学生,才能让他们有兴趣,时常在心里默念着:"他们听进去了吗?"因此,教师语言中常带有问询语、反问语、试探语、提醒语、幽默语等。吸引意识可以让教师放下架子,拉近师生的距离,也有利于知识的传递。

3. 反馈意识

教师面对学生讲话时,始终是眼观六路,耳听八方,时时探求学生的反应。对学生的每一个动作、每一种眼神,教师都能从中获得反馈,立即采取应急讲话措施。因此,教师语言中常常有加重语、提示语、激励语、调侃语、警告语等。

综上所述,从各个角度来考察教师语言的特点,我们可以发现:学习、把握、不断锤炼教师用语,是多么不容易的事。只有用心体察这些特点,并在教育教学实践中去运用,才能逐步掌握一些教师语言的艺术,成为学生欢迎的教师。

第三节　教师语言的艺术技巧

古人云:"言之无文,行而不远。"这意味着说话作文要讲究文采,否则就会流传不远。教师语言亦当如此,要讲究语言的艺术。教师语言艺术,也是教育艺术的重要组成部分。它是教师先进的教育思想、丰厚的知识积淀、娴熟的教育技巧和高超的语言运用能力的完美结合,也是教师人格美、情操美和语言美的统一。因此,具备良好的教师语言艺术修养应当成为每一位教师的自觉追求。

一、教师语言艺术技巧的内涵

掌握教师语言的特点,进而做到讲话得体、巧妙,讲究策略,具有语言机智,富有成效地完成教育、教学任务,这就可以说大体把握了教师语言的艺术。

教师语言艺术技巧,既包括教育性语言的艺术技巧,诸如表扬术、批评术、疏导术、开导术、说理术、规劝术等,也包括教学性语言的艺术技巧,诸如导语术、阐释术、讲解术、归纳术、引申术、推理术、应变术等。从教师运用口语的艺术技巧来说,教师语言艺术还包括停顿术、变调术、节奏术、修辞术、重音术等。

把上述这些语言艺术技巧,分门别类地进行研究,总结其规律,并且探讨如何训练、掌握,这就是"教师语言艺术"或"教师口才学"的任务了。这门专门研究教师语言的学科,是建立在应用语言学、教育学、心理学、教师学等学科基础上的边缘学科,是一门大有发展前途的实用性很强的学科。

二、提高教师语言艺术技巧的途径

教学语言的艺术是否成功在很大程度上取决于语言表达能力的高低,语言表达能力与语言能力是不一样的,"语言能力倾向于先天形成,表达能力倾向于后天培养",这个观点是很有道理的。提高教师的教学语言艺术可以遵循一定的途径。

(一) 将语言列入备课的内容

备课是课堂教学活动中一个重要的环节,备课的重要性每位教师都能意识到,不过,对备课的内容却有不同的观点。许多教师认为,备课的关键是吃透教材,精心设计好教学计划和具体教学步骤就可以了。但许多教师并没有意识到将语言列入备课内容的重要性。

其实,将语言纳入备课内容是很重要的一项工作,因为课堂教学语言运用是否成功直接影响到教学效果的好坏。许多经验丰富的教师认为自己讲课的成功很大程度上得益于对语言的准备把握。著名的语言学家邢福义教授在谈备课的经验时说道:"只要精心准备,是完全可以讲得十分生动、富于吸引力的。我备课时,每节课都要穿插苦心搜集来的'生动语料',希望做到每隔十几分钟能让学生大笑一次,就像相声中的'抖包袱'。"我们相信,美感在笑声中产生,知识在笑声中传授,这是学问的艺术化。将课堂语言列入备课的内容需要注意以下四点:

1. 使用准确的语言

课堂教学的基本任务是向学生传授各种学科知识,由于科学文化知识是客观的、准确的,因此要求教师使用准确的教学语言。使用准确的语言可以从两个方面着手:一是表述概念要准确。要求使用准确的语言描述概念,尽量避免使用模糊、不清楚的概念;二是叙述事实要准确。叙述事实时要力避笼统、含糊的语言,尽可能使用明确、具体的表述。教师表达的事实要能给学生一种真实、科学的感觉。

《落花生》教学片段

师:刚才同学们通过阅读,已经知道文章是将花生、桃子、石榴、苹果做对比来告诉我们做人的道理的。那么,你长大了准备做像花生一样的人,还是准备做像桃子、石榴、苹果那样的人呢?为什么?

生:我准备做像花生一样的人,因为花生虽然外表不好看,可是很有用。

生:我也准备做像花生一样的人,因为它默默无闻,不求名利。

生:我也准备做像花生一样的人,因为花生对人们有好处。

师:你们都不准备做像桃子、石榴、苹果那样的人吗?未来社会需要展示自我、表现自我啊!

(教室出现了冷场,过了一会儿,有学生举手)

生:我说做像花生那样的人也不算好。它躲躲藏藏,不让人发觉。

师:发现这样的人才,真需要"伯乐来识千里马"呢!(生哄然一笑)

生:我准备做像桃子、石榴、苹果那样的人。

师:为什么?

生:它们成熟了,高高地站在枝头上,召唤着人们,既漂亮、神气,同时又对人们有好处。

师:对啊,外表美,心灵又美,何乐而不为呢?(生又哄然一笑)

师:那么父亲议花生,是不是有意识地说桃子、石榴、苹果不好呢?

生:不是!

师:对!父亲的话使我们领悟到做人不要做只讲体面而对别人没有好处的人。做人的关键是对别人有好处,对社会有贡献。有位作家说过这样一句话:"我们这个地球好比一个旅店,而我们一代又一代的人就好比这个旅店里的游客。如果每个人能都从这个旅店里带走些什么,那么这个旅店就会越来越空;如果我们每个人都给这个旅店里留些什么,那么这个旅店就会越来越富有。"

教师语言精练、准确,提问干净利落,语意明确。教师的归纳,高度概括、要言不烦,把学生

提到的各种观点态度做了深度凝练。

2.使用规范的语言

课堂教学语言一定要避免随意性,要注意规范性。具体说,必须克服以下毛病:一是语言不完整,表达不严密,或逻辑混乱,繁复冗长,或语病很多,词不达意;二是打诨逗趣,或尽情渲染夸张,东拉西扯,分散学生的注意力;三是不正确的语言习惯。

《美丽的小兴安岭》教学片段

同学们到过东北的小兴安岭吗? 那可是一个令人神往的地方啊! 你看:它春天生机勃勃,夏天草木繁茂,秋天硕果累累,冬天雪景壮丽。你听:松涛澎湃,泉水叮咚,更有伐木工人的欢歌笑语和林间小火车的汽笛长鸣。现在就让我们到美丽的小兴安岭畅游一番吧!

教师运用描述的方法,语言规范、准确、简练,把看到的典型的四季美景和听到的各种动听的声音进行了展示,让人仿佛身临其境。景色和声音是美的,而这种美又是通过美的语言传达了出来,再配上合适的语调、节奏,就会激发学生探索的愿望。

3.注重语言表达的逻辑性

语言的逻辑性很重要,特别是在教学和演讲过程中,逻辑性强的语言能够扣住读者的心。斯大林曾经这样描述列宁的演说:"使我佩服的是列宁演说中那种不可战胜的逻辑力量,这种逻辑力量虽然有些枯燥,但是紧紧地抓住听众,一步一步地感动听众,然后把听众俘虏得一个不剩。列宁演说中的逻辑好像是万能的触角,从各方面把你钳住,使你无法脱身,你不是投降,就是完全失败。"当然,要达到列宁那种高超的语言魅力,非一日之功可以实现。但教师只要善于学习语言技巧,善于积累语言信息,善于对已有的语言材料进行分类、总结,持之以恒地应用到课堂教学中,不断地实践,必然能够提高教学语言的艺术性。教学语言的逻辑性要求合理安排教学内容,做到整个教学框架有条理,结构清楚、逻辑严谨、层次分明。大量的教学实践证明,首尾呼应是一种成功的方式。讲课时宜开门见山,做到一开始就紧紧抓住学生的心。对于重点内容,应从不同侧面和角度进行阐发、论证。最后应简要回顾所讲的内容,归纳总结,再上升到理论高度,前后呼应,让学生记得牢、印象深。

《长方体的认识》教学片段

今天秦老师给你们上课,大家欢迎吗?

生:欢迎!

师:怎么欢迎呢? 表示一下!

(生不约而同地热烈鼓掌)

师:大家的掌声很响亮,这是对我最大的鼓励,怎么我的掌声就不响呢? (做一只手鼓掌的动作)

生(笑):一个巴掌拍不响。

师:那我用两只手,怎么还不响呢? (做两只手的手掌垂直碰击状)

生:您两只手交叉了,是拍不响的。

师:啊? 这样叫交叉,交叉是一种位置关系,让我们记住它。(板书:交叉)

师:那怎样拍才响呢?

生：要把两只手对着拍。

师（拍了一下）：呀，真的很响亮，这两只手对着，它又是一种什么样的位置关系呢？

生：叫相对的位置关系。

师：对，这叫相对的位置关系。（板书：相对）

教师语言自然得体，逻辑性强，不知不觉将知识和教学内容渗透其中，在现实生活中引导学生注意到教学的内容，充满了趣味性。

4. 注重语言表达的真实性

科学是实实在在的，来不得半点虚伪和骄傲。诚实的教学语言是美的语言。"知之为知之，不知为不知"，千万不可掩饰己短，蒙骗学生，而应该襟怀坦诚、实事求是。在教学中，对于学生提出的一些难题，教师能答就答，不能回答的课后查资料再答。"诚于中而言于外"，诚实是美的核心，它是教师正直、朴实的美好心灵的外在表现，是教师言行一致、严谨治学的镜子。

《小蝌蚪找妈妈》的教学

教师不但用了几幅图画把小蝌蚪变成青蛙的过程展现出来，而且还同学生一道模拟小蝌蚪、小乌龟和青蛙说话的声音。更有趣的是在讲完课后，还叫上几个同学戴上头饰，装扮不同的角色，用课本剧的形式把课文演一遍。

在这堂课中教师的语言生动形象，讲解的方式丰富多样，既生动地讲述了课文，又有效地组织了教学。

5. 增强语言表达的幽默性

缺乏幽默是悲哀的。苏联著名教育家斯维洛夫指出，"教育家最主要的，也是第一位的助手是幽默"。当然幽默感是需要日积月累的，渊博的知识、广阔的社会阅历是教师具备幽默感的前提。正是有此基础，可以使教师的讲课变得风趣诙谐，幽默睿智；可以使师与生和谐、使教与学统一；并创造出一种有利于学生学习的轻松愉快的气氛，让学生在这种气氛中去理解，接受和记忆新知识，使教学达到事半功倍的效果。

在讲述"两点间直线距离最短"这一数学概念时教师可以说："一条狗发现不远处有个肉骨头，他一定会直直地跑去啃骨头，这就是说，连狗都知道两点间直线距离最短。"（笑声）

教师用啃骨头的狗对距离的判断和选择，来形象生动幽默地说明复杂的数学问题，让学生在笑声中理解并记住了数学道理。以这样幽默的方式授课，学生对教师所讲述的概念也许一辈子都不会忘记。

（二）加强日常语言信息的积累

语言是丰富多彩的，教师应该不断丰富自己的语言。常言道：修"辞"先修身。教师平时一定要加强积累，厚积薄发，从而提高教学效果。

教师要想丰富自己的语言，就必须加强日常语言的积累。语言信息的积累非常重要。同样一件事情，换用不同的说法，有可能带来截然不同的效果。"良言一句三冬暖，恶语出口六月寒"

"听君一席话,胜读十年书"都说明了语言信息积累的重要。积累语言信息可以从两个方面入手:

1. 积累丰富多彩的词汇

汉语中有许多丰富的词汇,写景、状物、写人的词汇应有尽有,美不胜收。如"万紫千红""巧夺天工""心急如焚"等不胜枚举。课堂教学使用丰富、优美的词汇会使教学富有感染力、吸引力。

积累词汇的主要途径有:一是利用工具书;二是阅读文学作品;三是在生活中学习积累。为了能够有效地积累丰富的词汇,教师应当注意多思、多听、多记。要做一位有心人,时刻将所见到的、所听到的优美词汇记在随身携带的手册上面。这样,日积月累,积少成多,词汇量自然就增加了。

识字教学片段

教师教读"姆"字。

一生(脱口而出):"养母"的"母"。

其余学生一片哗然。

师(微笑):你们别急,他没说错,只是没说完!

师(转向那位学生):你说得对的,是"养母"的"母"……

生:"养母"的"母"加上一个女字旁,就是"保姆"的"姆"。[①]

虽然只是一个简短的师生对话,却反映了教师高超的语言艺术,流露出教师关爱学生的浓厚情感。教师的灵活应变,巧妙引导,给予学生的是呵护和点拨,营造的是轻松和谐的氛围。

2. 积累名言警句

名言警句是人们在实践中提炼和总结出来的,是历史文化精华的积淀,对学生有着重要的教育意义和警诫作用。在教学过程中,适当地使用名言警句,不仅可以增强教学语言的艺术性,还可以促进教学的效果,德国教育家第斯多惠曾指出:"教学的艺术不在于传授的本领,而在于激励、唤醒、鼓舞。"可见教师应该善于运用有效的手段来制造和烘托课堂教学的气氛,使学生产生一种新鲜感和强烈的求知欲,从而自然融入教学主题。名言警句一般说起来朗朗上口,听起来简约有力。恰当地运用名言警句,就可以激发学生的求知欲望和好奇心。

"熟读唐诗三百首,不会作诗也会吟",语言能力的提高,实际上正是一个厚积薄发、博采众长的过程。教师应该花苦功夫熟悉和背诵一些名言警句,并随时运用到课堂教学中,经过长期的实践自然会提高语言的运用能力。

《将相和》教学片段

同学们读书很认真。老师这儿还有个非常有意思的问题和大家讨论。请大家带着问题默读第二段,渑池会上的斗争是打成了平局,还是决出了胜负？为什么？

生:是打成了平局,他们都演奏了乐器。

生:赵王为秦王鼓瑟,秦王也为赵王击缶,一比一,所以说是打成了平局。(大多数学生都同意这一种意见)

师:请同学们再读一读,想一想,还有什么意见？

---

① 吕秀明:《浅析教师语言艺术的魅力》,载《基础教育论坛》,2013年第11期。

生：我认为决出了胜负，是赵国胜了。

师：为什么？课文中有什么依据？

生：因为秦国的力量比赵国强。

（两种意见发生了争执，课堂气氛相当热烈）

师：同学们，老师做两点提示，请大家再仔细读书，认真思考。① 秦国比赵国力量强大，秦王是大国之王。② 秦王是一国之主，而蔺相如只是大臣。

生：我认为是赵国胜利了。因为秦国是大国，赵国是小国。小国的王与大国的王互为对方演奏乐器，比较起来，大国的王显得更难堪。

生：我认为是赵国占了上风。因为赵王鼓瑟是秦王叫鼓的，而秦王击缶是蔺相如叫击的。秦王是君，蔺相如是臣，这样也显得秦王输了一筹。

生：我再补充一点，瑟是古代的一种弦乐器，声音悦耳动听。缶是打击乐器，形状像个瓦罐子，声音单调，是配合瑟演奏的。赵王可以鼓瑟，而秦王只能击缶，两相比较起来，秦王显得更丢人。

教师于无疑处生疑，教学活动转而成为学生自主探究的智力活动，发挥了学生学习的主体性。当学生思维不畅，产生阻碍时，教师的诱导适时出现，疏通了学生的思维，让学生继续处于主动探索的状态。教师成功的语言驾驭艺术在课堂上得到了生动的体现。

（三）提高语言运用的技巧

教师语言的艺术技巧，既包括运用话语策略的技巧，也包括语言运用的技巧。如导入语的艺术技巧、讲授语的艺术技巧、提问语的艺术技巧、表扬语的艺术技巧、批评语的艺术技巧、结束语的艺术技巧等。提高语言运用的技巧可以从三个方面进行：

1. 恰当地注入情感

"吐纳英华，莫非情性"，情感就是人们对客观事物所持的态度体验。它是一种复杂的心理活动，具有动力功能、调节功能、迁移功能和信号功能等。教师在教学活动中恰当地使用情感可以起到感染人的作用。教师若想打动学生的心灵就必须合理地表达自己的情感。著名的文学家高尔基说过，"要感动人，先要自己燃烧"。苏联教育家苏霍姆林斯基也说过，"学校里的学习不是毫无热情把知识从一个头脑装进另一个头脑里，而是师生之间每时每刻都在进行心理接触"。

教学活动是一种非常有创造性的活动，教师对自己所教的课程，先要情动于中，然后才能形于外。因此，教师必须有饱满的热情、鲜明的爱憎观，才会感染学生，引起共鸣，学生才会对知识学得透，学得活。晓之以理，动之以情，寓理于情，情理相融。教师应当通过语言用自己的情感激发学生的情感，用自己的灵魂铸造学生的灵魂，用自己的人格魅力塑造学生的人格。

《长相思》教学片段

师：在这里，没有鸟语花香，没有亲人的絮絮关切，有的只是……

生：长相思！

师：在这里，没有皎洁的月光，没有与妻子相互偎依在一起的温馨和幸福，有的只是……

生：长相思！

师：在这里，没有郊外踏青时的杨柳依依和芳草青青，更没有与孩子一起嬉戏玩耍的快乐，有的只是……

生：长相思！

师：长相思啊长相思！山一程，水一程，程程都是长相思！风一更，雪一更，更更唤醒长相思。孩子们，闭上眼睛，想象画面，进入诗人的那个身和心分离的世界，我们再一起读。

生：（齐声）长——相——思！

师：这就是为什么"我"身在征途却心系故园的原因，这就是为什么"我"的梦会破碎，"我"的心会破碎的原因。为了自己的壮志和理想，思念家乡的孤独和寂寞，就这样化作了纳兰性德的《长相思》。

（教师出示"长相思"三个字，播放具有浓郁悲壮美的乐曲《怆》）

师：山一程，水一程，程程都是——

生：（齐声）长——相——思！

师：风一更，雪一更，更更都是——

生：（齐声）长——相——思！

师：爱故园，爱亲人，字字化作——

生：（齐声）长——相——思！

这一教学片段诗意浓厚，末尾部分简单排列，就是一首美丽的小诗：

山一程，水一程，程程都是——长相思！

风一更，雪一更，更更都是——长相思！

爱故园，爱亲人，字字化作——长相思！

从情境上看，所播放的民乐《怆》是借用古典音乐《苏武牧羊》的几个音符重新发展而成的乐曲，其音调悲凉，起到了很好的渲染作用；从文辞上看，可谓字字如泣如诉，句句如怨如慕；从章法上看，排比和复现交错，情感逐层递升，那一声声'长——相——思'反复点染了文题，既催人泪雨滂沱，又使人精神抖擞，非常富有美感。

2. 掌握课堂应变艺术

苏霍姆林斯基说："教育的技巧并不在于能预见课堂的所有细节，而在于根据当时的具体情况，巧妙地在学生不知不觉中做出相应的变动。"在课堂教学中，经常会因意外出现事先未曾预料的偶发性事件，或者因学生情绪的变化突发过激行为，或者教师因紧张出现口误、笔误等。解决这种偶然的、突发性的行为、事件往往需要教师掌握课堂应变的艺术，使用恰当的语言应对突发情况也是教师应掌握的语言艺术。

应变语的最大特点是"变"，因此教师要灵活地根据不同的情况使用不同的应变语。一般来说，如果因教师自身的原因产生的突发事件，则应该使用真诚、歉意的用语，敢于承认自己的缺点的人更容易得到学生的尊敬；如果面对的是外界的偶发事件，教师应当用语镇静，不慌张，这样可以给学生传递一种冷静的信息；如果面对的是学生情绪变化产生的不良行为，应该尽量使用宽容、友善、理解的语言。教师面对学生的不良行为不仅不恶意批评，反而理解他、耐心教育他，可以起到意想不到的效果。正如苏霍姆林斯基所说，"有时宽容引起的道德震动比惩罚更强烈"。

> 有一天李老师正在上课,突然教室里飞进一只小蜜蜂,一个女学生的惊叫一下子吸引了所有学生的注意力,大家都在看小蜜蜂,还有的离开座位用书去打它。李老师把课停了下来,打开门窗,把小蜜蜂放出去。接着跟学生们说,蜜蜂是益虫,它采蜜给人类吃,而且它们是勤劳的化身,我们应该放它回大自然去。然后李老师幽默地说:连小蜜蜂都想来参加我们的学习了,可见学习本身是很有趣、很有吸引力的。让我们珍惜时间,好好学习吧……接着继续上课。

教师并没有因为偶发的事件打乱了上课秩序,而是灵机一动,用智慧的语言告诉学生要珍惜学习活动,因为它是有趣的。

3. 适度地运用幽默艺术

课堂教学应当适度地运用幽默,因为幽默具有极佳的交际效果,可以消除师生间的陌生感和误会,缩小师生间的心理差距,引发学习兴趣,启发学习动机,改善课堂气氛。德国学者海因兹·雷曼指出:"用幽默的方式说出严肃的真理,比直截了当地提出更能为人接受。"

课堂教学中适度使用幽默用语可以消除师生之间的紧张气氛,营造轻松愉快的氛围,缓解教学和学习中的疲劳,培养学生乐观向上的性情。富有幽默感的教师更能展示自己的亲和力,受到大多数学生的欢迎、喜爱。通常来说,课堂教学中运用幽默的手段有讲笑话,列举趣事,运用机敏的妙语、警句,开展生动有趣的描述或评论,旧语新用等。此外,一个幽默的动作,一副幽默的表情,都能收到同样的效果。

幽默的运用是一种艺术,这种能力不是短时间内可以培养出来的,同样需要积累、沉淀。富有幽默感的教师通常需要具备渊博的学识和丰富的生活经历。

《小稻秧脱险记》教学片段

> 文中写到杂草被大夫用除草剂喷洒过后说:"完了,我们都喘不过气来了。"有一个学生朗读这句话时声音非常洪亮。于老师笑了笑说:"要么你的抗药性强,要么这除草剂是假冒伪劣商品,来,我再给你喷洒一点。"说完,于老师就朝那位学生做了个喷洒农药的动作,同学们和听课老师都笑了,该同学也会心地耷拉着脑袋有气无力地又读了一遍,这次读出了效果。

灵活的表达方式、幽默的语言调节了课堂的气氛,激发了学生的兴趣,启迪了学生的智慧,让学生在和谐愉悦的氛围中得以发展,更让课堂增加了浓浓的人文气息。这既是教师的智慧体现,也是教师关爱学生的流露,对学生的启示生动形象,令人愉悦。

4. 结语应当简明扼要

结语是对一堂课或一个问题进行总结的教学语言,其作用是使学生巩固强化所学知识,厘清思路、掌握方法,从感性认识上升到理性认识。成功的结尾艺术可通过对一节课上的教学内容进行梳理、概括,规律揭示、画龙点睛,提炼升华及引导探索等形式,把完整的知识交给学生,使它在学生头脑里留下深刻的印象。这种教学结语要简明扼要,提纲挈领,并且要耐人寻味,意味绵长。切忌简单机械重复所讲,语言枯燥乏味。这需要教师切实把握教学对象特点和知识体系,有高度概括能力和高超的语言表达技巧。

《绿色的办公室》教学片段

课是这样结束的：

师：现在我们回过头来审题，本课题目为什么叫"绿色的办公室"？又为什么在题目上加一个双引号？（学生回答略）同学们说对了，实际上没有什么办公室，"绿色的办公室"指的是"湖边的森林"。这是用一种专有事物的名称指代列宁当时艰苦的革命斗争环境，而正是在这个最简陋的"办公室"里，列宁写出了伟大的著作，拟订了许多重要的文件。所以，大家在题目上用双引号，并记住这个题目的特殊含义。下课！

这样结束讲课，紧扣全文，画龙点睛，简洁明快，中心突出，给人留下深刻的印象，对培养学生的联想和思维能力大有好处。

结尾的归纳总结，教师既可以根据教学的重点进行归纳，也可以引导学生归纳，还可以师生共同归纳。教师归纳纲要，学生复述内容。这种结语艺术主要表现在能用扼要的语言、较短的时间，让学生在轻松的气氛中明确重点，掌握主线和关键内容，产生提纲挈领的效果。

5. 正确使用网络语言

进入互联网时代之后，人们可以随时随地在网络上进行沟通，日积月累、约定俗成便产生了众多的网络词汇。这些网络热词丰富了现代汉语的常用词汇，也使现代汉语更具表现力和活力。因其具有言简意赅，通俗易懂的特点，这些新词在日常生活中备受大众青睐。在基础教育中，随着千禧一代的成长、社交媒体的发展、5G网络的普及，作为教师，要想和学生进行"无障碍沟通"，活跃课堂氛围，可以通过学习了解网络语言来尽量贴近孩子们的内心世界，拉近自身与学生的距离，活跃课堂气氛。

随着信息时代的节奏加快，网络语言层出不穷、更迭不息，甚至在每年年底都会有一个"年度十大网络流行语"的评比，正是这样一种新兴的特定的语言形式，和我们的日常生活以及网络交往发生了一场难以言喻的化学反应，给我们带来了一次又一次的奇妙的语言之旅。网络语言简洁生动、幽默风趣、充满活力、俯拾皆是。不论是在日常的人际交往中，还是在主流的媒体报道中，甚至是在被喻为"象牙塔"的高校课堂上，网络语言如同夜空的繁星一般，星罗棋布、数不胜数。

在课堂教学中，如果教师适时地使用恰当的网络语言，会调动起学生的学习兴趣，使得教师在有限的课堂时间里获得无限的知识传输，达到课堂效果的最优化。此外，网络语言的正确使用也能有效地拉近师生之间的距离，降低师生间的隔膜感与代沟感，进而构建"亲其师，信其道"的和谐师生关系。例如教师称能带动班级活动氛围的学生为"气氛组"，称一下课就忙着去吃饭的学生为"干饭人"，课堂结束时用一句"心满离"活跃气氛，等等，这些网络语言迎合学生追求个性和独特性的心理，会给学生带来新奇的感觉，也能使学生从开小差中回过神来，最终营造出一种生动活泼的教学氛围。

网络流行语不仅仅是娱乐范围内的流行词汇，更有政治民生层面的新词、热词。比如《咬文嚼字》在2021年年末发布的2021年度十大流行语，其中就包括百年未有之大变局、小康、赶考、双减、碳达峰、碳中和、野性消费、破防、鸡娃、躺平、元宇宙。网络语言已经无处不在，它不是在某一圈子中供少数人使用的热度持续时间短、生命力弱的词语，而是日常生活中常见的口语词汇。学生这个群体永远都是每个时代对新鲜事物最敏感也最容易被引导的一类人。现在的学生因为追星所使用的"饭圈用语"、由喜欢"二次元"文化而使用的"宅语"等，各种新兴语言层出不穷,含义各异。因此,教师在选用网络流行语进入课堂教学时,一定要注意区分。要选择具有正向价值观、贴近教学主题和文本,又符合学生心理的词汇,不要只关注新词语的热度而忽视了它的真实含义和背后代表的价值观。

互联网是一把双刃剑,由此衍生出来的网络语言也是参差不齐、各有利弊的。因此,我们在使用时一定要考虑场合、注意气氛、看准对象、用对词语,不然很容易引起一些麻烦与乌龙事件,进而影响到正常的人际交往。作为肩负传道、授业、解惑之重任的教师在使用网络语言时更要慎之又慎,不能随心所欲、张冠李戴。例如,教师在课堂上称差生为"蛋白质"(笨蛋＋白痴＋神经质),批评做错事的学生"夺笋哪""耗子尾汁",调侃做错了题的学生"干啥啥不行,吃饭第一名",用"伤害性不高,侮辱性极强"戏谑吵架的学生……教师的本意是想活跃气氛、拉近距离、解决问题,但在不考虑课堂教学氛围与学生内心感受的情况下使用,往往会在无意间挫伤学生的自尊心,让学生在群体里难堪,结果会适得其反。

总之,任何一种网络语言的产生与流行都不是空穴来风的,教师要充分了解这些网络语言的起源、含义和适用场景,在教育教学活动中恰当得体地运用,优化课堂教学效果。切勿过度使用,不然会使我们的语言失去严谨性,并且弄丢我们学习语言的初心。扬长避短,去粗取精,使网络语言朝着规范、文明、有序、健康的方向发展,学生也能在正确的网络语言的使用中领悟到语言的魅力。

周密老师使用网络语言教授文言文《湖心亭看雪》

课堂上,同学们如有异议便可起立向老师提问,而老师周密则不时用时髦词汇来"刺激"同学们的想象力。

整堂课上,老师不仅说到房价、官二代、寂寞哥,连文中"强饮三大白而别"一句也被他解释为害怕酒后驾驶。时髦词汇连绵不断,课堂氛围非常活跃。

背诵文章也是趣味横生。文中一句"舟子喃喃曰:'莫说相公痴,更有痴似相公者!'",他请大家用想得到的可以代替文中"痴"字的词语,一起朗读。瓜、雷、囧、呆……四遍读完,全班爆笑不止,他还提议用"脑壳里面有乒乓(四川话)"来试一试,请大家体会当时的意境。

最后,他引经据典揭秘了张岱寂寞的原因——"张岱是明朝人,成文却在清代,亡国亡家,岂不是神马都是浮云啊?""作者不是真到西湖看雪了,而是他的一个梦,和柳宗元独钓寒江雪一样,哥钓的不是鱼,而是下一个春天,是对未来的期待!"

传统的文言文教学,教师按部就班地落实教参上的知识点,固定的文言文知识——虚词、实词、词类活用、固定句式等,教师在整个过程中总是单方面一味地输出。反观学生,首先是由于文言文与如今的白话文相差甚远,打破了学生对于语言的常规习得和使用,使得学生的文言文学习困难重重;其次是枯燥单一的教学模式使学生本来就畏惧的文言文学习更是"难于上青天",学生总是处于一种被动的地位,教师牵引则行,教师沉默则止,自己也不敢越雷池半步。长此以往,教师和学生的教与学如何实现理想的教学相长呢?

上面的教例中,教师一反乏善可陈的文言文课堂局面,通过拉近文言文与学生之间的心理距离的方式,充分有效地利用网络语言的趣味性与生动性使学生在潜移默化中就把知识点进行了消化吸收,同时,教师也在悄无声息中引导学生逐渐清晰地看到文言文这棵大树的脉络,"一枝一叶"皆有灵。

1. 根据本节所学内容,理解把握教师语言艺术的基本特征。同时,结合下面的教学片段,运用自己的语言在班级组织开展模拟教学,要求教态自然大方,课堂气氛活跃,能够激发起同学的兴趣。

《争论的故事》教学片段

师:听了这个故事,你从中领悟到了什么?

生:兄弟俩太笨了,白白让大雁飞走了。

生:兄弟俩没有抓住机会,他们应该先把大雁射下来,再商量着怎么吃。

生:对呀,他们应该先做起来再说。

生:我也从兄弟俩的争辩中明白,我们不管做什么事,都要先做起来再说。

(教师向说出自己见解的同学投去赞许的目光,帮助学生理解课文后面的部分……)

师小结:同学们能够从这个故事中领悟到这么多,真是不错! 老师很佩服大家。课文中的同学们是怎么说的?(教师引读课文中学生说的观点)今后我们无论做什么事,都要善于抓住时机,不要因为所谓的争论而浪费时间、贻误时机,要先做起来再说。

师:盛老师聚精会神地听着,不时向同学们投去赞许的目光——

(1) "赞许"是什么意思?

(2) 盛老师为什么向同学们投去赞许的目光?

生:因为同学们说得对,说得都很好。

生:因为同学们说出了自己的看法。

生:同学们说的有一定的深度。

生:同学们说的达到了老师讲故事的目的。

……

师:是的。同学们说出了自己的看法,有一定的深度,达到了盛老师预期的结果,所以她向同学们投去了赞许的目光。

2. 按要求进行语言编说训练。

(1) 编说一段话,包含"学习、工作、成功"三个词。

(2) 编说一段话,包含"同学们、悠着点、豪爽"三个词,要求是对学生进行"加强体育锻炼"的劝说。

(3) 围绕"学习与生活"编说一段话语。

3. 从你即将从教的学科中自选某一部分内容,设计组织教学语言,并在班级分组进行试讲,然后互相评议。

4. 欣赏下面的教学片段,体会教师教学语言的艺术。

(1) 特级教师于漪讲朱自清的《春》,用这样一段话开场:

我们一提到春啊,眼前就仿佛出现了春光明媚、东风浩荡、绿满天下的美丽景色! 所以,古往今来,很多诗人就曾经用彩笔来描绘春天美丽的景色。

(2) 一位生物学教师向学生介绍解剖蟾蜍的方法。他说:

　　我们现在要解剖的是蟾蜍,也就是通常说的"癞蛤蟆"。在把它处死之后,放置在解剖盘上,腹面向上,用大头钉固定四肢,然后进行解剖。解剖时,左手拿镊子,右手拿解剖剪,从其腹部的下端镊起皮肤……

　　(3)一位老师教《赤壁之战》:

　　老师叫一名学生简单介绍作者。这位学生脱口而出:"作者是司马迁,宋代……"话音未落,笑声四起,这位同学很难堪。待稍平息后,老师平静地说:"虽是一字之差,却让司马迁多活了一千多年,但这能全怪我们同学的错吗?谁让司马迁、司马光的名字只有一字之别,谁让他们又都是史学家、文学家;谁让《史记》与《资治通鉴》又都是史学名著、文学名著,谁让我们刚刚学完司马迁的文章旋即又学司马光的文章?"

　　(4)一位老师讲《梦游天姥吟留别》时,把梦游之景描述为:

　　"梦游十景图",即明月镜湖的秀丽,剡溪胜迹的优美,海日天鸣的雄奇,云环雾绕的奇幻,岩泉深林的阴森,熊咆龙吟的恐怖,闪电惊雷的声威,空中楼阁的辉煌,云中仙子的飘忽,仙境鸟兽的自由。

第二章　教师语言表达基础

第一节　普通话基础知识

一、普通话概述

(一)普通话的含义

普通话是汉民族共同语,是我国各地区、各民族之间的通用语言,也是教师的职业语言。普通话中的"普通"不是"普普通通"的意思,而是"普遍通行"的意思,其定义为:以北京语音为标准音,以北方话为基础方言,以典范的现代白话文著作为语法规范的现代汉民族共同语。

(二)汉语与普通话的形成

现代汉语是世界上最丰富发达的语言之一,也是世界上使用人口最多的语种,是联合国规定使用的六种工作语言之一(其他五种是英语、法语、俄语、西班牙语和阿拉伯语)。普通话是现代汉民族共同语,它是随着社会的发展而逐渐形成和发展起来的。

早在两千多年以前,人们就已经认识到,社会交际必须使用一种统一的共同语言。先秦时期,曾有一种统一的、规范的口语,称作"雅言"。史书记载,孔子在读古书、行古礼时就使用雅言。在汉代,共同语有了进一步的发展,当时把共同语叫作"通语",在明清之际被称作"官话",辛亥革命以后称为"国语",中华人民共和国成立之后则称为"普通话"。

"普通话"一词,最早见于1906年朱文熊所著的《江苏新字母》一书中,他提出了"各省通行之话"即为"普通话"。此后,鲁迅、瞿秋白、陈望道等也先后在他们的著作中提到过"普通话"。但他们所说的"普通话"只是指与文言和方言土语相对的各省之间的通用语,没有严格的规范和标准。直到1955年"全国文字改革会议"和"现代汉语规范化学术会议"召开,"普通话"才有了一个科学的定义,即以北京语音为标准音,以北方话为基础方言,以典范的现代白话文著作为语法规范的现代汉民族共同语。这一标准包括了语音、词汇、语法三个方面。

1. 以北京语音为标准音——语音标准

以北京语音为标准音是指以北京话的语音系统作为普通话的语音系统,包括声母、韵母、声调以及拼合规律、语音变化规律、语音特点等。这里的标准音不包括北京话中的土语、土音,如北京话的轻声、儿化比较复杂,需要加以规范。对于北京话里有分歧的读音,应以《审音表》和《现代汉语词典》公布的规范读音为准。

世界各民族语言的标准音,一般都以某一地方的方言语音系统作为标准,普通话也不例外。由于数百年来,北京一直是中华民族政治、经济、文化的中心,因此,普通话以北京语音为标准音是汉语历史发展的必然结果。长期以来,以北京语音为标准音的"官话",随着当时政治的影响和宋元以来白话文学的感染力传播到全国各地。"五四运动"以后掀起的"国语运动",又极大地促进了北京语音的传播。中华人民共和国成立以后,北京作为我国的首都,北京语音的影响就更大了,以北京语音为标准音是历史的必然。

2. 以北方话为基础方言——词汇标准

北方话词汇是普通话词汇的基础和主要来源。在我国众多的方言中,北方话区域包括长江以北地区、长江南岸部分沿江地区、湖北大部分地区。北方话是使用人口最多、地域最广、通行面最大的一种方言,其分布面积占全国总面积的 3/4,使用人口占说汉语总人数的 70% 以上。普通话词汇以北方话为基础,同时又吸收了其他方言以及外国语中富有生命力和表现力的词语,如"垃圾""尴尬""冰淇淋""基因""克隆"等。普通话还从古代汉语里吸收有生命力的词语,如"诞辰""夫人"等。因而,普通话的词汇远比北方方言的词汇更为丰富。但普通话的词汇中不包括北方话中的土语、俚语,一些特别具有地方色彩的词语和过于粗俗的词语均未列入普通话的范畴。

3. 以典范的现代白话文著作为语法规范——语法标准

语法是词、短语、句子等语言单位的结构规律,语法标准就是遣词造句所遵循的共同的、正确的标准。"以典范的现代白话文著作为语法规范"指的是普通话以典范的现代白话文著作为语法规范的标准。"典范"指这种书面语是经过提炼加工的合乎现代汉语发展规律的,而不是未经加工的原始形态的口头语;"白话文"就是排除文言文;"现代白话文"指的是"五四"以来形成的以口语为基础的书面著作,不包括古代和近代的白话文;"著作"指普通话的书面形式建立在口语基础上,但又不等于一般的口语,而是经过加工、提炼的口语。这些著作在语法中的一般用例具有广泛的代表性和比较长期的稳定性,从而可以避免或减少语法使用方面的混乱现象。

(三) 方言与普通话的关系

汉语方言俗称地方话,只通行于一定的地域,它不是独立于民族语言之外的另一种语言,而是局部地区使用的语言。方言与普通话的差异主要表现在语音方面,词汇、语法方面的差异较小。汉语的各种方言都是从古代汉语发展而来的,每种方言的语音系统、词汇系统、语法系统都和古代汉语有直接的血缘关系,它们都是汉语的一个分支。

方言是民族语言在长期的历史发展中固化出来的地域性变体。所谓地域性变体,是相对于民族共同语而言的。汉语方言是相对于普通话来说的。普通话通行于全国,是国家通用语言;方言通行于某个或某几个省,甚至更小的一个地区,是局部地区的通用语言。普通话为整个中华民族服务,而方言为局部地区的人们服务时有其方便的一面。从组成语言的要素(语音、词汇、语法)来看,方言之间、方言和普通话之间"同中有异,异中有同",它们之间的亲缘关系是兄弟姐妹的关系,它们是同一古老语言在历史变迁中发展和固化的结果。

我国是一个地域广阔、方言十分复杂的国家,是一个多民族、多语言、多方言的人口大国。我国的五十六个民族共有八十多种彼此不能通话的语言和地区方言。学术界普遍认为我国主要有七大方言区,即北方方言区、湘方言区、赣方言区、客家方言区、吴方言区、粤方言区、闽方言区,南北方言差距很大。相比较而言,粤方言和闽方言同普通话差别最大,吴方言次之,其他方言与普通话的差别较小。这七大方言中,以北方话分布最广,其分布地域大约占全国面积的70%;使用的人口也最多,占汉语人口的 70% 以上,其余六大方言的使用人口总和大约只占汉语人口的 30％。这七大方言区是现代汉语方言的粗略划分,实际的方言情况还要复杂得多。表 2.1 是七大方言区概况一览表。

表 2.1　七大方言区概况一览表

方 言 区		代表方言	人口比例	主 要 分 布 地 区
北方方言区		北京话	73%	东北、华北、西北、西南、江淮一带
湘方言区		长沙话	3.2%	湘(西北角除外)、粤北
赣方言区		南昌话	3.3%	赣(除东北沿长江一带及南部以外)的大部分地区
客家方言区		梅州话	3.6%	粤东和粤北、闽西、赣南、广西东南部及川、湘、台部分地区
吴方言区		上海话	7.2%	上海、江苏、长江以南镇江以北以东地区、浙江大部
粤方言区		广州话	4%	粤中和西南部、广西东部和南部、港澳地区
闽方言区	闽东方言	福州话	5.7%	闽、海南大部、广东潮汕地区与雷州半岛、浙南温州地区一部分、台湾大部
	闽南方言	厦门话		

推广普通话并不排斥方言,更不是人为地禁用或消灭方言。方言是一种文化、一种情结,在一定的地域范围内方言能够发挥增进乡情和亲情的作用,它是地域文化的代表,是历史积淀的结果。方言能够反映当地的自然特点,能够折射出当地人的价值观念,较之普通话而言,方言具有不可替代的独特公用价值。因此,方言不会因为推广普通话而被消灭,在推广普通话的同时也要保护方言,普通话与方言在我国会长期并存,以适应人们社会生活各个方面的交际需要。

(四)普通话的推广工作

中华人民共和国成立以来,我国积极开展了普通话的推广工作。大力推广、积极普及全国通用的普通话,有利于消除语言隔阂,促进社会交往,对我国政治、经济、文化和社会发展具有重要意义。我国是多民族、多语言、多方言的人口大国,推广普及普通话有利于增进各民族、各地区的交流,有利于维护国家统一,增强中华民族的凝聚力。

1955 年,在北京举办的"全国文字改革会议"和"现代汉语规范化学术会议"上确定了"普通话"的名称和定义。

1956 年,国务院向全国公布了《关于推广普通话的指示》。同年,中央和各省、自治区、直辖市相继成立了推广普通话工作委员会。

1957 年,在北京召开了全国普通话推广工作汇报会,会上根据我国当时实际情况制定了推广普通话的工作方针:"大力提倡,重点推行,逐步普及。"

1958 年国家公布的《汉语拼音方案》和 1963 年公布的《普通话异读词三次审音总表初稿》,为注音识字和学习推广普通话提供了工具和依据。

1982 年,第五届人大第五次会议通过的《中华人民共和国宪法》第 19 条明确规定了"国家推广全国通用的普通话"。宪法这一规定表明学习和推广普通话既是我国一项语言政策,又是公民的一种权利和义务。

1986 年,国家教育委员会和国家语言文字工作委员会在联合召开的全国语言文字工作会议上,将普通话列为新时期语言文字工作的首要任务。

1992 年,国家把推普方针调整为"大力推行,积极普及,逐步提高",将工作重心转移到普及和提高上,在强化政府行为、扩大普及范围、提高全民普通话应用水平方面提出了更高的要求。

1994 年,国家语言文字工作委员会、国家教育委员会、广播电影电视部做出《关于开展普通话水平测试工作的决定》,并从当年开始在全国开展普通话水平测试。

1997 年,经国务院批准,国家语言文字工作委员会决定自 1998 年起,每年 9 月的第三周为"全国推广普通话宣传周"。

2000 年,全国人大常委会通过《中华人民共和国国家通用语言文字法》,确立了普通话和规范汉字作为国家通用语言文字的法律地位,推广普通话工作从此走上了法治化的轨道。

二、普通话的语音系统

(一)语音的基本概念

语音是语言的三要素之一,是语言的物质外壳,是人的发音器官发出来的具有一定意义的声音。语音具有物理属性、生理属性和社会属性,其中社会属性是语音的本质属性。

<u>音节</u>　是语音结构的基本单位,是听觉上自然感受到的最小的语音片段。一般来说,在汉语中一个汉字的读音就是一个音节,但儿化词除外。如"教",一个汉字,一个音节;"教师",两个汉字,两个音节。只有少数儿化词例外,如"花儿",是两个汉字,但是一个音节 huār。

<u>音素</u>　是对音节结构从自然属性角度分析出来的最小语音单位。普通话共有 32 个音素。在汉语中,一个音节可以由一个或几个音素构成,汉语音节最少 1 个音素,最多 4 个音素。如"啊(ā)"是 1 个音素,"教(jiào)"是 4 个音素。

根据音素的发音性质和特征,可将音素分为元音、辅音两类。

<u>元音</u>　发音时颤动声带,是气流在口腔中不受阻碍而形成的响亮的声音。普通话元音音素有 10 个:a、o、e、ê、i、u、ü、-i(前)、-i(后)、er。

这 10 个元音在构成音节时有选择性。舌尖前音-i 只与 z、c、s 拼合构成音节;舌尖后音-i 只与 zh、ch、sh 拼合构成音节。ê、er 能自成音节,不直接与辅音相拼。其他元音既能与辅音相拼,也能自成音节。

<u>辅音</u>　发音时不一定颤动声带,是气流在口腔中受到阻碍而发出的声音,大多不响亮。普通话辅音音素有 22 个:b、p、m、f、d、t、n、l、g、k、h、j、q、x、z、c、s、zh、ch、sh、r、ng。

汉语音韵学的传统分析方法把一个音节分为声母、韵母和声调三个部分。

<u>声母</u>　是汉语音节开头的辅音。音节开头如果没有辅音,就是零声母音节。普通话有 21 个声母。

<u>韵母</u>　是汉语音节中声母后面的部分。普通话有 39 个韵母。

<u>声调</u>　是音节的高低升降形式,它由音高决定。普通话有阴平、阳平、上声、去声四个声调。

如:"妈(mā)",声母是 m,韵母是 a,声调是阴平调;"藕(ǒu)"这样的音节没有辅音声母,叫作"零声母"音节。

按照发音部位和发音方法不同,普通话声母可做不同的分类,如表 2.2 所示。

表 2.2 普通话辅音声母总表

发音部位	发音方法							
	塞音		塞擦音		擦音		鼻音	边音
	清		清		清	浊	浊	浊
	不送气	送气	不送气	送气				
双唇音	b	p					m	
唇齿音					f			
舌尖前			z	c	s			
舌尖中	d	t					n	l
舌尖后			zh	ch	sh	r		
舌面音			j	q	x			
舌根音	g	k			h			

按照结构和口型分，普通话韵母可做不同分类，如表 2.3 所示。

表 2.3 普通话韵母表

按结构分	按 口 型 分			
	开口呼	齐齿呼	合口呼	撮口呼
单韵母	-i(前、后)	i	u	ü
	a	ia	ua	
	o		ou	
	e			
	ê	ie		üe
	er			
复韵母	ai		uai	
	ei		uei	
	ao	iao		
	ou	iou		

25

续　表

按结构分	按 口 型 分			
	开口呼	齐齿呼	合口呼	撮口呼
鼻韵母	an	ian	uan	üan
	en	in	uen	ün
	ang	iang	uang	
	eng	ing	ueng	
			ong	iong

（二）语音四要素

语音作为一种声音,同自然界的其他声音一样,产生于物体的振动,具有物理性质。语音同其他声音一样,具有音高、音强、音长、音色四种要素。

音高　指声音的高低,它是由发音体振动快慢来决定的。它同声带的长短、厚薄、松紧有关。音高是构成声调和语调的主要因素。

音强　指声音的强弱,它是由声波的振幅大小决定的。声波的振幅大小决定于发音时气流的强弱和共鸣的程度。音强是构成普通话轻声音节和重音的主要因素。

音长　指声音的长短,它是由发音体振动时间的长短决定的。音长是构成重音和轻声音节的重要因素。

音色　指声音的特色,它是由声波的形状决定的。发音体、发音方法不同,共鸣腔体的形状不同,音色也就不同。语音中不同音素的差异或不同的声音差异,就是音色上的区别。音色是区别意义的最重要因素。

三、普通话的学习方法

要学好普通话必须有决心和勇气,还要有恰当的学习方法。

（一）除去障碍,提高认识

学习普通话,首先得过"面子关",不能因为怕别人笑话、碍于面子而不敢开口。在学习普通话时,人们常常会产生一些思想或心理障碍。例如,某个音念走了样,顿觉难为情,从此失去勇气;某个音多念几遍仍欠标准便自认不是这块料,产生畏难情绪;因说家乡话得心应手,讲普通话缺词少语,似乎家乡话优于普通话,所以认为学不学或讲不讲普通话无所谓;等等。这些思想障碍对学习普通话有害无益。要学好普通话,必须除去障碍,提高认识,下定决心,认真学习,鼓足勇气,大胆实践。只要坚持说,就会从不熟练到熟练,再到流利、轻松,最后说出一口漂亮的普通话。

（二）找准难点,注意方法

学习普通话要讲究方法,语音、词汇、语法三方面都要学。拿方言与普通话相比较,差异最大的就是语音,因此学习普通话的困难主要在语音方面。语音上的困难又主要表现在两个方面:一是发音上的困难,即普通话里有方言里没有的音,不会发或发不好;二是正音困难,即记不住或分不清某些字词的普通话读音,因而不能纠正其方言而读出正确的普通话语音。

要克服发音上的困难,第一要学习和掌握普通话语音的基本知识。以语音知识、发音原理指导发音,既准确又省力,可以取得事半功倍的效果。能把普通话声母、韵母、声调每个音都发准,就算克服了发音困难,具备了普通话的发音能力;第二要学好《汉语拼音方案》,它是学习普通话必不可少的有效工具,应当熟练地掌握和运用这套符号为学习普通话服务;第三要掌握和利用语音的对应规律。方言和普通话之间的差异往往有比较整齐的对应规律,掌握这些对应规律后,可以成批地记忆常用字读音,提高记忆效率。

(三) 多听多说,刻苦训练

普通话是口耳之学,最终目的是要能听说标准的普通话。要改变多年养成的方言听说习惯、重新学习一种新的听说技能不是一件容易的事,除了学习系统的理论知识外,还必须多听多说、刻苦训练。多听,也就是要多听广播影视中的标准普通话,它可以培养我们良好的语感,以增强说普通话的能力。多说,就是要在公共场合尽可能地开口说普通话。只有开口说了,才能不断消灭"口不从心"的现象,才能不断提高说普通话的质量。同时还要注意把握普通话的音变、轻声、儿化及语调的变化,最终达到能熟练、自如、生动地运用普通话表达自己思想情感的目的。

第二节　普通话语音训练

一、普通话声母训练

声母是指一个音节开头的部分,可能是辅音,也可能是元音或元音的变体。各方言区的人在说普通话时既存在许多不同的难点,也存在一些共性问题,找出相应的规律,可以收到事半功倍的效果。

(一) 舌尖前音 z、c、s 与舌尖后音 zh、ch、sh

这里所说的平、翘舌音指的是 z—zh、c—ch、s—sh 三组有对应关系的舌尖音。在普通话中,平舌音和翘舌音是两套系统,区别是很严格的。有些方言将其混用,从而造成很多歧义,容易引起语音混乱,出现交际障碍。如:师长—司长　　诗人—私人　　主力—阻力　　终止—宗旨等。

1. 发音

z、c、s 是舌尖前音,又称平舌音。发音时舌尖接近或抵住上齿背。

zh、ch、sh 是舌尖后音,又称翘舌音。发音时舌尖接近或抵住硬腭前部。

现代汉语
拼音方案

这两组音的学习和区分是普通话声母训练中的重点,全国很多地方方言都不分平翘舌音。原因归纳起来主要有二:

一是发音部位靠前。有些人在发翘舌音时,舌尖对着上齿龈,这样发出的音既不是平舌音又不是翘舌音,是一种缺陷音。二是发音部位靠后。有些人在发翘舌音时,舌尖后卷或舌尖接触上颚的面积过大,这样发出的音也是一种缺陷音。

2. 区分方法

(1) 排除法。即记少不记多。普通话中,平舌音字少,翘舌音字多。在常用字范围内,平舌音字有 260 多个,翘舌音字有 620 多个,大体是 3∶7 的比例。在对应的两组平翘舌音字中,只要记住字数较少的一组平舌发音,另一组的正确发音自然也就掌握了。

(2) 类推法。即利用形声字声旁进行类推。在汉字构形中,形声字占有很大比重,在 80% 以上。利用形声字声旁的表音作用,我们可以通过记住代表字的平翘舌音来推知一批字。如:

卒(zú)——翠、碎、醉、悴、粹、淬、瘁、萃、啐等；

子(zǐ)——仔、字、籽、呀、挲、杼、秄、孜等；

申(shēn)——伸、神、审、妽、呻、绅等；

少(shào)——沙、莎、纱、砂、鲨、痧、吵、裟、挲、秒、吵、抄、炒、钞、杪等。

普通话异读
词审音表
（修订稿）

　　这条规律适用于大多数情况,但要注意一些特殊性的例外字。例如,"叟(sǒu)"是平舌音,以此为声旁的"搜、嗖、艘、馊、飕、溲"等都是平舌音,而"瘦(shòu)"却是翘舌音;"寺(sì)"是平舌音,但以此为声旁的"诗、侍、恃、峙、痔、持"等却都是翘舌音;再如"束(shù)"是翘舌音,而"速、涑、觫"等却都是平舌音。像这样的例外情况,单独记忆即可。

　　(3)声韵配合规律类推法。普通话音节由声、韵、调构成,但不是所有的声母都能同所有的韵母相配合。利用声韵配合规律也可以帮助区分一些平翘舌音字。

　　① 韵母 ua、uai、uang 只和 zh、ch、sh 相拼,不和 z、c、s 相拼。如"抓、爪、庄、装、妆、桩、壮、状、撞、幢、创、疮、窗、床、闯、双、霜"等字都读翘舌音。

　　② 韵母 ong 只可以跟声母 s 相拼,不能同 sh 相拼。如"松、宋、送、诵、颂、耸、竦、讼"等字都读平舌音。

　　③ 韵母 en 通常和 zh、ch、sh 相拼,除"怎、森、参(cēn)、岑、涔、潜"是平舌音外,其他的都是翘舌音。如"真、枕、阵、抻、陈、趁、深、神、沈、甚"等都读翘舌音。

　　区别平舌音和翘舌音字可参考表 2.4、表 2.5。

表 2.4　平、翘舌音常用字表

韵母	声调	声　　母	
		z	zh
a	阴(ˉ)	扎	扎查渣喳
	阳(ˊ)	杂砸	扎轧闸炸铡
	上(ˇ)		眨
	去(ˋ)		乍诈炸榨栅
ai	阴(ˉ)	灾栽	摘斋
	阳(ˊ)		宅择
	上(ˇ)	载宰	窄
	去(ˋ)	再在载	债寨
an	阴(ˉ)		占沾粘毡瞻
	阳(ˊ)	咱	

韵母	声调	声 母	
		z	zh
an	上(ˇ)	攒	斩盏展崭
	去(丶)	暂赞	占战站颤栈绽蘸
ang	阴(ˉ)	脏赃	张章彰樟
	上(ˇ)		长涨掌
	去(丶)	脏葬藏	丈仗帐胀涨障杖账
ao	阴(ˉ)	遭糟	招着朝昭
	阳(ˊ)	凿	着
	上(ˇ)	早枣澡蚤藻	爪找沼
	去(丶)	皂灶造燥躁噪	召兆赵照罩
e	阴(ˉ)		折遮
	阳(ˊ)	则责择泽	折哲辙
	上(ˇ)		者
	去(丶)		这浙蔗
ei	阳(ˊ)	贼	
en	阴(ˉ)		贞针侦珍真斟榛
	上(ˇ)	怎	诊枕疹
	去(丶)		阵振震镇
eng	阴(ˉ)	曾增憎	正争征症睁筝蒸怔狰
	上(ˇ)		整拯
	去(丶)	赠	正证郑政挣症怔
i	阴(ˉ)	姿资滋吱咨	之支只汁芝枝脂织蜘吱
	阳(ˊ)		执直侄值职植殖
	上(ˇ)	子仔紫姊籽滓	止只旨址纸指趾
	去(丶)	自字	
	轻声	子	

续 表

韵母	声调	声 母	
		z	zh
ong	阴(ˉ)	宗棕踪综	中忠钟终盅衷
	上(ˇ)	总	肿种
	去(ˋ)	纵	中众种重仲
ou	阴(ˉ)		舟州周洲粥
	阳(ˊ)		轴
	上(ˇ)	走	肘帚
	去(ˋ)	奏揍	宙昼皱骤咒轴
u	阴(ˉ)	租	朱珠株诸猪蛛
	阳(ˊ)	足族卒	术竹逐烛
	上(ˇ)	阻组祖诅	主煮属嘱拄
	去(ˋ)		助住注驻柱祝著铸筑贮蛀
ua	阴(ˉ)		抓
	上(ˇ)		爪
uai	上(ˇ)		转
uan	阴(ˉ)	钻	专砖
	上(ˇ)		转
	去(ˋ)	钻	传转赚撰
uang	阴(ˉ)		庄装妆桩
	去(ˋ)		壮状撞幢
ui	阴(ˉ)		追椎锥
	上(ˇ)	嘴	
	去(ˋ)	最罪醉	坠缀赘
un	阴(ˉ)	尊遵	谆
	上(ˇ)		准

韵母	声调	声 母	
		z	zh
uo	阴(⁻)	作	捉桌拙
	阳(ˊ)	昨琢	浊啄着卓灼茁酌琢
	上(ˇ)	左撮	
	去(ˋ)	作坐座做	

韵母	声调	声 母	
		c	ch
a	阴(⁻)	擦	叉差插杈喳
	阳(ˊ)		叉茶查茬碴
	上(ˇ)		叉衩
	去(ˋ)		叉岔差杈刹衩
ai	阴(⁻)	猜	拆差
	阳(ˊ)	才材财裁	柴豺
	上(ˇ)	采彩睬踩	
	去(ˋ)	菜	
an	阴(⁻)	参餐	搀掺
	阳(ˊ)	残蚕惭	单馋缠蝉
	上(ˇ)	惨	产铲阐
	去(ˋ)	灿	颤
ang	阴(⁻)	仓苍舱沧	昌猖
	阳(ˊ)	藏	长场肠尝常偿
	上(ˇ)		厂场敞
	去(ˋ)		畅倡唱
ao	阴(⁻)	操糙	抄吵钞超焯剿
	阳(ˊ)	槽曹	朝潮剿嘲
	上(ˇ)	草	吵炒

韵母	声调	声　母	
		c	ch
e	阴（ˉ）		车
	上（ˇ）		扯
	去（ˋ）	册厕侧测策	彻撤澈
en	阳（ˊ）		臣尘辰沉陈晨忱
	去（ˋ）		衬称趁
eng	阴（ˉ）		称撑铛
	阳（ˊ）	层曾	成呈诚承城乘盛程惩澄橙
	上（ˇ）		逞
	去（ˋ）		秤
i	阴（ˉ）	差	吃嗤痴
	阳（ˊ）	词辞慈祠磁瓷雌	池驰迟持匙弛
	上（ˇ）	此	尺齿耻侈
	去（ˋ）	次刺伺赐	斥赤翅
ong	阴（ˉ）	匆葱聪囱	冲充
	阳（ˊ）	从丛	虫种重崇
	上（ˇ）		宠
	去（ˋ）		冲
ou	阴（ˉ）		抽
	阳（ˊ）		仇绸酬稠愁筹畴
	上（ˇ）		丑
	去（ˋ）	凑	臭
u	阴（ˉ）	粗	出初
	阳（ˊ）		除厨锄雏橱
	上（ˇ）		处础储楚
	去（ˋ）	促醋簇	处畜触矗

韵母	声调	声母	
		c	ch
uai	阴(¯)		揣
	上(ˇ)		揣
	去(ˋ)		踹
uan	阴(¯)		川穿
	阳(ˊ)	攒	传船
	上(ˇ)		喘
	去(ˋ)	窜篡	串
uang	阴(¯)		创疮窗
	阳(ˊ)		床幢
	上(ˇ)		闯
	去(ˋ)		创
ui	阴(¯)	催摧崔	吹炊
	阳(ˊ)		垂锤捶
	去(ˋ)	脆翠悴粹	
un	阴(¯)	村	春椿
	阳(ˊ)	存	纯唇淳醇
	上(ˇ)		蠢
	去(ˋ)	寸	
uo	阴(¯)	搓撮	戳
	去(ˋ)	错挫措锉	绰

韵母	声调	声母	
		s	sh
a	阴(¯)	撒	杀沙纱杉刹砂煞
	阳(ˊ)		啥
	上(ˇ)	洒撒	傻
	去(ˋ)	飒萨	厦煞霎

韵母	声调	声 母	
		s	sh
ai	阴（ˉ）	塞腮	筛
	上（ˇ）		色
	去（ˋ）	塞赛	晒
an	阴（ˉ）	三叁	山删衫扇杉苫珊栅
	上（ˇ）	伞散	闪陕掺
	去（ˋ）	散	单扇善苫擅膳赡
ang	阴（ˉ）	丧桑	伤商
	上（ˇ）	嗓	上晌赏
	去（ˋ）	丧	上尚
	轻声		裳
ao	阴（ˉ）	搔骚臊	捎烧梢稍
	阳（ˊ）		勺芍
	上（ˇ）	扫嫂	少
	去（ˋ）	扫臊	少绍捎哨稍
e	阴（ˉ）		奢赊
	阳（ˊ）		舍折蛇
	上（ˇ）		舍
	去（ˋ）	色塞涩瑟	设社舍射涉摄赦
ei	阳（ˊ）		谁
en	阴（ˉ）	森	申伸身参深呻绅
	阳（ˊ）		什神
	上（ˇ）		沈审婶
	去（ˋ）		肾甚渗慎
eng	阴（ˉ）	僧	升声生牲笙甥
	阳（ˊ）		绳

韵母	声调	声 母	
		s	sh
eng	上(ˇ)		省
	去(ˋ)		圣胜乘盛剩
i	阴(ˉ)	司丝私思斯撕嘶	尸失师诗狮施湿虱
	阳(ˊ)		十什石时识实拾食蚀
	上(ˇ)	死	史使始驶矢屎
	去(ˋ)	四寺似饲肆伺	士氏示世市式似视柿是适室逝释誓试恃嗜
	轻声		匙殖
ong	阴(ˉ)	松	
	上(ˇ)	耸	
	去(ˋ)	宋送诵颂讼	
ou	阴(ˉ)	搜艘	收
	阳(ˊ)		熟
	上(ˇ)		手守首
	去(ˋ)	嗽	寿受授售兽瘦
u	阴(ˉ)	苏酥	书叔殊梳舒疏输蔬抒枢淑
	阳(ˊ)	俗	熟秫赎
	上(ˇ)		暑属鼠数薯黍署蜀曙
	去(ˋ)	诉肃素速宿塑缩粟溯	术束述树竖数恕庶墅漱
ua	阴(ˉ)		刷
	上(ˇ)		耍
	去(ˋ)		刷

35

续　表

韵母	声调	声母	
		s	sh
uai	阴(ˉ)		衰摔
	上(ˇ)		甩
	去(ˋ)		帅率蟀
uan	阴(ˉ)	酸	拴栓
	去(ˋ)		涮
uang	阴(ˉ)		双霜
	上(ˇ)		爽
ui	阴(ˉ)	尿虽	
	阳(ˊ)	隧遂	谁
	上(ˇ)	髓	水
	去(ˋ)	岁碎穗祟遂隧	说税睡
un	阴(ˉ)	孙	
	上(ˇ)	损笋	吮
	去(ˋ)		顺瞬
uo	阴(ˉ)	缩唆嗦梭	说
	上(ˇ)	所索锁琐	
	去(ˋ)		数烁硕

表 2.5　平、翘舌音字类推表

代表字	类推部件	类推字	例外字
zāi	栽	𢆉	哉栽载(zǎi)载(zài)栽(cái)
zàn	赞	赞	攒(zǎn)攒(cuán)
zǎo	早	早	草
	澡	喿	燥躁操噪藻臊(sāo)臊(sào)
	蚤	蚤	搔骚

代　表　字		类推部件	类　推　字	例外字
zào	造	造	糙	
zé	则	则	测侧厕恻	铡
	泽	睾	择(zé)	择(zhái)释
	责	责	啧帻	债
zēng	曾	曾	曾(céng)增赠憎僧蹭	
zī	兹	兹	滋慈磁	
zǐ	子	子	仔字籽	
zì	自	自	咱	
zōng	宗	宗	棕踪综琮(cóng)淙(cóng)粽(zòng)	崇
zǒng	总	总	聪	
zòu	奏	奏	凑揍	
zú	足	足	促	捉
	卒	卒	翠碎醉悴粹	
	族	族	簇	
zǔ	祖	且	组阻租诅粗	
zuì	最	最	撮(zuǒ)撮(cuō)	
zūn	尊	尊	遵	
zuò	坐	坐	唑座挫锉矬(cuó)痤(cuó)	
cái	才	才	材财	豺
cǎi	采	采	彩睬踩菜	
cān	参	参	惨[参(cēn)]	参(shēn)渗掺
cāng	仓	仓	苍舱沧	疮创(chuāng)创(chuàng)
cáo	曹	曹	槽遭糟嘈漕醋	
cè	册	册	侧测恻	删栅(shān)栅(zhà)珊

37

续　表

代　表　字	类推部件		类　推　字	例外字
cī	差	差	搓	差（chā） 差（chà） 差（chāi）
cí	辞	辛	宰滓	
cǐ	此	此	嘴紫雌	柴
cì	刺	朿	策枣	
	次	次	姿资瓷咨	
cōng	匆	匆	葱	
cóng	从	从	丛纵耸枞怂（sǒng）	
cuī	崔	崔	催摧	
cùn	寸	寸	村忖时	衬肘
cuò	错	昔	醋措	
sài	赛	寒	塞（sāi）塞（sài）塞（sè）	寨
sān	三	三	叁	
sǎn	散	散	散（sàn）撒（sā）撒（sǎ）	
sāng	桑	桑	嗓	
sī	司	司	饲伺词祠恫	
	思	思	腮	
	斯	斯	撕嘶	
sì	寺	寺		诗侍恃持
sōng	松	公	颂讼	
sǒu	叟	叟	搜艘嫂	瘦
sù	宿	宿	缩	
sūan	酸	夋	唆梭	
suàn	算	竹	篡	
suì	遂	遂	遂（suí）隧	

代 表 字	类推部件		类 推 字	例外字
suǒ	锁	贞	琐	
	索	索	嗦	
zhā	扎	乚	扎(zhá)轧	扎(zā)
zhà	乍	乍	炸(zhá)炸(zhà)榨窄诈	怎作(zuō) 作(zuò)昨
zhǎn	盏	戋	栈	残
	斩	斩	崭	暂惭
zhàn	占	占	占(zhān)沾粘战站毡苫(shān)苫(shàn)	钻(zuān) 钻(zuàn)
zhāng	章	章	障彰樟	
zhǎng	长	长	长(cháng)张涨(zhǎng)涨(zhàng)帐胀账	
	掌	掌	撑	
zhàng	丈	丈	仗杖	
zháo	着	着	着(zhāo)着(zhuó)着(zhe)	
zhǎo	爪	爪	爪(zhuǎ)抓	
zhào	召	召	招沼照超绍	
zhé	折	折	折(zhē)折(zhé)折(shé)哲浙逝誓	
zhě	者	者	诸猪煮著储暑署薯曙奢	
zhēn	贞	贞	侦	
	真	真	镇慎	
	珍	㐱	诊疹趁	
zhěn	枕	尢	沈忱	
zhēng	争	争	挣(zhēng)挣(zhèng)睁筝狰	
zhèng	郑	郑	掷	
	正	正	正(zhēng)征症(zhēng)症(zhèng)怔政证整惩	

39

代　表　字	类推部件	类　推　字	例外字
zhī	之	之	芝眨	
	知	知	蜘智痴	
	只	只	只(zhǐ)织职帜识(zhì)识(shí)	
	支	支	枝肢翅吱(zhī)	吱(zī)
zhí	直	直	值植置殖(zhí)殖(shi)矗	
	执	执	势挚	
zhì	至	至	致侄室窒	
zhōng	中	中	中(zhòng)忠钟肿盅衷仲冲(chōng)冲(chòng)种(zhǒng)种(zhòng)种(chóng)	
zhōu	周	周	绸稠	
	州	州	洲酬	
zhóu	轴	由	轴(zhòu)宙抽	
zhū	朱	朱	珠株蛛殊	
zhǔ	主	主	住注驻柱拄蛀	
zhù	助	助	锄	
zhuān	专	专	砖转(zhuǎn)转(zhuàn)转(zhuǎi)传(zhuàn)传(chuán)	
zhuāng	庄	庄	桩	赃脏(zāng)脏(zàng)
zhuàng	壮	丬	状装妆	
	撞	童	幢	
zhuī	锥	隹	准售谁(shuí)谁(shéi)椎稚	
zhuó	卓	卓	罩绰(chuò)焯(chāo)	琢(zuó)
	啄	豕	琢(zhuó)	
chā	叉	叉	叉(chá)叉(chǎ)叉(chà)杈(chā)杈(chà)衩(chǎ)衩(chà)	
chá	查	查	查(zhā)渣喳(zhā)喳(chǎ)碴	
	察	察	檫(chá)镲(chǎ)	擦

代 表 字		类推部件		类 推 字	例外字
chán	馋	免		搀	
chǎn	产	产		铲	
chāng	昌	昌		唱倡猖	
cháng	尝	尝		偿	
	场	昜		场(chǎng)肠畅	
cháo	朝	朝		朝(zhāo)潮嘲	
	巢	巢		剿	
chè	撤	敝		澈辙	
chén	辰	辰		晨振震唇	
chéng	成	成		诚城盛(chéng)盛(shèng)	
	呈	呈		程逞	
	乘	乘		乘(shèng)剩	
	橙	登		澄	
	丞	丞		蒸拯	
chí	池	也		驰施弛	
chǐ	尺	尺		迟昼	
chì	赤	赤		赦	
	斥	斥		拆	诉
chóng	虫	虫		触烛浊蚀	
chū	出	出		础拙苗	
chú	厨	厨		橱	
	刍	刍		雏皱煞(shā)煞(shà)	
chuǎn	喘	耑		揣(chuāi)揣(chuǎi)踹(chuài)	
chuàn	串	串			窜
chuī	吹	欠		炊	
chuí	垂	垂		锤睡捶	

代　表　字		类推部件	类　推　字	例外字
chūn	春	春	蠢椿	
chún	醇	享	淳谆	
shā	杀	杀	刹(shā)刹(chà)	
shān	山	山	讪汕疝	灿
	衫	彡	杉(shā)杉(shān)	
shàn	善	善	膳	
	单	单	单(chán)蝉阐	
	擅	亶	颤(chàn)颤(zhàn)澶(chán)	
shàng	尚	尚	赏裳常敞	
shāo	稍	肖	捎(shāo)捎(shào)稍(shāo)稍(shào)哨	
sháo	勺	勺	芍灼酌	
shǎo	少	少	少(shào)沙纱砂省抄吵(chāo)吵(chǎo)钞炒	
shé	舌	舌	适	
shě	舍	舍	舍(shè)啥	
shēn	申	申	伸神审婶呻绅	
shèn	甚	甚	斟	
shēng	生	生	牲胜甥笙	
shī	失	失	秩	
	尸	尸	屎	尿
	师	师	狮筛	
shí	十	十	什(shí)什(shén)针汁	
	石	石	硕	
shǐ	史	史	驶	
shì	市	市	柿	
	式	式	试拭	

代 表 字		类推部件	类 推 字	例外字
shì	是	是	匙(shi)匙(chí)	
	氏	氏	纸	
shòu	受	受	授	
	寿	寿	铸筹畴	
shū	叔	叔	淑	
	疏	疏	梳蔬	
	舒	予	抒墅	
shǔ	属	属	属(zhǔ)嘱	
shù	术	术	术(zhú)述秫	
	束	束	漱	速嗽
	庶	庶	遮蔗	
shuā	刷	刷	涮	
shuài	率	率	摔蟀	
shuì	税	兑	说(shuì)说(shuō)	
shuò	朔	朔	槊搠	塑溯

练 习

1. 集中练习

z—z	藏族　喷喷　贼赃　再造　早在　粽子　总则　自在　走卒　罪责　祖宗
	栽赃　自尊　造作
c—c	粗糙　仓促　猜测　层次　参差　葱翠　此次　草丛　措辞　从此　璀璨
	摧残　催促　残存
s—s	酸涩　搜索　色素　瑟瑟　诉讼　速算　僧俗　洒扫　瑟缩　松散　琐碎
	思索　四散　三色
zh—zh	着重　周转　政治　执着　纸张　装置　针织　主张　专职　种植　折中
	珍珠　战争　制止
ch—ch	除尘　长春　拆除　沉船　长城　蟾蜍　撑持　传承　充斥　惩处　乘车
	超产　车程　穿插
sh—sh	稍稍　杀手　生疏　闪烁　神圣　收拾　硕士　膳食　设施　税收　山水
	杀伤　瘦身　上升

2．对比练习

（1）字对比练习。

隧—睡	仔—纸	参—搀	最—缀	增—蒸	赠—正	尊—谆	嗓—晌
澡—找	兹—知	赞—占	村—春	惨—铲	字—挚	曹—潮	崔—吹
才—豺	洒—傻	素—树	桑—伤	瓷—驰	四—市	审—串	散—闪

（2）词语对比练习。

资助—支柱	栽花—摘花	早稻—找到	木材—木柴	擦嘴—插嘴	乱草—乱吵
死记—史记	自立—智力	赞助—站住	暂时—战时	大字—大志	一层—一成
三哥—山歌	塞子—筛子	散光—闪光	丧生—上升	超重—操纵	支援—资源
商业—桑叶	打闪—打伞	技术—寄宿	铁狮—铁丝	上树—上诉	香椿—乡村
推迟—推辞	鱼翅—鱼刺	午睡—五岁			

（3）组词对比练习。

z—zh	阻止	杂质	自转	自主	尊重	载重	自治	作者	奏章	总之	最终
	诅咒	罪证	组织	增长	遵照						
zh—z	铸造	治罪	知足	沼泽	种族	渣滓	长子	指责	振作	著作	准则
	装载	壮族	正在	职责	制造						
c—ch	操场	存储	磁场	操持	辞呈	菜场	催产	粗茶	餐车	存查	残春
	残喘	裁处	促成	彩绸	财产						
ch—c	穿刺	筹措	唱词	揣测	出操	纯粹	春蚕	唱词	除草	楚辞	储藏
	陈词	车次	成才	差错	储存						
s—sh	赛事	虽说	撒手	宿舍	丧失	扫射	损伤	扫视	随时	随身	散射
	所属	琐事	肃杀	素食	算术						
sh—s	失色	伸缩	哨所	上诉	深邃	收缩	誓死	神色	声速	申诉	上司
	神速	生涩	疏松	深思	生死						

3．绕口令

（1）舌尖前音。

做 早 操

早晨早早起，早起做早操，人人做早操，做操身体好。

字 词 丝

四十四个字和词，组成一首字词丝的绕口令。桃子李子梨子栗子橘子柿子槟子和榛子，栽满院子村子和寨子。刀子斧子锯子凿子锤子刨子尺子，做出桌子椅子和箱子。名词动词数词量词代词副词助词，连成语词诗词和唱词。蚕丝生丝熟丝缫丝晒丝纺丝织丝，自制粗丝细丝人造丝。

（2）舌尖后音。

知 道 不 知 道

知道就是知道，不知道就是不知道，不要知道说不知道，也不要不知道装知道。

学 习 时 事

史老师，讲时事，常学时事长知识。时事学习看报纸，报纸登的是时事。常看报纸要多思，心里装着天下事。

(3) 对比练习。

z—zh

红砖堆,青砖堆,砖堆旁边蝴蝶追,蝴蝶绕着砖堆飞,飞来飞去蝴蝶钻砖堆。

c—ch

紫瓷盘,盛鱼翅,一盘熟鱼翅,一盘生鱼翅。迟小池拿了一把瓷汤匙,要吃清蒸美鱼翅。一口鱼翅刚到嘴,鱼刺刺进齿缝里,疼得小池拍腿挠牙齿。

s—sh

四是四,十是十,十四是十四,四十是四十。谁能说准四十、十四、四十四,谁来试一试。谁说十四是四十,就打谁十四,谁说四十是十四,就打谁四十。

4. 诗词朗读

泊 船 瓜 洲

王安石

京口瓜洲一水间,钟山只隔数重山。春风又绿江南岸,明月何时照我还?

点 绛 唇

李清照

寂寞深闺,柔肠一寸愁千缕。惜春春去,几点催花雨。

倚遍阑干,只是无情绪。人何处,连天衰草,望断归来路。

(二) f 和 h

f 和 h 是两组不同的声母,但在方言中,有些地区根本没有 f 声母,凡是 f 声母的音节都读成 h 声母。这种情况主要集中在粤语、闽语、赣语以及湘语地区,如将"发生"读成"花生"、"废话"读成"会话"、"开发"读成"开花"等。客家方言中虽然有 f 声母,但常常把普通话 h 声母的字读成 f 声母的字,如将"花卉"读成"话费"、"救护"读成"舅父"等。有七对容易混淆:

fa—hua	fan—huan	fang—huang	fei—hui
fen—hun	feng—hong	fu—hu	

1. 发音

f 和 h 都是清擦音,发音方法相同,但发音部位不同。

f 是唇齿音,发音时下唇轻触上齿;

h 是舌根音,发音时舌面后部隆起,与软腭成阻。

2. 区分方法

(1) 利用形声字声旁进行类推。

弗(fú)——佛、拂、氟、怫、费、沸、狒、昲等;

方(fāng)——放、房、防、芳、仿、坊、纺、访、妨、舫、枋、彷等;

胡（hú）——湖、糊、蝴、葫、瑚、蝴、楜等；
皇（huáng）——煌、惶、凰、蝗、隍、篁、湟、堭、徨、喤、媓、徨等。

（2）排除法。

即记少不记多。普通话中，f声母字少，常用的有100个左右。h声母字多，常用的有170个左右。记住日常生活中使用频率较高的f声母字，就可大胆推测另一部分h声母的字了。

表2.6和表2.7分别是f声母和h声母代表字类推表，可以帮助记忆。

表 2.6 f 声母代表字类推表

代 表 字	类推部件	类 推 字
fā	发	发	发(fà) 废(fèi)
fá	乏	乏	泛(fàn)
	伐	伐	阀筏
fǎ	法	去	砝 珐(fà)
fān	番	番	翻藩幡蕃
fán	凡	凡	帆(fān) 矾 钒
fǎn	反	反	返 饭贩(fàn)
fàn	犯	卩	范
fāng	方	方	芳坊 防妨房肪(fáng) 仿访纺(fǎng) 放(fàng)
fēi	非	非	菲啡扉绯蜚霏 诽菲匪悱斐翡(fěi) 痱(fèi)
fēn	分	分	芬吩纷酚氛 汾(fén) 粉(fěn) 分份忿(fèn)
fēng	蜂	夆	峰烽锋 逢缝(féng) 缝(fèng)
	风	风	枫疯 讽(fěng)
fèng	奉	奉	俸
fū	夫	夫	肤 芙扶(fú)
fú	孚	孚	孵(fū) 俘浮
	伏	伏	袱
	福	畐	幅辐蝠 副富(fù)
	弗	弗	拂佛氟 佛(fó) 沸费(fèi)

续　表

代　表　字		类推部件	类　推　字
fǔ	甫	甫	敷(fū)　辅脯(fǔ)　傅缚(fù)
fù	付	付	符(fú)　府俯腑腐(fǔ)　附咐
	父	父	斧釜(fǔ)
	讣	卜	赴
	复	复	腹馥覆

需要个别记住的字：罚(fá)　繁樊(fán)　梵(fàn)　飞妃(fēi)　肥(féi)　坟(fén)　奋愤粪(fèn)　丰封(fēng)　冯(féng)　否(fǒu)　服(fú)　负妇阜赋服(fù)

表 2.7　h 声母代表字类推表

代　表　字		类推部件	类　推　字
hé	禾	禾	和
hóng	红	工	虹鸿　讧(hòng)
	洪	共	哄烘(hōng)　哄(hǒng)　哄(hòng)
	弘	弘	泓
hū	乎	乎	呼
	忽	忽	惚唿　囫(hú)　笏(hù)
hú	胡	胡	湖葫糊蝴瑚猢　糊(hù)
	狐	瓜	弧
hǔ	虎	虎	唬琥
hù	户	户	护沪
huà	化	化	花哗(huā)　华哗铧骅(huá)　桦华(姓)　货(huò)
huá	滑	骨	猾
huái	怀	不	坏(huài)
huán	还	不	环
	寰	睘	鬟圜
huàn	奂	奂	涣换焕痪

代　表　字	类推部件	类　推　字	
huāng	荒	荒	慌谎
huáng	黄	黄	潢磺簧
huǎng	晃	光	恍幌　晃(huàng)
huī	挥	军	晖辉　荤(hūn)　浑(hún)　诨(hùn)
	灰	灰	咴诙恢
huí	回	回	茴蛔洄　徊(huái)
huǐ	悔	每	海晦(huì)
huì	惠	惠	蕙
	会	会	荟绘烩
	彗	彗	慧
hūn	昏	昏	阍婚
hún	混	昆	馄　混(hùn)
huó	活	舌	话(huà)
huǒ	火	火	伙
huò	或	或	惑
	霍	霍	藿嚯

需要个别记住的字：轰(hōng)　宏(hóng)　壶(hú)　互怙(hù)　划(huá)　划画(huà)　淮槐踝(huái)　欢(huān)　桓(huán)　缓(huǎn)　幻宦浣患豢(huàn)　肓(huāng)　徽麾(huī)　毁(huǐ)　卉汇讳秽喙(huì)　魂(hún)　和(hé)　和(hè)　和(huó)　和(huò)　豁(huō)　获祸豁(huò)

练 习

1. 字对比练习

风—轰　　发—花　　非—灰　　分—昏　　番—欢　　方—荒　　夫—呼　　佛—活

2. 词语对比练习

幸福—姓胡	浮水—湖水	风箱—烘箱	乏力—华丽	公费—工会	分钱—婚前
船夫—传呼	防虫—蝗虫	俯视—虎视	开发—开花	花费—花卉	犯病—患病
防空—航空	发展—花展	父爱—互爱	凡是—环视	发生—花生	放荡—晃荡
富丽—互利	纷乱—昏乱	舅父—救护	步伐—不滑	浮想—胡想	附注—互助
幅度—弧度	翻腾—欢腾	废置—绘制	风传—哄传	房后—皇后	风干—烘干

附注—互助　　防风—黄蜂　　白发—白话　　复句—沪剧　　分配—婚配　　反冲—缓冲

3.成语练习

绘声绘色　　飞黄腾达　　翻云覆雨　　逢凶化吉　　返老还童　　防患未然

焕然一新　　奋发图强　　胡作非为　　翻天覆地　　呼风唤雨　　狐假虎威

飞扬跋扈　　回光返照　　风华正茂　　风云变幻

4.绕口令

肥　和　灰

门前一堆肥,门后一堆灰。肥和灰,灰和肥,不知是灰肥过灰,还是灰肥过肥。

黄凤凰和红凤凰

对门儿有堵白粉墙,白粉墙上画凤凰。先画一只粉黄粉黄的黄凤凰,再画一只绯红绯红的红凤凰。黄凤凰看红凤凰,红凤凰看黄凤凰。黄凤凰,红凤凰,两只都像活凤凰。

5.诗词朗读

雨　过　山　村
王　建

雨里鸡鸣一两家,竹溪村路板桥斜。妇姑相唤浴蚕去,闲看中庭栀子花。

如　梦　令
李清照

昨夜雨疏风骤,浓睡不消残酒。试问卷帘人,却道海棠依旧。知否?知否?应是绿肥红瘦。

(三) n、l 及 r

普通话中的 n 和 l 是对立的音位,分得很清楚。但在很多方言区中 n 和 l 是不分的。例如闽东方言的 n 声母字多以 l 代之;客家方言的大部分地区有 n、l 声母,但少部分地区无 n 声母,常以 l 代之。如将"男女"读成"褴褛"、"脑子"读成"老子"、"泥地"读成"犁地"等。

r 与 zh、ch、sh 都是舌尖后音,但在很多方言区没有 r 这个音或用别的声母代替。如客家方言、闽方言、粤方言中都没有 r 声母,常以 n 或 l 代之,如把"很热"读成"很乐";东北方言中,有些地方把 r 开头的声母读成 n、l 开头的声母。如把"扔(rēng)"读成"nēng"或"lēng","人(rén)"读成"yín"或"lén","肉(ròu)"读成"yòu";还有部分北方方言、吴方言等地区也存在发不好 r 声母的情况。

1.发音

n、l 都是舌尖中音,发音时声带都振动。

n 发音时舌尖及舌边均上举,顶住上齿龈,带动整个舌面的周围跟硬腭周围密合,软腭下降,鼻孔出气,同时振动声带。

l 发音时舌尖前端上举,顶住齿龈(不顶满),舌尖两边与硬腭的两侧保持适当的间隙,软腭上升,声带振动,气流从舌头两边透出。

r 发音时舌尖上翘,接近硬腭前部,形成窄缝,软腭上升,关闭鼻腔通道,声带振动,气流从窄缝中挤出,摩擦成声。

2. 区分方法

(1) 利用形声字声旁进行类推。

> 尼(ní)——呢、泥、妮、昵、坭、旎、伲、铌、怩、抳等;
>
> 里(lǐ)——理、埋、哩、厘、锂、狸、鲤、俚、娌、裡等;
>
> 容(róng)——蓉、溶、榕、熔、镕、瑢、俗、嫆、搈、褣等。

(2) 排除法。

① 记少不记多。在普通话中,n声母字少,l声母字多,记住 n 声母字,其余的 l 声母字就可大胆地类推了。

② 凡是声旁与 zh、ch、sh、r 有关,或与 er 韵母有关,以及与韵母"i"开头的齐齿呼零声母音节有关,普通话读 n 不读 l,用这个方法可以记住三分之一的 n 声母的字。

> 声旁读 zh、ch、sh:扭、扭、纽、粘、黏、拈、闹、尿等;
>
> 声旁读 r:恁、匿、诺、喏、溺等;
>
> 声旁读 er:你、您、耐、聂、嗳、镊、蹑、腻等;
>
> 以 i 开头的齐齿呼零声母字:拟、凝等。

练习 l 发音时,可在 l 声母的前面加一个 ge、ke 的音节,借 g、k 发音时的舌根抬高,相对限制了软腭下降,使它不便于发鼻音而容易发边音。如"各类(gè lèi)、颗粒(kē lì)"。

(3) 声韵配合规律法。

① 普通话中,r 不与 in 相拼,n 基本也不与 in 相拼。因此当一个字的韵母是 in 时,绝大多数情况这个字的声母是 l,只有"您(nín)"字例外。

② 普通话声母 r 不与 i 和 ü 开头的韵母相拼。凡是韵母以 i 或 ü 开头的字,分不清 n、l、r 时,可确定其声母不可能是 r。

③ 普通话 n、l 声母基本不与 uei(ui)和 en 韵母相拼。遇到这些韵母的字,分不清 n、l、r 时,基本上可确定其声母是 r,但"嫩(nèn)"字例外。

练习 n 发音时,可在 n 声母的前面加一个用 n 作韵尾的音节,两字连读,易于发准 n 声母。如"看那(kàn nà)""新年(xīn nián)"。

表 2.8 至表 2.10 是 n 声母、l 声母和 r 声母代表字类推表,可以帮助记忆。

表 2.8　n 声母代表字类推表

代 表 字	类推部件		类 推 字
nà	那	那	那(nā)　哪(nǎ)　娜　哪(né)　娜挪(nuó)
nǎi	乃	乃	奶
nài	奈	奈	捺

代 表 字	类推部件		类 推 字
nǎo	脑	𦈟	恼
ní	尼	尼	呢(ne) 泥呢 昵泥(nì)
nèi	内	内	呐纳钠(nà)
nǐ	你	你	您(nín)
niàn	念	念	捻(niǎn)
niáng	娘	良	酿(niàng)
niè	聂	聂	镊
niè	孽	薛	蘖
níng	宁	宁	狞拧(níng) 拧(nǐng) 泞宁(nìng)
niǔ	扭	丑	纽 妞(niū)
nóng	农	农	浓脓
nú	奴	奴	努(nǔ) 怒(nù)
nuò	懦	需	糯
nuò	诺	若	匿(nì)
nüè	虐	㕣	疟

需要个别记住的字：拿(ná) 耐(nài) 男难(nán) 囊(náng) 闹(nào) 馁(něi) 嫩(nèn) 能(néng) 拟(nǐ) 溺逆腻(nì) 年(nián) 碾(niǎn) 鸟(niǎo) 尿(niào) 镍(niè) 凝(níng) 牛(niú) 弄(nòng) 暖(nuǎn)

表 2.9 ｜声母代表字类推表

代 表 字	类推部件		类 推 字
lì	立	立	拉垃啦(lā) 拉(lá) 拉(lǎ) 粒
lá	喇	喇	辣(là) 赖癞(lài) 懒(lǎn)
luò	洛	各	落(là) 络落烙酪(lào) 露(lòu) 路露赂(lù) 略(lüè) 骆络落烙
là	腊	昔	蜡 猎(liè)
lái	来	来	莱

续　表

代　表　字	类推部件		类　推　字
lán	兰	兰	拦栏　烂(làn)
	蓝	监	篮　滥(làn)
lǎn	览	览	揽缆榄
láng	郎	郎	廊琅榔　朗(lǎng)
láo	劳	劳	捞(lāo)　唠涝(lào)
lǎo	老	老	姥
lè	乐	乐	砾(lì)
le	了	了	辽疗(liáo)　了(liǎo)
léi	雷	雷	擂蕾(lěi)　擂(lèi)
lèi	累	累	累(léi)　累儡(lěi)　骡螺(luó)
lí	离	离	璃漓篱
lǐ	里	里	理哩(lī)　厘狸(lí)　量(liáng)　量(liàng)
lì	利	利	俐莉　梨犁黎(lí)
	力	力	历荔雳励沥　勒(lè)　勒(lēi)　肋(lèi)　劣(liè)　另(lìng)　虏(lǔ)
liè	列	列	例(lì)　咧(liē)　咧(liě)　烈裂
lián	连	连	莲涟鲢　琏(liǎn)　链(liàn)
	廉	廉	镰
liǎn	脸	佥	敛殓
liàn	练	东	炼
	恋	亦	峦孪栾(luán)
liǎng	两	两	伎　俩(liǎ)　辆(liàng)
liáng	良	良	粮　狼(láng)　浪(làng)　娘(niáng)　酿(niàng)
	凉	京	亮凉谅晾(liàng)　掠(lüè)
	梁	沙	粱
liāo	撩	寮	僚撩嘹潦缭燎(liáo)　撩(liǎo)　瞭镣(liào)

代 表 字	类推部件	类 推 字
lín	林	林	淋琳 淋(lìn)
	磷	粦	鳞
lǐn	凛	禀	廪懔 禀(bǐng)
líng	凌	夌	陵菱棱 棱(léng)
lìng	令	令	冷(lěng) 怜(lián) 拎(līn) 邻(lín) 令伶铃零龄玲翎(líng) 令岭领(lǐng)
liú	留	留	榴馏瘤 溜(liū) 溜馏(liù)
	流	㐬	琉硫
liǔ	柳	卯	聊
liù	六	六	六(lù)
lóng	龙	龙	聋笼咙胧 拢垄笼(lǒng)
lóu	娄	娄	偻楼髅 搂篓(lǒu) 偻屡缕(lǚ)
lù	录	录	碌绿(lù) 碌(liù) 氯绿(lǜ)
lú	庐	户	芦炉 驴(lǘ)
	卢	卢	颅
lǚ	吕	吕	侣铝
lǜ	虑	虑	滤
lún	仑	仑	论轮伦抡沦 抡(lūn)论(lùn)
luó	罗	罗	啰(luō) 萝锣箩逻

需要个别记住的字：牢(láo) 垒(lěi) 泪(lèi) 楞(léng) 李礼(lǐ) 隶(lì) 联(lián) 亮(liàng) 料(liào) 临(lín) 吝赁(lìn) 灵(líng) 刘(liú) 绺(liǔ) 漏陋(lòu) 卤(lǔ) 旅履(lǚ) 率律(lǜ) 卵(luǎn) 乱(luàn) 捋(luō) 裸(luǒ)

表 2.10 r声母代表字类推表

代 表 字	类推部件	类 推 字
rán	然	然	燃
rǎn	冉	冉	髯(rán) 苒

续　表

代　表　字	类推部件		类　推　字
rǎng	嚷	襄	嚷(rāng)　瓤(ráng)　攘壤
ráo	饶	尧	桡娆　绕(rào)　挠铙(náo)
rén	人	人	认(rèn)
	壬	壬	任　荏(rěn)　任妊饪(rèn)
rèn	刃	刃	忍(rěn)　纫韧仞
rēng	扔	乃	仍(réng)
róng	容	容	溶熔蓉榕
	戎	戎	绒
	荣	荣	融嵘蝾
róu	柔	柔	揉糅蹂
rú	如	如	茹　汝(rǔ)
	儒	需	蠕孺嚅濡
rǔ	辱	辱	褥蓐(rù)
ruǎn	阮	元	朊
ruò	若	若	偌　惹(rě)
rùn	闰	闰	润

需要个别记住的字：染(rǎn)　让(ràng)　扰(rǎo)　热(rè)　仁(rén)　稔(rěn)　日(rì)　融茸(róng)　冗(rǒng)　肉(ròu)　乳(rǔ)　入(rù)　软(ruǎn)　蕊(ruǐ)　锐睿瑞枘(ruì)　弱(ruò)

练　习

1. 字对比练习

n—l	闹—烙	你—里	聂—列	年—连	您—林	牛—留	宁—零
	女—铝	虐—略	耐—赖	囊—狼	尿—料	脑—老	男—蓝
	娘—凉	讷—乐	暖—卵	内—类	能—棱	怒—路	挪—罗
	那—辣	您—林	南—蓝	奴—炉			
r—l	扰—老	绕—酪	热—乐	如—炉	乳—鲁	软—卵	仍—棱
	柔—楼	然—蓝	让—浪				

2. 词语练习

n—n　农奴　奶牛　南宁　泥泞　能耐　男女　年内　恼怒　呢喃

	袅娜	怩忸	内难	暖暖	哪年				
l—l	笼络	来历	磊落	玲珑	莅临	理论	力量	褴褛	留恋
	罗列	凛冽	绿林	流露	联络				
r—r	柔韧	忍让	融入	如日	柔软	柔弱	荣辱	容忍	熔融
	荏苒	仍然	嚷嚷	如若	惹人				
l—n	留念	老年	凌虐	老衲	遛鸟	利尿	老农	老牛	冷暖
	老娘	岭南	来年	烂泥	能力				
n—r	袅绕	纳入	泥人	呢绒	懦弱	内燃	拟人	难惹	宁日
	男人	内容	牛肉	粘人	内柔				
l—r	利润	礼让	蜡染	老弱	莲蓉	老人	乱扔	朗润	来日
	历任	例如	录入	路人	腊肉				
n—l	哪里	纳凉	奶酪	内涝	脑力	努力	年龄	女郎	农林
	凝练	奴隶	能量	农历	内敛				

浓重—隆重	男鞋—蓝鞋	大怒—大陆	无奈—无赖	脑子—老子
留念—留恋	女客—旅客	一年——一连	小牛—小刘	允诺—陨落
闹灾—涝灾	鸟雀—了却	男女—褴褛	泥巴—篱笆	老农—老龙
难住—拦住	水牛—水流	南宁—兰陵	大娘—大梁	烂泥—烂梨
浓重—隆重				

r—l	衰弱—衰落	乳汁—卤汁	阻燃—阻拦	入口—路口	必然—碧蓝
	利润—立论	余热—娱乐	肉馅—露馅儿		

3. 绕口令

说　日

夏日无日日亦热,冬日有日日亦寒,春日日出天渐暖,晒衣晒被晒褥单,秋日天高复云淡,遥看红日迫西山。

念　一　念

念一念,练一练,n、l 的发音要分辨。l 是边音软腭升,n 是鼻音舌靠前。你来练,我来念,不怕累,不怕难,齐努力,攻难关。

蓝布棉门帘

有座面铺门朝南,门口挂个蓝布棉门帘。摘了蓝布棉门帘,看了看,面铺面朝南;挂上蓝布棉门帘,看了看,面铺还是面朝南。

四轮大马车

门口有四辆四轮大马车,你爱拉哪两辆就拉哪两辆,小罗要拉前两辆,小梁不要后两辆,小梁偏要抢小罗的前两辆,小罗只好拉小梁的后两辆。

日头石头舌头

地下有块石头,嘴里有个舌头,手上有五个手指头。不管天上的热日头,地下的硬石头,嘴里的软舌头,手上的五指头,还是热日头、硬石头、软舌头、手指头,反正都是练舌头。

（四）j、q、x 和 z、c、s

北方方言、吴方言及湘方言区的一些人,常常把 j、q、x 发成 z、c、s,把团音(即声母 j、q、x 跟 i、ü 或以 i、ü 起头的韵母相拼)发成尖音(即声母 z、c、s 跟 i、ü 或以 i、ü 起头的韵母相拼),如把"九(jiǔ)"读成"ziǔ",其实普通话是不分尖团音的,声母 z、c、s 不能和 i、ü 或以 i、ü 起头的韵母相拼,而 j、q、x 则可以。

还有些方言区将 zh、ch、sh 与 j、q、x 混用,如把"知道(zhī dào)"读成"机到(jī dào)",把"少数(shǎo shù)"读成"小数(xiǎo shù)"。有些地方直接用 z、c、s 代替 j、q、x,如闽东方言中的大部分地区,常把"谢谢(xiè xie)"读成"sè se","细心(xì xīn)"说成"sì sīn"。

1. 发音

j、q、x 是舌面音,发音时气流从舌面的前部出来,气流摩擦的位置是舌面前和硬腭的前端,舌尖下压,放在下齿背上。

z、c、s 是舌尖前音,发音时气流从舌尖和上齿背出去,舌面不能上抬。

2. 区分方法

分辨 j、q、x 和 z、c、s 主要利用形声字声旁进行类推。如普通话中声母 x 的字有 200 多个,其中 120 多个可以利用形声字声旁类推进行记忆,如:

喜(xǐ)——嘻、禧、熹、嬉等;
先(xiān)——冼、铣、宪、姺、选、洗、酰等;
星(xīng)——醒、腥、猩、惺、煋等。

练习

1. 词语练习

j—j	加剧	究竟	拒绝	经济	倔强	疆界	焦急	进军	荆棘
	坚决	鸡精	集结	简介	击剑				
q—q	确切	崎岖	亲切	牵强	窃取	乔迁	群情	祈求	蜷曲
	请求	恰巧	强求	求全					
x—x	雄心	遐想	喜讯	虚心	喧嚣	小溪	休闲	现象	行星
	寻衅	消息	先贤	新鲜	信心				
x—j	现金	乡间	下解	戏剧	迅疾	闲居	兴建		
x—q	心情	乡亲	星期	习气	细巧	辖区	学区		
z—j	祖籍	尊敬	杂家	自己	再见	造就	总局		
j—q	假期	讲求	尽情	加强	九泉	近亲	景气		
j—x	金星	精心	减刑	酒席	景象	进修	捐献		
q—j	切近	棋局	侨眷	劝解	掐诀	千斤	求教		
q—x	谦虚	清闲	球星	前夕	浅显	全息	缺席		
j—z	简则	机组	抉择	酒糟	讲座	记载	镜子		
c—q	此前	财气	残缺	词曲	采取	瓷器	粗浅		

q—c	青草	奇才	七次	潜藏	清脆	枪刺	凄惨
s—x	苏醒	速写	私下	死心	丝线	缩小	搜寻
x—s	细碎	退思	喜色	线索	羞涩	习俗	闲散

2．zh、ch、sh和j、q、x对比练习

修饰—收拾　砖墙—专长　洗礼—失礼　交际—交织　密集—密植　边际—编制
缺席—确实　就业—昼夜　墨迹—墨汁　逍遥—烧窑　浅明—阐明　详细—翔实
电线—电扇　艰辛—艰深　姓名—盛名　获悉—获释

3．绕口令

漆匠和锡匠

七巷一个漆匠，西巷一个锡匠，七巷漆匠偷了西巷锡匠的锡，西巷锡匠偷了七巷漆匠的漆。

擒　蜻　蜓

小芹手脚灵，轻手擒蜻蜓。小青人精明，天天学钢琴，擒蜻蜓，趁天晴，小芹晴天擒住大蜻蜓。学钢琴，趁年轻，小青精益求精练本领。你想学小青还是小芹？

（五）其他情况

（1）在零声母音节前面前加辅音 n 或 ng。普通话中有一部分汉字没有辅音声母，被称为"零声母"，如"安、爱、鹅、欧"等。但在有些方言区，将零声母音节前加 n 或 ng。如北方方言区有些地方习惯在零声母音节前加 n，把"安（ān）"读成"nān"，"鹅（é）"读成"né"；而在皖西、江南一些地方习惯在零声母音节前加 ng，把"爱（ài）"读成"ngài"，"袄（ǎo）"读成"ngǎo"。

（2）送气音 p、t、k、q、ch、c 与不送气音 b、d、g、j、zh、z 的互换，如"胞、蝙、提（dī）、堤、扒、券、炽、畸、哺"等。

（3）擦音 f、h、x、sh、s、r 与塞擦音 j、q、zh、z、ch、c 的互换，如"挟、朽、酵、械、校（jiào）、摔、刹（chà）"等。

练习

1．零声母音节练习

（1）零声母辨音。

五味—妩媚　万丈—蚊帐　海岸—海难　纹路—门路
大义—大逆　傲气—闹气　文风—门风　余味—愚昧
疑心—泥心　语序—女婿　爱心—耐心　每晚—美满

（2）读准零声母字词。

阿姨　挨饿　偶尔　谣言　委婉　幽雅　友谊
忘我　无谓　扼要　压抑　沿用　演义　扬言
万般　唯物　洋溢　外围　昂扬　熬药　安稳

2．送气音与不送气音、擦音与塞擦音练习

（1）字词对比练习。

| b—p | 败—派 | 捕—谱 | 拌—盼 | 拔—爬 | 倍—配 | 毕—僻 |
| d—t | 笛—提 | 夺—驮 | 堤—踢 | 蛋—探 | 到—套 | 毒—图 |

g—k	柜—馈	规—亏	刽—愧	怪—快	姑—哭	公—空
j—q	截—茄	近—沁	集—齐	歼—千	净—庆	局—渠
z—c	凿—曹	字—刺	坐—错	在—菜	最—脆	灾—猜
zh—ch	植—迟	轴—愁	仗—唱	铡—茶	招—超	撞—创

b—p	部位—铺位	败兵—派兵	鼻子—皮子	辫子—骗子
d—t	肚子—兔子	毒药—涂药	淡化—碳化	稻子—套子
g—k	米缸—米糠	工地—空地	怪事—快事	孤树—枯树
j—q	净利—庆历	坚强—牵强	犟人—呛人	掬水—渠水
z—c	自序—次序	座位—错位	在场—菜场	大字—大刺
zh—ch	侄子—池子	直到—迟到	仗着—唱着	质子—赤子

（2）词语练习。

b—p	北平	半票	被迫	编排	逼迫	爆破	摆谱
p—b	旁边	普遍	排比	配备	拍板	屏蔽	判别
d—t	代替	地毯	动弹	独特	灯塔	电梯	地铁
t—d	停顿	糖弹	团队	特点	坦荡	态度	徒弟
g—k	公开	功课	孤苦	观看	高亢	工楷	概况
k—g	空格	看管	考古	苦瓜	凯歌	刻骨	快感
j—q	健全	佳期	嘉庆	技巧	机器	坚强	价钱
q—j	期间	千斤	清剿	情景	群居	曲剧	切忌
z—c	再次	早操	造次	杂草	字词	在此	座次
c—z	存在	刺字	才子	参赞	擦澡	操作	侧坐
zh—ch	主持	战车	支持	展翅	章程	指出	正常
ch—zh	成长	查证	车站	插针	拆账	车展	城镇

（3）绕口令（注意加点字的读音）。

白猫黑鼻子

白猫黑鼻子，黑猫白鼻子，黑猫的白鼻子，碰破了白猫的黑鼻子。白猫的黑鼻子破了，剥个秕谷皮儿补鼻子；黑猫的白鼻子不破，不必剥秕谷皮儿补鼻子。

盆 和 瓶

车上放着一个盆，盆里放着一个瓶。乒乒乓，乓乒乓，瓶碰盆，盆碰瓶，不知是盆碰坏了瓶，还是瓶碰坏了盆。

二、普通话韵母训练

韵母是汉语音节中声母后面的部分，分为单韵母、复韵母和鼻韵母三类。不同方言区在韵母方面存在的问题，主要包括以下几个方面。

（一）o 与 e

韵母 o 是圆唇元音，e 是不圆唇元音，但在东北地区、山东方言和新疆话中，习惯把 o 读成

e,如把"波(bō)、泼(pō)、摸(mō)、佛(fó)"读成"bē、pē、mē、fé"。

1. 发音

o 是圆唇元音,发音时先拢圆嘴唇再发音;

e 是不圆唇元音,发音时舌位与 o 相同,保持不动,然后展开嘴唇再发音。

2. 区分方法

声母 b、p、m、f 只与普通话韵母 o 相拼,不与 e 相拼(什么中的"么(me)"字除外),所以方言中读 be、pe、me、fe 的音节应该为 bo、po、mo、fo。

bo:波、剥、播、伯、脖、博、跛、簸、薄等;

po:坡、泊、泼、婆、叵、筐、迫、破、魄等;

mo:摸、模、磨、魔、抹、末、陌、默、墨等;

fo:佛、坲等。

此外,要弄清哪些字的韵母是 e,哪些字的韵母是 o,除了准确发音外,可以利用语音演变及普通话语音内部规律来纠正错误发音。

表 2.11 中是普通话中 o 韵母常用字词。

表 2.11　普通话中 o 韵母音节常用字词列表

普通话发音	常 用 字 词
bō	拨:拨款、拨动、调拨、挑拨 波:波长、波浪、波段、波峰、波谷、波及、波澜、波涛、波纹、波折、音波 玻:玻璃 剥:剥夺、剥削、剥离、剥蚀 菠:菠菜、菠萝 播:播种、播送、播放、广播、传播
bó	伯:伯乐、伯父、伯母、老伯 驳:驳回、驳斥、反驳、驳论 泊:停泊、漂泊、淡泊 柏:柏林 脖:脖子、脖颈儿 博:博士、博爱、博大、博得、博览会、博物馆、广博、博学 薄:薄弱、单薄、淡薄 勃:勃然、勃勃、蓬勃 舶:船舶、舶来品 渤:渤海
bǒ	跛:跛脚、跛子 簸:颠簸
bò	薄:薄荷 簸:簸箕
bo	卜:萝卜 膊:胳膊

普通话发音	常　用　字　词
pō	朴：朴刀 坡：坡地、坡度、山坡 泊：湖泊、血泊 泼：泼辣、泼妇、泼洒 颇：偏颇
pó	婆：婆婆、婆家 繁：姓繁
pǒ	叵：叵测 笸：笸箩
pò	朴：朴树 迫：迫切、迫害、迫使、被迫、强迫 破：破坏、破裂、破产、破烂、破案、破除、破格、破获、破旧、破灭、破碎、破绽、破例 破：魄力、魂魄、气魄、体魄
mō	摸：摸索、抚摸、摸底
mó	模：模范、模仿、模糊、模拟、模型、模式、模具、模特儿、劳模、楷模 膜：耳膜、膜拜、薄膜 摩：摩擦、摩登、摩托、按摩 磨：磨炼、磨难、磨损 魔：魔法、魔鬼、魔力、魔术、魔王、魔爪 摹：摹本、临摹 蘑：蘑菇
mǒ	抹：抹煞、抹黑
mò	万：万俟（姓） 末：末期、末日、末梢、末尾 没：没落、没收 抹：抹墙、转弯抹角 沫：泡沫、唾沫 脉：脉脉 漠：漠然、漠视、沙漠、冷漠、漠不关心 墨：墨水、笔墨、墨镜 默：默默、默契、默念、默然、沉默 磨：磨盘、磨坊 茉：茉莉 陌：陌生 寞：寂寞、落寞
fó	佛：佛教、佛法、佛经、佛典、佛寺、佛像、佛学

练习

1. e、uo 比较

河马—活马	骨骼—古国	客气—阔气	合口—活口
鸽子—锅子	干戈—坩埚	赫然—豁然	老歌—老郭

2. o、e 连用

薄荷　波折　刻薄　河坡　薄膜　叵测　破格　墨盒　恶魔　胳膊

3. 绕口令

哥哥弟弟坡前坐，坡上立着一只鹅，坡下流着一条河。哥哥说：宽宽的河。弟弟说：肥肥的鹅。鹅要过河，河要渡鹅。不知是鹅过河，还是河渡鹅。（分清 e、uo）

打南坡走来个老婆婆，两手托着俩笸箩。左手托着的笸箩装的是菠萝，右手托着的笸箩装的是萝卜。你说说，是老婆婆左手托着的笸箩装的菠萝多？还是老婆婆右手托的笸箩装的萝卜多？说得对送你一笸箩菠萝，说不对不给菠萝也不给萝卜，罚你替老婆婆把装菠萝的笸箩和装萝卜的笸箩送到大北坡。（分清 o、uo）

（二）-n 与 -ng

n 是前鼻音，ng 是后鼻音，在普通话语音系统中，前后鼻音韵母大多是成对的。前后鼻音韵母的问题，一般表现为相当一部分前后鼻音韵母相混或某部分缺失。有一部分集中在 en、eng，in、ing 系列上，南方方言区的人除此之外，an、ang 系列问题也比较严重。

1. 发音

-n 是前鼻音，发音部位靠前，舌根压低，舌位向前运动，舌面较宽展；

-ng 是后鼻音，发音部位靠后，软腭抬高，舌根隆起，舌尖向后收缩。

练习 -n 发音时，在 -n 韵母字的后面，加一个用 d、t、n、l 作声母的音节，两字连读。如"心得、寸头、温暖、暗恋"等，因为发音部位都是舌尖与齿龈，后面的字可引衬前字的前鼻音韵母归音准确。

练习 -ng 发音时，在 -ng 韵母字的后面，加一个用 g、k、h 作声母的音节，两字连读。如"唱歌、疯狂、动画"等，因为发音部位都是舌根，后面的字可引衬前字的后鼻音韵母归音准确。

2. 区分方法

（1）利用形声字声旁进行类推。

> 分（fēn）——份、芬、纷、酚、汾、氛、粉、忿、吩、坋、盼、扮等；
>
> 工（gōng）——功、贡、攻、汞、巩、虹、扛、杠、缸、肛、江等。

（2）声韵配合规律法。

① 韵母 ueng 不与任何声母相拼，凡是带声母的，一定是 uen 类字。如"纯、村、蹲、吞、准、尊、顺、损、论、混"等都是 uen 类字。

② 零声母音节常用字大多数是"wen"音节字，除"翁、嗡、瓮"为"weng"音节外。

③ 声母 d、t、n 不与韵母 in 相拼，只与韵母 ing 相拼；声母 d、t、n、l 一般不与韵母 en 相拼，而与 eng 相拼，常用字"嫩、扽"除外。

④ 声母 z、c、s 一般与韵母 eng 相拼，不与 en 相拼，常用字除"怎、岑、涔、森、参

（cēn）"外。

⑤ 前鼻音韵母 ün、uan 没有与其相对应的后鼻音韵母；后鼻音韵母 ong、iong 也无与其相对应的前鼻音韵母。

练习

1. -n 与 -ng 的对比练习

（1）字对比练习。

音—婴	斌—兵	沾—张	奔—崩	盆—蓬	门—盟	山—伤	班—帮
民—名	今—京	份—奉	跟—耕	信—幸	裙—穷	镇—政	勋—兄
寻—雄	频—瓶	陈—成	深—生				

（2）词语对比练习。

三叶—桑叶	反问—访问	瓜分—刮风	终身—钟声	禁地—境地	临时—零食
反问—访问	开饭—开放	心烦—心房	铲子—厂子	清真—清蒸	伸张—声张
民生—名声	信服—幸福	勋章—胸章	运费—用费	开饭—开放	和善—和尚
亲近—清净	担心—当心	烂漫—浪漫	赞歌—葬歌	天坛—天堂	一半—一磅

2. an 与 ang 的对比辨音

（1）比较。

| 担心—当心 | 烂漫—浪漫 | 赞歌—葬歌 | 三叶—桑叶 | 反问—访问 | 天坛—天堂 |
| 一半—一磅 | 开饭—开放 | 和善—和尚 | | | |

（2）连用。

| an—ang | 反抗 | 肝脏 | 南方 | 盘账 | 散场 | 担当 | 班长 | 繁忙 | 擅长 |
| ang—an | 盎然 | 档案 | 放胆 | 怅然 | 钢板 | 当然 | 傍晚 | 账单 | 方案 |

（3）绕口令。

扁担长，板凳宽，扁担没有板凳宽，板凳没有扁担长。扁担绑在板凳上，板凳不让扁担绑在板凳上，扁担偏要绑在板凳上。

张康当董事长，詹丹当厂长，张康帮助詹丹，詹丹帮助张康。

3. en 与 eng 的对比辨音

（1）比较。

| 身世—声势 | 陈旧—成就 | 诊治—整治 | 申明—声明 | 吩咐—丰富 | 木盆—木棚 |
| 瓜分—刮风 | 清真—清蒸 | 三根—三更 | | | |

（2）连用。

| en—eng | 纷争 | 深层 | 人称 | 人生 | 真正 | 真诚 | 本能 | 奔腾 | 人生 |
| eng—en | 诚恳 | 风尘 | 冷门 | 烹饪 | 省份 | 承认 | 证人 | 登门 | 成本 |

（3）绕口令。

陈是陈，程是程，姓陈不能说成姓程，姓程不能说成姓陈，禾旁是程，耳朵是陈。陈程不分，就会认错人。

老彭拿着一个盆，跨过老陈住的棚；盆碰棚，棚碰盆，棚倒盆碎棚压盆。

4. in 与 ing 的对比辨音

（1）比较。

| 人民—人名 | 不信—不幸 | 辛勤—心情 | 亲近—清净 | 红心—红星 | 金鱼—鲸鱼 |

信服—幸福　　亲生—轻声　　谈情—弹琴　　老凌—老林　　冰棺—宾馆　　频频—平平

(2) 连用。

`in—ing`　民情　禁令　金星　心病　银杏

`ing—in`　青筋　定亲　清贫　听信　行进

(3) 绕口令。

民民和明明,拾到钱包交民警。民警表扬民民和明明,请他两人都留名。民民请民警表扬明明,明明请民警表扬民民,两人争得民警弄不清,眨眼不见民民和明明。

5. ün 与 iong 的对比辨音

运费—用费　　晕车—用车　　勋章—胸章　　驯马—雄马　　因循—英雄　　应允—英勇
中旬—棕熊　　昏晕—昏庸

6. ian 与 iang 的对比辨音

(1) 比较。

险象—想象　　简历—奖励　　坚硬—僵硬　　鲜花—香花　　钳制—强制　　铜钱—铜墙

(2) 连用。

演讲　现象　坚强　岩浆　香甜　想念　量变　镶嵌

(3) 绕口令。

杨家养了一只羊,蒋家修了一垛墙,杨家的羊撞倒了蒋家的墙,蒋家的墙压死了杨家的羊。杨家要蒋家赔杨家的羊,蒋家要杨家赔蒋家的墙。

7. uan 与 uang 的对比辨音

(1) 比较。

机关—激光　　大碗—大网　　红砖—红装　　木船—木床　　新欢—心慌　　环球—黄球
专车—装车　　惋惜—往昔　　关头—光头

(2) 连用。

观光　　宽广　　关网　　万状　　端庄　　乱撞
光环　　狂欢　　双关　　狂乱　　壮观　　双管

(3) 绕口令。

王庄卖筐,匡庄卖网,王庄卖筐不卖网,匡庄卖网不卖筐,你要买筐别去匡庄去王庄,你要买网别去王庄去匡庄。

8. uen 与 ong 的对比辨音

轮子—笼子　　吞并—通病　　炖肉—冻肉　　春风—冲锋　　浑水—洪水　　吞吐—通读
一寸—依从　　水准—水肿　　理论—里弄

(三) 其他情况

(1) 以 ao 代 ou 的,如"某、眸、剖、否"等韵母都是"ou"音,而在东北地区常常错读为"ao"音。

(2) 卷舌韵母 er 发音不准确,发成"a、ao、ai、e"或加上声母"l",如"儿、而、贰、尔、耳、迩、饵、二"等。

(3) 注意 uen 和 en 的发音,如"沉沦、认准、分寸、闷棍、衬裙、人伦","文本、浑身、存根、昏沉、蠢笨、军人、春分"等。

练习

1. **字的对比练习**

| i—ü | 级—局 | 挤—举 | 离—驴 | 立—律 | 你—女 | 击—居 |
| ü—i | 许—喜 | 绿—丽 | 剧—纪 | 去—气 | 雨—蚁 | 鱼—姨 |

2. **词的对比练习**

| i—ü | 前期—前驱 | 风气—风趣 | 客气—客居 | 里程—旅程 |
| ü—i | 序曲—戏曲 | 比喻—比翼 | 渔民—移民 | 女人—拟人 |

3. **组词练习**

| i—ü | 积蓄 | 西域 | 鲫鱼 | 寄居 | 器具 | 七律 | 奇遇 | 喜剧 |
| ü—i | 渔利 | 余地 | 羽翼 | 履历 | 嘘唏 | 淤泥 | 玉器 | 聚集 |

三、普通话声调训练

声调是一个音节发音时的高低升降，是一个音节内部的音高变化现象。在汉语里，一般一个音节就是一个汉字，所以声调也叫字调。声调是汉语音节中一个重要的、不可缺少的组成部分，具有区别意义的作用。

（一）调类与调值

1. 调类

调类是指声调的种类，就是把调值相同的字归纳在一起所建立的类。普通话有阴平、阳平、上声、去声四个调类，这四个调类就是日常口语中所说的"四声"，即第一声、第二声、第三声、第四声。声调符号为"ˉ（阴平）、ˊ（阳平）、ˇ（上声）、ˋ（去声）"，调号标在主要元音上。

2. 调值

调值是指声调的实际读法，即音节高低升降、曲直长短的变化形式。普通话有四种调值，分别为阴平55，阳平35，上声214，去声51。普通话四个声调的发音特点，总的来说是一平、二升、三曲、四降。用"五度标记法"标记。

阴平是高平调，调值为55，发音时声带绷到最紧，始终无明显变化，保持声音高而平。如"春、天、花、开"。阳平是高声调，调值为35，发音时声带从不松不紧开始，逐渐绷紧，到最紧为止，声音从不低不高升到最高，收音一定要到位。如"闻、名、全、球"。上声是降升调，调值为214，发音时声带从略微有些紧张开始，立刻松弛下来，稍稍延长，然后迅速绷紧，但没有绷到最紧。即起音半低，先降后升，有一个曲折的趋势。上声的音长是四个声调中最长的，如"古、董、展、览"。去声是全降调，调值为51，发音时声带从紧开始，到完全松弛为止，声音由高到低，起音高，接着迅速下落。去声是四个声调中最短的，如"万、事、俱、备"。

（二）方言声调与普通话声调

方言声调与普通话声调有着很大的差异，一是声调种类多少不同。方言声调少的只有三类，如河北滦州话；多的有十类，如广西玉林话。方言不同，各地声调情况各不相同。二是声调读音不同。如普通话阴平是高平调，55调值，而西安话中阴平调为中降调，31调值；吉林方言中阴平调为半高平，44调值；安徽阜阳话阴平调为降升调，214调值。

1. 注意方言声调和普通话声调的区别

（1）提高调值。提高调值主要是就阴平调值和阳平调值而言。一些方言区在发阴平调时，低于普通话的阴平调值，发成半高平调（44 或 33）。而在发阳平调时，有些方言区上扬不够，上升的高度没有达到普通话的要求，读成中升调（24），有些方言区将阳平读成阴平调（55）、低平调（33 或 11），甚至还有读作中降调（42 或 21）的。

普通话阴平调值为 55，是高平调，调形平且属高平。发音时声带要绷到最紧，持续过程不能有明显变化。要注意起音的相对高度为 5，并始终保持这个相对高度，不能下滑。阳平调值为 35，是高声调，中度起点且升往最高。

（2）延长调程。延长调程是就上声而言的。一些方言区在发上声调时，调程过短，在高和低两个方向上都不到位，后扬高度不够，往往发成了降升调（212 或 213）。还有的方言区将上声调读成低升调、低平调，甚至半降调的。

普通话上声调值为 214，是降升调，发音时要突出上声先降后升、低调段稍稍延长的特点，避免与阳平混淆。

（3）降低调值。降低调值是就去声而言的。一些方言区在发去声调时，没有达到全降，发成了半降调（53 或 42），也有一些方言区将去声读成了低声调或平调。

普通话去声调值为 51，是全降调，发音时要从最高点降到最低点。

2. 注意入声字的普通话发音

入声是古代汉语的调类之一，入声字发音一般比较短促。普通话没有入声，古入声字分别归入普通话阳平、上声、去声三个声调中，其中入声字归入去声的最多，归入上声的最少。

但在南方方言中，还有些地区保留着入声调类，如闽方言区在读"突出、笔记"等词语时很容易发成短促音，即入声。这就要求依旧保留入声调类的方言区人在学习普通话时，要特别注意区分哪些是入声字，注意这些字的正确发音，对应普通话的相应声调，要读出一定的音长，不能发成短促音。

3. 常见的调类错读情况

（1）阴平错读情况。

阴错读为阳：剽窃　敷衍　胚胎　点滴　通缉　虽然　功勋　危险　夹子

阴错读为上：姓邹　鸦片　脂肪　细菌　揩油　干戈　皮肤　蝙蝠　砒霜

阴错读为去：创伤　氛围　王冠　祛除　淑女　晶莹　剔除　压缩　根茎

容易读错的
字一览表

（2）阳平错读情况。

阳错读为阴：挨饿　搽粉　疾苦　吉林　唠叨　其余　仍然　愚蠢　填空

阳错读为上：而且　辐射　符合　潜伏　溃疡　媳妇　脾胃　书声琅琅

阳错读为去：嫉妒　筵席　翘首　沿着　还有　延边　惭愧　没来　逐渐

（3）上声错读情况。

上错读为阴：针灸　坎坷　侮辱　悄然　匹配　顷刻　训诂　矫揉造作

上错读为阳：骨髓　窈窕　主意　享受　枸杞　法子　脊梁　绮丽　水浒

上错读为去：匕首　卑鄙　矩形　给予　而且　长颈鹿　哈巴狗　杀一儆百

（4）去声错读情况。

去错读为阴：恶劣　内疚　召开　勒索　字帖　痉挛　摄影　恣意　装订

去错读为阳：束缚　复习　友谊　炫耀　肆业　梵文　遂愿　瞭望　徇私

去错读为上：腹部　教诲　鲫鱼　混乱　挫折　狩猎　收讫　逮捕　包庇

练习

1. 调类练习

（1）普通话是阴平，不要错读为阳平。

例　字	读　音	例　词	例　字	读　音	例　词
埃	āi	尘埃	姑	gū	姑父
逼	bī	逼迫	稽	jī	稽查
播	bō	广播	缉	jī	通缉
剥	bō	剥夺	积	jī	积极
拨	bō	拨款	夹	jiā	夹子
出	chū	出来	浃	jiā	汗流浃背
滴	dī	滴水	皆	jiē	皆大欢喜
跌	diē	跌倒	抡	lūn	抡拳
东	dōng	东西	抹	mā	抹布
都	dōu	都来了	胚	pēi	胚胎
咄	duō	咄咄逼人	剽	piāo	剽窃
多	duō	多么	扑	pū	扑克
帆	fān	帆布	三	sān	三个
啡	fēi	吗啡	叔	shū	叔叔
敷	fū	敷衍	虽	suī	虽然
孵	fū	孵化	突	tū	突然
搁	gē	搁浅	娲	wā	女娲
估	gū	估计	蛙	wā	青蛙
危	wēi	危险	迂	yū	迂回
喧	xuān	喧哗	摘	zhāi	文摘
勋	xūn	功勋	知	zhī	知道
鸭	yā	鸭子	捉	zhuō	捉弄
邀	yāo	邀请	拙	zhuō	拙劣

（2）普通话是阴平，不要错读为上声。

例　字	读　音	例　词	例　字	读　音	例　词
蝙	biān	蝙蝠	扑	pū	扑灭
插	chā	插秧	侵	qīn	侵犯
撑	chēng	支撑	曲	qū	歪曲
戳	chuō	邮戳	踏	tā	踏实
撮	cuō	一小撮	佻	tiāo	轻佻
肤	fū	皮肤	危	wēi	危险
冈	gāng	山冈	膝	xī	膝盖
睾	gāo	睾丸	惜	xī	珍惜
割	gē	分割	息	xī	休息
戈	gē	干戈	嬉	xī	嬉笑
胳	gē	胳膊	纤	xiān	纤维
刮	guā	刮风	削	xuē	削弱
将	jiāng	将来	鸦	yā	鸦片
菌	jūn	细菌	押	yā	画押
揩	kāi	揩油	依	yī	依靠
砒	pī	砒霜	脂	zhī	脂肪
瞥	piē	一瞥	邹	zōu	姓邹
泼	pō	泼辣	殴	ōu	斗殴

（3）普通话是阴平，不要错读为去声。

例　字	读　音	例　词	例　字	读　音	例　词
伥	chāng	为虎作伥	拼	pīn	拼音
创	chuāng	创伤	姘	pīn	姘头
碉	diāo	碉堡	橇	qiāo	雪橇
氛	fēn	氛围	跷	qiāo	跷跷板

续　表

例字	读音	例词	例字	读音	例词
冠	guān	王冠	祛	qū	祛除
瑰	guī	玫瑰	淑	shū	淑女
激	jī	激烈	双	shuāng	双份
稽	jī	滑稽	司	sī	司令
间	jiān	中间	缩	suō	压缩
茎	jīng	根茎	剔	tī	剔除
晶	jīng	晶莹	吸	xī	吸收
泾	jīng	泾渭分明	压	yā	气压
苛	kē	苛刻	憎	zēng	憎恨
窥	kuī	窥视	诸	zhū	诸位

（4）普通话是阳平，不用错读为阴平。

例字	读音	例词	例字	读音	例词
挨	ái	挨饿	浑	hún	浑江
昂	áng	昂扬	珲	hún	珲春
嘈	cáo	嘈杂	吉	jí	吉林
搽	chá	搽粉	级	jí	阶级
垂	chuí	垂直	疾	jí	疾苦
从	cóng	从容	菊	jú	菊花
汾	fén	汾酒	橘	jú	橘子
焚	fén	焚毁	掘	jué	挖掘
芙	fú	芙蓉	唠	láo	唠叨
猫	máo	猫腰	唯	wéi	唯一
磐	pán	磐石	维	wéi	纤维
蓬	péng	蓬松	桅	wéi	桅杆

例字	读音	例词	例字	读音	例词
膨	péng	膨胀	袭	xí	抄袭
澎	péng	澎湃	淆	xiáo	混淆
其	qí	其余	雄	xióng	英雄
乾	qián	乾安	吟	yín	呻吟
囚	qiú	囚车	邮	yóu	邮局
仍	réng	仍然	愚	yú	愚蠢
填	tián	填空	啄	zhuó	啄木鸟
庭	tíng	法庭	卓	zhuó	卓越

(5) 普通话是阳平,不要错读为上声。

例字	读音	例词	例字	读音	例词
伯	bó	伯父	符	fú	符合
泊	bó	停泊	福	fú	幸福
箔	bó	箔片	幅	fú	幅度
舶	bó	船舶	蝠	fú	蝙蝠
偿	cháng	赔偿	辐	fú	辐射
惩	chéng	惩罚	革	gé	皮革
崇	chóng	崇高	葛	gé	纠葛
丛	cóng	丛书	国	guó	国家
雌	cí	雌雄	瘠	jí	贫瘠
得	dé	得到	节	jié	节约
的	dí	的确	结	jié	团结
蝶	dié	蝴蝶	扛	káng	扛活
而	ér	而是	琅	láng	书声琅琅
防	fáng	提防	寥	liáo	寥寥无几

例 字	读 音	例 词	例 字	读 音	例 词
榈	lú	棕榈	儒	rú	儒家
毛	máo	三毛钱	恬	tián	恬不知耻
岷	mín	岷山	调	tiáo	调皮
您	nín	您好	违	wéi	违背
扒	pá	扒肘子	吾	wú	吾辈
脾	pí	脾胃	梧	wú	魁梧
毗	pí	毗邻	媳	xí	媳妇
脯	pú	胸脯	咸	xián	咸阳
蒲	pú	蒲公英	疡	yáng	溃疡
仆	pú	风尘仆仆	舆	yú	舆论
祈	qí	祈求	值	zhí	值日
潜	qián	潜伏	植	zhí	植树
仍	réng	仍然	执	zhí	执行
蠕	rú	蠕动	职	zhí	职务

（6）普通话是阳平，不要错读为去声。

例 字	读 音	例 词	例 字	读 音	例 词
别	bié	别走	翘	qiáo	翘首
惭	cán	惭愧	啼	tí	啼笑皆非
沉	chén	沉底	毋	wú	毋庸置疑
乘	chéng	乘警	漩	xuán	漩涡
凡	fán	凡是	穴	xué	走穴
还	hái	还有	沿	yán	沿着
貉	hé	一丘之貉	筵	yán	筵席
集	jí	集合	延	yán	延边

例 字	读 音	例 词	例 字	读 音	例 词
及	jí	及格	宜	yí	不宜
即	jí	即使	仪	yí	仪表
嫉	jí	嫉妒	娱	yú	娱乐
籍	jí	国籍	逾	yú	逾期
聊	liáo	聊斋	愉	yú	愉快
没	méi	没来	逐	zhú	逐渐

（7）普通话是上声，不要错读为阴平。

例 字	读 音	例 词	例 字	读 音	例 词
揣	chuǎi	揣测	匹	pǐ	匹配
顶	dǐng	顶班	悄	qiǎo	悄然
菲	fěi	菲薄	顷	qǐng	顷刻
诂	gǔ	训诂	帖	tiě	请帖
罕	hǎn	罕见	侮	wǔ	侮辱
矫	jiǎo	矫揉造作	徙	xǐ	迁徙
灸	jiǔ	针灸	鲜	xiǎn	鲜为人知
坷	kě	坎坷	涌	yǒng	涌现
呕	ǒu	呕吐	沼泽	zhǎo	沼泽

（8）普通话是上声，不要错读为阳平。

例 字	读 音	例 词	例 字	读 音	例 词
打	dǎ	打扮	可	kě	可恶
抵	dǐ	抵触	蕾	lěi	蓓蕾
法	fǎ	法子	靡	mǐ	披靡
抚	fǔ	抚摸	杞	qǐ	枸杞

例　字	读　音	例　词	例　字	读　音	例　词
辅	fǔ	辅导	绮	qǐ	绮丽
骨	gǔ	骨气	窕	tiǎo	窈窕
浒	hǔ	水浒传	髓	suǐ	骨髓
脊	jǐ	脊梁	享	xiǎng	享受
傀	kuǐ	傀儡	主	zhǔ	主意

（9）普通话是上声，不要错读为去声。

例　字	读　音	例　词	例　字	读　音	例　词
鄙	bǐ	卑鄙	颈	jǐng	长颈鹿
匕	bǐ	匕首	儆	jǐng	杀一儆百
拟	nǐ	拟定	矩	jǔ	矩形
敛	liǎn	收敛	往	wǎng	往南走
哈	hǎ	哈巴狗	予	yǔ	生杀予夺
且	qiě	而且	崭	zhǎn	崭新

（10）普通话是去声，不要错读为阴平。

例　字	读　音	例　词	例　字	读　音	例　词
傍	bàng	傍晚	勒	lè	勒索
卞	biàn	姓卞	萨	sà	拉萨
担	dàn	担子	讪	shàn	讪笑
吊	diào	吊车	摄	shè	摄影
订	dìng	装订	涉	shè	干涉
恶	è	恶劣	肃	sù	甘肃
妇	fù	妇女	态	tài	态度

例　字	读　音	例　词	例　字	读　音	例　词
惠	huì	德惠	帖	tiè	字帖
技	jì	技术	拓	tuò	开拓
绩	jì	成绩	坞	wù	船坞
迹	jì	遗迹	肖	xiào	生肖
间	jiàn	间接	啸	xiào	呼啸
痉	jìng	痉挛	哮	xiào	咆哮
咎	jiù	咎由自取	蓄	xù	储蓄
臼	jiù	脱臼	渲	xuàn	渲染
疚	jiù	内疚	赠	zèng	赠送
克	kè	克服	召	zhào	召开
刻	kè	刻苦	恣	zì	恣意

（11）普通话是去声，不要错读为阳平。

例　字	读　音	例　词	例　字	读　音	例　词
扼	è	扼要	适	shì	适应
范	fàn	师范	室	shì	教室
泛	fàn	广泛	遂	suì	遂愿
梵	fàn	梵文	妄	wàng	妄想
负	fù	负责	炫	xuàn	炫耀
复	fù	复习	眩	xuàn	眩晕
覆	fù	覆盖	驯	xùn	驯服
附	fù	附属	迅	xùn	迅速
缚	fù	束缚	徇	xùn	徇私
害	hài	害怕	殉	xùn	殉葬
耗	hào	消耗	焰	yàn	气焰
荷	hè	负荷	异	yì	差异

续 表

例 字	读 音	例 词	例 字	读 音	例 词
候	hòu	候补	益	yì	利益
桦	huà	桦树	谊	yì	友谊
画	huà	笔画	肄	yì	肄业
瞭	liào	瞭望	喻	yù	不言而喻
媚	mèi	妩媚	蔗	zhè	甘蔗
纳	nà	出纳	浙	zhè	浙江
昵	nì	亲昵	柞	zuò	柞树

（12）普通话是去声，不要错读为上声。

例 字	读 音	例 词	例 字	读 音	例 词
隘	ài	狭隘	掠	lüè	掠夺
庇	bì	包庇	譬	pì	譬如
触	chù	接触	辟	pì	开辟
创	chuàng	创造	媲	pì	媲美
促	cù	促进	迄	qì	迄今
挫	cuò	挫折	讫	qì	收讫
逮	dài	逮捕	绕	rào	围绕
档	dàng	档次	锐	ruì	锐角
悼	dào	悼念	舍	shè	房舍
发	fà	理发	慎	shèn	慎重
阜	fù	阜新	狩	shòu	狩猎
腹	fù	腹部	踏	tà	踏步
幻	huàn	幻灯	妄	wàng	妄想
诲	huì	教诲	卫	wèi	卫生
混	hùn	混乱	悟	wù	觉悟
鲫	jì	鲫鱼	晤	wù	会晤

例　字	读　音	例　词	例　字	读　音	例　词
校	jiào	校对	向	xiàng	向导
较	jiào	比较	亚	yà	亚洲
禁	jìn	禁止	摒	bìng	摒弃
亢	kàng	亢奋	暂	zàn	暂时
抗	kàng	抗日	置	zhì	布置
勒	lè	勒令	秩	zhì	秩序
劣	liè	恶劣	质	zhì	质量

2．调值练习

（1）单音节字词。

四声顺序	妈—麻—码—骂　　瓣—白—百—拜　　哥—格—葛—各　　突—图—土—兔
阴平	微　均　租　抢　优　街　深　花
阳平	毫　贤　柴　条　徐　直　神　华
上声	满　写　旅　软　朵　稿　审　法
去声	店　换　正　劣　赵　静　慎　画

（2）双音节词语。

阴＋阴	西安	春天	哀伤	芭蕉	参差	讴歌	军官	班车
	光辉	花开	开心	丰收	江山	珍惜	攻关	清风
阴＋阳	坚决	端详	观察	资源	诙谐	依然	精华	牵连
	生活	奔流	辉煌	蹉跎	胸膛	参谋	光荣	消除
阴＋上	批准	松果	歌咏	商场	光彩	书法	包裹	先导
	稀罕	艰苦	飘洒	清早	温暖	争吵	山谷	珍宝
阴＋去	歌颂	高尚	激励	坚硬	称赞	穿越	尖锐	机智
	钦佩	生命	波浪	深刻	风暴	思念	希望	欢乐
阳＋阳	停泊	驰名	吉祥	黎明	环球	无穷	儿童	文学
	结局	严格	和平	传达	银行	蓬勃	翱翔	循环
阳＋阴	联欢	良师	黄昏	迎接	研究	传播	阳光	黄山
	长期	慈悲	集中	崇高	回家	雄姿	长江	革新
阳＋上	描写	联想	宏伟	文采	拂晓	即使	豪爽	没有
	田野	成果	博览	传统	情景	寻找	烦琐	言语
阳＋去	局势	肥沃	辽阔	程序	旋律	强壮	灼热	留恋
	逐渐	原谅	前哨	游戏	评价	融洽	权利	牢固
去＋去	大厦	荡漾	伴奏	跨越	毕业	示范	救济	固定
	热爱	创造	魅力	利润	现代	宴会	意义	事迹

去＋阴	贵宾	乐章	构思	撞击	客观	贵妃	汽车	诞生
	至今	灌输	进军	雇佣	复苏	事先	象征	用心
去＋阳	措辞	笑容	顺从	化合	富饶	召集	练习	现实
	特别	色泽	蜡梅	热情	祝福	沸腾	自由	浪潮
去＋上	隽永	自主	鉴赏	翅膀	驾驶	窃喜	进取	将领
	电脑	记者	壮美	碧海	创举	剧本	梦想	电影

（3）四音节词语训练。

同调相连

春天花开	声东击西	江山多娇	居安思危	卑躬屈膝
和平繁荣	闻名全球	含糊其词	儿童文学	洁白无瑕
理想美好	老李买伞	管理组长	猛打老虎	与你友好
变幻莫测	万事俱备	意气用事	爱护备至	对症下药

四声顺序

山明水秀	花红柳绿	山盟海誓	因循守旧
心直口快	中流砥柱	风调雨顺	深谋远虑
光明磊落	千锤百炼	雕虫小技	诸如此类

四声逆序

破釜沉舟	万马齐喑	逆水行舟	叫苦连天
墨守成规	调虎离山	一往情深	兔死狐悲
热火朝天	刻骨铭心	背井离乡	弄巧成拙
耀武扬威	大显神通	妙手回春	异口同声

四声交错

心有余悸	落花流水	卧薪尝胆	虎背熊腰
身体力行	马到成功	孤陋寡闻	鸟语花香
当机立断	班门弄斧	虚怀若谷	心领神会
望眼欲穿	挥汗如雨	花好月圆	前仆后继
生龙活虎	集思广益	名不虚传	言简意赅
耳聪目明	感激涕零	浩如烟海	豁然开朗
语重心长	苦尽甘来	画龙点睛	发愤图强

（4）绕口令。

石室诗士施氏，嗜狮，誓食十狮。施氏时时适市视狮。十时，适十狮适市。是时，适施氏适市。氏视是十狮，恃矢势，使是十狮逝世。氏拾是十狮尸，适石室。石室湿，氏使侍拭石室。石室拭，氏始试食是十狮。食时，始识是十狮，实十石狮尸。试释是事。

（赵元任《施氏食狮史》）

（5）诗词朗读。

大江东去，浪淘尽，千古风流人物。故垒西边，人道是，三国周郎赤壁。乱石穿空，惊涛拍岸，卷起千堆雪。江山如画，一时多少豪杰。

遥想公瑾当年，小乔初嫁了，雄姿英发。羽扇纶巾，谈笑间，樯橹灰飞烟灭。故国神游，多情应笑我，早生华发。人生如梦，一尊还酹江月。

（苏轼《念奴娇·赤壁怀古》）

四、普通话音变训练

汉语拼音正词法基本规则

人们在口语交流中,不是孤立地发出一个个音节,而是把许多音节组成词汇和句子连起来说,形成语流。在连续发音形成的语流中,由于相邻音节的相互影响,有些音节的读音发生了一定的变化,这就是音变。普通话音变现象主要包括变调、轻声、儿化和语气词"啊"的音变。

（一）变调

普通话的四个声调是单个音节发音时的声调。在语流中,有些音节的声调因相邻音节的声调影响会发生音高变化,这就是变调。变调分为上声变调和"一""不"变调两种。

1. 上声变调

普通话上声调值是 214,上声处在阴平、阳平、上声、去声前面都会产生变调。上声的变调规则如下。

（1）上声与非上声相连时的变调。

上声在非上声（阴平、阳平、去声、轻声）前变成半上,调值由 214 变成 21。

① 上声＋阴平。首都　解剖　北方　老师　普通　许多　冷清　紧张

② 上声＋阳平。祖国　改革　朗读　草原　考核　果然　主持　警察

③ 上声＋去声。想念　考试　本质　典范　渴望　礼貌　宝贵　挑战

④ 上声＋轻声。耳朵　伙计　尾巴　老婆　口袋　嗓子　矮子　里头

（2）上声与上声相连时的变调。

① 两上相连前变阳平,调值由 214 变为 35。

理想　美好　场景　辅导　简短　水果　海岛　懒散

② 三上相连则按语音停顿情况来变。

a. 双音节＋单音节,前两个音节都变阳平,调值由 214 变为 35。

胆小鬼　管理组　勇敢者　展览馆　演讲稿　选举法

b. 单音节＋双音节,第一个音节变成半上,调值变为 21;中间音节变阳平,调值变为 35。

冷处理　纸老虎　武厂长　小拇指　很勇敢　好领导

③ 多上相连时,按照语意和气息自然划分节拍,再按照两上、三上的变调规律进行发音。

理想/永远/很/美好。请你/给我/打点/洗脸/水。老李/请你/给我/买把/小/雨伞。

练习

1. 双音节词语练习

举止　　保险　　隐瞒　　敏捷　　也许　　影响
感慨　　美好　　组织　　挑逗　　老实　　小心

2. 多音节词语练习

手写体　　洗脸水　　老保守　　厂党委　　演讲稿　　纸老虎

2. "一""不"变调

"一"的原声调是阴平,"一"单独出现或出现在词语末尾以及表示日期或序数时读原调,如"一二三四、五分之一、十月一日、一号房间、第一"等。

"不"的原声调是去声。"不"在大多数情况下读原调,单独出现或当"不"在非去声前时不变调。

"一""不"变调规律具体如下：

（1）去声前读阳平。一个 一向 一阵 一概 不够 不怕 不必 不愧

（2）非去声前读去声。一般 一排 一两 一举 不多 不行 不想 不管

（3）夹在叠音词或动词与补语之间时读轻声。想一想 听一听 尝一尝 来不来 苦不苦 看不清

练 习

1.双音节词语练习

| 一般 | 一身 | 一幅 | 一行 | 一早 | 一盏 | 一贯 | 一夜 |
| 不高 | 不低 | 不行 | 不管 | 不想 | 不要 | 不必 | 不见 |

2.多音节词语练习

一往无前	一见如故	一朝一夕	一表人才
一成不变	一五一十	一蹴而就	一心一意
一丝一毫	一事无成	一针见血	一言为定
一帆风顺	不谋而合	不共戴天	不即不离
不可思议	不知所措	不速之客	不干不净
不毛之地	不伦不类	不翼而飞	不寒而栗
不尴不尬			

普通话水平
测试用必读
轻声词语表
（新大纲）

（二）轻声

普通话的每一个音节都有固定的声调,但在语流中,当音节连读时,有些音节失去了它原有的声调,读得又轻又短,这就是轻声。轻声是一种特殊的变调现象。

1.轻声的本质

轻声是音节形成语流后,受语流重音影响,音节长期弱发而出现的一种新的音高形式。它由阴平、阳平、上声、去声四个声调变化而来,听感上显得轻短模糊。这里的"轻",一方面指音量小,另一方面指用力小;这里的"短",一方面指音程短,另一方面指时长促。正是音强的弱小和音长的短促,造成了轻声的模糊特征。可见,轻声主要是由音强和音长决定的。

轻声的音节,很容易让人感到它在声调上的变化,因而常常被当作一个调类来认识。其实,轻声并不是四声之外的第五种声调,而是四声的一种特殊音变,即在一定条件下发得又轻又短的调子。一般地说,任何一种声调的音节,在一定的条件下,都可以失去原来的声调,变为轻声。四声都有自己固定的调值,而轻声则没有。轻声音节的音高随语流环境而变化,通常取决于前一个音节的调值。这种调值上的不固定,决定了轻声不可能成为与四声并列的一种独立调类。

2.轻声的调值

轻声是由四声弱化而来的一种特殊"调类",轻声的调值是不固定的,有的略高,有的低些,但依稀可辨。轻声调值的高低与其前面音节的声调有关,一般来说,轻声处在声调起音较高的音节后面时,调值就低;处在声调起音较低的音节后面时,调值就高;处在声调起音居中的音节后面时,调值也居中。轻声发音的最大特点是轻而短。轻声调值高低的规律大致如下：

（1）在阴平音节之后大致为半低调2度,听感上像模糊的去声。

妈妈 功夫 衣裳 跟头 折腾 清楚 叔叔 疙瘩 玻璃

（2）在阳平音节之后大致为中调3度,听感上像模糊的去声。

福气　牢骚　麻烦　粮食　泥鳅　朋友　抬举　行李　萝卜

（3）在上声音节之后大致为半高调 4 度,听感上像模糊的阴平。

姐姐　尾巴　耳朵　口袋　马虎　使唤　祖宗　老婆　眼睛

（4）在去声音节之后大致为低调 1 度,听感上像模糊的去声。

爸爸　丈夫　壮实　似的　豆腐　意思　骆驼　漂亮　扇子

3.轻声的作用

轻声的存在,可以使话语显得抑扬顿挫,有音乐美。在汉语中,有一些词,轻读与不轻读具有不同的意义,这丰富了词汇的内涵。

（1）有些轻声具有区别词义的作用。

① 地方：读 dì fāng,名词,是跟中央相对的下级行政区划,如"中央企业与地方企业";读 dì fang,名词,表示某一区域、位置、部位、部分等,如"你是什么地方的人"。

② 孙子：读 sūn zǐ,是古代的军事理论家,如"孙子兵法";读 sūn zi,名词,儿子的儿子,如"我孙子已经会走路了"。

（2）有些轻声,在区别词义的同时,也连带区别了词性。

① 编辑：读 biān jí,动词,是对资料或现成的作品进行整理、加工,如"编辑书刊";读 biān ji,名词,从事编辑工作的人,如"他是杂志社的编辑"。

② 地道：读 dì dào,名词,是在地面下掘成的交通坑道,如"通过地道转移";读 dì dao,形容词,表示真正的、纯粹的、够标准的,如"她的普通话说得真地道"。

4.轻声的判断

普通话中的必读轻声音节大都带有一定的规律性,如带有附着性（附着在别的词或语素后边）,缺乏独立性。带有规律性读轻声的词语主要有以下几种。

（1）结构助词"的、地、得"和动态助词"着、了、过"。

我的　他的　偷偷地　飞快地　睡了　好了　微笑着　去过

（2）语气词"吧、吗、呢、啊"等。

去吧　放心吧　轻吗　还早呢　谁呢　是啊

（3）名词和代词的后缀"子、头、们、巴、么"等。

桌子　帽子　兔子　被子　丫头　骨头　拳头　甜头

我们　他们　嘴巴　尾巴　哑巴　这么　怎么　什么

（4）叠音词和动词的重叠形式后面的字。

弟弟　太太　娃娃　星星　坐坐　看看　打听打听　商量商量

（5）用在名词、代词后面表示方位的语素或词。如"上、下、边、面、里"等。

山上　路上　楼上　树下　阳光下　南边　前面　里面　屋里

（6）用在动词、形容词后面表示趋向的词,如"来、去、开、起来、下去"等。

进来　出来　过去　拿去　打开　藏起来　坐下去　溜出去

（7）嵌在词语中的"一、不"。

坐一坐　想一想　看一看　去不去　好不好　穿不穿

（8）其他规律性不强,但普通话习惯上必读轻声的词语。

苗条　呵欠　粮食　好处　窗户　学问　名堂　出息

木匠　脾气　累赘　糊涂　动静　报酬　冤枉　打量

庄稼　玻璃　规矩　疙瘩　簸箕　暖和　便宜　眯缝

练 习

1.有规律的轻声词训练

屋里	底下	房子	床上	看着	跑了	馒头	我们
星星	看看	好吧	来过	过来	出去	打开	辫子
好起来	试一试	要不要	偷偷地	读一读	谈不谈		

2.必读轻声词训练

结实	戒指	精神	客气	困难	喇叭	懒得	老婆
老实	老爷	里头	力气	利落	凉快	粮食	玻璃
啰唆	萝卜	骆驼	麻烦	马虎	脾气	便宜	葡萄
学问	衙门	哑巴	胭脂	烟筒	眼睛	秧歌	养活
折腾	指甲	嘱咐	注意	伙计	机灵	家伙	漂亮
亲戚	清楚	吆喝	妖精	衣服	意思	影子	应酬
商量	少爷	棺材	官司	规矩	舒服	活泼	冤枉
运气	在乎	咱们	扎实	招呼	热闹	合同	狐狸
葫芦	见识	街坊	盘算	佩服	朋友	人家	认识
傻子	扫帚	闺女	含糊	核桃	琵琶	委屈	稀罕
吓唬	先生	名堂	名字	相声	消息	笑话	牲口
生意	师傅	石榴	实在	使唤	收拾	算计	踏实
抬举	体面	挑剔	铁匠	买卖	忙活	苗条	明白
模糊	脑袋	难为	能耐	暖和	爱人	包袱	胳膊
疙瘩	工夫	姑娘	故事	兄弟	休息	秀才	

3.绕口令,注意加点字的读音

一二三,三二一,一二三四五六七。七种果子摆七样,苹果、桃儿、石榴、柿子、李子、栗子、梨。

毛毛和涛涛,赛跑又跳高,毛毛跳不过涛涛,涛涛跑不过毛毛,毛毛起得早,教涛涛练跑,涛涛起得早,教毛毛跳高,毛毛跳高跳过了涛涛,涛涛跑步跑过了毛毛。

打南边儿来了个喇嘛,手里提着个蛤蟆,打北边儿来了个哑巴,腰里别着个喇叭。手里提着蛤蟆的喇嘛,要拿蛤蟆换哑巴腰里别着的喇叭;腰里别着喇叭的哑巴,不拿喇叭换喇嘛手里提着的蛤蟆。手里提着蛤蟆的喇嘛打了腰里别着喇叭的哑巴一蛤蟆;腰里别着喇叭的哑巴打了手里提着蛤蟆的喇嘛一喇叭。

普通话水平
测试用儿化
词语表
(新大纲)

(三)儿化

普通话的儿化现象主要由词尾"儿"变化而来。

词尾"儿"本是一个独立的音节,由于它在口语中处于轻读的地位,长期与前面的音节流利地连读而产生音变,"儿"失去了独立性,"化"到前一个音节里,只保留舌动作,使两个音节融合成一个音节,前面音节里的韵母发生了或多或少的变化,这种现象就是"儿化"。

1.儿化的本质

卷舌元音"er"是一个特殊的单元音韵母,由韵腹"e"和卷舌动作符号"r"构成,它不与任何声母拼合,只是自成音节,给"儿""而""尔""迩""耳""洱""饵""铒""二""贰"等不多的几个汉字注音。更多情况下,"er"是附在其他音节舌色彩的新韵母,这就是"儿化韵"。

在普通话的语音系统中,除了"er"本身已是卷舌韵母,"ê"不单独构成音节以外,理论上其余的韵母都可以儿化。儿化并不是简单地在韵母后面附加一个"er"音,而是一种韵母的音变。这种音变常伴随着增音、脱落、更换等语音现象。儿化的基本属性是使韵母卷舌化,在这个基础上还发生哪些变化,主要取决于韵母的发音动作与卷舌的发音动作及卷舌动作是否发生冲突,即前一个动作是否妨碍后一个动作的发生,若二者发生冲突,妨碍了卷舌动作,韵母的发音就必须有所改变。

儿化韵是一种带有卷舌色彩的韵母,它前与声母拼合,就形成了带有卷舌的儿化音节,儿化音节与其他音节结合,就构成了带有卷舌色彩的词,这就是"儿化词"。儿化词的汉字书写形式基本是在词的后面加上"儿"字,个别的也可以不必写出来,如"小孩""玩"等。它的拼音书写形式是不管词的实际发音发生什么变化,都不改变原来的拼写形式,只在后面附加一个卷舌动作符号"r"。

2.儿化的作用

儿化在有些词语里具有区别词性和词意的作用,有些儿化具有细小、轻微的意思,还有的表示说话人喜爱、亲近的感情。

(1)区别词性。

① 盖:读 gài,动词,遮掩、蒙上、印上、超过的意思,如"给种子盖上土"。

盖儿:读 gàir,名词,器物上有遮蔽作用的东西,如"玻璃瓶盖(儿)"。

② 尖:读 jiān,形容词,形容末端细小,如"把铅笔削尖了"。

尖儿:读 jiānr:名词,指物体细小的末端,如"这支铅笔没尖(儿)了"。

③ 个:读 gè,量词,用于没有专用量词的事物,如"一个人"。

个儿:读 gèr,名词,指人的身材或物体的体积,如"这种樱桃个(儿)大"。

(2)区别词义。

① 白面:读 bái miàn,名词,指面粉,如"白面馒头"。

白面儿:读 bái miànr,名词,是毒品海洛因的俗称,如"她们把白面(儿)藏在了体内"。

② 针眼:读 zhēn yǎn,名词,指一种眼疾,如"孩子长针眼了"。

针眼儿:zhēn yǎnr,名词,指针上供穿线的孔洞或被针扎过后留下的小孔,如"线拆了,针眼(儿)还在"。

(3)表示细小、轻微、可爱、亲切、委婉或蔑视、鄙视、戏谑、憎恶等感情色彩或语气。

① 表达细小、轻微、短暂的色彩。

如:针尖儿、牙签儿、棉球儿、火苗儿、雨点儿、钢镚儿、门缝儿、脚印儿、一阵儿、半截儿、差点儿、抽空儿、一会儿。

② 表达喜爱、亲切、委婉的色彩。

如:金鱼儿、小鸟儿、花篮儿、脸蛋儿、宝贝儿、媳妇儿、大婶儿、老伴儿、两口儿、大腕儿、红包儿、开窍儿、没谱儿、跑调儿。

③ 表达戏谑、轻蔑、憎恶的色彩。

如:小命儿没了。

他呀,小偷儿!

他还是光棍儿一个!

不就是个小局长儿吗!

八十来斤儿,还扛不动吗?

3.儿化韵音变时的拼写规律

(1)韵腹或韵尾是 a、o(含 ao、iao 中的 o)、e、ê(指 ie、ue 中的 e)、u 的,包括 a、ia、ua、o、uo、ao、iao、e、ie、üe、u、ou、iu 等 13 个韵母,发生显著变化,原韵母形式不变,只在词尾加卷舌动作符号"r"。如:

树杈儿	读作:shù chàr	小鸭儿	读作:xiǎo yār
鲜花儿	读作:xiān huār	泡沫儿	读作:pào mòr
小说儿	读作:xiǎo shuōr	红包儿	读作:hóng bāor
禾苗儿	读作:hé miáor	唱歌儿	读作:chàng gēr
小街儿	读作:xiǎo jiēr	木橛儿	读作:mù juér
耍猴儿	读作:shuǎ hóur	打杂儿	读作:dǎ zár

(2)韵母是 i、ü 的,儿化时韵母不变,在词尾加上"er"。如:

脸皮儿	读作:liǎn píer	玩意儿	读作:wán yìer
金鱼儿	读作:jīn yúer	孙女儿	读作:sūn nǚer
毛驴儿	读作:máo lǘer	小曲儿	读作:xiǎo qǚer

(3)韵母是舌尖前音-i(前)和舌尖后音-i(后)的,把"-i"丢掉,加上"er"。如:

字儿	读作:zèr	词儿	读作:cér
丝儿	读作:sēr	树枝儿	读作:shù zhēr
汤匙儿	读作:tāng chér	小事儿	读作:xiǎo shèr

(4)韵尾是 i、n 的,包括 ai、uai、ei、an、ian、uan、üan、en,不包括 ui、in、un、ün,儿化时去掉韵尾 i 或 n,加上儿化符号"r"。如:

小孩儿	读作:xiǎo hár	一块儿	读作:yí kuàr
老妹儿	读作:lǎo mèr	心眼儿	读作:xīn yǎr
拔尖儿	读作:bá jiār	吸管儿	读作:xī guǎr
画圆儿	读作:huà yuár	小本儿	读作:xiǎo běr

(5)上一类中排除的 ui、in、un、ün 这四个韵母的音变规律是把韵尾 i 或 n 丢掉,加上"er"。如:

麦穗儿	读作:mài sùer	干劲儿	读作:gàn jièr
齿轮儿	读作:chǐ lúer	合群儿	读作:hé qúer

(6)后鼻音韵母,包括 ang、iang、uang、eng、ing、ueng、ong、iong 八个,儿化时韵尾"ng"消失,韵腹变为鼻化元音,加上卷舌动作,实际上是把韵尾融化在鼻化元音里了(为了描写的方便,我们在鼻化元音的上面标上符号"～")。如:

叮当儿	读作:dīng da～r	药方儿	读作:yào fa～r
借光儿	读作:jiè gua～r	小熊儿	读作:xiǎo xio～r
小葱儿	读作:xiǎo co～r	茶缸儿	读作:chá ga～r

练　习

1.词语练习

把儿　　　　石子儿　　　　挑刺儿　　　　墨汁儿　　　　小曲儿

花裙儿	痰盂儿	有趣儿	电影儿	门缝儿
花瓶儿	打鸣儿	眼皮儿	小鸡儿	树枝儿
合群儿	浪花儿	山坡儿	快板儿	杂院儿
手绢儿	别针儿	锯齿儿	肚脐儿	小孩儿
一点儿	没准儿	走神儿	价码儿	老伴儿
包干儿	玩意儿	有劲儿	送信儿	今儿
带头儿	台阶儿	一块儿	打杂儿	名牌儿
加塞儿	刀刃儿	打盹儿	胖墩儿	记事儿

2. 朗读绕口令,注意加点字的读音

进了门儿,倒杯水儿,喝了两口儿运运气儿。顺手儿拿起小唱本儿,唱一曲儿,又一曲儿,练完嗓子我练嘴皮儿。绕口令儿,练字音儿,还有单弦儿牌子曲儿;小快板儿,大鼓词儿,又说又唱我真带劲儿!

有个小孩儿叫小兰儿,挑着水桶上庙台儿,摔了一个跟头捡了个钱儿,又打醋,又买盐儿,还买了一个小饭碗儿。小饭碗儿,真好玩儿,红花绿叶儿镶金边儿,中间儿还有个小红点儿。

(四)"啊"的音变

"啊"作为独立成分在句子中的时候,可以表达不同的语气。如:

啊(ā),下雪了! 　　　　　　　　啊(ǎ),这是怎么搞的?

啊(á),你说什么? 　　　　　　　　啊(à),原来是他!

当"啊"用在语句末尾,受前一个音节末尾因素影响而发生音变,具体有以下六种情况。

(1) 前一音节末尾的音素是 a、o、e、ê、i、ü 的,"啊"念作"ya",可写作"呀"。

我的妈啊(呀)! ma ya 　　　　　　谁的鞋啊(呀)! xie ya

你快说啊(呀)! shuo ya 　　　　　别生气啊(呀)! qi ya

我好渴啊(呀)! ke ya 　　　　　　要下雨啊(呀)! yu ya

(2) 前一个音节末尾的音素是 u,以及 ao、iao 中的 o 的,"啊"念作"wa",可写作"哇"。

你别哭啊(哇)ku wa 　　　　　　都来瞧啊(哇)qiao wa

真不少啊(哇)shao wa 　　　　　少喝酒啊(哇)jiu wa

快点走啊(哇)zou wa

(3) 前一音节末尾的因素是 n 的,"啊"念作"na",可写作"哪"。

快来看啊(哪)kan na 　　　　　　我好困啊(哪)kun na

快开门啊(哪)men na 　　　　　　菜挺咸啊(哪)xian na

路真宽啊(哪)kuan na 　　　　　加小心啊(哪)xin na

(4) 前一音节末尾的音素是 ng 的,念成"nga"。

地好脏啊 zang nga 　　　　　　　你快听啊 ting nga

天真冷啊 leng nga 　　　　　　　听不懂啊 dong nga

花真香啊 xiang nga

(5) 前一音节末尾的音素是-i〔前〕的,念成"za"。

戴帽子啊 zi za 　　　　　　　　　没意思啊 si za

去一次啊 ci za

(6) 前一个音节末尾的音素是-i〔后〕的,包括翘舌音 er 和儿化韵的,念成"ra"。

真没治啊 zhi ra   快来吃啊 chi ra

什么事啊 shi ra   好女儿啊 er ra

练 习

1. 读下列语句,注意"啊"的音变

(1) 她的眼睛真大啊!

(2) 她的头发真长啊!

(3) 他长得可真帅啊!

(4) 好厚的一张纸啊!

(5) 这双鞋好便宜啊!

(6) 你倒是快点啊!

(7) 这双手可真巧啊!

(8) 那是一头牛啊!

(9) 在它看来,狗该是多么庞大的怪物啊!

(10) 大约潭是很深的,故能蕴蓄着这样奇异的绿;仿佛蔚蓝的天融了一块在里面似的,这才这般的鲜润啊。

(11) 人生会有多少个第一次啊!

(12) 清晨,当第一束阳光射进舷窗时,它便敞开美丽的歌喉,唱啊唱,嘤嘤有韵,宛如泉水淙淙。

(13) 是啊,我们有自己的祖国,小鸟也有它的归宿,人和动物都是一样啊,哪儿也不如故乡好!

(14) 我仰望一碧蓝天,心底轻声呼唤:家乡的桥啊,我梦中的桥!

(15) 推开门一看,嗬! 好大的雪啊!

(16) 然而,火光啊……毕竟……毕竟就在前头!

(17) 我想张开双臂抱住她,但这是怎样一个妄想啊。

(18) 这又怪又丑的石头,原来是天上的啊!

2. 朗读片段

鸡啊,鸭啊,猫啊,狗啊,一块儿水里游啊。

牛啊,羊啊,马啊,骡啊,一块儿进鸡窝啊。

狼啊,虫啊,虎啊,豹啊,一块儿街上跑啊。

兔啊,鼠啊,大人啊,小孩儿啊,一块儿上窗台啊。

第三章　教师朗读训练

第一节　朗读概述

朗读是把文字转化为有声语言的一种创造性活动,是一门口头语言艺术,也是教学口语和一般口语的重要形式之一。对于教师来说,朗读是一项基本功。朱自清曾说:"课文内容的理解,其意义的获得一半在声音里头。"朗读是阅读的起点,是理解课文的重要手段。我国自古以来就十分注重读诵技能,"日诵万言"被视为读书的美德。

一、朗读的含义

所谓朗读,就是运用声音把书面材料清晰、响亮、富有感情地读出来,它是一种把诉诸视觉的书面语言转化为诉诸听觉的有声语言活动。朗读是一门口头语言艺术,它不是照字读音的简单过程,也不是书面材料的简单声音化,而需要朗读者进行一番再创造,创造性地还原语气,把握作品的主题和结构,运用恰当的朗读技巧,准确生动地再现文章的思想内容和艺术形象,使无声的书面语言变成活生生的有声的口头语言,使听者得到明晰的信息和艺术享受,引起共鸣,激起感情。

朗读是读,但又不是一般的读,它是用各种语言表达手段高标准地传情达意地读。朗读也不同于朗诵,朗诵是艺术表演形式,除语言形式较为夸张、节律起伏比较大外,往往要借助眼神、表情、手势等体态语言来强化表达效果,有时还要运用灯光、布景、配乐等手段渲染气氛。朗读是宣传、教学形式,在强调要对生活语言加以提炼的同时,又要求表达要尽可能接近真实、自然的生活语言。

二、朗读的作用

朗读是一项基本功。成功的朗读,不仅可以帮助人们"正音""练声"及训练听辨能力,提高人们的"用声水平",同时能帮助人们有效地运用多种语音形式和手段准确、鲜明、形象地再现作品的思想内容,从而打动听众,帮助听众正确理解作品内容。

(一) 朗读有利于深入体会文字作品

文字作品是诉诸视觉的,朗读时需要认真领会、准确地表达文字作品的思想内涵和精神实质,因此就需要反复体味、反复读,这样才能对文字作品有更深的理解、更深的感受。同时,由于朗读者的再创造,可以使听者比看文字作品体味更深,从而获得更大的美感享受。

朱熹的《朱子训学斋规》提道:"余尝谓读书有三到,心到、眼到、口到。"朱熹从背诵的要求指出:"心不在此,则眼不看仔细,心眼既不专一,却只漫浪诵读,决不能记,记不能久也。三到之中,心到最急。心既到矣,眼口岂不到乎?"强调朗读时"心到"的重要性,即对文字作品要用心思索、用心体会。同时,对自己朗读的作品要用心品味、用心理解。叶圣陶先生从教学的角度,在更深的意义上提出:"令学生吟诵,要使他们看作一种享受,而不看作一种负担。一遍比一遍读来入调,一遍比一遍体会亲切,并不希望早一点能够背诵,而自然达到纯熟的境界。抱着这种享受的态度是最容易得益的途径。"循着这种途径进行朗读,可以进入更自觉的境界,可以使体会更深入,使表达更准确,使广大听众获得更大的美感享受。

(二)朗读有利于提高语言表达能力和发挥语言的感染力

文字作品的深入体味,为有声语言的运用奠定了基础,为用有声语言表现文字作品的思想性、艺术性提供了依据。朗读者只有具备一定的表现力,才有可能把对作品的理解感受形之于声。因此,朗读包含对语言表现力的要求,如形象性、逻辑性、丰富性、层次感、主次感、对比感等,这些都要体现在有声语言中。同时,语言文字有感染人的力量,而当把这些文字作品变成有声语言的时候,这种感人的力量就更加强烈。饱含着朗读者深刻体味、独特感受,富有魅力的朗读语言,可以使听者心领神会,获得美的享受。

朗读者进行朗读,听者听别人朗读,都是一种高尚的精神享受,都需要具有一定的语言艺术素养和造诣。这不但包含从文字语言到有声语言的转变能力,从有声语言推及文字语言的判断能力,还包含深广的学识、熟练的技巧,更包含语言的感受力和对语言完美的鉴赏力。因此,重视朗读,学习朗读,对每一个人都是十分必要的。

(三)朗读有利于促进语言规范化

朗读是推广普通话的重要形式,是达到语言规范化的主要途径。学习朗读的过程,同时也是学习普通话的过程。坚持用普通话朗读,有利于综合运用声、韵、调、音变等语音知识,巩固语音学习成果。有利于消除方言干扰,促使口语语音规范化。朗读是由读到说的重要桥梁,口语表达能力的各个方面,如说话、演讲、论辩、解说、导游、洽谈、调解、节目主持等,都离不开朗读基本功。不学习普通话,不掌握普通话,就不是一个合格的朗读者。而学习朗读的过程,就是学习普通话的过程,通过朗读学习普通话,是非常有效的方法。

三、朗读的基本要求

朗读作为人类言语表达行为的重要形式之一,是一项再创作活动。因而,它不是简单机械地单纯念字、见字发音,也不是没有重音、没有情感变化、念经式地读,而是在语音规范的基础上更丰富、更完美地读。朗读的基本要求是熟练地掌握普通话,吐字准确、清晰,语调自然、流畅,速度适中。朗读的高层次要求是恰切的思想感情与尽可能完美的语言技巧的统一,体裁风格与声音形式的统一,以准确、鲜明、生动的普通话传达出作品的精神实质。

(一)发音准确

发音准确是指熟练掌握普通话,做到发音时声母、韵母、声调准确到位,音节完整,读音准确。读准字音是朗读最基本的要求,但要真正掌握每个字的正确读音并不容易。读准字音包括两个层面的含义:一是在音节层面把字音发对;二是在声、韵、调层面把字音发准。前者主要依靠平时的积累,遇到生字可以查字典解决,后者与一个人的语言环境、语言习惯有关,容易受到忽视。

(二)吐字清晰

吐字清晰,即强调发音的清晰度,要克服口齿不清、吐字含混、声音低弱等不良倾向,要注意吐字归音的训练。朗读不仅要发音准确,而且要吐字清晰,归音正确。朗读最终是给别人听的,如果吐字不清、发音模糊,就会影响朗读效果。要想把每一个字都发得圆润饱满,必须进行吐字归音训练。吐字是对字头和字颈的发音要求,归音是对字腹尤其是字尾的发音要求。吐字归音总的要求是:咬住字头和字颈,发响字腹,收全字尾。

(三)传情达意

朗读是书面语言转为有声语言的再创作过程,仅仅满足于字音准确和清晰是远远不够的。理解是朗读的前提。朗读前,必须充分理解并深刻领会作品,感受作品的内容和形式。朗读者必须从全篇着眼,正确分析理解文章的内容,深刻领会思想感情的发展脉络,加深感受,产生真实的情感和鲜明的态度,然后通过富有感染力的声音,准确、生动地再现文章的思想内涵,加深听者对文章的理解,引起共鸣。正确理解作品是传情达意的基础,恰当运用声音的表现技巧,又是传情达意的先决条件,因为构成思想感情的语言因素是靠声音来实现的,只有朗读者的声音表现技巧和真情实感相配合,朗读才能做到以声传情、情中带意,进入声情并茂的境地。

(四)自然流畅

朗读语言虽然强调对生活语言加以提炼,但也要求尽可能接近真实自然的生活语言。语言运用一定要注意严谨规范,质朴无华。运用朗读语言要切忌走两个极端:一是语言过于渲染和夸张,矫揉造作,拿腔作调,给人感觉是"舞台腔""朗诵腔"。二是语言过于平淡无味,照字读音,无升无降,给人感觉是"念书腔""念经腔"。朗读语言还要求流利顺畅、连贯、快慢得当。流畅包括不割裂语意,不结结巴巴,不丢字、增字,不颠倒,不回读等。不能读破词语、读破句子,不能一字一拍地读、断断续续地读。朗读时速度的快慢是由作品的内容和体裁决定的,随着作品的情感起伏而改变语速是必需的,但要注意快慢适中。

四、朗读和朗诵的区别

朗读和朗诵是两个概念,二者之间虽然有很多不同,但二者的关系极为密切,基本要素是一致的,它们都是把书面语言转换为口头语言的过程,也就是说它们都是自觉地运用有声语言技巧对书面语言进行技艺性加工,把视觉符号(汉字)转化为听觉形象(语音),准确、生动地表现书面语言所表达的思想感情的言语创作活动。朗读和朗诵的区别也是很明显的,朗诵的文本仅限于文学作品,朗读则可以是任何文体;朗读是一种实用的言语信息传递活动,而朗诵就其最典型的形态来看则属于表演艺术的范畴。朗读和朗诵既是教育教学的重要形式和手段,也是语文教学、审美教育的重要内容。朗读是朗诵的基础,朗读的基本要求和表达方法一般来说都适用于朗诵。朗诵和朗读的区别主要有以下几点:

(1)朗诵的文体范围比朗读小。朗诵在选材上一般只限于文学作品,而且只有辞美、意美的作品才适合朗诵;而朗读则涵盖各种文体。当然,如果二者的对象都是文学作品,其区分度很小。

(2)对表达主体语音质量的要求和期待不同。人们对朗诵采取的是审美态度,除了对情感表达、艺术情境渲染的需求外,还对语音形式有很高的审美期待,因此朗诵者的语音应该标准纯正、富有美感和特色。很多情况下单是优美、动听的声音就会取得很好的表演效果。人们对朗读采取的是获取信息的实用态度,因此人们对朗读的语音要求一般只是比较标准、清晰、响亮即可。

(3)出于艺术情境渲染的需要,朗诵的语势、重音、停顿以及声音的高低、强弱等对比性要素变化幅度一般很大,而且特别讲究韵律感和节奏感,具有较强的音乐性。它带给听者的是情感共鸣,追求的是使听众听之入耳、听之入心、听之动情的艺术感染;而朗读虽然也讲究抑扬顿挫,但只要注意语意清楚、舒缓不迫、字字分明就行,语音形式变化不必太大。在这个意义上,可以说朗读是朗诵的初级形式。

（4）朗诵运用的手段比朗读要多。朗诵过程中强调形体、态势、表情、眼神,和其他一些辅助手段,如化妆、灯光、舞台布景等的和谐统一、协调配合,以达到强化感染效果的目的。因为要考虑到朗诵的艺术效果,所以朗诵经常需要脱稿背诵表达,一般情况下均要求使用标准语,但为了表现个性化,也可以使用方言;而朗读则不然,朗读只是一般的有声活动,它无需有声语言之外的其他辅助手段,也无须背诵,一般照着文本念即可。同时,朗读要使用普通话去读,不可以使用方言。

（5）从本质上说,朗诵是一种表演艺术,多用在舞台和文娱活动之中;朗读则是一般的言语交际活动。朗诵要求表演者进入特定角色,朗读时朗读者和朗读内容则保持一定距离。

第二节　发　声　方　法

在日常生活中,人们仅仅依靠声带讲话的情形实际上是不存在的。声带发出的声音既小又不优美,只有在气息的推动下,经过各共鸣腔体扩大音量、美化音色之后,再传出体外的声音才优美动听。因此,发声方法包括用气发声、共鸣控制和吐字归音三个方面。

一、用气发声方法

韩愈曾说过:"气,水也;言,浮物也。水大而物之浮者大小毕浮。气之与言犹是也,气盛则言之短长与声之高下者皆宜。"可见气是声之源,呼吸是发声的动力,只有气息充足,声音才能洪亮、持久。语言艺术界的老前辈们常常用这样一句话来概括气息与发声之间的关系——声乃气之帅,气乃声之源。要想取得好的口语表达效果,除了要有标准的普通话发音外,还需要掌握呼吸与发声的一般规律,要学会控制气息,掌握好呼吸与换气的技巧。

（一）常见的呼吸方式

1. 胸式呼吸

胸式呼吸主要靠胸部的扩张和收缩完成。呼吸多集中在肺的上部和中部,肺的下部运动较小。其表现为:吸气时双肩上抬,气息吸得浅。因此胸式呼吸又称浅式呼吸法、肩式呼吸法、锁骨式呼吸法等。胸式呼吸是成人常用的呼吸方式,吸进的气流充塞于上胸部,实际吸气量比可能吸气量小得多。又因难以控制,势必束紧喉头以控制气息外流,因而造成声音挤压、粗糙、有杂音,甚至损坏声带。

2. 腹式呼吸

腹式呼吸靠横膈膜上下移动实现。吸气时横膈膜会下降,腹部明显膨胀;呼气时横膈膜上升,能帮助吐出滞留在肺底部的二氧化碳。与胸式呼吸相比,腹式呼吸吸入的气息深些、气流量大些。但从总体上看,吸进的气量少且弱,不能控制,声音无力,不能持久。

3. 胸腹联合式呼吸

胸腹联合式呼吸,可以全面扩张胸腔和腹腔的容积,吸气量大,也具有一定的厚度,容易产生坚实明亮的音色。这种呼吸方式较前两种有明显的优势,被用于形式多样的语言表达艺术中,在实际发声时,这种呼吸方式的好处十分明显。首先,在吸气时,调动了胸腔、腹腔,使呼吸活动范围增大、能吸入更多的气流,有利于增强声音的弹性。其次,还可以操纵和支持声音,为气息均衡、平稳地呼出提供条件。因此,胸腹联合式呼吸是语言表达时最佳的呼吸方法。具体方法是:

吸气　第一步:先用叹气的方法,将体内废气排空。

　　　第二步:收腹挺胸,双臂自然下垂,做好吸气前的准备。

　　　第三步:深吸气,吸到肺底,吸满,两肋打开,吸气时肩膀自然下沉不耸起,腰直立。由于吸入气流较多,腹腔略隆起,气息集中于"丹田"位置。所以,人们也经常会用"气沉丹田"来形容胸腹联合式呼吸的吸气状态。

呼气　呼气时,吸气肌肉群仍要持续工作,用两肋展开和小腹内收"拉住"呼出的气流,一点一点慢慢释放,有控制地将气流均匀、平稳地呼出。在语言表达中,一口气的发声一般应持续 30 秒以上。

吸气要领是全身放松,吸入气流。吸气要吸到肺底,做到快、静、深,是一种深吸气。体会吸气要领时,应先将体内余气用叹气法全部呼出,再自然吸气,此时才容易体会到将气吸到肺底的感觉,否则易成为胸式呼吸;呼气的过程是使用的过程,要求具有一定的控制能力,做到匀、缓、稳。

(二)气息补充训练

一个人无论肺活量有多大,都不可能将所读的内容一口气读完。朗读时适当地补充气体,这是人的生理需要,也是表情达意的需要。气息补充的方式常用的有换气、偷气、抢气等。换气主要用于语句之间和段落之间的气息补充,偷气、抢气多用在语句之内的气息补充,也可以用在语句之间补充气息。气息的补充与调整要做到轻巧无声,不费力,无杂音,给人以轻松、自然、流畅之感。

1. 换气

换气就是说完一个语言片段(通常是一个分句或一个句子)后,自然从容地换一口气的气息补充方式。这是补气时间最长、补气量最多、补气最从容的一种补气方式。它一般用于有较大停顿的地方,如分句之间、句子之间和段落之间的停顿。

2. 偷气

偷气是一种短时无声吸气的气息补充方式,其特点是以极隐蔽的方式,不为人察觉地迅速进气。偷气的要领在于保持气息畅通的同时,腹肌在一瞬间的松弛后进气。偷气常用在句中或句尾顿挫、连接的空隙需要小量补气处和紧凑的句首补气时。偷气时动作要快,小腹一吸,两肋一张,口鼻吸气,迅速补足,同时要做到自然轻松,字断气连,巧妙无痕。

3. 抢气

抢气是用在句中或句子之间的急促吸气方式,其特点是在情感和内容表达需要时,如表现某种紧急情况或强烈情绪,不顾及有没有吸气的杂音,明抢一口气。

换气用"∨"表示,偷气用"∧"表示,抢气用"/"表示。例如:

同学们,∨今天我们学习∧现代著名诗人徐志摩的代表诗作∧《再别康桥》,∨先请大家听听∧由著名表演艺术家孙道临朗诵的∧《再别康桥》。

再如古华的《芙蓉镇》:

天还没有亮，∧正是妖魔横行的时刻，∨这里/却闪出了人间一丝光明，∨它呼唤着人的信念、尊严，/珍惜着人的抚爱、同情。∨终于从地球上站起来的人类，/历经漫长岁月，∧万千年后的今天，∧人们还在为坚持站立∧遭受劫难。∨也许四肢着地∧会更稳当。

（三）呼吸控制训练

1. 慢吸慢呼

保持正确的呼吸状态，慢吸到八成饱，然后以每秒一个字的速度练习。刚开始练习时，不要追求数字的多少，重点在练呼吸发声的控制力。通过一段时间的训练，呼吸的控制力强了，数得数自然就多了。同时，还可以练习唱舒缓的歌曲，体会在腹肌的强控制下，气息的婉转变化，延长呼气发声的能力。

2. 快吸慢呼

这是实际操作中最常见的呼吸方法。快吸时，要保持"两肋打开，肩沉不耸、腰部直立"的基本状态。呼气时，平均分布在每字上的气流量越小，一口气能说的字就越多。

3. 快吸快呼

吸气时，就像不经意间突然发现远处有你要找的人，准备喊他时的状态，张嘴的瞬间气息即刻到位。呼气时虽快，但也要注意控制，觉得气息好像被"拽着"。要急而不促、快而不乱、长而不喘。训练快吸快呼，可以在语速较快的表达中，在不影响整体表达效果的前提下实现偷换气。

二、共鸣控制方法

气息是发声的动力，也是共鸣的基础。声带本身发出的声音是很微弱的，必须借助于共鸣器官，才能扩大音量，美化音色。人类发声的共鸣器官，在喉以上有喉腔、咽腔（喉咽、口咽、鼻咽）、口腔和鼻腔；在喉以下有气管、胸腔。人的共鸣器官有些是可调节的，如喉腔、咽腔、口腔；有些是不可调节的，如鼻腔，其中口腔的变化最灵活。这些共鸣器官中，最主要的是口腔、鼻腔和胸腔。朗读时以口腔共鸣为主，辅之以鼻腔和胸腔共鸣，三种共鸣相辅相成，浑然一体。"以口腔为主，三腔共鸣"。

（一）口腔共鸣

口腔是发声过程中运动最灵活、最复杂的腔体，是人体最主要的共鸣腔体。口腔共鸣对于发声至关重要。没有口腔的活动就不可能产生言语声音；不适当发挥口腔共鸣的作用，就不可能使字音圆润动听；没有口腔共鸣，喉腔、咽腔共鸣以至鼻腔、胸腔共鸣就无从发挥其效用。要使口腔在发声过程中处于积极的状态，一般要打开牙关，提起颧肌，挺起软腭，放松下巴。同时强调各咬字器官的力量集中，尤其是唇、舌力量的集中，舌位要准确，动程要流畅、完整。口腔共鸣的作用是使声音丰满、圆润，富有弹性。

（二）鼻腔共鸣

鼻腔共鸣要适度。鼻腔共鸣的特点是使声音洪亮、高远，有振荡感。鼻腔共鸣主要在发鼻辅音时效果明显，在实际操作中，鼻腔共鸣宜饱满适度，要注意区分鼻音与非鼻音，要适度使用鼻腔共鸣，避免气流过多地由鼻腔流出而出现鼻音过重的现象，这样会大大影响音色的纯正优美，会降低语音清晰度，使音色浑浊，有堵、腻的感觉。

（三）胸腔共鸣

胸腔是由肋骨支撑的胸廓。胸腔共鸣的特点是使声音结实、浑厚、音量强劲。随着声音的高低变化,胸部会感到有一个集中的响点。这一"胸腔响点"沿着胸骨的上下移动便产生振动。由这种振动造成的共鸣,可以使音量扩大。胸腔共鸣用得好,则声音不虚不飘,底气充足,浑厚有力。需注意的是,发声时应注意两肋打开、撑住,以保持胸廓的扩张状态,以产生较好的胸腔共鸣。

在口语表达中,人们主要运用的是以口腔为主,中、低、高三腔共鸣的方式。中音共鸣就是口腔共鸣,它是指硬、软腭以下,胸腔以上各腔体发生的共鸣;低音共鸣主要指胸腔共鸣;高音共鸣主要是鼻腔共鸣,它是由硬、软腭以上的腔体发出的。对于语言工作者来说,高音共鸣过多,声音显得单薄、飘浮;低音共鸣过多,会使声音发闷,影响字音清晰。因此,"以口腔为主,三腔共鸣"的方式,才是最佳的方式。

三、吐字归音方法

"吐字归音"是一种使字音清楚、准确、完整、饱满的传统发音方法。源于我国传统戏曲声乐艺术对吐字法的概括,它根据汉语音节的结构特点,把一个音节的发音过程分为"出字""立字""归音"三个阶段。通过对吐字这三个阶段的精心控制,从而达到清晰有力、圆润自如的境界。

吐字归音总的要求是:"字头叼住弹出,字腹拉开立起,字尾到位弱收。"民间有人用"枣核形"来形容吐字过程,从时间流程上讲,中间发音亮,动作过程长,两头发音轻,动作过程短。这种字头、字尾小而字腹大的形象概述,正是吐字归音的发音特点。

(一) 出字

出字是指声母和韵头的发音过程,即"咬字"阶段。作为音节的开头,其发音对整个音节有重要影响力。字头有力就是指字头的发音要运用气息,通过发音器官的摩擦阻力形成阻碍时,阻塞部位要保持一定紧张,形成着力点,出字准确有力,有叼住弹出之感。

咬字要求干净利落、弹发有力,并与韵头迅速结合。

例如"田",拼音 tián,t 是字头,i 是韵头,a 是韵腹,n 是韵尾。

字头和字颈是指声母和介音(韵母的韵头),发音时要求咬字松紧富于弹性,摆准部位,蓄足气流。字头的发音是否具有一定的弹射力,是整个音节是否有"力度"的关键。字头部位是否准确,咬字是否适当,是汉语语流中能否字字清晰、响亮的关键。

(二) 立字

立字是指字腹也就是韵腹的发音过程。字腹饱满是指气息流畅地通过各发音部位,音节中的主要元音发音清晰有力,明亮充实,圆润饱满,字音能"立起"。字腹饱满要求口腔随字腹立起而打开,口腔开合适度,松紧相宜。

需要注意的是,无论是单元音韵母还是复合元音韵母,字腹的发音都是在滑动中完成的,出字与立字不能有分解。字头太长,声音显拖沓;字头靠前,声音浮浅;字头靠后,声音则闷暗。

字腹是 a 元音时,要打开口腔,使得字音饱满;字腹是 i、u、ü 等元音时,口腔开度不要过小,否则声音会发暗,缺少圆润感。

(三) 归音

归音是指音节发音的收尾(韵尾)过程。

韵尾发音时唇和舌的位置要到位,要求字尾弱收,肌肉由紧渐松,口腔随之由开渐闭、渐松。归音要干净利索,趋向鲜明,不可草率收音,拖泥带水留尾巴。也不能音不到位。发音时由开到闭,肌肉由紧到松,声音由强到弱。

充当字尾的元音有i、u,鼻音有n和ng。归音时,字尾结束应当到达这些音的位置,i、u应有一定舌位高度,n和ng应抵腭。字母o做字尾,如"高(gɑo)""交(jiɑo)",归音的实际部位应当是-u,归音到o则不够清晰。

总之,吐字归音不仅关系到音节的准确清晰,而且关系到声音是否圆润、饱满。要吐字清楚,首先,要熟练地掌握常用词语的标准读音。朗读时,要熟悉每个音节声母、韵母、声调,按照它们的标准音来发音;其次,要努力克服发音含糊、吐词不清的毛病。在吐字归音时,不可"吃字",即丢了字头,尤其是声母的发音要叼住弹出,不可轻弱无力;不可"倒字",即韵腹发音开口度、响度不到位,字没立住;不可"丢音",即归音不到位,丢了字尾。

练习吐字归音尤其要注意以下三点内容:一是声母的成阻部位要保持一定的紧张度,除阻干脆、轻快,字头喷吐有力;二是韵母发音要注意口腔适度张开,以使元音间有明显的对比,口腔随字腹立起打开,使字音圆润饱满;三是发音吐字速度不能太快,要有持续足够的时值。朗读跟平时说话不同,要使每个音节都发得清楚准确,发音就要有一定力度和时值,每个音素都表达清楚。努力做到"字头摆得准,字腹响度大,字尾收到家"。

吐字清晰、声音饱满是语言表达艺术最基础的要求,要做到吐字归音的完美,必须在日常训练时严格要求,可采取以下五个步骤进行训练:

(1)声母部分。咬住弹出,部位准确,气息饱满,结实有力,短促敏捷,干净利落。

(2)介音部分(i、u、ü)。定型准确,过渡柔和,婉转呈现,肌肉开合自然。

(3)韵腹部分(在一个音节里担当主角)。气息均匀,音程充分,声响充足,圆润饱满。

(4)韵尾部分(o、i、u、n、ng)。送气到家,归音到位,完整自如,音收口闭。

(5)声调部分。阴平高高不低就,阳平短促不拖沓,上声抑扬不加减,去声全降不偷懒。

发声技能训练

一、吸气训练

(1)站立式。站定,静下心来,双手自然下垂,平视前方,不要挺胸,肩处于放松状态,舌尖轻抵上腭,用鼻慢慢吸气,小腹慢慢收缩,肋骨与后腰慢慢扩张,感觉气入丹田。吸气比较满时,控制住,仍放松两肋,收紧小腹,利用这股劲儿将横膈膜托住,这时慢慢将气从口自然呼出。

(2)坐式。坐在椅子前端,上身略向前倾,小腹稍作内收,吸入气息,体会两肋展开的过程。

(3)闻花香。想象自己正在闻嗅喜欢的花香,吸入要深,感觉肺的下部及腰部都充满了气息,两肋张开。控制一会儿,再缓缓呼出。

(4)抬重物。准备抬起重物时,总要深吸一口气,憋住一股劲。此时,腰部和腹部的感觉同胸腹联合呼吸吸气到最后一刻的感觉类似。

(5)打哈欠。

二、呼气训练

(1)深吸一口气,控制住然后数数,以大约每秒一个数的速度数数,从一至十反复。中途不换气,不补气,并保证数字之间匀速、语音规整、声音圆润集中、音高一致、力度一致。

(2)吹气练习。模拟吹桌面上的灰尘,或者撮起双唇吹响空瓶。要求气息均匀而缓慢地流出,呼气时间逐渐延长,达到25～30秒,体会控制气息的感觉。

（3）深吸一口气,"数葫芦",吐字要清楚,发音时,喉放松,气要通。看一口气能数多少个葫芦。

一个葫芦、两个葫芦、三个葫芦、四个葫芦、五个葫芦……

（4）深吸一口气,说下面的顺口溜。气息要平稳、均匀、不断不虚,吐字要清晰、流畅。练习时依据自己的情况逐渐增加数量,提高气息控制能力。

出东门,过大桥,大桥下面一树枣,拿着杆子去打枣,青的多,红的少,一个枣,两个枣,三个枣,四个枣,五个枣……十个枣。十个枣,九个枣,八个枣,七个枣……一个枣。一个枣,两个枣……

三、气息补充训练

（1）据下列换气（∨）提示弹发数字,反复练习,注意用腰腹的推动力量弹发,喉部放松。

一二三四∨五六七八,∨二二三四∨五六七八。

∨三二三四五六七八,∨四二三四五六七八。

∨五二三四五六七八,六二三四五六七八。

∨七二三四五六七八,八二三四五六七八。

（2）将下面这段节选自魏巍《依依惜别的深情》中的内容,按照符号提示,做气息补充训练。换气用"∨"表示,偷气用"∧"表示,抢气用"/"表示。

啊,∨亲爱的,∧可敬的朝鲜人民！∨在纷飞的战火中,∧你是那样刚强！∨敌人把你的城镇变成了废墟,∧你没有哭;/敌人把你的家园烧成灰,∧你没有哭;/敌人杀死你的亲人,∧你没有哭;/敌人把你绑在大树上,∧烧你,∧烤你,/你没有哭;∨你真是一把拉不断的硬弓,/一座烧不毁的金刚！∨可是今天,∨当你的战友——/中国战士们∧要离开你的时候,∨你却倾洒了这样多的眼泪,/仿佛要把你们每个人∧一生一世的眼泪,/都倾洒在今天！∨你是多么刚强/而又多情多义的人民！

四、共鸣训练

（1）元音a,体会胸腔共鸣。用中低音发a音,不过分追求声音的亮度。要追求声音的浑厚,从胸腔发出。同时用手轻按胸口,感觉胸口的震动。

练习词语：爸爸　白塔　到达　光芒

（2）体会鼻腔共鸣单发m、n,体会鼻腔共鸣。

练习词语：m　妈妈　猫咪　买卖

　　　　　n　奶奶　能耐　男女

（3）体会口腔共鸣。先放松口部,发e音,再上扬嘴角,重复e音。体会"提颧肌"的动作对音色的影响。训练时,可先从单字开始,逐步扩大到词语、句子。

五、吐字归音训练

（1）同声母双音节训练。

b	芭蕉	奔波	标榜	蚌埠	病变	宝贝	摆布	碧波	表白	版本
p	婆婆	片片	爬坡	乒乓	匹配	偏旁	品牌	拼盘	琵琶	澎湃
l	拉力	来历	拦路	理论	伶俐	料理	履历	罗列	流露	流落
j	积极	季节	寂静	极具	家具	借鉴	坚决	假借	经济	佳节
zh	真挚	政治	注重	针织	住宅	制止	郑州	珍重	债主	战争
s	嫂嫂	缫丝	搜索	色素	速算	诉讼	松散	三思	思索	洒扫

（2）绕口令训练。

双唇　八百标兵奔北坡,炮兵并排北边跑。炮兵怕把标兵碰,标兵怕碰炮兵炮。

唇齿　粉红墙上画凤凰,凤凰画在粉红墙。红凤凰、粉凤凰,红粉凤凰、花凤凰。

舌尖　调到敌岛打特盗,特盗太刁投短刀。挡推顶打短刀掉,踏盗得刀盗打倒。

舌面　天上七颗星,地上七块冰,树上七只鹰,梁上七根钉,台上七盏灯。灭了七盏灯,拔掉七根钉,赶走七只鹰,踢碎七块冰,乌云盖了星。

舌根　黑化肥发灰,灰化肥发黑。黑化肥发灰会挥发,灰化肥挥发会发黑。黑化肥挥发发灰会花飞,灰化肥挥发发黑会飞花。

第三节　朗　读　方　法

朗读是把文字作品转化为有声语言的再创造活动,朗读者要想准确达意,充分表现作品的思想内涵和情感色彩,就要灵活自如地运用一些有声语言表达的基本方法,如重音、停连、语速、句调等。在此基础上,还要掌握一些有声语言表达的特殊方法,如喷口、拖腔、气音、拟声、颤音、笑语等。有声语言表达的基本方法多用于一般朗读中,有声语言表达的特殊方法多用于朗诵、演讲等更高级的口语表达形式中。

一、朗读的基本方法

（一）重音

在口语表达中,为了突出重点、表达思想,准确地表达语意和感情,强调和突出一些起重要作用的音节、词语或短语,被强调和突出的音节、词语和短语就叫重音。重音能把感情的起伏、气氛的变化表达出来,增强语气的节奏感。重音可分为语法重音和逻辑重音两类。

1. 分类

（1）语法重音。

根据语法结构的特点而进行重读处理的音叫语法重音。这些重读的音节在句子中的位置是约定俗成的,是按语言习惯和语法结构的特点自然形成的,因此,语法重音又常被称作"一般重音"或"自然重音"。主要集中在谓语、宾语、定语、状语、补语和疑问代词、指示代词上面。例如:

风停了,雨住了,太阳出来了。	（谓语）
他喜欢游泳。	（宾语）
潮水般的人群涌过来了。	（定语）
茶杯被狠狠地摔在地上。	（状语）
西瓜大得吓人。	（补语）
谁能把花生的好处说出来?	（疑问代词）
这就是我——一个共产党员的自白。	（指示代词）

语法重音与非重音相比,反差并不大。一旦句中出现了逻辑重音时,语法重音便立即让位

给逻辑重音。

（2）逻辑重音。

逻辑重音是为了突出语意重点或为了表达特定感情而重读处理的音。逻辑重音不受语句成分和语法结构的制约，而是根据说话者的特定情感对某些词语进行特殊处理，在句中的位置往往也是不固定的。逻辑重音在表述过程中需要予以强调，所以又常被称为"强调重音"或"感情重音"。

逻辑重音虽没有固定的位置，但也绝非随心所欲，它可以从上下文得到启示。例如郭沫若先生著名诗篇《天上的街市》最后一句："是他们提着灯笼在走。"离开上下文，我们可以赋予它许多不同的强调重音，重音的位置不同，表义的内容就不同。

是他们提着灯笼在走。	（谁说不是啊）
是他们提着灯笼在走。	（不是别人）
是他们提着灯笼在走。	（不是举着）
是他们提着灯笼在走。	（提着的是灯笼）
是他们提着灯笼在走。	（不是在跑）

联系上文，"不信，请看那朵流星"，就可以判定，只有一个答案是正确的：重音应该落在"灯笼"上，因为只有这样，才能与"流星"对应起来。

在朗读过程中，一句话中只能有一个主要重音，其他重音为次要重音。表达时，不能均衡用力，一定要突出主要重音。同时，切忌单调，应该灵活多样。重音主要有以下十种类型：

① 并列性重音。

排比性、并列性的语句中，有些词或短语明显地处于并列地位，为了显示这种并列关系，那些有代表性的词或词组需要重读，以达到遥相呼应的效果，这就是并列性重音。

处理并列性重音一般采用渐高或渐低两种方法。渐高，是指后一个重音比前一个重音高；渐低，是指后一个重音比前一个重音低。至于采用哪一种，要根据作品的思想内容来确定。例如：

古时候有一个人，一手拿着矛，一手拿着盾，在街上叫卖。

"矛"和"盾"，是全文的核心词，在本句中是并列关系，突出两个词，起到统领全篇、引出后文的作用。朗读时可采用渐低的方式。再如：

山朗润起来了，水涨起来了，太阳的脸红起来了。

这个例句有三个并列句，其中"山""水""脸"构成一组并列成分，"朗润""涨""红"构成另一组并列成分，前一组应是主要重音，后一组是次要重音。朗读时可采用渐高的方法，"山""朗润"相对较低，"水""涨"渐高，"脸""红"相对最高。通过突显"山""水""太阳"这些春的变化，表现文章主题，彰显春的气息。其实，并列性重音所针对的不论是词汇、语句或是段落，只要是并列关系，就一定会找到具有并列性质的词或词组。因此，并列的部分就是并列性重音的依据。又如：

> 这是我对花椒的第一印象：难闻、难吃、难看。

"难闻""难吃""难看"是并列性重音，突出表达以后，反映出"我"对花椒的印象极其糟糕。

② 对比性重音。

在具体的朗读作品中，常有一些相互对立的事物。通过比较、对照，使事物的特征表现得更加突出，事物的形象更加鲜明。在这种"对照式"的结构中，找出相应的词或词组读作重音，就是对比性重音。

对比性重音是一种相反相成的重音，无论在内容上、感受上都是趋向相反的，这样就与并列性重音有了明显的不同。处理对比性重音，一般采用连中有停的方法，即在重音前，或者在重音后，或者在重音前后安排或长或短的停顿，这样就会使重音的分量加重，给人留下深刻的印象。例如：

> 自信是人生成功的重要基石，而自卑是人生第一大敌。

"自信"与"自卑"是一组对比性重音，"基石"与"第一大敌"也是一组对比性重音，朗读时，以前一组为主要重音，后一组为次要重音。在"自信""自卑"后稍作停顿，给人留下思考的空间。再如：

> 骆驼很高，羊很矮。骆驼说："长得高多好啊！"羊说："不对，长得矮才好呢。"

两种动物，两样身高，都是夸自己。"高"和"矮"是主要对比性重音。前边的叙述句是直说目的，重音有对比性，并不存在强化的需要，只要有对"骆驼""羊"的高矮感受就行了。后面的对话，各有隐含性目的，"高"和"矮"在重读的同时，要延长音节的时值，将其隐含性表达出来，又如：

> 那时，我对自己遗憾得要命，对丽娜羡慕得要命。

例句中"对自己"与"对丽娜"是一组并列成分，"遗憾"与"羡慕"是一组对比成分，其中后一组是主要重音，前一组为次要重音，这样就把主人公的心情鲜明地表达出来。

③ 呼应性重音。

呼应性重音是揭示上下文呼应关系的一种重读方法。其中问答式呼应比较常见。例如：

> 王老师是谁？王老师叫王金芳。

呼应性重音还有一种分合性呼应。这种呼应往往有领起、并列、总括三个部分。重音就在它的领起词和并列词上。例如：

> 这些石刻狮子，有的母子相抱，有的交头接耳，有的像倾听水声，千态万状，惟妙惟肖。

例句中"母子相抱""交头接耳""倾听水声"三组词语是对"石刻狮子"的具体描写,处理为重音,可以遥相呼应,使语意更加完整。再如:

> 燕子去了,有再来的时候;杨柳枯了,有再青的时候;桃花谢了,有再开的时候。但是,聪明的,你告诉我,我们的日子为什么一去不复返呢?

这个例句中的"再来""再青""再开"与"一去不复返"处理为重音,使之遥相呼应,构成强烈对比,使语意效果得到强化。

④ 递进性重音。

有些句子在意思上是层层递进的关系,那些处于递进位置上的词需要重读,叫作递进性重音。

递进性重音可以用"弱中加强"的方法来表达。所谓"弱中加强",就是从强弱或轻重的角度看,全句的非重音词或短语处于较弱的声音中,重音词或短语则比较强。例如:

> 这种作风,拿来律己,则害了自己;拿来教人,则害了别人;拿来指导革命,则害革命。

例句中的"律己""教人""指导革命"几个词语语意层层推进,重音处理使表意既有层次感,又有呼应性。再如:

> 夜色在笑语中渐渐沉落,朋友起身告辞,没有挽留,没有送别,甚至也没有问归期。

例句中"挽留"与"送别""问归期"是递进关系,需要重读,强调送别时主人公那种难以言表的复杂心情。又如:

> 在茂密的森林里,有一只老虎正在寻找食物。一只狐狸从老虎身边窜过。老虎扑过去,把狐狸逮住了。

我们看到,"老虎——狐狸——扑——逮",是很清楚的一件事的连续发展,几个连续性重音简要地显示了它的进程。如果误把"食物""窜过"作为重音,也就失去了连续性。

⑤ 转折性重音。

递进性重音所针对的是同向推进的语言情况,而转折性重音则正好与其相反,它所针对的是语意、语势等表达转向,从而揭示语句目的。

一定要先明确语意转折,然后再确定转折性重音。转折性重音可采用停中有连的方法来表达。例如:

> 这正如地上的路,其实地上本没有路,走的人多了,也便成了路。
> 他不仅没说一句感谢的话,反而说了一大通我的不是。

例句中"路"是比喻性重音。"没有"与"多""成"和第二个例句中的"不仅"与"反而"形成反向语意,是转折性重音,重读后达到强化语意的目的。

⑥ 判断性重音。

作品中经常用"是""不是""无""有""没有"等词语表示对人或物的直接判断，一般情况下，这些词语要作为重音来读，称为判断性重音。例如：

"这里没找到金子，"彼得忽有所悟地说，"但这土地很肥沃，我可以用来种花，并且拿到镇上去卖给那些富人，他们一定会买些花装扮他们华丽的客厅。"

孩子的妈妈并没有伸出手去，只是微笑着鼓励说："自己上，小乖乖，自己上。"

运用判断性重音在第一个例句中的"没""一定会"及第二个例句中的"并没有"等表示判断的词语上重读，可以达到突出语意的效果。

⑦ 比喻性重音。

把语句中比喻性的词语重读，就叫作比喻性重音。比喻性重音的运用，可以使语意感情色彩鲜明、生动。例如：

那条小河亮晶晶的就像镜子一样。

这句话中"镜子"一词是个比喻，它形象地突出了"小河"的样子，使亮晶晶的形容更加具体化了。同时，也表达出了很喜欢的感情色彩。再如：

这些蝴蝶大多数是属于一个种族的，它们的翅膀的背面是嫩绿色的，这使它们在停住不动时就像是绿色的小草一样。

这个例句用"绿色的小草"来比喻蝴蝶翅膀的颜色，既鲜明又生动。

⑧ 拟声性重音。

拟声性重音，就是把句子中的象声词作为重音。例如：

风，呼呼地刮着；雨，哗哗地下着。黑暗笼罩着大地。

这个例句来源于王愿坚的《草地夜行》，这是在借景抒情，它表现了红军老战士牺牲之后，小战士心情的沉痛。朗读时，在"呼呼"和"哗哗"这两个词上强调重读，就可以点染出全句的感情色彩。

需要说明的是，并不是所有的象声词都可以做重音，而是要看它在句子中的位置是否重要。确定拟声性重音，必须把握象声词与中心词的内在联系，否则，很难确切、鲜明地表达出语意。例如：

它们这些海鸭呀，享受不了生活的战斗的欢乐，轰隆隆的雷声就把它们吓坏了。

这个例句突出强调的是中心词"雷声"，因为这里的"雷声"指的是"革命运动"，是"革命运动"吓坏了反动势力。如果把起辅助作用的象声词"轰隆隆"当作重音加以强调，就难以准确地表达出语句的真实含义。

⑨ 反义性重音。

作品的褒贬，不一定与词语的一般意义吻合，有时，褒义词用于贬义，贬义词用于褒义。这种情况下，为了突出它们的相反含义，就把它们作为重音，即反义性重音。在读这类语句时，要在那些关键的词语上体现出反义来，以准确表现作品的思想内容。反义性重音的确定，必须抓住最有代表性、最能反映问题实质的词，这样才能表达出语句的本质和内在深意。例如：

> 侵略者挑起了战火，还念念有词地叫喊："我们在努力追求和平的目标。"

这句话中引用侵略者的话，恰恰是为了揭露他们好战和侵略的本质。本质目的与表面说法相矛盾的焦点在"和平"一词上，抓住这一个词加以着意强调，就会使侵略者的说法不攻自破，进而突出了整个语句的真正目的。再如：

> 尼采就自诩过他是太阳，光热无穷，只是给予，不想取得。

"太阳"本意的确是"光热无穷，只是给予，不想取得"，但这里是尼采的"自诩"，他根本不是太阳，也不配用太阳自比，因此，句中的"太阳"是反义性重音，表明对这种自诩的否定态度。又如：

> 打那以后，我悟出了一个道理：女人做了母亲，便喜欢吃鱼头了。

这个例句中的"喜欢"恰恰是母亲为人母之前的不喜欢，其中揭示的却是伟大的母爱。因而，着意强调这一中心词语所体现出来的反义，恰恰更能让听者体会作品的中心主旨。

⑩ 强调性重音。

强调性重音，就是把句子中表达感情色彩的词或词组加以强调，以突出某种感情。这些词或词组多是表示程度、范围的，重读对语意有突出强调的作用。例如：

> 乌鸦听了狐狸的话，得意极了，就唱起了歌来。
> 教室里一点儿声音也没有。
> 这里什么事情也没有发生。
> 他把一切都贡献出来了。
> 他查阅了所有的图书资料。
> 都一年了，你才明白这个道理。
> 尽管海力布焦急地催促大家，可是谁也不相信。

以上列出了十种重音的类型。这十种不是孤立的，而是互相补充、互相联系的。在朗读中，选择确定重音的总的原则是以能否突出表达目的为首要标准，综合考虑逻辑关系和感情表达的需要，有利则取，不利则舍。

2. 表现方法

重音确定之后，还要注意把重音表达好。重音是在与非重音的对比中显现的，朗读者在把重音用加重语气或提高声调、延长声音或增强音强读出的同时，还要注意把非重音部分视程度减弱、放松、淡化，在对比中突出重读词语，才能使重音更加鲜明起来，实现表达目的。重音的表达方法主要包括以下三种：

（1）重音重读。

重音重读一般是通过加强语势、扩大音量、强化气息来明确语意的。例如：

> 让暴风雨来得更猛烈些吧！

"更猛烈"是全篇的结尾句的重音，要采用突出的声调来处理，才能显现出昂扬向上的斗争精神，表达出革命者争取胜利的激情。这里音高的最高点在"烈"字上，"猛"字读时略将音拖长一点，"烈"字读音一定要高些，使语势有"直入云端"之感。这样，"更猛"为一个高度，"烈"则为更高的一个高度，是全篇的最高点，把全篇的朗读推向高潮。

（2）重音慢读。

有些语句为充分展示其语境，读得较为急切，但其中重音部分却要把音故意放慢并拉长些来加以强调。如：

> 松树倒下时，上端猛撞在附近的一棵大树上，一下子松树弯成了一张弓，旋即又反弹回来，重重地压在巴尼的右腿上。

"松树……旋即又反弹回来"是巴尼预料不到的，是一种意外发生的情况，所以从"松树倒下"开始，朗读的语速一定要快些，以显示"松树"的"倒""撞""反弹"的过程是在非常短的瞬间发生的事情，语速要快，则每个词所占的时值自然要短，而"重重"一词是这一迅速动作而产生的结果，这一结果对巴尼是"重重"的伤害，所以这里读"重重"时把语速放慢些，表达出这一意外情况造成的严重后果。

（3）重音轻读。

一般情况下，朗读文学作品都应以实声为主，但有时为了表达更为细腻的情感，或是为渲染某种特定语境及某种场景时，在一些词组或语句上加些虚声处理，效果会更好，更具吸引力。如：

> 坐着、躺着、打两个滚，踢几脚球，赛几趟跑，捉几回迷藏。风轻悄悄的，草软绵绵的。

"坐着、躺着、打两个滚……"这些动作感较强的语句自然要以实声朗读，为突出"风"的"轻悄悄"和"草"的"软绵绵"，按照这两个短句的内涵，读时可加些虚声，会使语句的声态与语意更加贴合。

（二）停连

停连，指在有声语言的表达过程中语流的停顿和连接。有声语言表达过程中出现停连，既是读者与听者各自生理上的需要，同时也是作品内容表达与听者接受的需要。思想情感的运动需要在哪里停顿、在哪里连接，就在哪里停顿和连接，不受缚于标点符号，才能发挥有声语言表达思想情感的作用，达到引人入胜、传情达意的目的。停连的作用是使语义清晰明确，使情感富于变化。

1. 停顿

停顿，是有声语言表达过程中声音的中断。停顿是生理的需要。说话需要气息，气息有长

有短,但总得换气,所以必然有停顿。要想运用好停顿,必须根据内容表达的需要找准停顿的位置。例如:

> 她看见/妈妈笑了!
> 她看见妈妈/笑了!

同样一句话,在不同的位置停顿的时候,所表达出来的语意是不同的。就像上面的例句,前者是"妈妈"笑了,而后者是"她"笑了。所以说,停顿较之标点符号对语意的限定更为细腻。

如果停顿不当就会造成表意不清,语义甚至会大相径庭。例如:

> 麻子/无头发/黑脸/大脚/不大好看。
> 麻子无/头发黑/脸大/脚不大/好看。

在没有上下文限制的情况下,表达这句话时,停顿位置不同,语意完全不同。前者是贬义,后者是褒义,二者相去甚远。

停顿可以划分为语法停顿和逻辑停顿。

(1)语法停顿。

语法停顿是为了结构明确、层次清楚所作的停顿。常见的停顿出现在句与句之间和书面语使用标点符号的地方,但停顿时间长短不一。从结构上看,是段落＞层次＞句子＞句内;从标点符号上看,句号(还包括问号、感叹号和省略号)＞分号＞冒号(还包括破折号)＞逗号＞顿号。另外,从语法的角度来说,不同的成分之间,特别是中心语与附加部分之间往往需要有停顿,我们可以用"/"来标识。例如:

标点符号
用法

> 蜚声于世的/悉尼歌剧院,坐落在澳大利亚著名港口城市/悉尼/三面环海的/贝尼朗岬角上,它由一个大基座/和三个拱顶组成,占地/逾18万平方米。

这个例句是个典型的长句,在几处有标点的地方稍作停顿自然不用多说,但在无标点的地方我们依然需要停顿多次,否则在气息上就很难跟得上,而且在节奏上也不够洗练。

(2)逻辑停顿。

逻辑停顿是为了强调某一特殊的意思或某种逻辑关系所作的停顿,它是建立在语法停顿基础上并与之统一的停顿。因此两者的位置有可能是重叠的。

逻辑停顿不能仅仅以句子长短和标点符号为依据,而要根据句子的内在逻辑和所要表达的语意作相应处理,恰当的停顿才让对方感到自然,我们可以用"/"来标识。例如:

> 这个仇/我不能不报!
> 我们有些同志喜欢写长文章,但是没有什么内容,真是/"懒婆娘裹脚——又长又臭"。

"这个仇我不能不报!"该句以双重否定句式表示一定要报仇的决心,感情已经够强烈的了。但是,朗读时如果在"仇"字后面作一定的停顿后,再读出后面的文字,则报仇的决心显得更为坚定。第二个例句中,"懒婆娘的裹脚——又长又臭"一句最能表现对没有什么内容的长文章的否定,所以在这句话之前所作的停顿能起到"此时无声胜有声"的作用。

再如:

> "啊!地狱?"我很吃惊,只得支吾着,"地狱?——论理,就该/也有,——然而/也未必,……谁来管这等事……"

鲁迅的作品《祝福》中"我"对祥林嫂的回答,确有一种矛盾的心理,为了"人何必增添末路人的苦恼",才吞吞吐吐地说出这样的话来。这种吞吞吐吐,既非羞怯,也非糊涂,而是惶恐中的选择与判断。因此是边思索边回答的。若仅按照标点符号来朗读,心理过程就不明确。在"就该""然而"后做稍长的停顿,而对顿号、破折号处只需稍停,"也有""也未必"的语势反而更加突出、鲜明,惶恐的心理状态可以得到比较好的表达。

停顿的位置和停顿的长短,一般是根据语言逻辑上的需要而确定的。为了反映内心感情的变化,更加吸引听者对所叙述事物的注意,朗读者有时在不该停顿的地方加上一个较长时间的停顿,这种停顿,是根据对作品内容理解的程度和感受,依据语义表达的需要而确定的。如果用得恰当,不仅不会影响语言的逻辑性,反而可以给语言增强活力,还会使有声语言的表达更加生动、真实,有助于朗读者对作品情志的充分表达。

2. 连接

连接,是有声语言表达过程中声音的延续。从上述停顿的运用方式可知,有的停顿戛然而止,有的停顿渐弱渐止。特别是句内停顿,在很多情况下并不意味着完全中断,它只是声音的短暂消失,但在气势上和感情上是连在一起的,特别是在某种激烈、紧张的情况下需要连接。停顿与换气常常是联系在一起的,很多情况下,句内停顿一般是停顿但不换气,即所谓"声停气不停"。例如:

> 轻轻的/我走了,正如我/轻轻的来。
> 我/如果爱你,绝不像/攀援的凌霄花,借你的高枝/来炫耀自己。

朗读这两句诗时,即便在标注的停顿位置,气息也一直是延续的,这既是为了保证语脉的完整,也是营造特定的情境的需要。

综上,停顿和连接是不可分割的整体,是一项需要综合运用的口语表达技巧。在具体运用时,有两点需要重点把握:

第一,学会调节气息。在长时间停顿的地方要"换气",特殊情况下要偷换气,不需要换气的地方要保持"声停气不停";

第二,学会调整语调。前后两个内容相关联的句子,首尾的音位差距不应过大。如果确实出现情感的巨大反差,那么可以通过逐渐变化和停顿较长时间等方式来调整。例如:

> 车队像一条河,缓缓地驶进深冬的风里。为什么/有人不许我们缅怀你/伟大的一生?为什么/有人不许我们赞颂你/不朽的业绩?但此刻//,长街静默,万民伫立。

这个例句以两个"为什么"为分界线,前后情感迥然不同,差距较大。从开始到"深冬的风里"处,情感一直是忧伤的,语调较低,而两句"为什么"是质问和悲愤,总体语调较高,如果在

"为什么"三个字上突然抬高音位,只会给人一种突兀感。我们可以在第一个"为什么"处逐渐抬高,而第二个"为什么"处则明显高于第一个"为什么",直到"不朽的业绩"达到最高峰。但到"但此刻"后,情感又变得低回,语调再次需要降低。因而在此处作较长时间的停顿,既可以发人深省,营造悲愤哀伤的氛围,也为自然过渡到低音位做好铺垫。这样,语调落差就不至于突兀,给人感觉语脉环环相扣,情感贯穿直下。

(三) 语速

语速是有声语言表达时每个音节的长短及音节之间连接的紧松程度,即朗读时语流的速度。

通常情况下,人的平均语速是在 220~240 音节/分钟的范围内,但人在激动和兴奋时,语速明显偏快,甚至达到或超过 300 音节/分钟;在人处于平和或悲伤的状态中时,语速明显偏慢,150~180 音节/分钟也属正常范围。

语速不当会影响表达效果。语速过快,容易导致听不清、记不住;语速过慢则容易导致听者注意力的涣散,因此朗读时语速要快慢适宜。这里的快慢相宜是指朗读速度快慢变化要适当,要根据作品的思想内容,人物性格、年龄、职业和感情,语句的性质等方面来决定朗读的语速。语速适当,就能表达出作品的情境,产生良好的表达效果。语速可分为慢速、中速、快速三种。

叙述比较平静、庄重或追忆、沉思的场面,表达苦恼、绝望、沉重、缅怀、悼念的心情,作品中的发人深省的警句、庄严的号召以及老人的语言描写等,要用慢速朗读。

一般的记叙、说明、议论的句子,以及感情没有突出变化的句子要用中速朗读。

叙述比较紧张或急剧变化发展的场面,表现焦急、热切、惊惧、欢畅的心情,刻画人物的机警、活泼、年轻以及表达作者抨击、斥责、质问、雄辩的语调等,要用快速朗读。

> 这太阳像负着什么重担似的,慢慢儿,一步一步地,努力向上面升起来,到了最后,终于冲破了云霞,完全跳出了海面。那颜色真红得可爱。

例句应当采用快慢交替的语速,开头要慢读,表现出太阳缓缓升起,有一种负重感。从"到了最后"开始要快读,并要具有跳动感,是一种"负重"后的"解脱"。而到了最后一句转为慢读,体味出鲜红的太阳升出海面时那种壮丽的景象。再如:

> 雷声轰响。波浪在愤怒的飞沫中呼叫,跟狂风争鸣。看吧,狂风紧紧抱起一层层巨浪,恶狠狠地把它们甩到悬崖上,把这些大块的翡翠摔成尘雾和碎末。
>
> 海燕叫喊着,飞翔着,像黑色的闪电,箭一般地穿过乌云,翅膀掠起波浪的飞沫。

这个例句开头两句,可用中速朗读。从"看吧"开始用快速,但声不必太高。在读"海燕叫喊着,飞翔着"时,速度可稍慢,表现出海燕的从容、镇定。以下转入快速,并提高声音,以突出海燕勇敢、矫健的形象。这种因文章内容的起伏而采用的转换速度的朗读方法,对于准确而生动地传达出作品的思想情境非常有用。又如:

> 风猛烈地摇撼着路旁的梧桐树。我顺着林荫路望去,看见一只小麻雀呆呆地站在地上,无可奈何地拍打着小翅膀。它嘴角嫩黄,头上长着绒毛,分明是刚出生不久,从巢里掉下来的。

> 猎狗慢慢地走近小麻雀,嗅了嗅,张开大嘴,露出锋利的牙齿。突然,一只老麻雀从一棵树上飞下来,像一块石头似的落在猎狗面前。它挓挲起全身的羽毛,绝望地尖叫着。

这个例句在朗读中,快、中、慢三种语速交替运用。第一自然段以中速为主,间或个别词语用慢速来表达,如"呆呆""无可奈何""掉"等词语放慢语速,体现出小麻雀的无助,起到渲染情境的作用。第二自然段则以快速为主,间或个别词语用慢速来表达。根据语境的需要,第二自然段开头部分,用慢速来表达,表现出猎狗慢慢走近小麻雀的动作及要捕食的企图。从"张开大嘴"开始,语速逐渐加快,"突然"之后达到高潮,表现出老麻雀看到自己的孩子受到威胁时那种紧张、焦急的状态。为了保护孩子,它不惧怕比自己强大百倍的猎狗,宁可牺牲自己,从而表现出令人震撼的伟大母爱。从"绝望地"开始放慢语速,而到了"尖叫着"处,用慢速收尾。

快、中、慢这三种语速是对立统一的,是相比较而存在的。在速度这个问题上没有优劣之分,各有各的作用,不能代替,不能混淆。快与慢本身要适度。慢,不能使人有"拖沓"和"抻"的感觉;快,也不应让人产生往前"赶"的急促感。因此,在语速节奏运用上,可以运用"慢中有快、快中有慢"的互补结合。朗读作品,应根据内容的需要去安排语速,才能适于思想感情的表达。另外,语速还受听话对象年龄因素的制约。年龄不同,生理、心理发育状况也就不同。因此,为不同年龄段的人朗读作品,语速应当有所差别。

(四)句调

句调是指句子高低升降的变化。句子是语言表达的基本单位。在朗读时由于表达的意见、感情不同,就会使句子带上一定的调子。这种在句子中用来表情达意的抑扬顿挫的调子也叫"抑扬",它是朗读句子时声音快慢、高低、长短、强弱、虚实等各种形式的总和。例如:

> 他真行。→(平调,表示他行,没有特殊肯定或否定。)
> 他真行? ↗(升调,表示疑问,他行吗?)
> 他真行! ↘(降调,表示肯定,他一定行!)
> 他真行。↘↗(曲调,表示嘲讽、挖苦,他根本不行。)

1. 平调

即平直舒缓的调子,没有高低升降的变化,一般多用在叙述、说明或表示平淡、冷静、追忆、庄重、严肃等语气的句子中。朗读时始终平直舒缓,没有显著的高低变化。如:

> 我家的后面有一个很大的花园,相传叫百草园。→(叙述、说明)
> 我们面临着严峻的考验。→(庄重、严肃)

2. 升调

升调也叫高昂调,就是由平向上升高,句末明显上扬,一般用在疑问句、反问句、短促的命令句当中,或者用在表示喜悦、兴奋、惊异、号召、愤怒、紧张、警告等语气的句子中。朗读时,注意前低后高、语气上扬。例如:

> 啊! ↗你考了一百分! ↗(惊异)
> 球进了! ↗(喜悦)

> 那是谁？↗又藏在何处呢？↗（疑问）
>
> 以为这是什么车？↗旅游车？↗（反问）

3. 降调

降调又叫低降调，就是先平后降，句末明显下降。一般用在感叹句、祈使句中，表示坚决、自信、赞扬、祝愿、感叹、命令、允许等语气。表达沉痛、悲愤的感情，一般也用这种语调。朗读时，注意调子逐渐由高降低，末字低而短。例如：

> 我们的理想一定能实现。↘（肯定）
>
> 好，就照你的意思办！↘（允许）
>
> 读小学的时候，我的外祖母过世了。↘（沉痛）

4. 曲调

曲调又叫曲折调，就是由高到低，或由低到高，使全句有上升或下降的曲折变化。常用于感叹句中，用来表达特殊的感情，如幽默、讽刺、讥笑、双关、意外、烦躁、夸张、轻薄等。朗读时由高而低，再由低到高，把句子中某些特殊的音节特殊加重加高或拖长，形成一种升降曲折的变化。例如：

> 你，↗你干得了吗？↘↗（怀疑）
>
> 你算了吧！↘↗（烦躁）
>
> 好个国民党的友邦人士！是些什么东西！↘↗（讽刺）

上述平调、升调、降调、曲调等四种调式是句调的基本类型，但在此基础上还会因话语情景发生的时间、地点、环境条件以及话语发出者的情绪、感情和态度的不同而发生变化。例如："今天天气很好"是个肯定句。按照基本的句调来说，应该是降调。但如果说话人对于"很好"只是人云亦云，随便附和，可将其读作一般陈述句，语句的声音调式便成了平直的。如果语意比较肯定，则最末一个音节的"好"字要重读，呈明显的降调调式。如果把这句话说得更为肯定，在"好"字的读音上再加大力度，使其前面的"很"字的读音也随其得到强化，该语句的声音调式则变成曲调了。

句调的根本特征是曲折的，这是作品语句蕴含的具体思想感情的要求，也是普通话韵律的要求。句调不同于字调，它有一种整体声音形式。句调是由众多音节连缀而成的，这不仅同音高有关，也同音强、音长、音色有关。

二、朗读的特殊方法

（一）喷口

喷口源于戏曲，但并非戏曲所专用，也并非戏曲演员特有的技能。凡是发音时在字头上特别用力，都可以造成"喷口"的效果。

运用喷口可以使字音响亮有力，能传送到很远的地方。运用喷口可以渲染愤怒、激昂的情绪，可以加强气势。在声母是送气塞音 p、t、k 时，喷口更为明显。要发好喷口，最主要的是紧绷发音部位的肌肉，迫使气流以更大的压力把它们冲开，这时，所发出的字头分量也就加重了。

喷口是一种强调字头的发音技巧。例如：

> 贪,是万恶之源!
> 看吧,它飞舞着像个精灵——高傲的、黑色的暴风雨的精灵。
> 盼望着,盼望着,东风来了,春天的脚步近了。

例句一、二中"贪""看"两个字使用喷口音,字头分量加重,可以渲染出对贪官的愤怒之情和海燕不畏暴风雨的革命英雄气概;例句三中的"盼"字,运用轻的喷口音,表达出对春天的渴望之情。

(二) 拖腔

拖腔是为了某种表达效果的需要,有意把某些音节拖长的一种声音技巧。运用拖腔时,要注意必须有充足的气息作保证。拖腔常用来表示领悟、回忆、迟疑、呼唤、气力不足或声音微弱等情形。

拖腔这个词也来自戏曲。拖腔是戏曲唱腔不可或缺的一个部分。它在戏曲表演中运用普遍。拖腔可以渲染缠绵的感情、沉思的状态,也可以表现深沉的内心矛盾,在日常语言中拖腔可以表达许多情态。例如：

> 他以为自己做得巧妙,没人看见。其实旁边坐着的一位老者,早就看见了,老者忽地起来,问他姓啥名啥。书生办了昧心事,只得如实说出自己的姓名。老者听罢,冷笑一声走了。

朗读中,在"早"字上使用拖腔。通过拖腔我们似乎看到了一位老者正稳稳坐在一边,眯缝着眼睛,虽然不声不响,却将书生偷钱之事尽收眼底,眼光里流露出一丝隐蔽的鄙视。后面的两次拖腔,一次是"听罢"的"罢"字,一次是"冷笑一声"的"声"字,则把老者听了书生报完姓名以后的心理状态及神情描绘得活灵活现,我们仿佛看到一位既沉稳又充满智慧的老者就在我们的面前,也让我们感觉到这位老者轻蔑冷笑后蕴藏着的更多文章。

> 在座的各位,想必不会喜欢假话吧!（领悟）
> 一路上巴尼忍着剧痛,一寸一寸地爬着。（气力不足）
> 想当年,我才十七岁。（回忆）

(三) 气音

气音是一种气与声混、气大于声的音,发音时声门收缩,声带放低,压低嗓音,声音类似耳语,有明显的气息伴随话语。气音常用来表达感叹、惊讶、害怕的感情,可以描绘耳语,表现衰弱无力,或者特别激动、特别劳累、特别紧张的情景、气氛。例如：

> 小心! 前面有敌人岗哨。
> 小梁,别浪费东西了,我……我不行啦。
> 这几个青年妇女咬紧牙,制止住心跳,摇橹的手并没有慌,水在两旁大声地哗哗,哗哗,哗哗哗。

第一个例句用气音表达,是为了不让对方发现,突出战场上特别紧张的情景、气氛;第二个例句,用气音表达更能突出在革命战争年代,过雪山、草地时,奄奄一息的老战士的衰弱无力;第三个例句"哗哗,哗哗,哗哗哗"本是拟声词,前面还有一个修饰词"大声地",尽管如此,结合具体语境,还是采用气音的方式表达为好,突出这几个青年妇女想在被敌人发现之前,赶紧逃离险境的那种紧张的情景和气氛。

（四）拟声

拟声是指在表达中改变音色,把事物的不同声响和人物不同的说话声音模拟出来的技巧。如风声、雷声、海涛声、马蹄声、动物的鸣叫声、男女老少的说话声等,以烘托环境、渲染气氛,把听者带进如闻其声、如临其境的艺术境界。

> 几只野鸭扑楞楞飞起来。
>
> 雨,哗哗地下着。
>
> 叮铃铃……小张骑着自行车来了。

野鸭飞起来,用"扑楞楞"来形容,既有扑翅感,又有飞起声,很形象;下雨的声音是用"哗哗"来模拟的,"下着"是雨的必然如此的动态。因此,象声词"哗哗"作为拟声性重音,可传全句之"神";"叮铃铃"的车铃声,给人一种自行车由远及近的动作感。

（五）颤音

颤音是故意造成语音的不稳定的一种变音技巧。多用来表现异常激动、恐惧、愤怒、悲痛的情绪。发音时声门打开和闭塞快速交替,使声音微微颤抖。

> "天！这……这是怎的?"妈妈发现了我额角上的伤疤,"是……是枪伤?"

例句引自李存葆的小说《高山下的花环》,场景是赵蒙生见到母亲时的情景,"天！这……这是怎的?"和"是……是枪伤?"用颤音朗读,可以表达出母亲看到儿子额头上的伤疤时那种极度担忧和害怕之情。

（六）笑语

笑语是一种使声音里带有笑意的声音技巧。它的特点是边说边笑,但要笑得自然、有分寸,不可过头,只要让人感觉出声音里有明显的笑意即可。笑语分两种:轻松、活泼的笑语用来表现欢快、风趣的感情色彩;冷笑和嘲笑则常表示嘲弄、轻蔑的情态。

> 她一见是我,就笑盈盈地迎上来,说:"是你呀,稀客,快请进!"
>
> 它们这些海鸭呀,享受不了生活的战斗的欢乐,轰隆隆的雷声就把它们吓坏了。

例句一用轻松、活泼的笑语来表达,表现出主人对"我"来访的欢迎之情。例句二用冷笑和嘲笑的笑语来表达,表现出海鸭惧怕暴风雨,被雷声吓坏了的胆怯情态,从而更突出海燕的高傲。

第四节　不同体裁作品的朗读方法

要准确而富有创造性地传达作品的思想情感,朗读就必须在充分准备的基础上进行。除了要准确而深入地理解作品以外,还要了解不同体裁作品的内容和其特点对朗诵的影响和要求,摸索朗诵的基本规律。

一、朗读的准备

(一)阅读理解

阅读理解就是首先要熟悉作品,从理性上把握作品的思想内容和精神实质。只有透彻的理解,才能有深切的感受,才能准确地掌握作品的情调与节奏,正确地表现作品的思想、感情。理解和把握作品的内容应包括以下几个方面:

第一,了解作者当时的思想和作品的时代背景,这是深刻理解作品的基础。

第二,深刻理解作品的主题,这是准确理解作品的关键。

第三,根据不同体裁的作品的特点,把握作品的内容和结构。对于抒情性作品,应着重熟悉其抒情线索和感情基调;对于叙事性作品,应着重熟悉作品的情节与人物性格;对于议论性作品,需要通过逐段分析理解,抓住中心论点和各分论点,明确文章的论据和论述方法;对于说明性作品,重在了解所说明事物的内在规律和外部特征,把握好词语的分寸和准确性。总之,只有掌握了不同作品的特点,熟悉了作品的具体内容,才能准确地把握不同的朗读方法。

(二)设计方案

设计方案就是在深刻理解作品内容的基础上,设计如何通过语音的具体形态把原作的思想感情表达出来。设计过程中应注意下面几点:

第一,要根据不同体裁、不同题材、不同语言风格,以及不同接受对象等因素,确定朗读的基调。例如,朗读针对少年儿童的童话故事,需用活泼明快、形象性强并带夸张的有声语言表达形式;而朗读议论文,则要用平实稳健、富于内在逻辑力量的有声语言风格来朗读。

第二,对作品的整体结构要透彻了解。如全篇一共有多少个自然段?主要讲述怎样的事情?自然段中可归纳为多少个层次?层次之间是怎样的关系?全篇重点在哪?对这些都要做到心中有数。这样,作品的脉络更加清晰,人物、事件的来龙去脉就会在脑子里活跃起来。

第三,对整个作品的朗读方案应有总体考虑。如作品中写景的地方怎么读?写人的地方怎么读?作品的高潮在什么地方?铺垫的地方怎么读?高潮的地方怎么读?结尾与开头在朗读上如何照应等。

第四,在总的设计指导下,还要进入局部的朗读安排。如一段之内、一句之内,怎么安排节奏、语气、重读和停连。有些句子还要标出语调的升降曲直。为了使朗读时能更生动形象地表现作品的思想感情,必要时应注明某些句子下面的潜台词,或用"舒缓地""忧郁地""欢快地"等词语标明该句的具体读法。

二、几种体裁文章的朗读方法

文章体裁有多种,不同体裁的文章对朗读又有不同的要求。为了朗读好文章,我们应该注意不同体裁文章性质上的特点,以便朗读时选择更适合于它的表达方式。

(一)记叙文的朗读方法

记叙文,无论记人、叙事、写景、状物,总要给人以启迪。启迪是在清晰、真切的记叙中隐约流露的,很少说教。因此,朗读记叙文,要求因事明理,以事感人,具体细微,语气自然,节奏简朴。

记叙文的朗读,首先要线索清晰,要抓住作品的发展线索。线索不明,层次不清,记的主体犹如乌云遮日，朗读就会像一盘散沙。记叙文的线索有时表现在人、事、景、物的核心作用上，有时以作者的思想感情为转移，它是作者的思路、作品的文气以及朗读者的逻辑感受在记叙文中的凝结。朗读者对记叙文线索的剖析和把握，有利于突出记叙文的特点，也有利于因势利导，当好听众的向导。

其次要立意具体。记叙文的立意多不直陈，而是通过记人叙事向读者展现深思遐想的天地。高明的朗读者不会自始至终把立意强加给听者，而是沿着记叙的发展线索因势利导，使听者在不知不觉中敞开心扉，有所感触，得到启迪。朗读者不要只在抒情、明理的直露语句上下功夫，而应该透过人、物、景的具体变化，使作品的立意深沉起来。

再次，要表达细腻，点染得体，叙述的语气要舒展、自然、平淡，使文章实实在在地呈现在听众面前。沿作品发展线索，显示作者的深沉立意，靠丰富纯熟的朗读技巧来进行细腻的表达，情态意义要点染得体。这是记叙文朗读的重要特征。记叙文的语言，不管作者语言风格如何，记叙什么内容，总是细腻的。只有细腻地叙述和描写，才能具体地展示立意。朗读者对此要深入体味，准确表现。

最后，朗读记叙文要处理好叙述、描写、抒情、议论的不同语调。一般来说，叙述部分要清楚、舒展、自然，语句要分开；描写部分要读得形象、栩栩如生；抒情部分要真挚，有感而发，从心底里读出深情、激越来；议论部分要缘事而说，娓娓道来，依情而出，语调坚定。记叙文的写法千变万化，读法也应丰富多彩。如刘燕敏的《天才的造就》：

在里约热内卢的一个贫民窟里，有一个男孩子，他非常喜欢足球，可是又买不起，于是就踢塑料盒，踢汽水瓶，踢从垃圾箱里捡来的椰子壳。他在胡同里踢，在能找到的任何一片空地上踢。

有一天，当他在一处干涸的水塘里猛踢一个猪膀胱时，被一位足球教练看见了。他发现这个男孩儿踢得很像是那么回事，就主动提出要送给他一个足球。小男孩儿得到足球后踢得更卖劲了。不久，他就能准确地把球踢进远处随意摆放的一个水桶里。

圣诞节到了，孩子的妈妈说："我们没有钱买圣诞礼物送给我们的恩人，就让我们为他祈祷吧。"

小男孩儿跟随妈妈祈祷完毕，向妈妈要了一把铲子便跑了出去。他来到一座别墅前的花园里，开始挖坑。

就在他快要挖好坑的时候，从别墅里走出一个人来，问小孩儿在干什么，孩子抬起满是汗珠的脸蛋儿，说："教练，圣诞节到了，我没有礼物送给您，我愿给您的圣诞树挖一个树坑。"

教练把小男孩儿从树坑里拉上来，说，我今天得到了世界上最好的礼物。明天你就到我的训练场去吧。

三年后，这位十七岁的男孩儿在第六届足球锦标赛上独进二十一球，为巴西第一次捧回了金杯。一个原来不为世人所知的名字——贝利，随之传遍世界。

《天才的造就》这部作品中有三个人：小男孩贝利、小男孩的母亲、教练。他们身上有着共同的品质：一颗真诚、善良和懂得感恩的心灵。作者在文章中褒扬的正是这种人性的美。因而在朗读时要将作品"赞扬""温暖"的感情基调把握住。

朗读第一小节时要将小男孩对足球的喜爱表现出来。第一句话里的"非常喜欢"要重读，读"踢塑料盒,踢汽水瓶,踢从垃圾箱里捡来的椰子壳"时要一气呵成,其中的逗号停顿时间很短,甚至可以不停顿。第二句的"任何一片"要重读,以此来强调小男孩抓住一切机会踢他可以踢的东西。

朗读第二小节时语速稍快一些,语气平实一些,为后文语气语调的变化埋下伏笔。

第三小节只有一句话,但就这一句话却描绘出一位善良母亲的形象。"我们没有钱买圣诞礼物送给我们的恩人,就让我们为他祈祷吧",朗读时要充满感情,在第三个"我们"后停顿,"为他祈祷"采用重音轻读,这样让读者和听者眼前浮现出母子俩在虔诚为他们的恩人默默祝福的情景。这一段结束后要做长时间的停顿,给人留下回味的空间。

第四、五小节更为感人,小男孩祈祷完之后,向妈妈要了一把铲子,来到教练家别墅前的花园里挖坑。"满是汗珠"要重读,他对教练说的话"教练,圣诞节到了,我没有礼物送给您,我愿给您的圣诞树挖一个树坑"要读出孩子的纯真来,要能够再现一个孩童的朴实、真诚、纯洁、懂得感恩的美好品质。

教练被孩子的真诚和对足球的无比热爱感动了,朗读他说的前一句话"我今天得到了世界上最好的礼物"时语速稍慢一些,"最好"要重读,声音里充满感动之情;朗读后一句话"明天你就到我的训练场去吧"时用平调,语气要亲切些。

文章最后一段是小男孩长大后报答教练的骄人成绩。"独进二十一球"要重读,"为巴西第一次捧回了金杯"中,在"巴西"后要停顿,"第一次"要重读。

文章中没有一句抒情、议论的话语,但赞美和感动却充满读者和听者心灵的每一个角落。朗读时要在自己被感动的同时,用声情并茂的朗读向听者传达这种感动。

上述要求,是在朗读的共同规律指导下,以记叙文的特点为基础概括出来的。由于记叙文又分为通讯、散文、游记、回忆录等,侧重点不同,朗读时要加以区别。

(二)小说的朗读方法

小说是叙事性的文学体裁之一,其特点是通过塑造典型人物的形象来反映社会生活。小说有情节、有人物,篇幅较长,需要多种技巧才能朗读好。除了细节描写之外,朗读者的主要精力应放在表现典型环境中的典型性格上。朗读小说,必须明了情节的开端、发展、高潮和结局,必须着力于人物的心理、言行的特征性刻画,用"事"写人,借"境"明心。要从人物在特定环境中的特定言行,揭示出人物的精神面貌;从气氛的点染中,把握住全篇的基调、节奏;从人物的语言中,突出个性化的性格特征;要用主题的红线贯穿人与事、言与行、心与境,不可单纯追求情节,也不可单纯追求生动。

小说的朗读,首先要抓住核心,深化感情。我们朗读小说,不是为了讲个故事,说个人物,也不是出于好奇,供人消遣。短篇小说也好,中、长篇小说或节选也好,总是围绕着一个核心,展开情节、刻画人物,给人以深切的感染,甚至是哲学的启发。这个核心,就是中心思想。抓不住核心,就会陷入一个个具体情节乃至细节中去,也许会生动,但不会深刻。深化的感情,促使朗读者把理智渗入形象,并以符合生活逻辑的必然性把形象细腻丰满地展现出来。深化感情是揭示小说核心的需要,是朗读再创作的需要,是听者在有声语言中寻求艺术真实的需要。

其次要抓住个性,塑造人物。小说中的人物不同于记叙文中的人物,它要求人物具有鲜明、集中的性格特征,要求具有区别于其他人物的个性色彩。人物的性格特征,不是抽象的概念,而是通过具体描写,细腻地刻画出来的。个性色彩也不是表面的涂抹,而是环境烘托、心境展现的成果。因此,在音容笑貌、言行举止中,人物的性格、品质才可感、可知。小说作者塑造人物,是通过多个侧面、多个细节进行的,我们认识和把握人物也要从全局着眼,抓住诸多角度的总和,否则,人物形象不会完整、深刻。

朗读小说,要注意用声音塑造和再现典型人物形象。在朗读时尽量把小说中作者叙述的语言和人物交际的语言区分开来。读故事内容时声音可略低一些,朗读人物语言时声音可略高一些,并且注意既要使二者有别,又要使二者自然地衔接起来。但是,朗读毕竟不同于演戏。朗读人物的语言,主要是强调人物说了些什么,而不是怎样说的。我们处理人物的对话,要以自己的语言为基础,表达出话语的内容,而不必改变声音去扮演人物。

再次,抓住基调,变化节奏。情节,作为小说的基本构成因素,饱含着作家的题旨、志趣和见地。不论是顺叙、插叙、倒叙、补叙等叙述方式,总有其情节发展的经纬。作家的题旨、志趣,应该在朗读的基调中体现。情节发展的经纬,应该通过变化的节奏显露。一定基调的范围内,小说的节奏要求适当加大变化幅度,使高低、快慢、强弱、虚实的对比更加鲜明,更有回旋的运动感。以鲁迅的小说《祝福》为例:

那是下午,我到镇的东头访过一个朋友,走出来,就在河边遇见她;而且见她瞪着的眼睛的视线,就知道明明是向我走来的。我这回在鲁镇所见的人们中,改变之大,可以说无过于她的了:五年前的花白的头发,即今已经全白,全不像四十上下的人;脸上瘦削不堪,黄中带黑,而且消尽了先前悲哀的神色,仿佛是木刻似的;只有那眼珠间或一轮,还可以表示她是一个活物。她一手提着竹篮,内中一个破碗,空的;一手拄着一支比她更长的竹竿,下端开了裂:她分明已经纯乎是一个乞丐了。

我就站住,预备她来讨钱。

"你回来了?"她先这样问。

"是的。"

"这正好,你是识字的,又是出门人,见识得多。我正要问你一件事——"她那没有神采的眼睛忽然发光了。

万料不到她却说出这样的话来,诧异地站着。

"就是——,"她走近两步,放低了声音,极秘密似的切切的说,"一个人死了之后,究竟有没有魂灵的?"

我很悚然,一见她的眼盯着我,背上也就遭了芒刺一般,比在学校里遇到不及豫防的临时考,教师又偏是站在身旁的时候,惶急得多了。对于魂灵的有无,我自己是向来毫不介意的;但在此刻,怎样回答她好呢?我在极短期的踌躇中,想,这里的人照例相信鬼,然而她,却疑惑了,——或者不如说希望:希望其有,又希望其无……人何必增添末路的人的苦恼,为她起见,不如说有罢。

"也许有罢,——我想。"我于是吞吞吐吐地说。

"那么,也就有地狱了?"

"阿!地狱?"我很吃惊,只得支吾着,"地狱?——论理,就该也有,——然而也未必,……谁来管这等事……"

"那么。死掉的一家的人,都能见面的?"

"唉唉,见面不见面呢?……"这时我已知道自己也还是完全一个愚人,什么踌躇,什么计画,都挡不住三句问。我即刻胆怯起来了,便想全翻过先前的话来,"那是,……实在,我说不清……其实,究竟有没有魂灵,我也说不清。"

这篇小说中的"三问",是祥林嫂临死之前向"我"提出的三个问题。读时"言如其人",以显示她的语言是她的"间接形象"。朗读这"三问",要从她善良、坚韧的个性和被嫌弃、被愚弄而又想赎免"罪孽"的心境出发,来表现她发问时的矛盾痛苦心理。

第一问:"就是———一个人死了之后,究竟有没有魂灵的?""是"字的读音拖长些,渐弱。后半句节奏可快些,语势推向高潮,急速停止。全句可用气音读出,表现祥林嫂的疑惧的精神状态。"我"的回答用较为迟疑、犹豫的语气。

第二问:"那么,也就有地狱了?"读时紧接上句,节奏加快,语调在"了"字上稍稍扬起。重读"有"字,以示祥林嫂的恐惧样子。"我"的答话读时带点吞吐其词、含混躲闪的样子,以示"我"的无可奈何。

第三问:"死掉的一家的人,都能见面的?"这一问,充分体现了祥林嫂彷徨矛盾的心情。朗读这句问话的语速要有变化:主语部分缓慢,在重读"都"字之后快速读完。全句以有气无力的音调语气开始,以急促上扬的语调告终。答话用稍低、稍慢的声音,以便和"我"的语言区别开来。

(三) 议论文的朗读方法

议论文要说明、论证某个道理、某个观点,所以论点、论据、论证是很重要的。只有把握住这些,才可以达到就事论理、以理服人的目的。议论文的朗读,必须有的放矢地把握作品内在的逻辑关系,把概念、判断、推理融会贯通,并以鲜明的态度和具有逻辑力量的有声语言表达出来。

议论文的朗读,首先要论点鲜明,论据有力。论文的论点是文章的精华,是题旨的所在;而论据,是论点的支柱、论证的依据。议论文的朗读,就是要积极主动地去说服别人,让朗读在动感中进行,要据理力辩,以理服人。不论是立论还是驳论,不论是中心论点还是分论点,一定要锋芒毕露,尖锐鲜明。

其次要态度明朗,感情含蓄。议论文以理服人。在朗读中,态度必须鲜明,是非曲直要求直露,而感情却应当含蓄。态度明朗,就是要肯定、果断、从容、大度,还要讲究分寸;感情含蓄,就是要把感情的波动控制在心里,在适当处流露。态度上,看似平和客观,实则情理交融。

再次要语气肯定,重音坚实。论点也好,论据也好,语气要肯定,态度要庄重。议论文的重音,既是态度分寸的集中点,也是上下文逻辑感受的汇合点,表达时要扎实准确,一般不使用加快、变轻、转虚的方法,而是加强并延长音节。有时,为了表示语气的深沉,同时并用低、重、长的方法表达重音。除了用重音外,语气中要注意停连。文章的层次结构、论证的过程都可用停连来揭示,这样可以分清楚句与句、段与段的轻重。

最后是引语和括号内词语的读法。在议论文中,论点、论据、论证经常引用别人的话,或为经典警语,或为名人名言,或是某种错误言论,可统称为引语。一般情况下,引语要用平稳的语气、肯定或否定的态度表达出来。正面引语的表达,要郑重、较慢,要与上、下文有区别,引语前后要稍有停顿;反面引语的表达,要注意抓准反义性重音,较快,与上下文相关联,为反驳立下靶子。

括号内的词语,一般是补充性、注释性的内容。朗读时,既要把括号内的词语作为上下文的有机部分,又要显示出它们之间的差别:或整体抬高,声音稍高些、稍强些;或整体压低,声音略低些、略弱些。此外,还要注意削弱括号本身的隔离作用。不必着意显露括号的存在,更不可因显露括号而使上下文断线、脱节。总之,一定要把引语和括号内词语融汇到议论文的内容中去,既显出它们同上下文区别,又加强它们同上下文的内在联系,让他们在全篇的逻辑链条中发挥出各自的作用。如《理解万岁》：

　　记得《论语·学而篇》中有那么一句话："患不知人也。"意思是，可担忧的不是理解人吧！

　　的确，理解、相知是人类多么宝贵的一种境界。理解自然、理解社会、理解人生……人类不也就是在这种境界之升华中行运的吗？

　　乘着创世纪的诺亚方舟，理解是那只窥探到大自然，衔回了橄榄枝的鸽子；

　　沿着千回百折的汨罗江，理解是屈原感叹社会而转唱于今的骚体长辞；

　　拨着高山流水般的琴声，理解是蔡锷小凤仙人生难得一知己的知音一曲……自然界在理解中求达平衡，社会在理解中求达和谐，而更重要的是人类在理解中求达进化。

　　人是需要理解的。每个人都渴望理解自己，也渴望理解他人，更渴望被他人理解。

　　不理解自己的人，难以把握自己的人生航向；不理解他人的人，是难以团结生活和事业的同盟军的；不被他人理解的人，则难以挣脱孤独和苦闷的阴影。而只有理解自己，也理解他人，同时让他人理解的人，才能在求索的漫漫路途中不昏不聩，不傲不矜，不令不予。

　　有时候，理解是一股热源，它能给人以无穷无尽的力量。镇守在亚热带南中国边疆的战士们，被短短一曲"十五的月亮"吟出了泉水般的泪水，他们紧紧抱在一起，陶醉在被理解之中，久久也不松开。一旦他们重新卧在堑壕里，那颗心便会化成山一样的屏障。

　　有时候，理解是一架罗盘，能无形中改变人一生的走向。那误入歧途的青年，由于一道理解的目光，使他们怦然心动，在反省、疚悔中重新崛起，真正做了对社会有用的人。

　　有时候，理解是一道霓虹，它能给原本庄重的生活增添绮丽。读一读马克思给燕妮的书信吧，伟人对理解的渴求，以及被理解后的欢愉和情爱，难道不会给你给我们或新或深的启迪吗？

　　当然，要达到这个境界，并不是件轻而易举的事。恢宏的宇宙、繁复的社会、神秘的自然，以及大千世界，芸芸众生，要达到相互间那种完全彻底的默契无懈的理解，从现阶段人类的认识能力、幻想能力、道德能力、智商凝聚力及科学技术水平来看，还十分遥远。那么就从一点一滴开始吧，理解自己的同志和朋友、父母和妻儿、理解自己周围的每颗小草、每片树叶、每粒尘土和每缕微风、每束阳光吧！

　　《理解万岁》这篇短文从《论语》中的一句话："患不知人也"说起，论述了"理解、相知是人类多么宝贵的一种境界"这个道理。在论述时，全文十个小节又从五个不同的层面加以阐述。这五个层面环环相扣，结构严密：

　　第一层面：第一、二小节，开题与立论，用《论语》引出话题，提出"理解、相知是人类多么宝贵的一种境界"的论点；第二层面：第三、四小节，回顾人所共知的历史事实和自然、社会的发展规律；第三层面：第五、六小节，指出人渴望相互理解和理解与否的影响巨大；第四层面：第七、八、九小节，指出理解是热源，给人力量；理解是罗盘，改变方向；理解是霓虹，增添绮丽；第五层面：第十小节，理解从一点一滴开始。

　　全文的重点在第四个层面。在这一层中作者用了三个小节来反复论证，同时也在这一层中用了很具体很生动的事实来证明自己的论点。因此在朗读时，要把这一层次作为重点来处理，一定要倾注我们的热情。"紧紧""久久""山一样的"应用重音，以体现理解给人的力量是如何巨大；朗读"怦然心动""反省""疚悔"时，要一个比一个高而强，体现理解所带来的这些行动之间的关系是像一个又一个的台阶一样,逐级上扬;在朗读"霓虹""绮丽""书信""渴求"时,要把声音放得很柔和,采用重音慢读的方式表达,使声音充分表现出人们被理解之后的欢欣。

全文是以第四层次为中心的,前面的三个层次是铺垫。第一层次用平实的语调,体现庄重;第二层次用较为缓慢低沉的语调,体现沧桑感;第三层次开始,要逐步加快节奏和语速,从反面说时可以稍稍放慢放低,以便和正面说有所对比。这样就可以和第四层次相衔接。而最后一个层次,应该是引起听众深深思考的一节。朗读时要放慢语速加重语气,给人以"语重心长"的感觉。在这一小节中,"一点一滴""小草""树叶""尘土""风""光"要用重音来朗读。

(四) 说明文的朗读方法

说明文是介绍、说明工农业生产、科学技术研究和日常生活中事物的性质、特点及规律的文章。

朗读说明文,首先要全面认识,抓住本质。要全面理解文章中说的事物,特别是其本质特征,否则就不能进行自觉的表达。

其次要分类明确,方法得当。要掌握说明的方法,如分类、定义、举例、比较、数字、比喻、图表等;了解说明的种类,如阐述性、记叙性、介绍性、文艺性、实用性说明文等,以便有根据和有针对性地确定朗读的基调和具体方法。

最后要恰当运用技巧,语言准确简明。要恰当运用停顿、重音和高低等,显示文章的结构层次与条理,并突出中心思想;要掌握说明文的语言特点:准确、简明,质朴自然。如张宇生的《世界民居奇葩》:

在闽西南苍苍茫茫的崇山峻岭之中,点缀着数以千计的圆形土楼,充满神奇的山寨气息。这就是被誉为"世界民居奇葩"、世上独一无二的神话般的山区建筑模式的客家人民居。

他们的居住地大多在偏僻、边远的山区,为了防卫盗匪的骚扰和土著排挤,便营造"抵御性"的营垒式住宅,并不断进步发展,在土中掺石灰,用糯米饭、鸡蛋清做黏合剂,以竹片、木条做筋骨,夯筑起墙厚1米、高15米以上的土楼。它们大多为三至六层楼,100至200多间房如柑瓣状均布列各层,宏伟壮观。大部分土楼历经二三百甚至五六百年的地震撼动、风雨侵蚀以及炮火攻击而安然无恙,显示了传统技术文化的魅力。

客家先民们崇尚圆形,把圆形当天体之神来崇拜。主人认为圆是吉祥、幸福和安宁的象征,这些都体现了土楼人家的民俗文化。圆墙的房屋均按八卦形布局排列,卦与卦之间设有防火墙,整齐划一,充分显示它突出的内向性、强烈的向心力、惊人的统一性。

客家人在治家、处世、待人、立身等方面无不体现儒家的思想及其文化特征。有一座土楼,先辈希望子孙和睦相处,以和为贵,便用正楷大字写成对联刻在大门上:"承前祖德勤和俭,启后子孙读与耕。"强调了儒家修身的道德规范。楼内房间大小一模一样,他们不分贫富、贵贱,每户人家均等分到底层至高层各一间房,各层房屋的用途达到惊人的统一,底层厨房兼饭堂,二层当贮仓,三层以上做卧室,两三百人聚居一楼,秩序井然,毫无混乱。土楼内所存在的儒家文化遗风,让人感到中华民族传统文化的蒂固根深。

该文是一篇介绍性的说明文。该文抓住客家人民居"'世界民居奇葩'、世上独一无二的神话般的山区建筑模式"这一总体特征,运用列数字、打比方、举例、引用等方法,说明了客家人民居的独特风格和文化价值,并从这三个方面对客家人民居进行了详细的说明。首先对客家人民居的建筑技艺的独特精湛进行了阐释,其次对其圆形的设计风格以及包含的民俗文化内涵加以揭示,最后对这种土楼使用情况以及所体现的人们的哲学思想、文化追求进行了说明。朗读时,对列举的数字等要恰当地运用停顿和重音,语调要自然、准确。总之,说明文要读得客观确切、平实舒展。

(五)诗歌的朗读方法

诗歌是通过有节奏、有韵律的语言反映生活、抒发情感的。它是一种词语凝练、感情强烈、节奏鲜明、韵律整齐的文学体裁。按不同的标准,诗歌可以有不同的分类,如叙事诗、抒情诗、格律诗和自由诗等。

诗歌的特点是内容凝练、想象丰富、感情充沛、节奏鲜明、韵律和谐、语言精练。朗读诗歌时要把"诗味"读出来,必须读出诗歌中的"诗情画意",尽量给人以美的享受、美的熏陶,从而陶冶人们的情操,提高人们的思想文化素养和艺术修养,起到美化、净化人们心灵的作用。

诗歌的朗读首先需要朗读者深入体会诗歌的内容和作者所要表达的思想情感,使自己的感情与之融为一体,充分体现"诗言志"的特点。

其次,由于诗歌概括性强,具有较大的跳跃性,朗读时要用诗中内在的感情把上下联系起来,用语调、表情把前后沟通起来,一气呵成。

最后,要读出节拍,读出韵脚。音乐性是诗歌最大的特征,它主要体现在节奏和音律上,所以要使朗读富有音乐感。

1.格律诗的朗读方法

一般意义上的格律诗,是指中国古典文学中五言、七言的绝句和律诗。"格"是格式,"律"是声律,声律包括平仄和押韵。格律诗对其字数、句数、平仄、押韵和对仗都有严格的要求。

根据格律诗的字数和句数的不同,又可分为律诗、排律和绝句三种。

律诗:有五言、七言之分。五言律诗每首为 8 句,每句 5 个字,共 40 个字。

排律:也叫"长律",在 10 句以上,有长达一二百句的,多是五言,七言的很少。

绝句:又叫"截句",是截取律诗的一半之意。绝句也分五言、七言。五言绝句每首 4 句、每句 5 个字,共 20 个字。七言绝句每首 4 句,每句 7 个字,共 28 个字。

律诗讲究平仄,注重对仗,注意押韵,有自己的声律美和形式美,朗读时要划好语节。朗读五言诗一般采用的是二、三的格式,七言诗一般采用的是二、二、三的格式。如《静夜思》和《早发白帝城》:

> 床前/明月光,
> 疑是/地上霜。
> 举头/望明月,
> 低头/思故乡。
>
> 朝辞/白帝/彩云间,
> 千里/江陵/一日还。
> 两岸/猿声/啼不住,
> 轻舟/已过/万重山。

虽然格律诗语节一定，韵脚一定，平仄一定，但朗读时要以充分表达思想感情为目的，做到"语无定势"。如唐诗中的《春晓》：

> 春眠/不觉晓，
> 处处/闻啼鸟。
> 夜来/风雨声，
> 花落/知多少。

这是一首五言古体诗，押仄声韵，二、三的节奏。朗读时，必须注意节奏的整齐匀称，注意每个字的吐音清晰。前两句是写诗人早上醒来后看到的景物，朗读时要用柔和、舒缓的语调，音量不要过大。"春眠"两字宜读得缓慢，音调稍低，轻轻吐出。"不觉"两字音调比前两个音节略高，尾音略微延续后即稍停顿，然后读"晓"字，要表现出春天气候暖和，使人倦怠乏力，不知不觉醒来，发现天已亮了这样一种情景。"处处"两字凝聚着诗人对大自然的深厚感情，可用略高的音调朗读，表示诗人此刻的愉悦心情。"闻"要读得情真意切，侧耳聆听，传来阵阵清脆的鸟的鸣叫声。此情此景蕴蓄胸中，然后缓缓地读出"啼鸟"。"鸟"字的尾音可稍向上扬。此句读完后，应有较长时间的停顿，可以给听众留下想象、回味的余地。

后两句笔锋急转直下，写诗人想起昨天夜里又刮风又下雨，不知园子里的花被打落了多少，流露出对春光将逝的惋惜心情。后两句和前两句形成鲜明对照，要用低沉、缓慢的语调朗读。"来"字重音慢读，适当延长读音。"落"字重音重读，再逐渐减轻"知多少"三个字的音量，不胜感慨地轻轻吐出，以表示诗人对落花的同情和惋惜之情。

朗读时注意在读韵脚"晓、鸟、少"时，字音要适当延长，略带吟诵的味道，使听众能感觉出诗的音韵美和节奏感。

2. 自由诗的朗读方法

朗读自由诗，首先要深入意境，因境抒情。自由诗和格律诗相比较，其特点是跳跃奔腾。自由诗的语言更为凝练，跳跃性更强。朗读时不仅要表达出诗的意境，更要因境抒情。这就要求在朗读时，以具体形象的比喻和象征传达出意境的可感性，发挥意境的感染力。

其次要把握节奏，重视诗味。节奏是诗的生命。自由诗的字数不定，语节不定，韵脚不定，平仄不定。朗读时，必须把握诗的节奏，讲究诗句的呼应对称，或语节的对称，或诗行的并列对称，这样能增强自由诗的回环往复而不杂沓的节奏。诗味，从节奏中来。自由诗朗读的节奏，不但展现着意境美，而且显示着音韵美，诗味就如影随形地飘散出来。以叶挺的《囚歌》为例：

> 为人进出的门紧锁着，
> 为狗爬出的洞敞开着，
> 一个声音高叫着：
> ——爬出来吧，给你自由！
> 我渴望自由，
> 但我深深地知道，
> 人的身躯怎能从狗洞子里爬出。
> 我希望有一天，

> 地下的烈火。
>
> 将我连这活棺材一齐烧掉，
>
> 我应该在烈火与热血中得到永生！

这首自由诗是表现作者身陷囹圄而不屈，面对利诱而不惑的豪情壮志，以及革命者气贯长虹的精神。该诗的主体风格是"内心独白"式的，情感基调深沉、郁闷、痛苦甚至不无烦躁感，但最后须回归到"信仰坚定"的主调上来。

1—4 句是诗歌的第一小节，前两句是对比句，重音落在"人""狗"，"紧锁""敞开"等对比词语上，朗读时"人""狗"重音重读，"敞开着"三字在音量上可略大于前面的"紧锁着"三字，语速要慢，以形成对比，突出作者对"人不如狗"现状的愤懑。"高"字重音慢读，延长音节，以表现主人公对其藐视之情。朗读"爬出来吧，给你自由"一句时以"角色"化声音进入高音区，"爬""吧"二字延长音节，以显明说话人的"反面"身份，突出其掌握生杀之权的傲慢与嚣张。"给""自由"音色可作明亮处理，共鸣时值延长，且音调上扬。其中"你"字一带而过，以对比出敌人"不可一世"的气焰。

第一小节结束后要作较长的停顿，既是作品由"外境描写"转入"内心独白"的过渡，同时又给听众提供一个转换情绪的时间。

5—7 句是诗歌的第二小节，揭示的是诗人对所置身的现实处境的态度。"渴望"采用重音慢读，以深情的向往强调对自由的巫盼。"自由"采用重音轻读，可以略轻读出，以表现出心虽向往但深知不可能得到的痛苦与郁闷。"人的身躯"四个字，一字一顿，加重语气地读出，以突出凛然不可犯的感觉。"怎能从"三个字略快读，"狗洞子里"四个字加重语气，慢读。小停顿后，再一字一顿，发声时值略拖长地吐出"爬出"二字，以快慢对比，轻重对比，突出对这种行为的藐视。

8—11 句是诗歌的第三小节，表达了向往之情。"我"慢读，延长时值，略作停顿，"希望"轻读，"天"字后停顿，以留下"向往"的空间。"地下的烈火"加重语气，有力地，略扬起，语速略慢，"我"字扬起，随即停顿，语气陡转，以下语气急速上扬，激情喷涌。"活棺材"三字诅咒般地加重音量，随后紧接，不无烦躁地诵出"一齐烧掉"，此处声音扬起："烧掉"二字处于全诗朗读的最高潮。"我"重音慢读，"烈火与热血"要有气势，字字饱满。"得到永生"语速放慢，一字一顿，深沉有力地读出，结束全诗。

叶挺既是一位英雄，但同时又是一位活生生的个人。因此，该诗的高潮设计，以急速喷涌上扬的语调诵出"连同这活棺材一齐烧掉"，意在表现一个活生生的人，被埋进"活棺材"里的郁闷、烦躁，以至情愿被烧死也不愿再苦熬下去的志趣。但是，如果就以这种情调结束全诗，而不能在后面加以调整，就容易曲解主题，使其变成一种病态的情感发泄。因此，还需要在"烧掉"之后，作一停顿，以转换情绪，然后以平稳的、充满自信的声音，在中声区吐出"我应该在烈火与热血中得到永生！"这就奠定了叶挺视死如归的英雄气概，抒发了他"凤凰涅槃式"的崇高情怀：大火只能烧毁"活棺材"，"我"并不是与"活棺材"同归于尽，而是"得到永生"！

再如舒婷的《致橡树》：

> 我如果爱你——
>
> 绝不像攀援的凌霄花，
>
> 借你的高枝炫耀自己；

我如果爱你——
绝不学痴情的鸟儿，
为绿荫重复单调的歌曲；
也不止像泉源，
常年送来清凉的慰藉；
也不止像险峰
增加你的高度，衬托你的威仪。
甚至日光。
甚至春雨。
不，这些都还不够！
我必须是你近旁的一株木棉，
作为树的形象和你站在一起。
根，紧握在地下，
叶，相触在云里。
每一阵风过，
我们都互相致意，
但没有人，
听懂我们的言语。
你有你的铜枝铁干
像刀，像剑，
也像戟，
我有我的红硕花朵，
像沉重的叹息，
又像英勇的火炬。
我们分担寒潮、风雷、霹雳；
我们共享雾霭、流岚、虹霓。
仿佛永远分离，
却又终身相依。
这才是伟大的爱情，
坚贞就在这里：
爱——
不仅爱你伟岸的身躯，
也爱你坚持的位置，脚下的土地。

　　这是一首表现爱情的诗歌，诗借助树的形象阐述了对爱情的认识，在感性中渗透了理性。朗读时需要把握这个特点，既不能过分深沉，仿佛是在阐明事理，也不能太激情澎湃，像是热恋中的情人。篇首不是一般的情意绵绵的爱情表白，而是郑重其事地告知，女性可略带羞涩。在"我必须是你近旁的一株木棉，作为树的形象和你站在一起"处，语气坚定，毋庸置疑。然后在处理"你""我"和"我们"的环节上，适当注意区分："你"阳刚勇敢，"我"柔情坚贞，"我们"心心相印,共同担当。

(六) 寓言的朗读方法

寓言是一种带有劝谕和讽刺意味的故事体文学样式。其结构大多短小,主人公多为动物,也可以是人或非生物。主题多是惩恶扬善,充满智慧哲理。素材多起源于民间传说。"寓"是"寄托"的意思,寓言是"寄托之言"。寓言,通常是把深刻的道理寄于简单的故事之中,语言简洁锋利,惯于运用拟人的手法,借此喻彼,借小喻大,借古喻今,总有寓意蕴于内,必有形象、故事显于外。这就决定了我们朗读寓言时,要通过外在形体,揭示其内在寓意。

朗读寓言,首先要实事求是,忠于作品。寓言的朗读中,必须坚持实事求是,是怎样的寓意,就朗读出怎样的寓意,是怎样的形象,就表现出怎样的形象。但在实际上,却有一种倾向,似乎寓意越深越好,形象越生动越好,因而不顾寓言作品的实际,努力拔高,增加过多超越寓意的含义。寓言朗读,不同于借用寓言去说明某一论点,我们的目的只是把寓言本身真切地传达给听者,把思考的余地留给听者,而不包含现实的特指性。如《叶公好龙》,它并不难懂,寓意也是明晰的:嘲笑那种徒爱其表,不爱其实的人。但有人却力图使这寓意"升华",便解释为嘲笑高喊革命、并不拥护革命的人,硬要使这一流传久远的寓言穿上革命的外衣,直把寓言认作现实了,这种理解是错误的。

其次要通过形象表达寓意。要通过形象表达寓意,就必须在准确揭示寓意的前提下,努力把握形象的丰富,不可墨守成规、以偏概全。形象的表现上,一定要准确、生动,由此来显露深刻的寓意,来证实或引出朴实的议论。通常情况下,了解故事的基本内容,这是读懂寓言的基础。仔细琢磨故事中蕴含的道理,这是读懂的关键。进一步与现实生活进行联系,才能领悟寓言中的道理。我们以《狼和小羊》为例:

> 狼来到小溪边,看见小羊在那儿喝水。
>
> 狼很想吃小羊,就故意找碴儿,说:"你把我喝的水弄脏了!你安得什么心?"
>
> 小羊吃了一惊,温和地说:"亲爱的狼先生,我怎么会把您喝的水弄脏呢?您在上游,我在下游,水是不会倒流的呀!"
>
> 狼气冲冲地说:"就算这样吧,你总是个坏家伙!我听说,去年你经常在背地里骂我,是不是?"
>
> 可怜的小羊喊道:"啊,这是不可能的,去年我还没出生呢!"
>
> 狼不想再争辩了,大声喊道:"你这个小坏蛋!骂我的不是你就是你爸爸,反正都一样!"说着,就往小羊身上扑去……

这则寓言揭露了狼凶残的本性、丑恶的面目。故事中有旁白、狼和小羊三个不同的角色。朗读时要用声音塑造不同的角色。用低沉、粗重的声音代表狼,用纤细、柔弱的声音代表小羊。作品的开头,交代两个动物,因是这篇寓言的主角,所以要突出。全句速度要慢,重音要显示动物的本质特征。"狼"重读时要带上一些凶狠残暴的味道,"小羊"重读时要显露一些善良弱小的味道。

后面的情节、对话,都以此为基础,在鲜明的对比中,层层推进。小羊的理由越实在、充足,狼贪婪的欲望便越强烈,到狼向小羊"扑去",暴虐者的本性也就昭然若揭了。如果朗读中表达不出狼和羊的区别,如把"可怜的小羊喊道"处理得也像狼那样高声大叫,使人听起来,狼不像狼,羊不像羊,怎么能揭示"强权即真理"的深刻寓意呢?那伸张正义、鞭挞暴虐的朗读目的又怎么能达到呢？

还有不少寓言，插有议论，虽只三言两语，却富于哲理，有助于点明寓意。它既以形象体态的准确、生动为基础，又是内在思想感情的结晶。怎样朗读好它，关系到寓言的实际效果，不可轻视。首先，要把这类语句与对形象的描绘区别开来。比如描绘形象要生动活泼，叙述故事内容要具体清晰，那么，开头或结尾的议论就要严肃、郑重，发人深思。其次，开头或结尾的议论要放慢语速朗读，不要匆忙带过。再次，议论要中肯、有力。最后，议论要点到为止，语调凝重平稳，不可过分张扬。

（七）文言文的朗读方法

文言文，是对言简意赅的古代书面语言作品的统称。它与现代汉民族使用的普通话相距甚远，但文言文作为中华民族的文化遗产，是国之精粹，至今读来，仍有相当强烈的感染力，仍有极为精妙的音韵美。正因为如此，只是阅读，就显得不足了，而朗读它，往往能品其所言，得其所未言，比起白话文的朗读更具有特殊的作用。文言文朗读，比白话文朗读困难得多，因为有众多障碍，朗读者必须千方百计地予以克服。

朗读文言文，首先要熟读原文，加强感受。"书读百遍，其义自见"，欲知其义，必先诵读其文，义在读中自然明朗。读者对于文言文中的字字句句，一定要理解得透彻、精到。最好在脑子里把每一字、词、语句都形成对应的白话文。对有关的古人、古事，对有关作者及作品创作的时代背景等都应有所了解。在了解的基础上进一步加深理解，字斟句酌、反复推敲，形成鲜明具体的理解，对作品的思想性、艺术性给予具体恰切的评价。这样，在朗读时才能言之有物，掷地有声。做到抒古人之情感，发古人之感慨，达古人之意向。

其次要整体平缓，词语拓开。在理解和感受的基础上，如何把握有声语言的进程，是朗读文言文的关键所在。从整体来看，应该是平稳的、舒缓的、深沉的。这就是说，朗读文言文不能像朗读白话文那样，体裁、类型都很鲜明，一听便知道，但是，也不应千篇一律，毫无差别。朗读文言文的基本功在于把语词拓开，以便更多地容纳、表露那些不见诸文字的含义、意蕴。拓开语词，不是字字拓开、词词拓开。要把握三点：一要看语法关系、词性、句式；二要根据思想感情的延续、转换过程的需要；三要看易懂、难懂的情况。拓开语词不是一个一个读出字音，而是在语流中，把语言链条拉长，有些环节拉长，有些音节拉长。如：

> 庆历——四年春，滕子京——谪守——巴陵郡。越——明年，政通——人和，百废——俱兴。乃——重修——岳阳楼，增其——旧制，刻——唐贤今人诗赋——于其上。属予作文——以记之。

再如：

> 呜呼！灭——六国者——六国也，非——秦也。族秦者——秦也，非——天下也。嗟夫！使六国——各爱其人，则——足以拒秦；使秦——复爱——六国之人，则——递三世——可至万世——而为君，谁——得而族灭也？秦人——不暇自哀，而——后人哀之；后人——哀之——而不鉴之，亦使后人——而——复哀——后人也。

用横线标明拓开的位置，并不十分准确，没有横线处也有一些拓开的音节，一般不太明显；有横线处也不一定就同样拓开，有的短些，有的长些。如果以为按这横线标示朗读就万无一失,当然会失望的,不过,文言文朗读中语词拓开大体上就是这个情况。由此可见,词语拓开的位置一般是2—4个音节之间,显然比白话文的朗读顿挫要多。

　　最后要语势复归,讲究音韵。从句子看,语气各有千秋,语势也有变化,不过抑扬缓疾轻重的变化幅度不大,而语势的起而复归是文言文朗读的特点,不可像白话文朗读那样起伏自由,语势错落。语势复归,并非归为同一落点,但每一句落点的差距不能过大,这是出于平缓和深沉的需要。同时,文言文的朗读非常讲求音韵美。文言文中,有很多骈体,对仗工整,音韵铿锵,朗读时要把握好音韵的特色,语助词的音节适当拉长,显出音韵美。即便是非骈体文,也要把握好音韵的特色。

思考与练习

　　朗读下面的作品,按照不同体裁作品的朗读要求,认真设计朗读方案,注意把握作品的基调和节奏变化,恰当运用朗读技巧。

作品1

散　步

莫怀戚

　　我们在田野散步:我,我的母亲,我的妻子和儿子。

　　母亲本不愿出来的。她老了,身体不好,走远一点就觉得很累。我说,正因为如此,才应该多走走。母亲信服地点点头,便去拿外套。她现在很听我的话,就像小时候我很听她的话一样。

　　天气很好。今年的春天来得太迟,太迟了,有一些老人挺不住。但春天总算来了。我的母亲又熬过了一个严冬。

　　这南方初春的田野,大块小块的新绿随意地铺着,有的浓,有的淡;树上的绿芽也密了;田野里的冬水也咕咕地起着水泡。这一切使人想起一样东西——生命。

　　我和母亲走在前面,我的妻子和儿子走在后面。小家伙突然叫起来:"前面也是妈妈和儿子,后面也是妈妈和儿子。"我们都笑了。

　　后来发生了分歧:母亲要走大路,大路平顺;我的儿子要走小路,小路有意思。不过,一切都取决于我。我的母亲老了,她早已习惯听从她强壮的儿子;我的儿子还小,他还习惯听从他高大的父亲;妻子呢,在外边,她总是听我的。一霎时我感到了责任的重大。我想找一个两全的办法,找不出;我想拆散一家人,分成两路,各得其所,终不愿意。我决定委屈儿子,因为我伴同他的时日还长。我说:"走大路。"

　　但是母亲摸摸孙儿的小脑瓜,变了主意:"还是走小路吧。"她的眼随小路望去:那里有金色的菜花,两行整齐的桑树,尽头一口水波粼粼的鱼塘。"我走不过去的地方你就背着我。"母亲对我说。

　　这样,我们在阳光下,向着那菜花、桑树和鱼塘走去。到了一处,我蹲下来,背起了母亲,妻子也蹲下来,背起了儿子。我的母亲虽然高大,然而很瘦,自然不算重;儿子虽然很胖,毕竟幼小,自然也轻,但我和妻子都是慢慢地,稳稳地,走得很仔细,好像我背上的同她背上的加起来,就是整个世界。

朗读要领： 语气温和，亲切中含着庄重。语调平稳，声音不宜过高或过低。语速稍慢，节奏舒缓。在本色声音范围内变化语气即可。可采用扮演式的"朗读"，在朗读"我"的话语时，语气应沉着、稳重；朗读"母亲"的话语时，语气应温和、亲切；朗读"儿子"的话语时，语气应轻松、活泼。

背景提示： 这篇散文共有四个人物：我、我的母亲、我的妻子和儿子。其中"我"是中心人物，另外三位是一般人物。朗读时，既要突出主要人物"我"在家庭中的重要作用，又要处理好一般人物之间和谐、融洽的关系。要根据四个人的不同性别、不同年龄、不同身份以及他们之间的不同关系来传神地反映出他们的内心世界和精神境界，从而表现家庭成员间的真挚情感，以及对"生命"这一命题的感受与思考。

作品 2

孝 心 无 价

毕淑敏

我不喜欢一个苦孩子求学的故事。家庭十分困难，父亲逝去，弟妹嗷嗷待哺，可他大学毕业后，还要坚持读研究生，母亲只有去卖血……我以为那是一个自私的学子。求学的路很漫长，一生一世的事业，何必太在意几年蹉跎？况且这时间的分分秒秒都苦涩无比，需用母亲的鲜血灌溉！一个连母亲都无法挚爱的人，还能指望他会谁爱？把自己的利益放在至高无上位置的人，怎能成为为人类献身的大师？我也不喜欢父母病重在床，断然离去的游子，无论你有多少理由。地球离了谁都照样转动，不必将个人的力量夸大到不可思议的程度。在一位老人行将就木的时候，将他对人世间最后的希冀斩断，以绝望之心在寂寞中远行，那是对生命的大不敬。

我相信每一个赤诚忠厚的孩子，都曾在心底向父母许下"孝"的宏愿，相信来日方长，相信水到渠成，相信自己必有功成名就衣锦还乡的那一天，可以从容尽孝。

可惜人们忘了，忘了时间的残酷，忘了人生的短暂，忘了世上有永远无法报答的恩情，忘了生命本身有不堪一击的脆弱。

父母走了，带着对我们深深的挂念。父母走了，遗留给我们永无偿还的心情。你就永远无以言孝。

有一些事情，当我们年轻的时候，无法懂得。当我们懂得的时候，已不再年轻。世上有些东西可以弥补，有些东西永无弥补。

"孝"是稍纵即逝的眷恋，"孝"是无法重现的幸福。"孝"是一失足成千古恨的往事，"孝"是生命与生命交接处的链条，一旦断裂，永无连接。

赶快为你的父母尽一份孝心。也许是一处豪宅，也许是一片砖瓦。也许是大洋彼岸的一只鸿雁，也许是近在咫尺的一个口信。也许是一顶纯黑的博士帽，也许是作业簿上的一个红五分。也许是一桌山珍海味，也许是一只野果一朵小花。也许是花团锦簇的盛世华衣，也许是一双洁净的旧鞋。也许是数以万计的金钱，也许只是含着体温的一枚硬币……但"孝"的天平上，它们等值。

只是，天下的儿女们，一定要抓紧啊！趁你父母健在的光阴。

朗读要领： 质朴的基调，恳切、劝解的语气，语重心长。适于女声，采用中声区，饱含深情的。要注意排比句表达,语言节奏要富于变化,避免单一语势。

背景提示: 医生可以治病救人,作家也可以通过文学作品来抚慰人们的心灵,治疗受伤的灵魂。作者毕淑敏身兼二职。文章开始举了两个她并不认可的所谓"孝"的例子,由此引发出"行孝"这一平常而又深刻的话题,平和地提醒大家:赶快为你的父母尽一份孝心……

作品 3

再 别 康 桥

徐志摩

轻轻的我走了,
　　正如我轻轻的来;
我轻轻的招手,
　　作别西天的云彩。

那河畔的金柳,
　　是夕阳中的新娘;
波光里的艳影,
　　在我的心头荡漾。

软泥上的青荇,
　　油油的在水底招摇;
在康河的柔波里,
　　我甘心做一条水草!

那榆荫下的一潭,
　　不是清泉,是天上虹;
揉碎在浮藻间,
沉淀着彩虹似的梦。
　　寻梦?撑一支长篙,
　　向青草更青处漫溯;
满载一船星辉,
　　在星辉斑斓里放歌。

但我不能放歌,
　　悄悄是别离的笙箫;
夏虫也为我沉默,
　　沉默是今晚的康桥!

悄悄的我走了,
　　正如我悄悄的来;

我挥一挥衣袖，

不带走一片云彩。

朗读要领：诗的语言清新柔美，节奏和谐自然。朗读时，要把握好情感的基调，要读出作者新鲜活泼、轻快生动的诗风，也要读出作者那一抹淡淡的离愁别绪。朗读时要注意情绪的变化过程：前五节是在平静中表现与母校的依依不舍，只是略带感伤。诗人逐渐又被美景吸引，甚至进入了某种忘我的境界，要"在星辉斑斓里放歌"，这也是全诗最高昂的地方。但紧接着回到了现实，从"放歌"的状态中清醒过来，并与首节遥相呼应，声音也逐渐降低。

背景提示：《再别康桥》是新月派诗歌的代表作品。此诗写于1928年，是诗人旅欧归国途中写的。全诗以离别康桥时的感情起伏为线索，抒发了对母校深深的眷恋之情。全诗意境幽美柔情，婉约细致，令人沉醉神往，别离时又不免有些离情别绪。

作品 4

我的"自白书"

陈　然

任脚下响着沉重的铁镣，

任你把皮鞭举得高高，

我不需要什么自白，

哪怕胸口对着带血的刺刀！

人，不能低下高贵的头，

只有怕死鬼才乞求"自由"；

毒刑拷打算得了什么？

死亡也无法叫我开口！

对着死亡我放声大笑，

魔鬼的宫殿在笑声中动摇；

这就是我——一个共产党员的"自白"，

高唱凯歌埋葬蒋家王朝。

朗读要领：该诗的主题风格是"怒斥敌酋"式的，其朗读基调应当是坚定、自信、情感激越，毫不掩饰对敌人的藐视。发音饱满、声音偏低，采用中速偏慢的语速进行朗读。

背景提示：1948年4月，中共地下党员、《挺进报》特支书记陈然被捕。面对敌人的威胁利诱毫不动摇，这首诗是他在狱中写下的。1949年10月28日，26岁的陈然慷慨就义。这就是一个共产党员的自白，他以浩然正气，抒发了对国民党反动派的仇恨，对无耻叛徒的藐视，昭示着革命者视死如归的英雄气概。

作品 5

埃及的金字塔

在埃及首都开罗西南面金黄色的沙漠中，可以看到一座座巨大的角锥形建筑物。它们巍然屹立,傲对碧空。这就是举世闻名的埃及金字塔。

金字塔是古埃及法老的坟墓。大约在公元前 27 世纪,埃及古王国由法老统治。法老死后,他们的尸体都埋葬在巨大的石头坟墓里。这些坟墓底座是四方形,愈往上愈小,最后成为尖顶。因为它的轮廓有点儿像汉字的"金"字,所以称为金字塔。

古埃及各王朝修建的大大小小的金字塔共有 70 多座,其中最大的是开罗近郊的胡夫金字塔。这座金字塔高 146 米多,相当于 40 层高的摩天大厦。绕金字塔一周,差不多要走一公里的路程。塔身由 231 万块巨石砌成,这些石块平均每块重 2.5 吨。有人估计,如果将这座金字塔的石块铺成一条三分之一米宽的道路,可绕地球一周;如果用火车装运,需要 60 万个车皮。这些石块磨得很平整,石块与石块之间砌合得很紧密,几千年过去了,这些石块的接缝处连锋利的刀片都插不进去。为了建造这座金字塔,经常有 10 万人在烈日曝晒下干活儿。全部工程用了整整 30 年时间。

如此宏伟而又精巧的金字塔,是怎样建造起来的呢? 勤劳而聪明的埃及人想出了许多科学的方法。他们把石头放在木橇上,用人或牲畜来拉。载着很重石块的木橇在不平整的路上拉不动,于是他们又专门修了一条石路。

开始砌金字塔了,当时没有起重机,怎样把这么多巨大的石块垒起来呢? 据说是先砌好地面的一层,然后堆起一个和这一层同样高的土坡,人们就顺着倾斜的土坡把石块拉上第二层。这样一层层砌上去,金字塔有多高,土坡就有多高。塔建成后,土坡变成了一座很大的山。然后人们又把这座土山移走,让金字塔显露出来。

现在,这些金字塔矗立在起伏的黄沙之中已经有四五千年了。它们是埃及的象征,也是古埃及人民智慧的结晶。

朗读要领:表达以说明的语气为主。从外形宏伟、结构精巧和塔的建造三方面来说明金字塔的形状及其建筑历史。语言平实,语速适中,娓娓道来。需要深入体会金字塔的雄伟精巧,感受埃及人民的勤劳智慧。

背景提示:"金黄色的沙漠"是金字塔的背景,"巨大的角锥形"是金字塔的外观,"巍然屹立,傲对碧空"展示了金字塔不凡的气势。这篇说明文采用了举例子、做比较、列数字等方法,条理清楚,描写细致,热情讴歌了古埃及人民杰出的智慧和超人的才干。

作品 6

一只"无用"的田鼠

在田野里,住着三只田鼠。

秋天到了,三只田鼠开始准备过冬的东西。第一只田鼠每天都到田野上运粮食,准备冬天食用。第二只田鼠每天都到田野上运野草,准备冬天取暖。而第三只田鼠每天都跑出去游玩,对粮食和野草一点儿也不关心,好像冬天永远也不会到来一样。

两只田鼠劝它为即将到来的冬天多准备一些必要的东西,但它只是笑笑,仍然每天都出去游玩。

寒冷的冬天很快到来了,三只田鼠住在洞里,饿了就吃第一只田鼠运回来的粮食,冷了就用第二只田鼠运回来的野草取暖,而毫无贡献的第三只田鼠自然也得到了前两只田鼠的嘲笑。然而日子一天天地过去,每天都无所事事地待在洞里,做着同样的游戏,吃着同样的粮食,三只田鼠渐渐厌烦起来,感觉到了无聊的空虚。

这时,第三只田鼠开始为前两只田鼠讲故事。讲它在秋天出去游玩的时候见到的许多新鲜有趣的故事,前两只田鼠听得津津有味,生活开始重新变得充实而有意义。作为感谢和报答,前两只田鼠经常把自己的粮食和野草挑出来一些送给第三只田鼠。

原来,有些贡献并不是从一开始就能看得出来的,然而我们却经常因为暂时看不到它的"用处"就舍弃了它。

朗读要领:"有用"和"没用"的田鼠用不同的语气区分。在冬天还没到来之前,对第三只田鼠的表现有意渲染,以突出对比的效果。

背景提示:精神世界的富足是物质享受所不能替代的。

作品 7

走 出 沙 漠

沈 宏

他们四人的眼睛都闪着凶光,并且又死死盯住那把挂在我胸前的水壶。而我的手始终紧紧攥住水壶带子,生怕一放松就会被他们夺去。

在这死一般沉寂的沙漠上,我们对峙着。这样的对峙,今天中午已经发生过了。

望着他们焦黄的面庞和干裂的嘴唇,我也曾产生过一种绝望,真想把水壶给他们,然后就……可我不能这样做!

半个月前,我们跟随肇教授沿着丝绸之路进行风俗民情考察。可是在七天前,谁也不知道怎么会迷了路,继而又走进眼前这片杳无人烟的沙漠。干燥炎热的沙漠消耗我们每个人的体力。食物已经没有了。最可怕的是干渴。谁都知道,在沙漠上没有水,就等于死亡。迷路前,我们每人都有一壶水;迷路后,为了节省水,肇教授把大家的水壶集中起来,统一分配。可昨天夜里,肇教授死了。临死前,他把挂在脖子上的最后一个水壶给我说:"你们走出沙漠全靠它了,不到万不得已时,千万……千万别动它。坚持着,一定要走出沙漠。"

这会儿他们仍死死盯着我胸前的水壶。

我不知道什么时候能走出这片沙漠,而这水壶是我们的支柱。所以,不到紧要关头,我是决不会取下这水壶的,可万一他们要动手呢?看到他们绝望的神色,我心里很害怕,我强作镇定地问道:"你们……"

"少啰唆!"满脸络腮胡子的孟海不耐烦地打断我,"快……快把水壶给我们。"说着一步一步地向我逼近。他身后的三个人也跟了上来。

完了!水壶一旦让他们夺去,我会……我不敢想象那即将发生的一幕。突然,我跪了下来:"求求你们不要这样!你们想想教授临死前的话吧。"

他们停住了,一个个垂下脑袋。

我继续说:"目前我们谁也不知道,什么时候能走出沙漠,而眼下我们就剩下这壶水了。所以不到紧要关头还是别动它,现在离黄昏还有两个多小时,趁大家体力还行,快走吧。相信我,到了黄昏,我一定把水分给大家。"

大伙又慢慢朝前艰难地行走。这一天总算又过去了,可黄昏很快会来临。到了黄昏还有深夜,还有明天,到时……唉,听天由命吧。

茫茫无际的沙漠简直就像如来佛的手掌，任你怎么走也走不出，当我们又爬上一个沙丘时，已是傍晚了。

走在前面的孟海停了下来，慢慢地转过身。

天边的夕阳渐渐地铺展开来，殷红殷红的，如流淌的血。那景色是何等壮观！夕阳下的我与孟海他们再一次对峙着，就像要展开一场生死的决斗。我想此时已无路可走，还是把水壶给他们。一种真正的绝望从心头闪过，就在我要摘下水壶时，只听郁平叫道："你们快听，好像有声音！"

大伙赶紧趴下，凝神静听，从而判断出声音是从左边的一个沙丘后传来的，颇似流水声。我马上跃起："那边可能有绿洲，快跑！"

果然，左边那高高的沙丘下出现一个绿洲。大家发疯似的涌向湖边……

夕阳西沉，湖对岸那一片绿色的树林生机勃勃，湖边开满了种种芬芳的野花。孟海他们躺在花丛中，脸上浮现出满足的微笑。也许这时他们已忘掉还挂在我胸前的那个水壶。可我心里却非常难受，我把他们叫起来："现在我要告诉你们一件事。为什么我一再不让你们喝这壶水呢？其实里面根本没有水，只是一壶沙。"我把胸前的水壶摘下来，拧开盖。霎时，那黄澄澄的细沙流了出来。

大伙都惊住了。

我看了他们一眼，沉重地说："从昨天上午开始，我们已经没有水了。可教授没把真相告诉我们。他怕我们绝望，所以在胸前挂了一个水壶，让我们以为还有水。为了不让我们看出是空的，他偷偷地灌上一壶沙。事后，教授知道自己不行了，因为他已经好几天不进水了，他把自己的一份水都给了我们。教授把事情告诉我并嘱咐，千万别让大家知道这水壶的真相。它将支撑着我们走出沙漠。万一我不行了，你就接替下去。……"

我再也说不下去了。孟海他们已泣不成声。当大家回头望着身后那片死一般沉寂的长路时，才明白是怎样走出了沙漠……

朗读要领：整体节奏沉重，声音偏低沉，语速较慢，语势多为下降。注意人物语言在特殊情况下的声音、气息特点。

背景提示：故事以"最后的一壶水（希望和信念）"为文眼，情节既紧张又感人，展现出人在困境和死亡面前，放弃与坚持的角力。故事结尾处情节的突转，为全文情感的宣泄高潮。

第四章　教师讲述训练

第一节　讲述概述

语言作为人与人之间交流的工具,自产生以来重要的表达方式之一便是讲述,《现代汉语词典》上将讲述定义为"把事情或道理讲出来"。讲述作为语言的主要表达方式,毋庸置疑也就成为课堂教学的主要方式之一。

一、讲述的含义与要求

讲述即叙述或讲解之意,是用讲解、说明、论证的方式来传授知识,用简明生动的语言来系统地复述事实材料,具体地描述所要讲的内容。教学中我们常说的讲述法,是通过教师的语言,系统地传授知识,并促进学生认知能力发展的一种教学方法,是教师在教学中广泛运用的一种教学方法。《简明教育辞典》中把讲述法归为讲授法的多种具体方式之一,认为"讲述侧重对生动形象的描绘,和对事件发生、发展过程的叙述,以使学生形成鲜明的印象和概念,并在情绪上得到感染"[1]。《教学法辞典》中认为"讲述法指教师用简明生动的语言,向学生叙述事实材料,或者描绘所讲对象,说明它的发生、发展过程以及最后结果如何的一种教学方法"[2]。教师的讲述是教师知识素养和教学思想的集中体现。讲述法作为教学中广泛运用的传统教学方法之一,具有知识传递效率高、教师课堂把控强等优点,有助于学生学习到系统的知识,提高学生的学习效率。但同时,讲述法也存在着教学形式单一,容易出现"一讲到底""满堂灌"等现象,忽视学生的主体地位,不易调动学生的学习兴趣,从而导致学生学习的主动性不足,独立获取知识的能力受到限制,进而制约了学生的创造能力和主动探索精神的培养。

随着课程改革的进一步推进,"教师主导、学生主体"理念的提出,学生的主体地位被提升到了一个新的高度,学界对于教师的教学也就提出了更高的要求,讲述法被作为"满堂灌"和"填鸭式"的典型更加受到质疑和批评。但从客观上看,不管是传统的以"讲"为主的教学方法,还是其他新兴的教学方法,我们都要辩证地看待,不能一否到底,也不能无视其存在的缺陷。为此,我们需要正视讲述法存在的弊端,处理好师生关系、知识传递与能力培养的关系,提高讲述的技巧,重视启发、创设情境,对传统讲述法进行改革与创新。通过教师生动的讲述,调动学生学习的主动性和积极性,努力做到如下几个方面:

---

[1]　周德昌:《简明教育辞典》,广东高等教育出版社1992年版,第120页。
[2]　王敬东:《教学法辞典》,山东教育出版社1992年版,第151页。

（1）对知识进行分类,依据知识类型选择正确、恰当的讲述方法。

（2）在讲述法教学中结合学生的"讲"进行问题引导,通过创设情境培养学生的参与意识,激发学生积极思维,改变其被动听讲的局面。同时辅以问题引导加深学生对于知识的理解与思考,从而加强讲述法教学的启发性。

（3）讲述要做到史料真实、观点正确、科学无误、深刻透彻,同时要层次分明、条理清晰、注重所讲述知识的内在联系,要体现内容的逻辑性、系统性。

（4）通过提升教师的讲述技巧,将知识讲出深度、讲出温度,调动学生学习的主动性。

（5）将讲述法与多媒体技术紧密结合起来,创造情境,活跃课堂气氛。既要发挥多媒体技术的辅助教学优势,也要避免"机灌"问题的出现。

（6）采用多种形象化手法,运用各种语言技巧,把知识讲得具体生动,形象逼真,血肉丰满,富有情趣,激发学生的学习兴趣。

同时,教师需要及时更新教育理念,丰富知识储备,提升专业知识素养,注重积累,将教师情感融入教学中,从而实现学生知识、能力和情感的全面发展。

二、讲述的类型

口语表达中的讲述和写文章一样,都是以客观事物为反映对象的,客观事物的复杂性决定了反映方式的多样性。由于表达对象不同、表达者的基础不同,所表达的目的和效果也就不同。因此,讲述可以分为复述、描述、评述三种类型。

（一）复述

1. 复述的含义

复述又称重述,是指将看到或者听到的语言材料在理解的基础上进行加工,再重新讲述出来的一种口语表达方式。复述是一种在原材料基础上的加工行为,复述者既可以尽可能详尽地把原材料照原样表达出来,也可以根据自己的理解或表达需要作一些增删转换的加工。复述的基本要求是:完整准确地体现原材料的中心和重点,条理清楚地反映各部分的内在联系,科学合理地把书面语言转换为口头语。

2. 复述的特点

复述的特点可以概括为:看(听)、想、讲。

（1）看(听):讲述者有目的、按顺序地看(听)清全部材料,掌握原始材料中的人物、事件、环境和基本内容,厘清其内在联系,弄清细节和全过程,明辨主旨,理解其基本思想,这样才能保证原材料的内容完好地表达出来。

（2）想:讲述者创造性地钻研原材料,展开合理的联想和丰富的想象,使人物更生动,使情节更丰满,使思想更深刻,把思路引向原材料以外更广阔的天地。总之,可以根据讲述的特殊目的和要求,合理而精心地组织原材料。

（3）讲:讲述者的语音正常,声音响亮,表达的内容中心突出,条理分明,要求感情真挚,气势磅礴,同时要尽量使用口语词语,以求流利有效地传递原材料的基本信息。

（二）描述

1. 描述的含义

描述是运用各种修辞手法对事物进行形象化的阐述,是用生动形象的语言,把人、事、物、景等具体事物的特征及形态,具体细致地描绘给别人听,给听者以美的享受。

观察是描述的基础。如果描述对象在眼前,要边看边说,如果描述对象不在眼前,也要尽量从记忆中搜寻它的形象,边想边说,如果描述对象没有全面观察过或全部经历的,那就要通过联想和想象构成它的形象,联想和想象并非胡思乱想,都要以观察为基础。

2. 描述的特点

描述要抓住对象的特征,真实准确地再现人、事、物、景的基本形态与特点,不能没有重点地喋喋不休,随意夸大渲染。

描述要形象、生动、具体,必须恰当地选用词语,切忌辞藻堆砌,描述要饱含感情,形象传神地再现描述对象。但这种描述中的抒情,不是要描述者在描述过程中直接抒发,而是将这种感情融注于描述时所选用的词语和运用的语气及动作、表情之中。

描述时的语言处理,应在清楚准确地反映事物的前提下,注意表达的形象性和感染力,要利用语调、语速、节奏等的变化,来突出形象词语的存在,融情于语,以声带情。描述人物时的语气和词语选择要注意符合人物的年龄、身份、性格、心理等方面的特征。描述事物时的语言处理,要注意把事物和事件的来龙去脉交代清楚,脉络清晰,语气平和,语速舒缓。描述景物时的语言处理,要注意情景交融,寓情于景,融景于情,注重合理运用语言的节奏和声调变化。描述动态景物要多用强节奏,描述静态景物要多用弱节奏。

（三）评述

1. 评述的含义

评述即评论和叙述,是对一定的人物、事件、观点等发表自己的见解和感受的一种口语表达方式。"评"是核心和主体,它与描述和复述不同,它不直接以听到、看到、读到的现实材料为表达对象,而是以听到、看到、读到后的见解和感受为表达对象。"述"是基础和依据,没有对听到、看到、读到的客观事物的合理复述和描述,"评"就失去了根基和凭据。因此,评述就是"评"与"述"的有机结合,是一种具有综合性特点的口语表达方式。

2. 评述的特点

（1）语气选择合理。评述必须用明朗的语气果断地表达出或肯定、或否定、或赞同、或反对、或宣扬、或摈弃的鲜明观点,即使表达委婉,也不能模棱两可、含混不清。

（2）语调抑扬顿挫。评述时应根据对象的不同和表情达意的需要,注重加强对重音、停顿等的恰当处理,努力在自然的语言氛围中做到入情入理,以情感人,以声夺人。

（3）适应教学需要。课堂评述是教师用以提高学生认知,推动教学目标实现的重要手段,必须以教学环境、学生实际和教材内容为出发点和依据,做到灵活变通,适应需要。

第二节　教师讲述方法训练

讲述重在训练语感和理解等方面的能力,通过讲述训练可以提升讲述者的观察能力与想象能力,分析能力与评论能力,进而提高讲述者语言表达的条理性与连贯性、形象性与生动性、准确性与思辨性。同时,根据不同内容表达的需要,辅以语气、语调、语速、节奏、体态等方面技能方法的训练,以增强表达的效果。

一、复述方法训练

（一）把握要点

（1）复述的语言处理不同于朗读,应在如实反映原材料和感情特点的前提下,注意表达的清晰度和客观性,突出其贴近于原材料的"述"的特点。

(2)复述记叙性材料时,要在讲清过程的同时,增强语言的生动性;复述议论性材料时,突出论点、论据、推理过程和结论;复述说明性材料时,对事物的形状、方位、结构、性能等特征,要突出重点。

(二)明确类型

复述的类型有多种,本文着重探讨详细复述、概要复述、创造性复述三种类型。

1.详细复述

详细复述是将原材料按原貌复述,要求复述时保留原材料的主要观点、内容、情节甚至是语言风格,要尽可能把原材料照原样叙述出来。

详细复述是一种接近原始材料的复述,是最简单、最基本的复述形式。进行详细复述时必须用自己的话按照原始材料的顺序、结构、人称,无遗漏地清楚、准确、完整、连贯地述说出来,要保持原材料的语言风格,做到细而不乱,使听众对原材料的内容能有较全面的了解。

2.概要复述

概要复述是对原材料加以浓缩、选择,做精简概括的复述,然后用简明扼要的语言陈述出来的表达方式,类似写作中的"缩写"。概要复述时要把握中心,做到既减少篇幅,又保留原貌。复述时要认真阅读与理解原材料,抓住能提示记忆的语句。此外,还要注意不同的材料在复述时重点有别,与后面的扩展复述都属于对原始材料的一种再创作。

3.创造性复述

创造性复述即通过对原材料进行改编和扩充等创造性加工后复述,创造性复述比前两种复述方式要求更高,难度也更大。它不仅要求能够复述原材料的基本内容,还要求在复述中对原材料进行创造性地改编和扩充,使原内容更加完整、具体、丰富、生动。要求不改变原材料的主旨思路和整体结构框架,针对原材料中的叙述较为简略、模糊的地方进行合理化的想象和创造性发挥,增加一些新的内容作为补充,同时增补的内容又不能与原材料发生矛盾,是对原材料做一些扩充、改编式的叙述。

(三)掌握方法

1.详细复述的方法

详细复述在复述者忠实于原材料、再现原材料的同时,允许对原材料的词语、句式等方面做一些适当的调整。例如,对于某些过长的句子,可以化短;有碍听者理解的方言土语,可以改换成通俗易懂的口语;对语法结构复杂的句子,可以化简;有些句子可以改变顺序,使其明白晓畅。

进行详细复述的基本方法:首先,要细心地看、听、读,抓住中心,弄清思路,理出层次,全面把握原材料的内容;其次,在理解的基础上,强行记忆,对长的材料编写提纲,对短的材料打好腹稿;再次,根据不同的听众对象,对原始材料的语言形式等进行适当整理加工;最后,要全神贯注,声音洪亮,富有表情地进行复述。详细复述训练既可以锻炼记忆力,又可以锻炼表达的条理性,有助于使我们的口头表达条理清晰。例如:

《蝉》的片段

蝉有非常灵敏的视觉。蝉有五只眼睛,左右和上方发生什么事情都看得见。只要看见有什么东西来了,蝉就要停止演奏,悄悄地飞开。可是喧哗的声音不能使蝉受到惊扰。站在蝉的背后,你尽管拍手,吹哨子,敲石子,高声讲话,蝉都满不在乎。要是一只麻雀,听见一点儿轻微的声音,就惊惶地飞去了。镇静的蝉却仍旧演奏它的音乐,好像没事一样。

《蝉》的片段的复述

蝉的视觉非常灵敏。它有五只眼睛,左右两边和上面发生了什么事情都看得见。只要看见有什么东西来了,它就立刻停止鸣叫,悄悄地飞走了。可是它的听觉却特别得令人惊奇,再闹的声音也惊吓不了它,干扰不了它。站在蝉的背后,你尽管拍手,吹哨子,敲石子,高声讲话,它一点都不在乎。假如是一只麻雀,只要听见一点儿细小的声音,就会惊慌失措地飞走了。

这是一段说明性材料的详细复述。在遵从原材料的基础上,进行了口语化的加工处理,不过没有改变原材料的说明顺序、说明方法、语言风格。在语言处理上,以自然轻快的语气语调、适中的语速,清晰明了地讲述蝉在视觉和听觉上的特点,同时有些词语如"非常""都""停止""惊奇""惊吓""干扰""一点"等应作重音处理,以突出蝉的特殊功能。

2. 概要复述的方法

概要复述的要领是:把握整体,厘清线索,紧扣中心,舍去枝叶,保留主干,缩减成篇,反映原貌。复述记叙性材料,可选取其主要情节或主要人物性格发展变化的脉络,着重讲清过程,围绕过程讲清人物、事件、时间、地点、原因、结果;复述议论性材料,要突出论点、论据、推论过程和结论;复述说明性材料,可扣住对事物根本特征的说明和对事物本质的说明,要讲清事物的形状、方位、结构、性能等特征。

概要复述对原材料内容进行加工时,不能改变其原有的风格、体裁,也不能加进复述者本人的评论,更不能丢开原材料说空话、讲套话,使内容不具体,甚至曲解原意。复述前应编好提纲,打好腹稿,做到胸中有数,复述时应注意紧扣中心,抓重要语句,舍去一些过渡的桥段、插说、阐释以及某些细节或修饰性部分,切忌概要复述过程中的前松后紧或头重脚轻。

概要复述是训练一个人综合概括能力的有效方式,也是教师在课堂上常用的口语表达形式。每节课开讲时的导语、讲完一个问题后的小结、一节课或一个单元结束时的总括等常用概述。例如:

《九色鹿》原文

在一片景色秀丽的山林中,有一只鹿。它双角洁白如雪,身上有种鲜艳的毛色,漂亮极了,人们都称它九色鹿。

这天,九色鹿在河边散步。突然,耳边传来"救命啊,救命啊!"的呼喊,只见一个人在汹涌的波涛中奋力挣扎。九色鹿立即纵身跳进河中,将落水人救上岸来。

落水人名叫调达,得救后连连向九色鹿叩头,感谢地说:"谢谢你的救命之恩。我愿意永远做你的奴仆,终身受你的驱使……"

九色鹿打断了调达的话,说:"我救你并不是要你做我的奴仆。快回家吧。你只要不向任何人泄露我的住处,就算是知恩图报了。"

调达郑重起誓,绝不说出九色鹿的住处。然后千恩万谢地走了。

有一天,这个国家的王妃做了一个梦,梦见一头双角洁白如雪,身上有九种鲜艳的毛色的九色鹿,她突发奇想:如果用这只鹿的毛皮做件衣服穿上,我一定会显得更加漂亮! 于是,她缠着国王要他去捕捉九色鹿。国王无奈,只好张贴皇榜,重金悬赏捕捉九色鹿。

调达看了皇榜,心想发财的机会来啦,就进宫告密。国王听了,立即调集军队,由调达带路,浩浩荡荡地向着九色鹿的住处进发了。

山林之中,春光明媚。九色鹿在开满红花的草地上睡得正香。突然。乌鸦高声叫喊道:"九色鹿,九色鹿,快醒一醒吧! 国王的军队捉你来了!"九色鹿从梦中惊醒,发现自己处在刀枪箭斧的包围之中,无法脱身。再一看,调达正站在国王身边,九色鹿非常气愤,指着调达说:"陛下,你知道吗? 正是这个人,在快要淹死时,我救了他。他发誓不暴露我的住地,谁知道他竟然见利忘义! 您与一个灵魂肮脏的小人来滥杀无辜,难道不怕天下人笑话吗?"

国王非常惭愧。他斥责调达背信弃义,恩将仇报,并重重惩罚了他,还下令全国臣民永远不许伤害九色鹿。

《九色鹿》的概要复述

在一片景色秀丽的山林中,住着一只美丽漂亮的九色鹿。有一天,它奋力救出了落水的调达,调达为了报答它,愿意终身做它的奴仆,但九色鹿只要他不泄露自己的住地。调达郑重起誓,绝不说出九色鹿的住处,然后千恩万谢地走了。

有一天,王妃梦见了九色鹿,她想用这只鹿的皮做衣服,于是她要国王重金悬赏捕捉九色鹿。调达发现发财的机会来了,就进宫告密。并带路向九色鹿的住处进发。九色鹿从梦中惊醒,发现自己处在刀枪箭斧的包围之中,调达也站旁边,它非常气愤,怒斥调达。国王斥责调达恩将仇报,并重重惩罚了他,还下令全国臣民永远不许伤害九色鹿。

《九色鹿》原文七百字左右,概要复述之后,消减了三分之二的篇幅,只保留了故事的主要情节,但通篇仍完整连贯,原文的主题没有变化,重点突出,明了易懂。在语言处理上,宜用叙述的语调,语脉清晰、自然流畅地讲述九色鹿见义勇为的经过,而在怒斥调达时,语速适当快一点,并突出重音,以表示对调达忘恩负义的愤怒。

3. 创造性复述的方法

创造性复述就是改变原材料的人称或结构层次等进行改编或扩充的一种复述方式。改编型复述可以根据需要改变原材料的第一人称或第三人称,或是对原材料的叙述顺序、说明顺序、议论顺序进行适当的调整组合,然后再进行复述。虽然人称结构或复述时的语气语调、情节过渡、结构衔接等可以做相应的调整,但是这种改编只限于文章的形式,不能改变文章的内容,更不能改变原材料的主题、情节、人物以及风格等重要内容。

扩充型复述是对原材料进行增补后的复述,它是在忠于原材料的基础上对原材料扩充情节、增加内容,使得扩充后的材料更加丰满、充实、具体、感人。这种扩充是限于不改变主题、不偏离中心的合理想象和生发,绝不是随意杜撰,胡编乱造。议论性材料的扩充,主要是增加论证的层次,补充论据材料,深入论证分析;说明性材料的扩充,主要是对所述内容增加更加具体、鲜明的细部说明;记叙性材料的扩充,主要是通过合理想象补充细节,使讲述的内容更生动、更完整。例如:

《草地夜行》片段

他焦急地看看天,又看看我,说:"来吧,我背你走!"我说什么也不同意。这一下他可火了:"别磨蹭了! 你想叫咱们都丧命吗?"他不容分说,背起我就往前走。

天边的最后一丝光亮也被黑暗吞没了。满天堆起了乌云,不一会儿下起大雨来。我一再请求他放下我,怎么说他也不肯,仍旧一步一滑地背着我向前走。

突然,他的身子猛地往下一沉。"小鬼,快离开我!"他急忙说,"我掉进泥潭里了。"我心里一惊,不知怎么办好,只觉得自己也随着他往下陷。这时候,他用力把我往上一顶,一下子把我甩在一边,大声说:"快离开我,咱们两个不能都牺牲!……要……要记住革命……"我使劲伸手去拉他,可是什么也没有抓住。他陷下去了,已经没顶了。我的心疼得像刀绞一样,眼泪不住地往下流。多么坚强的同志!为了我这样的小鬼,为了革命,他被这可恶的草地夺去了生命!

《草地夜行》片段的改编创造性复述

老红军焦急地看看天,又看看小红军,说:"来吧,我背你走!"小红军说什么也不同意。这一下老红军可火了:"别折腾了!你想叫咱们都丧命吗?"他二话没说,背起小红军就往前走。

天边的光亮慢慢被黑暗吞没了。满天堆起了乌云,不一会儿下起大雨。小红军一再请求老红军放下他,可老红军说什么也不肯,仍然一步一滑地背着小红军向前走。

突然,老红军的身子猛地往下一沉。他急忙说:"小鬼,快离开我!我掉进泥潭里了。"

小红军心里一惊,不知道怎么办才好,只感觉到自己慢慢随着老红军往下陷。这时候,老红军用力把小红军往上一顶,一下子把他甩在一边,大声说:"快离开我,咱们两个人不能都牺牲!……要……要记住革命……"

小红军用劲伸出手去拉老红军,可是什么也没有抓住。他陷下去了。

小红军的心疼得像刀绞一样,眼泪不住地往下流。他想:"多么坚强的同志!为了我,为了革命,他被这可恶的草地夺去了生命!"

这是《草地夜行》片段的改编创造性复述。这里把原文的第一人称改成了第三人称,这样,原文中的"他"变成了老红军,"我"变成了小红军,而原文人物语言中的"我""咱们"都不变。在语言处理上,应注意揣摩小红军当时的心理感受,体现小红军对老红军的尊敬和爱戴。

又如:

《田忌赛马》原文

齐国大将田忌,很喜欢赛马,有一回,他和齐威王约定,要进行一场比赛。他们商量好,把各自的马分成上、中、下三等。比赛的时候,要上马对上马,中马对中马,下马对下马。由于齐威王每个等级的马都比田忌的马强得多,所以比赛了几次,田忌都失败了。

田忌觉得很扫兴,这时,田忌抬头一看,人群中有个人,原来是自己的好朋友孙膑。孙膑发现他们的马脚力都差不多,可分为上、中、下三等。于是孙膑对田忌说:"您只管下大赌注,我能让您取胜。"田忌相信并答应了他,与齐王和诸公子用千金来赌胜。比赛即将开始,孙膑说:"现在用您的下等马对付他们的上等马,拿您的上等马对付他们的中等马,拿您的中等马对付他们的下等马。"三场比赛完后,田忌一场不胜而两场胜,最终赢得齐王的千金赌注。于是田忌把孙膑推荐给齐威王。齐威王向他请教兵法后,就把他当作老师。

《田忌赛马》的扩充创造性复述

齐国的大将田忌,很喜欢赛马,有一回,他和齐威王约定,要进行一场比赛。他们商量好,把各自的马分成上、中、下三等。比赛的时候,要上等马对上等马,中等马对中等马,下等马对下等马。由于齐威王每个等级的马都比田忌的马强得多,所以比赛了几次,田忌都失败了。

田忌觉得很扫兴,比赛还没有结束,就垂头丧气地离开赛马场,这时,田忌抬头一看,人群中有个人,原来是自己的好朋友孙膑。孙膑招呼田忌过来,拍着他的肩膀说:"我刚才看了赛马,威王的马比你的马快不了多少呀。"孙膑还没有说完,田忌瞪了他一眼:"想不到你也来挖苦我!"孙膑说:"我不是挖苦你,我是说你再同他赛一次,我有办法准能让你赢了他。"田忌疑惑地看着孙膑:"你是说另换一匹马来?"孙膑摇摇头说:"连一匹马也不需要更换。"田忌毫无信心地说:"那还不是照样得输!"孙膑胸有成竹地说:"你就按照我的安排办事吧。"

齐威王屡战屡胜,正在得意扬扬地夸耀自己马匹的时候,看见田忌陪着孙膑迎面走来,便站起来讥讽地说:"怎么,莫非你还不服气?"田忌说:"当然不服气,咱们再赛一次!"说着,"哗啦"一声,把一大堆银钱倒在桌子上,作为他下的赌钱。

齐威王一看,心里暗暗好笑,于是吩咐手下,把前几次赢得的银钱全部抬来,另外又加了一千两黄金,也放在桌子上。齐威王轻蔑地说:"那就开始吧!"

一声锣响,比赛开始了。孙膑先以下等马对齐威王的上等马,第一局输了。齐威王站起来说:"想不到赫赫有名的孙膑先生,竟然想出这样拙劣的对策。"孙膑不去理他。接着进行第二场比赛。孙膑拿上等马对齐威王的中等马,获胜了一局。齐威王有点心慌意乱了。第三局比赛,孙膑拿中等马对齐威王的下等马,又战胜了一局。这下,齐威王目瞪口呆了。

比赛的结果是三局两胜,当然是田忌赢了齐威王。

还是同样的马匹,由于调换一下比赛的出场顺序,就得到转败为胜的结果。

这是对《田忌赛马》一文的扩充创造性复述。这里在原文的基础上发挥了合理的想象,这些补充没有改变原文的主题,也不让人觉得烦冗,反而使故事显得更加丰满、充实、生动。在语言处理上,田忌的话语速稍慢,以显示其怀疑的态度;孙膑的话语速平稳,以体现其沉着冷静;齐威王的话音调稍高些,以表示其傲慢轻蔑。

总之,无论采用何种形式进行复述,都要注意以下几点:一是复制性,复述要忠实于原材料,不能脱离原材料的中心主旨和基本框架,不能歪曲原意;二是条理性,复述要有层次,前后连贯,条理清晰;三是完整性,复述时要完整的体现原材料的主旨和要点,不能丢失原材料的主要观点、主要情节和主要内容;四是口语化,复述时要把书面语转化为口头语,做到通俗易懂。

二、描述方法训练

(一) 把握要点

(1) 描述要真实准确,不论是人物、景物,还是事物、场景,都要符合生活的真实情况。

(2) 描述要鲜明形象,抓住特征,突出事物的特点,每个事物都要活灵活现地描绘出来。

(3) 描述要优美生动,恰如其分地运用拟声、双关等修辞手法,准确选择形容词语,注意语调的起伏变化和语速的流畅舒展。

（二）明确类型

根据不同的标准,描述可分为不同的类型。从描述的方式上分,一般可分为观察性描述和想象性描述。

1. 观察性描述

即通过对描述对象进行全面细致地观察,然后再用口语绘声绘色地把对象的具体形态和特征讲出来。观察性描述包括人物描述、景物描述和实物描述等。

2. 想象性描述

即在观察的基础上,通过想象和联想,对描述对象进行合情合理的再创造,然后再用口语绘声绘色地讲出来。

（三）掌握方法

1. 观察性描述的方法

观察是观察性描述的基础。观察得细致,才能了解得全面,才能描述得具体;观察得准确,才能抓住特征,描述才能准确而形象;观察时注意观察的顺序、方位、角度,描述才能清晰而有条理;观察中注意鉴别比较,才能抓住本质,描述才能中心明确、重点突出。

观察描述的方法步骤是:首先要观察;其次要根据对象的形态和特征,安排描述顺序,选择描述词语,组织描述语言;最后要借助一定的语气语调和表情体态,有声有色地描述出来。例如:

他

他,十五六岁,个子不高,但长得很敦实,他的胳膊和腿真像成熟的玉米棒。他喜欢穿外套不扣扣子,听他说:"那样会更显得威风。"他圆圆的头,圆圆的脸蛋,巧的是他那双乌黑发亮的眼睛也是圆圆的。我最喜欢他笑,他一笑起来那双乌黑发亮的眼睛就会变成两个弯弯的月牙了。他那红红的小嘴最爱说笑话,他的笑话总是在我们没笑出声之前先把自己逗笑了,这时那弯弯的月牙又出现了。大家想知道他是谁吗?

这是一段人物描述。描述者从"他"的外貌、神态、语言等方面比较具体而生动地展现了一位生龙活虎、敦实可爱的同学形象。描述时,语气应明快畅达,语速适中,语调中带点幽默风趣,以体现对同学的喜爱之情。

秋　雨

浓浓的是江边雾色,清清的是秋雨校园。清秋里最爱的是秋风,轻轻柔柔地,拂过脸颊,掠过眉尖,舒服得令人惊叹。而如果这微风还伴着细雨,给人的感觉更为美妙。斜斜风,细细雨,秋风伴着秋雨,欢快地跳起了狐步舞。拍在脸上,有些凉意,而随着那飘飞的裙角流动的雨却独有一种清新的气息,令人不醉而醺。偶尔还夹着一缕花香,淡淡的,甜甜的,直沁入灵魂深处,难以言喻的微醉的幸福感萦绕着全身。而秋雨中的校园呢,更是美得可爱,平时的那些棱角分明多了几分细致,几许柔情。校园中的一切都被雨披上了一层精致朦胧的面纱,若隐若现,神秘得有让人一探究竟的冲动。

这是一段景物描述。描述者用优美的语言,富于抒情色彩的语调和喜悦欢快的节奏,述说

出一幅美丽的校园秋雨图。这里用了一些色彩鲜明的词语,给人以身临其境的感觉。描述的景物抒情味道较浓,因此,宜用轻柔的语气、平和的语调,以渲染对秋风秋雨的喜爱之情,更是对美好校园的依恋之情。

2. 想象性描述的方法

想象和联想是想象性描述的基础。合情合理的想象离不开平时的观察和记忆,更与知识水平的高低有着密切关联,没有广博的知识就缺乏对事物的本质认识,想象和联想就缺乏科学依据。想象和联想不丰富、不大胆、不新奇,就失去了生命力;想象和联想太离奇,有悖于人之常理、生活常理,就成了奇谈怪论、胡思乱想。

想象性描述的想象成分更浓,它不只以观察到的材料为描述对象,还以想象和联想构成的材料为描述对象,包括心理描述、看图描述、意境描述等。

想象性描述的方法和过程与观察性描述基本相同,区别是要在观察的基础上,展开丰富的联想和想象,由外表至内部、由部分至整体、由反面至正面等,通过合理的想象,按要求取舍整理,再连贯性地讲述出来。

放 学 以 后

放学后,我拿起一把笤帚走到教室后面开始清扫地面。忽然,在一张桌子下发现一支笔,我捡起来一看,原来是一支"英雄"金笔。这笔是谁的呢?我看一下座位,明白了准是"吹牛鬼"丢的。我记得前些天,他还向同学们吹嘘说,他过生日的时候,他的好朋友要送他一支"英雄"金笔的。这下别吹了,我把它藏起来,让他尝尝着急的滋味。于是我把笔放进口袋里,刷刷地清扫地面。忽然,我眼前浮现出同学着急的面孔,仿佛看见他急得抓耳挠腮。我这个玩笑开的可不是时候,怎么能拿自己的快乐,去换取别人的着急呢?想到这里,我急忙拿起手机,拨通了他的电话……

这是一段心理描述。描述者说了捡拾金笔的事情,是按照找到笔的主人——想到笔的来历——想象主人着急——决定送还主人的顺序说的,条理清楚,线索明确。描述时语速先慢后快,语调平直,以体现"我"急人所急的精神。

讲述"望梅止渴"成语的由来

"望梅止渴"是怎么回事呢?传说有一次曹操带兵打仗,找不到水喝,太阳像一盆火,晒得士兵的喉咙眼儿都冒烟儿。他们肩膀上的刀枪越来越沉,两条腿像灌了铅。步子也迈不动了。这时,骑在一匹大白马上的曹操眉头一皱,计上心来。他清清嗓子,大声说道:"大家听着,这一带地形我很熟,前面不远有一片梅树林,年年这时候,梅子挂满了枝头,又甜又酸,好吃得很,大家快走,我们采梅子好解渴!"士兵们信以为真,顿时嘴里酸溜溜的,流出了口水,浑身也来劲了,一下子走了好长一段路,终于找到水源。这就是"望梅止渴"成语的由来。

这是一段对成语"望梅止渴"的描述性口语,讲述者通过合理推测,融入了再造想象,将故事发生的场景、人物的神态和心理活动,描述得惟妙惟肖,并且运用了比喻、夸张等手法,让听者印象深刻。描述时语速应适中,用上升调开始提问,用平直调叙述,中间应突出些重音,在描述曹操语言时应适当提高音量。

山 居 秋 暝

　　傍晚,刚刚下过一场秋雨,山谷显得特别幽静空旷,空气里散发出一种山林特有的清香。月亮冉冉升起来了,皎洁的月光倾泻在林间的空地上,投下了斑驳的月影。泉水从山石处缓缓流过,发出叮叮咚咚的声响,跟秋虫唧唧的吟唱一道组成一首悦耳动听的乐曲。秋夜的山林多美呀!

　　这是对《山居秋暝》中诗句的描述。描述者从整体出发展开了丰富而又合理的想象和联想,有动有静、有声有色、情景交融。描述时,节奏适宜舒缓,语调应以平稳为主,在平稳中略求起伏。

三、评述方法训练

(一)把握要点

(1)评述要观点明确,理由充分。

(2)评述要注意逻辑严密,语言精准恰当。

(3)评的态度要公允中肯,述的内容要真实准确。

(二)明确类型

根据评与述的结合方式,评述可以分为先述后评、边述边评、先评后述。

1. 先述后评

即先用复述和描述的方式把要评述的内容介绍出来,再集中进行全面或重点地评述。"述"是"评"的基础,"评"是"述"的目的和深入,进行先评后述时,首先必须在"述"的过程中对其具体分析,周密思考,把自己感受最深的内容记下来,然后加以归纳,在"述"结束时,按主次轻重的顺序讲出来。

2. 边述边评

即一边复述或描述客观事物,一边进行评论。"述"与"评"水乳交融地交错进行,"述"与"评"的结合非常紧密。"评"可以全面地评,也可以评重点、评片段,但应以评重点、评片段为主。

3. 先评后述

即先阐明自己的观点和见解,再述说事实和理由,证明自己的观点是正确的一种评述方式。它的目的不在于让听者接受评述者对某一具体事物的看法,而在于申明自己的某种观点,让听者信服。

(三)掌握方法

1. 先述后评的方法

先述后评是评述的最简单、最基本方式,评述人物、事件、见闻、发言等,一般常用这种方法。先述后评,既可以全面评,也可以重点评,但一般情况下以全面评为主,因为这种评述,"述"的内容较多,而"评"的内容相对较少,观点集中而单一,在结构上"述"和"评"也较明显地分为两部分。

电影《南京!南京!》中的一组镜头:日寇耻辱的战功之祭

　　屏幕上,祭坛两侧成排地垒列着日本军人为效忠天皇而死的白色骨灰盒,鼓声阵阵,旗幡飘摇,由角川作为领舞者的舞步虽然按照节拍却沉重,还有些反常,特别是他那双瞳仁里所透现出的灵魂分裂的焦灼,象征性地呈现出血腥屠杀者中某一个个体在精神崩溃边缘上的苦苦挣扎。在这里,这个"祭"字,显然蕴含着一种通过审美的"陌生化"而呈现出的双重文化意味。它既是日军兽性张狂之庆典;又是历史赐予日寇的一次"终极审判式"的祭奠,特别是"角川之死",无疑预演了日本军国主义因道义沦丧而必然覆亡的"最后一幕",由此而将"南京暴行"钉在了人类历史的耻辱柱上。

这是对电影中一组镜头的先述后评。评述者先自述了这一组镜头的内容,后针对镜头的内容作了相应的评价。通过评述,揭示了日本军国主义因道义沦丧而导致灭亡的必然性,这里要用高昂的语调、强劲的语势、明快的节奏来表示强调,突出对日本军国主义罪行的憎恨之情。

2. 边述边评的方法

进行边述边评,首先要求评述者熟悉"述"的内容,并有独到的见解、深切的感受,使"述"与"评"紧密地结合起来;其次,评述时要观点鲜明,重点突出,层次清晰。一般来讲,评点文章、评价人物、事件等,常常用边述边评的评述方法。

对"孔乙己"的评述

孔乙己是个十分不幸又十分可爱的人。他总是穿一件又脏又破的长衫,到咸亨酒店去喝酒。每当他到来的时候,总是有些人取笑他,他便涨红了脸用一些难懂的话和他们争辩,不时引起大家的哄笑。他读过书,却连半个秀才都没有捞到,日子越过越穷,弄得将要讨饭了。他又好吃懒做,没办法生活,免不了偶尔偷些东西,换酒喝。可是,他心地善良,他教小伙子识字,给孩子们茴香豆吃……孔乙己有很长一段时间没有到酒店喝酒。等他再次出现在酒店门口时,腿被人打断了,只好用手走路。不久,他就死了。他是被封建制度摧残死的,是被封建文化毒害死的。

这是一段对孔乙己的边述边评。评述者一边介绍孔乙己的生平,一边表达自己的看法,使"评"与"述"相互交错,水乳交融地结合在一起。

3. 先评后述的方法

先评后述是评述的最高形式,进行先评后述要有比较充分的准备,要推敲好观点,选择好论据,安排好条理,可编好比较详尽的提纲。先评后述,有利于听众直接了解自己的观点,产生先声夺人的效果。但需注意的是,陈述事例要简练明确,表述时前后要连贯,切忌观点加事例的简单堆砌。

珍 惜 时 间

理想的阶梯,属于珍惜时间的人。富兰克林有句名言:"你热爱生命吗?那么别浪费时间,因为时间是组成生命的材料。"许多文艺家、科学家都是同时间赛跑的能手。鲁迅先生以"时间就是生命"的格言律己,献身伟大的文学事业三十年,始终视时间如生命,笔耕不辍。巴尔扎克,每天用十六个小时如痴如醉地拼劲奋笔疾书,即使累得手臂疼痛,双眼流泪,也不曾浪费一刻时间。一生留下为人们喜爱的巨著《人间喜剧》,共九十四部小说。爱迪生一生有一千多项发明,这几十万次浩繁试验的时间从何而来? 就是从常常连续二十四甚至三十六小时的极度紧张工作中挤出来的。

这段话,先提出论点,再引述名人名言及三位著名人物珍惜时间的典型事例证明论点。观点鲜明,论据充分,层次明晰,叙事简练,说理有力。评述时,对第一句论点的提出,语调应铿锵有力;下面论据的阐述语调应平稳,每个事例之间要有停顿,以体现层次感。

第三节 教师说课技能训练中的语言运用

说课,就是教师使用口头语言表述具体课题的教学设想及其理论依据,也就是授课教师在备课的基础上,面对评委、同行或教研人员系统地口头表述自己对某一内容的理解、施教方案的设计及其理论依据、施教效果的预测与反思等内容,然后由听者评议或者答辩,达到互相交流、共同提高的目的的一种教学研究活动和师资培训活动。简而言之,说课就是教师说一说自己打算教什么、怎么教,以及为什么这样教。

一、说课的环节

(一)说教材

说教材是说课最基础的内容,即说"教什么"问题。一般包括以下内容:① 说课内容是属于什么教材的课文;② 本文的主要内容是什么;③ 本篇课文有什么特色。例如《陶罐和铁罐》一课的说课,教师应介绍到:这是义务教育课程标准实验教科书人教版三年级下册的一篇精读课文,主要内容是国王御厨里的铁罐自恃坚硬,瞧不起陶罐,埋在土里许多年后,陶罐仍光洁如新,铁罐却完全氧化,不复存在了。这则寓言故事告诉我们一个道理:人都有长处和短处,要看到别人的长处,正视自己的短处。

(二)说教学目标

这一环节也可分两个层次表达。第一个层次需要首先阐明说课者所制定的教学目标的依据,一般有三个依据——一是语文课程标准对教学目标三个维度的描述;二是学生的年龄特点和心理发展状况;三是教材本身的特点。第二个层次就是具体描述教学目标。具体描述教学目标时,需要注意目标的正确性、具体性和全面性。

在描述的方法上,也有两种方式,一是按新课标对教学目标的三个维度的描述,即从"知识与能力""过程与方法""情感态度与价值观"三个方面去表达;二是同样从这三个方面去思考,但表达时需要按照这三个层次将内容整合在一起。

(三)说教学重难点

教学重点除知识重点外,还包括能力和情感的重点;教学难点,是指那些比较抽象、离生活较远或过程比较复杂,使学生难以理解和掌握的知识,并要具体分析教学难点和教学重点之间的关系。在教学中,怎样突出重点,化解难点,是实现教学目标的关键。说课教师需要从课标要求、教学内容、学生实际、对学生的作用等方面找出确立教学重难点的依据,进而介绍教学的重点和难点。

(四)说教法

实施课程标准后,要求教师转换角色,基于这一转变,说课者在说教法时,就必须体现在教学活动中,教师应如何组织教学、如何引导学生学习、如何参与学生的学习,以及如何激发学生的学习兴趣并最大限度地调动学生的学习积极性,如何培养学生的创新精神和创新实践能力,力求在最大程度上体现课改精神——教师是课堂教学的组织者、引导者、参与者、启发者。

（五）说学法

说学法是说教师指导学生学会学习的方法，尤其是终身学习的方法，这也是当前教改的热点问题。教师在上课时要重视学法指导，说课时就要说学法指导的方法和步骤，即需要指导学生掌握哪些方法，培养哪些能力。学习方法有：识字方法、认识理解段的方法、阅读的方法、审题的方法、检验的方法、知识迁移的方法、搜集信息和运用处理信息的方法等；学习能力有理解能力、分析能力、概括能力、判断能力、思维能力、处理信息能力、自学能力等。

（六）说教学程序

说教学程序须说清每个教学环节的安排及其理论依据，主要根据教师的习惯和教材的特点进行安排，可以体现出教师独特的教学风格和教学特色，因此说课的程序也没有固定的模式。

说程序还包含以下内容：如何突出重点、突破难点、抓住关键以实现教学目标；（这部分内容有些教师安排在说教法中进行，效果也不错）教师应该对采用何种教学法、怎样运用多媒体、如何进行课堂小结进行阐述，还需要对板书的设计、作业的设计及其意图作简要说明。

二、说课应具备的技能

在教师专业化发展和中小学课改的形势下，说课作为教师必备的一项重要技能，对促进教师专业发展发挥着重要作用。在很多教师招聘中，用人单位会采用说课的形式考查应聘者的基本从业素质，很多学校也在日常教学中开展说课竞赛来提升教师的业务能力。

（一）理论学习技能

如果说上课是一种实践性的表演，那么说课就应当是一种理论性的分析。说课中蕴含的理论因素能够充分体现教师的教学思想。说课要求教师不仅要说出"是什么"，还要说出"为什么"。因此，教师如果没有一定的理论学习归纳能力，是很难说好课的。

1.掌握教育学、心理学等教育基本理论的技能

教师要掌握和具备一定程度的教育学和心理学的理论知识，在说课时不要仅仅停留在表层，而应该深入到理论层面，与理论相结合，才能说得深入、说得透彻。教育学、心理学、教育心理学、教学设计、课程与教学论等都是作为一名教师应当掌握的基本理论知识，在上课之余，教师要加强教育基本理论技能的学习，将说课设计与教育教学理论知识相结合，把握基本知识、掌握基础理论、了解学科前沿发展，有计划、有目的地学习相关的教育教学理论，并将理论知识合理地应用于教学活动中，这有助于帮助教师深化理论学习、说课时自然流畅地阐述教学设计的理论依据。

2.学习中小学新课程标准的技能

中小学课程标准的基本理念是指导中小学课程实施的蓝本，同时也是每一位教师教育教学的行动指南。新一轮的基础教育改革，在课程理念上突出以学生为本，关注学生和谐发展、终身发展；在课程目标上致力于打好基础，促进学生全面发展；在课程内容上强调基础性、实用性；在教学方法上主张"研究性学习，自主探究与合作"；在课程评价上主张建立多元化的评价指标、多样性的评价方式，使用既关注结果又重视过程的评价体系。学习新课标基本理念，也是教师理论学习的基本内容之一，如果不能将新课标基本精神理解透彻，就相当于船没有了风向标，说课时也将无凭无据，涉及的教学方法选择、教学目标设定、教学反馈等都会无理论支撑，相当于无源之水。因此，教师一定要认真学习新课标，在明确了新课标的要求后才能在说课时做到心中有数。

（二）写作技能

要说好一堂课，写好说课稿是极为重要的一环。作为教师，要知道基本的说课稿包含说课题、说教材、说教法、说学法、说教学过程、说板书设计等。在写说课稿时，我们要重视说课稿文字的理论性，它不同于教案，不能只是就课论课，而要在说教材、说教法、说学法时充分挖掘出教学行为背后所蕴含的教学理论，适当地以逻辑性、理论性的文字加以阐释说明。同时，说课稿文字也要注意简洁性，说课稿区别于教学论文，它比教学论文更加具体，我们在注意其文字理论性的同时也要避免语言文字过于枯燥、抽象，适当使用可操作性词语来编写。

说课稿的组织形式是说课者逻辑思维能力的重要体现，说课稿的开端要尽量有新意，预设好说课过程中可能会出现的各种问题，结尾要尽量与开头呼应，科学严谨。

（三）表述技能

说课最终的落实点是"说"。很多教师即使能够写出很优秀的说课稿，但表述时却表现得比较机械，采用朗诵或背诵的形式说课，显然这并不是真正意义上的说课。

1. 良好的普通话技能

很多教师之所以说得不好，是因为他们在说课这种无学生互动的形式下，会因自己的普通话水平不高，不好意思说或者不敢说。如果能在设计优秀的说课稿基础上，再辅之以规范的普通话，那么对教师而言，较为流利、准确地完成说课，应该不是难事。

2. 心理调节技能

还存在一部分教师，他们说得不好是因为不敢说。说课不同于平时的教学活动，它要求教师在短时间内阐述一节课设计的整体思路。如果说课教师心理压力过大，很容易在说课时心理失去平衡，形成心理障碍，从而影响正常发挥。因此，教师的心理调节技能发挥着重要作用，教师要甩开思想包袱，消除紧张心理，将自己的优势适当地在说课过程中加以展示，使自己的实力充分发挥，从而达到流利自然的说课效果。

由于说课过程没有学生配合，是教师个人的独角戏，在此过程中出现失误是比较正常的现象，这就需要教师消除紧张心理，稳定心理状态，恰当巧妙地进行弥补。

（四）创新技能

一提起说课，很多教师就先入为主地想到传统的说课模式。然而，随着我国新课程改革的逐步推进，一线教师的教学方式也发生着改变。因此，作为新时代的教师，我们不能拘泥于传统的老旧说课观念和说课模式，而要紧紧融入数字化时代的浪潮中，以现代教育理论和现代教育技术指导说课，将新一轮课程改革的新观念与课程的各个环节紧密融合，要具有创新意识和创新能力，在教育教学过程中要体现新时代新思想，有自己独到的见解。

三、说课中的语言运用

说课有利于提高教研活动的实效，有利于提高教师备课的质量，有利于提高课堂教学的效率，有利于提高教师的自身素质，是每一位老师都必须掌握的技能。教师在说课过程中，不仅要把握好说课的内在特性，还要注意说课的外在表现，即语言的运用。运用合理规范的语言来说课，才能说出品位、道出精彩，增加说课者的魅力，赢得听课者的认同。

一次规范的说课需要用到独白语言、教学语言、朗读语言等。在说课的过程中，只有根据具体情况，灵活使用几种语言，教师才能说出精彩的课来。

（一）独白语言

所谓独白语言，是指一种客观的陈述性语言。陈述，就是把事情和道理讲出来，它是说者面对听者的一种独白性的言语活动。

说课,一方面要求紧紧围绕一个"说"字,突出说课特点,真正将众多环节以教师独自"说"的形式展示在听课者面前;另一方面,由于说课的场合没有听众的言语配合,因此独白语言的运用就显得尤为重要,使用独白语言有利于说课者系统地介绍自己的教学设想和所持的理论依据。

说课者将自己准备好的说课稿以独白的方式表达出来,不等于背课,只字不漏地背教案;也不等于读课,按部就班地去读说课稿。说课应简明扼要地分析教材,条分缕析地叙述教学目标,详细周密地解说教学方法和学习方法,还要用重音来强调重、难点。速度节奏要适当把握,语调的轻重缓急要恰如其分,让听课者从你语速语调的抑扬顿挫、高低升降中体会出说课内容的变化。整个陈述过程还需要声音洪亮,使在场的听者都能听清楚。

(二) 教学语言

在说课过程中,大部分内容使用独白语言来讲,但是,还有部分内容需要用到教学语言。教学语言是指教师用以向学生传递教学信息的符号系统。一方面要求用语的准确性、科学性,语意的连贯性、逻辑性,另一方面要求语音吐字清晰,语调富有感染力。说得通俗一些,就是用专业的语言展示课堂设计和课堂安排。

说课不仅要说教什么,还要说清楚如何教、为什么这样教。这些问题比较专业,解释的时候,不能像记流水账一样将课堂环节一一搬出来,让人听了觉着烦琐冗杂,摸不着头脑,而是要用准确科学的语言概括出来,让听课者知道你的教学设想和具体步骤。有问有讲,有读有说,用丰富的语言变化将听课者带入到课堂教学中去,推测课堂教学的效果,如课堂教学导语、教学程序设计,课堂教学总结等。

(1) 课堂导入应使用课堂教学语言。导语尽量做到新颖有趣或者简明扼要,这样可以吸引听课者的注意力。在说导入时,说课者可以把听课的老师想象成自己班上的学生,声音抑扬顿挫、轻重缓急恰如其分。

(2) 课堂的总结语应使用教学语言。在说课时,设计的结束语应当具有双重性,不仅要打动听者,而且还要让听者从你的语言中感知到你在课堂上也会深深吸引学生,这就要求结束语要使用精彩的语言恰当地表达。

(3) 说课中阐释语和提问语应使用教学语言。阐释语也叫讲授语,它主要是对所讲知识的解释、分析和阐发,这种语言以简明、准确、条理清晰为要点。好的提问语可以启发学生思考,使学生的学习变得积极生动,并容易把问题引向纵深,从而体现出提问质量的高低。因此,阐释语和提问语要用教学语言严谨地表达出来。

(4) 说教学程序设计的时候应使用教学语言。由于说教学程序设计,说的是怎样教,为了让听者听清楚课堂教学是怎样一步一步实施的,说课者就需要将自己置于课堂教学的情境之中,像实际的课堂教学那样,有讲有读,有问有答,整个过程都应以使用课堂教学语言为主,这样才能使听课的人有一种身临其境的感觉。

与此同时,在说教学程序的时候,有时还需要运用朗读语言。如说课者能在说课中根据说的内容和所要反映的思想感情,恰当地运用朗读语言,可以增强说课的感染力,并产生良好的艺术效果。

总之,说课时,要灵活运用独白语言和教学语言,加上饱满的热情,起伏得当的语气,可以让听课者享受一场听觉盛宴,说课者也因此更容易获得认可。

四、说课应该注意的问题

（一）突出"说"字

说课不等于讲课，不能视听课对象为学生去说；说课不等于背课，不能按教案只字不漏地背；说课不等于读课，不能拿事先写好的说课稿去读。说课时，要抓住一节课的基本环节去说，说思路、说方法、说过程、说内容、说学生，紧紧围绕一个"说"字，突出说课特点，完成说课进程。

（二）把握"说"的方法

说课的方法很多，应该因人而异，因材施教地说：可以说物、说理、说实验、说演变、说本质、说事实、说规律，正面说、反面说，但一定要沿着教学法思路这一主线说，以防跑偏。

（三）语气得体，内容不失真

听说课的对象是同行、是评委、是领导，都是成人，说的语气、称呼要得体。虽然听课者是成年人，但他们会竭力站在学生的角度去听说课，去审视说课者的一字一句、一举一动，包括组织过程、参与过程、教法的采用。因此说课时既要真实体现教学设计的理性思路、教学的过程、方法的选择，又要注意说课时的语气、称呼、表情等是否得体。

（四）说出特点，说出风格

说课的重点应放在实施教学过程、完成教学任务、反馈信息、提高教学效率上。说课要注重理性和理论，讲课注重感性和实践，因此，必须做到详略得当、简繁适宜、准确把握。说得太详太繁，时间不允许，也没必要；说得过略过简，说不出基本内容，听众无法接受。

思考与练习

1. 根据下列提纲，概要复述《林则徐请客》。要求在不损原文的基础上，可对原文中的人物对话、神态等作适当的删减，以突出其主题。

起因：一些外国人想摸摸林则徐的底细。

经过：查理设宴，林则徐吃冰淇淋受侮辱；外国人吃槟榔芋泥出洋相。

结果：外国人感到林则徐是不好对付的。

林 则 徐 请 客

林则徐五十三岁那年，道光皇帝派他到广州担任湖广总督，负责查禁鸦片烟。一些外国人，总想找机会摸摸林则徐的底细。

一次，英国领事查理设宴，邀请林则徐参加。宴会快结束时，送上来的最后一道点心，是甜食冰淇淋。那时候，冰淇淋还很罕见。林则徐见冰淇淋冒着气，以为很烫，送到嘴边时，还用口吹了吹。这一来，在座的外国人便趁机哄笑。林则徐受到侮辱，心里非常生气。但是，他压住怒火，似乎毫不在意地说："这道点心，外面像在冒热气，其实是冷冰冰的。今天，我算是上了一次当。"

过些天，林则徐在总督府设宴请客，回敬上次参加宴会的那些外国人。宴席上，一道道端上的都是中国名菜。那些外国人，一个个张大了嘴巴狼吞虎咽。他们一边吃喝一边赞不绝口。酒足饭饱之后，有个外国人说："中国菜，好吃得没话说，只可惜少了一道甜食。"

"有!"林则徐便吩咐道,"上甜食!"话音刚落,一盆槟榔芋泥端上来了。外国人见是甜食,便举起汤匙,兴冲冲地舀着往嘴里倒。这一下,可够那些外国人尝得了。他们"啊——","啊——",嚷成一片,喉咙里比卡着鱼骨还难受。有的挥起手,想伸进嘴巴去抓;有的按住嘴,泪水直淌。一个个洋相出尽,狼狈不堪。

林则徐不动声色,若无其事地说:"这是我家乡福建的名点,叫槟榔芋泥。这甜食,看上去外面冰冷,内里却滚烫非常,正好和似热实冷的冰淇淋相反,吃的时候,性急不得,性急了就要烫了喉咙!"

外国人瞪圆了蓝眼睛,个个呆似猴样。

他们这才感到林则徐不是个好对付的中国官员。

2. 对《东郭先生和狼》作创造性复述。要求按照"同情狼—救狼—恶狼露真相—机智打狼—悟出教训"的顺序进行创造性的复述,复述时人称前后应一致。

东郭先生和狼

东郭先生牵着毛驴在路上走。毛驴驮着个口袋,口袋里装着书。

忽然从后面跑来一只狼,慌慌张张地对他说:"先生,救救我吧!猎人快追上我了,让我在你的口袋里躲一躲吧。躲过了这场灾难,我永远忘不了你的恩情。"

东郭先生犹豫了一下,看看狼那可怜的样子,心肠就软了,答应了狼的要求。他倒出口袋里的书,把狼往口袋里装。可是口袋毕竟不大,狼的身子很长,装来装去,怎么也装不下。

猎人越来越近了,已经听到马蹄声了。狼很着急,它说:"先生,求求你快一点儿!猎人一到,我就完了。"说着就躺在地上,并拢四条腿,把身子紧紧蜷成一团,头贴着尾巴,叫东郭先生用绳子把它捆住。东郭先生把狼捆好,塞进口袋,又装上了书,扎紧了袋口。他把口袋放到驴背上,继续往前走。

猎人追上来找不着狼,就问东郭先生:"你看见一只狼没有?它往哪里跑了?"东郭先生犹豫了一下,说:"我没看见狼。这儿岔道多,它也许从岔道上逃走了。"

猎人走了,越走越远,听不到马蹄声了。狼在口袋里说:"先生,我可以出去了。"东郭先生就把它放了出来。狼伸伸腰,舔舔嘴,对东郭先生说:"我现在饿得很,先生,如果找不到东西吃,我一定会饿死的。先生既然救了我,就把好事做到底,让我吃了你吧!"说着,就向东郭先生扑过去。

东郭先生大吃一惊,只得绕着毛驴躲避。他躲到毛驴左边,狼就扑到左边;躲到毛驴右边,狼又扑到右边。东郭先生累得直喘气,嘴里不住地骂着:"你这没良心的东西!你这没良心的东西!"

正在危急的时候,有个老农扛着锄头走过来。东郭先生急忙上前拉住老农,把事情的经过告诉了他,然后问道:"我应该让狼吃吗?"狼不等老农回答,抢着说:"他刚才捆住我的腿,把我装进口袋,还压上了好多书,把袋口扎得紧紧的。这哪里是救我,分明是想闷死我。这样的坏人,我不该吃吗?"

老农想了想,说:"你们的话,我一点儿也不信。口袋那么小,装得下一只狼吗?我得看一看,狼是怎样装进去的。"

狼同意了。它又躺下来蜷成一团,并拢四条腿,头贴着尾巴。东郭先生正准备再往口袋里装书,老农立即抢过去,把袋口扎得紧紧的。他对东郭先生说:"对狼讲仁慈,你真是太糊涂了,应该记住这个教训。"说着,他抡起锄头,把狼打死了。

3.对下面一首古诗进行意境描述。诗歌前两联写景,后两联抒情,通过登高所见秋江景色,倾诉了诗人长年漂泊、老病孤愁、忧国伤时的复杂感情。要求在充分理解诗意的基础上,展开合理的想象,把作者登高所览之景与忧国之情结合起来,进行意境描述。

登　高
唐·杜　甫

风急天高猿啸哀,渚清沙白鸟飞回。

无边落木萧萧下,不尽长江滚滚来。

万里悲秋常作客,百年多病独登台。

艰难苦恨繁霜鬓,潦倒新停浊酒杯。

4.仔细阅读《微笑着承受一切》,用边述边评的方法重点评述人物桑兰"微笑着承受一切"。评述时,应注意文中人物的语言、动作、心理、神态等。

桑兰是我国女子体操队中最优秀的跳马选手。她5岁开始练体操,12岁入选国家队,曾多次参加重大国际比赛,为国家赢得了荣誉。

1998年7月21日晚上,第四届世界友好运动会正在美国纽约进行。参加女子跳马比赛的桑兰在试跳时发生了意外情况:她头朝下从马箱上重重地摔了下来,顿时,胸部以下完全失去知觉。经医生诊断,她的第六根和第七根脊椎骨折。这真是天大的不幸!桑兰的美好人生刚刚开始,可她的后半生也许永远要在轮椅上度过。

得知自己的伤势后,17岁的桑兰表现得非常坚强。前来探望的队友们看到桑兰脖子上戴着固定套,躺在床上不能动弹,都忍不住失声痛哭。但桑兰没有掉一滴眼泪,反而急切地询问队友们的比赛情况。

每天上午和下午,医生都要给桑兰进行两小时的康复治疗,从手部一直推拿到胸部。桑兰总是一边忍着剧痛配合医生,一边轻轻哼着自由体操的乐曲。主治医生拉格纳森感动地说:"这个小姑娘用惊人的毅力和不屈的精神,给所有的瘫痪患者做出了榜样。"

日子一天一天过去了,桑兰可以自己刷牙,自己穿衣,自己吃饭了。但有谁知道,在这些简单得不能再简单的动作背后,桑兰是怎样累得气喘吁吁、大汗淋漓的!

1998年10月30日,桑兰出院了。面对无数关心她的人,桑兰带着动人的微笑,说:"我决不向伤痛屈服,我相信早晚有一天能站起来!"

桑兰这个坚强的小姑娘,她用微笑承受着一切,赢得了海内外人士的敬佩。

5.根据王维《渭城曲·送元二使安西》这首诗所提供的语境,扩展成一则小故事。

渭城朝雨浥轻尘,客舍青青柳色新。

劝君更尽一杯酒,西出阳关无故人。

6.语境拓展训练。

战国时,魏国吞并了中山国。没过多久,魏文侯就把这块占来的土地分给了自己的儿子。一天,魏文侯问群臣:"我是怎样的君主?"众臣纷纷回答道:"是一位仁君。"只有任座一人表示异议:"分封土地给自己的儿子而不给弟弟,算什么仁君呢?"魏文侯听了十分不悦,任座也因此离席而去。魏文侯又问另一位大臣翟璜。翟璜说:"我听人说,君主仁义,臣子耿直,刚才任座说话那么直率,就足见您是位仁君了。"魏文侯听后,又羞愧又高兴,赶快派人把任座请了回来。

请根据上面案例回答下列问题:

(1)魏文侯和任座进行话语交际的语境是什么?

（2）魏文侯和瞿璜进行话语交际的语境是什么？

（3）瞿璜是在赞美魏文侯吗？为什么？

7. 评述拓展训练。

在一些校园里，有些传统诗词歌谣已被一种"另类童谣"所替代。诸如，"春眠不觉晓，处处蚊子咬。打了敌敌畏，蚊子死多少"；"李白乘舟将欲行，忽听扑通跳水声。一个猛子扎下去，捞起一看是汪伦"；"考试复考试，考试何其多。我生待考试，万事成蹉跎"。你如何看待这种"另类童谣"？

所谓"另类童谣"就是在传统诗词歌谣字数、格律的基础上，将其中的部分内容进行替换，创作出来的新童谣。学生在平日的校园生活或网络世界中都会接触到这类新童谣，评述时应注意三点：

第一，自己对这类新童谣抱有怎样的态度？

第二，为什么会对它们持有这样的态度？

第三，哪首另类童谣最能支持自己的观点？

创造力强的学生还可以在评述中加入一首自己即兴创作的"另类童谣"，使自己的即兴评述与众不同。

8. 在课堂教学中，教师是主导，学生是主体，学生的学离不开教师的教，运用恰当的教学方法能让学生积极主动地学习。

一位教师在对《观潮》一课进行说课时，是这样设计导入方式的：因为学生大多没见过潮起潮落的壮观景象，于是她设计先播放一段录像，让学生想象"潮涨"来临时的景象，闭目听取惊涛拍岸、江水奔腾的声音，让他们身临其境，全方位将自己投入雄奇的潮涨奇观；接下来她给学生讲关于钱塘潮的传说故事，诸如潮神伍子胥、钱塘苏小小等，让同学们领略不同时代不同人物关于钱塘潮的故事，引导学生假想自己作为某个人物角色，观潮时会有怎样的不同心情与感受。

请你说出这位教师说课时关于导入方式所采用的教法及其优点。

9.《春江花月夜》是唐代诗人张若虚的代表作。本首诗被闻一多先生誉为"诗中的诗，顶峰上的顶峰"，其将多种情感融合，有对自然景观的赞美，对人间真情的讴歌，对游子思妇的同情以及对人生的哲理思考。

请在说课时结合本诗特点，自主安排教学方法来设计教学目标、落实教学重难点。注意联系学生实际以及教材特点，说出所选择的教法理论和讲授理念组合的优点及其根据。

10. 阅读《边界望乡》教学后的说课片段和课文原文，回答问题。

"高二选修课上，我和学生一起欣赏台湾诗人洛夫的现代怀乡诗《边界望乡》。基于本诗大量化用古典意象的艺术特点，我首先向学生解释'化用'的概念；然后，以诗中'望远镜中扩大数十倍的乡愁/乱如风中的散发'为例，示范讲解化用之妙；之后，我要求学生采用小组探究、集体研讨的方法，按照'借用——变形——效果'的步骤提示品味诗句，体会'化用'带来的既熟悉又新鲜的阅读感受，深入理解诗人复杂的乡愁滋味。学生有一定的古代诗歌阅读基础，经过我的示范分析和学生的探究研讨，他们很快发现诗人还化用了杜鹃、白鹭、鹧鸪、'清明时节雨纷纷''牧童遥指杏花村'等古典意象和诗句抒写乡愁。由于我对鉴赏步骤提示明显，学生很清楚应该完成哪些任务。

"在赏析'而这时/一只白鹭从水田中惊起/飞越深圳/又猛然折了回来'时，一个学生说：诗中水田白鹭的意象，首先使我联想到'西塞山前白鹭飞''漠漠水田飞白鹭'的美景及其自由祥和的意境。诗人用'惊起/又猛然折了回来'描述水田白鹭,打破了画面的宁静祥和,表达了诗人沸腾的情感。一是对自由往返故土的强烈渴望,二是与故乡咫尺天涯的无奈和苦痛。

"在这一教学环节中,学生发言高潮迭起。我适时点拨引导,带领学生从'化用'理解诗歌语言的丰富意蕴,体味诗人乡愁滋味,为接下来引导学生理解乡愁的丰富内涵这一教学难点奠定了基础。"

（1）请简要说明教师在这篇说课稿中引用学生发言的意图。

（2）请简要评析教师在本次说课中设计的学法指导。

11. 张老师上《写意花鸟》一课,教学导入由关于"鸟"的话题开始,提问大家最喜欢什么鸟,请学生来说一说。学生们纷纷说出自己见过的或养过的"喜鹊""画眉""黄鹂""斑鸠"等。由于举手回答问题的学生太多了,不知不觉时间已经过去了半节课。

请指出案例中张老师教学存在什么问题,并说明理由。

第五章　教师教学语言

第一节　教师教学语言概述

教学语言是教师从事教育教学的基础,是师生进行信息传递和情感交流的媒介。实践证明,教师语言能有效激发学生的学习兴趣和思维能力,为学生学习语言、提高表达能力树立良好的典范。正如著名教育学家夸美纽斯所说:"教师的嘴,就是一个源泉,从那里可以发出知识的溪流。"了解教学语言的相关知识,掌握其规律与技巧对教师来说是一项非常重要的工作。

一、教学语言的含义

教学语言是指教师在一切教学活动中使用的各种语言的总称,是教师在教学中向学生传授知识技能、培养能力中使用的工作语言,它既是教师从事教学活动的职业语言,也是教师教书育人的重要工具。

教学语言是人们在教学过程中逐渐形成的一种行业性用语,从其产生的历史来看,中国在几千年前就出现了初步的教育体系,自古代的传道、授业、解惑,到今天的素质教育,均离不开教学语言。从教学语言产生的时间来说,教学语言的出现远远晚于人类语言的出现,它是在教学活动中慢慢形成和发展起来的。

韩愈在《师说》中提到"古之学者必有师",认为古代求学的人一定有老师,这说明教师对一个人的成长具有重要意义。当今时代,教师是人类知识的传播者,他们传播知识的方式主要是依靠语言。教师对学生的教学活动中除了必要的教学手段外,语言的使用是最频繁最简明的方法之一,因此,一名合格的教师首先应该具备良好的语言素养。在课堂教学中,教师运用语言这一媒介向学生传道、授业、解惑,通过语言架起教与学的桥梁。

二、教学语言的主要特点

教学语言作为言语交际的一种类型,它受到交际的时间、场合、话题、方式等因素的影响和制约。教学过程的复杂性决定了教学语言具有多样性。

(一) 科学性

教学语言的科学性,体现在教学语言的准确、规范、精练和逻辑性上。第一,教学语言的准确性是教学语言的灵魂,要符合教学大纲要求,准确使用概念、判断、推理,做到传授准确无误,要合理运用各种教学语言,提高语言运用的准确程度,做到简明扼要,语句清晰,传递信息,交流思想。第二,教学语言的规范性就是教师在教学过程中要使用标准的普通话,做到发音标准、用语、用字规范，尽量不要使用方言土话，不要使用繁体字、异体字等。第三，教学语言的简洁性就是教师在教学活动中使用的语言要简明精练，不能含糊啰唆，避免使用口头语，做到干净利落。第四，教学语言的逻辑性要求课堂教学要条分缕析，层层深入，做到一环紧扣一环、一步接一步，由此及彼、由表及里、由浅入深地使学生顺其自然地达到一个由领会、理解到融会贯通地掌握知识的过程。

（二）启发性

教师的语言还应该具有一定的启发性。教育、教学不是一种单向的简单传授和灌输，而是通过富有启迪、暗示、点拨、引导性的教学语言，激发学生的学习兴趣和积极性，从而产生内在的自我学习要求与愿望，唤起学习的主观能动性，进而在教师语言的启发引导下，沿着教师语言逻辑和思维顺序，一步步地探求真理，寻求答案，从而获得真知。对那些学生可以推导的结论，教师可以通过巧妙的提问，让学生思考、分析、判断，而后得出结论；对那些难度较大的深层次问题，教师可以设计层层深入的问题，通过师生互动或小组讨论、教师点拨，引导学生探求真知，从而训练、培养学生的思维能力和实践能力。启发式的教学语言，用语上要处处着眼于充分调动学生思维的积极性，引导他们积极开动脑筋，独立地去获取知识。这不仅需要教师具备一定的语言基本功，也是课堂教学艺术和组织教学能力的综合体现。教师还要注重为学生创设问题情境，鼓励学生质疑问难。

（三）目标性

教学语言的第三个重要的特点是目标性。教学语言具有很强的目标性，这种目标性是由教学目标决定的。教学目标是指导、实施和评价教学的基本依据，既是教学的出发点，也是教学的归宿，它应用于课堂教学的整个过程中，是开展课堂教学活动的指南。由于课堂教学具有很强的目的性，因此要求教师在教学过程中制定清晰、准确的课程目标。教师必须运用适宜的语言让学生明确每一堂课应该掌握的知识技能，并认真去完成各项任务，达到预定的目标。为了达到预期的教学目标，教师通常会使用相应的语言策略，在整个教学过程中围绕教学目标展开一系列教学活动，并以此来激发学生的学习兴趣与积极性，激励学生为实现教学目标而努力学习。在实现教学目标的过程中，教师要不断地设法引导学生向既定的教学目标接近，并在实现教学目标后与学生一起进行课堂总结，以便学生巩固提高，使得学生的学习方式由单纯的被动接受型向主动求知型转变，大大提升学生的创造能力。

（四）互动性

教学是一种双边活动，一方面是教师准确、有效地向学生传播知识、文明的过程，另一方面又是学生以便捷、有效的方式继承人类积累的科学文化知识的过程。我国最早在《礼记·学记》中阐述了教与学的关系：教学相长。故而，教学也是师生相互促进的过程。教学互动最好的办法是用语言来引导学生，这就决定了教学语言具有互动性的特点。它要求教师在教学语言中选择特定的语言引导学生积极地思考，以便让学生参与到课堂教学中。教学语言的互动性是课堂教学中不可缺少的重要环节，教师在课堂中利用师生互动，把学生的积极性充分调动起来，使他们带着一种高昂的、激动的情绪来进行学习和思考，对面前所展示的真理感兴趣或震惊，在课堂学习和教师互相探讨的过程中，意识并感觉到自己智慧的力量，体验并领悟到创造带来的愉悦。

（五）艺术性

语言是一门科学，更是一门艺术。教师工作是创造性的劳动，在教师劳动的每一领域都需要运用语言来沟通教育对象的心灵，以达到最好的教育效果。因此，艺术性成为教学语言的另一个重要特点。教学语言的艺术性使教学语言生动、形象,更具表现力和感染力。形象性和情感性是教师教学语言艺术性的两个重要因素。形象性就是要求教学语言能够绘声绘色地描述过程、现象,使学生听了之后能够产生有关事物的鲜明的表象,能够随着教师的言语在头脑中浮现出一幅幅栩栩如生的画面。教育语言的情感性,对学生心理和教学质量都会有很大的影响。教师富有情感的课堂语言,会激起学生的情感体验,唤起学生心底的共鸣,有利于营造和谐愉悦的课堂教学氛围。同时,教学语言的艺术性应不限于形象性和情感性,教学活动由浅入深、由表到里、由粗到精的言语组织也是教学语言的艺术性表现。因而,教师语言艺术是建立在思想修养和知识智力综合发展的基础上的,它是基础的、多层次、多方面的。因此,教师要想纯熟地掌握教师的语言艺术,必须具备坚实的思想、道德、法制、心理学、逻辑学、文学艺术等方面的基础知识。

三、教学语言的基本要求

教学语言作为一种专门行业的职业用语,要实现传递教学信息的基本功能,就必须符合清晰、流畅、准确生动的基本要求。

(一) 清晰

清晰就是教师所用语言能够说得清楚,让学生听得明白。达到这一要求的基本技巧如下。一是音量要适中。讲求语言的合理响度,把音调和音强控制在适当的程度,让学生既能听得清楚,耳感又很舒服。音量过大,学生会感到过于刺激,容易产生听觉疲劳。音量过小,后排学生听起来劳神费力,直接影响教学效果。因此,教师要根据教室大小、学生多少、室外噪声等因素,科学把握教学语言的响度,合理设定音量。二是语速要适度。语速的快慢应根据教学对象和教学内容的实际情况确定,要适应学生对语言信息的反馈能力。语速过快,会导致信息传递的频率过高,学生思考反应的时间不足,收取信息不能及时处理,造成信息的遗漏和积压。语速过慢,单位时间语言所传递信息量少,滞后于学生大脑信息处理的速度,就会使学生注意力涣散,甚至产生厌倦和疲怠心理。教师语速一般以每分钟250个字左右为宜。

(二) 流畅

流畅就是教师语言的流利动听,缜密的思维是课堂教学语言流畅的基础。达到这一要求的基本技巧如下。一是节奏要富有变化。包括字调和语调的高低配合,语句间的间歇停顿等。明晰流畅的语言能为拨动学生心弦创造良好条件,富有变化的节奏有利于表情达意。因此,教学口语的节奏要疏密得当、疾徐有间、跌宕起伏、富有变化。二是语调要抑扬顿挫。教师要根据不同的教学内容和教育情境,合理恰当地调整和运用好平直调、上扬调、曲折调、下降调等语调类型,产生语流中的千变万化,适应学生的接受心理,进而增强课堂教学效果。

(三) 准确

准确就是清晰恰当地传情达意。达到这一要求的基本技巧如下。一是运用规范。要把握好词语的语体要求和感情色彩,用规范的语言进行表达,做到描述生动、比喻精巧、诱导谐趣。二是表达正确。明晰动听的教学语言可以使知识信息持久地印刻在学生的感知中,活跃学生的形象思维,因此教师要针对不同年龄阶段学生的理解能力,合理而精准地选择词语,并正确地表达出来。而模棱两可、含糊其词的语言,无论辞藻如何华丽,都会影响教学任务的完成。

(四) 生动

教师讲课的语言,除了准确流畅,通俗易懂,还应该在紧扣教学内容的情况下,避免平铺直叙,机械刻板地照本宣科。爱因斯坦曾说过:"兴趣是最好的老师。"法国教育家卢梭也说过,"在达到理智的年龄以前,孩子不能接受观念,而只能接受形象"。如果教学语言枯燥乏味,就会使课堂气氛沉闷,难以激发学生的学习兴趣,甚至使学生对学习产生厌倦的情绪。因此,教师一定要注意运用生动形象课堂语言讲授知识,吸引学生的注意力,让学生对学习内容感兴趣,乐于参与到教学活动中,从而获得满意的教学效果。

第二节　教师教学语言类型

教师教学语言按其在教学过程中的不同作用和不同方式,可以分为导入语、提问语、讲授语、过渡语、结束语等类型。

一、导入语

(一)导入语的含义

导入语是教师在讲课之前,围绕教学目标而精心设计的一段简短精练的教学语言,它是引出新课程或导入新内容的第一个课堂教学环节用语。

适宜的导入语在教学过程中能够起到铺垫、定向、引趣和启思的重要作用,"既是师生情感共鸣的第一音符和心灵沟通的第一座桥梁,又是学生思维和求知的方向标,能够激励他们去探索新知奥秘,点燃他们创新智慧的火种"[①]。因此,导入语是课堂教学环节中的开篇语,是影响整个教学活动的基础。

(二)导入语的要求

1. 激发兴趣,吸引注意

"良好的开端是成功的一半。"优秀的导入语就是成功教学活动的开始,教师在导入语的设计上要注意能在短时间内安定学生情绪,创造出良好的教学环境,从而实现师生之间心理沟通,吸引学生注意,引发学生对将要学习的内容的兴趣。

2. 提示要点,做好铺垫

导入语的设计既要有"画龙点睛"的绝妙,又要有"剥皮画骨"的功效,要让学生通过教师的导入语尽快从总体上把握这堂课的要点,调动他们学习的积极性、主动性,为新课程的教学定好基调,做好铺垫,扫除学生因不解、担心等因素带来的学习心理障碍。

3. 以旧拓新,前钩后连

课堂导入的根本目的是服务于所授知识点,因此导入要具有关联性。教师要善于抓取学科原有知识与新知识相关联的有关内容,以提问或小测试的方式提出符合学生知识水平且富有启发性的问题,帮助学生温故知新,并激发对新知识的学习兴趣。

二、提问语

(一)提问语的含义

提问语是教师在教学过程中为了引起学生注意,启发学生思考,根据一定的教学目的和要求,针对有关教学内容而设置的一系列的问题情境和组织的教学语言。

---

① 许迅:《教师语言实践教程》,南京师范大学出版社 2010 年版,第 278 页。

通过提问的方式,可以增进师生思想的交流,有利于活跃课堂氛围,激发学习兴趣,开阔学生思路,启迪学生思维,获得信息反馈,提高教学质量。教师提问题时,可以开门见山,直截了当,也可以前做铺垫,后做补充。不论是哪种方式,教学提问语都需要经过一番精心设计,做到"不愤不启,不悱不发",具有明确的目标性、很强的针对性和益智的启发性。

(二) 提问语的要求

1. 导向明确,启迪学生思维

教师要按照事先确定好的目的和目标,通盘思考设计提问语,要想好什么时间提问,先问什么,后问什么,做到心中有数。同时应该考虑提问语之间的递进关系,要做到前一个问题是后一个问题的基础和铺垫,后一个问题是前一个问题的延展和深入。只有这样的提问语,才能唤起学生的思维活动,有利于教学进度的顺利进行。

2. 难易适度,符合学生实际

孔子主张"因材施教",意味着针对不同学生,教学要有层次性。教师要根据学生整体知识水平和个体智力差异,确定好提问的范围、广度、深度,做到宽窄适度。要避免一味地追问、随意地发问,避免让学生产生厌问、拒问、怕问的消极心态。提问要因人而异,要注意切合学生的实际回答能力,不可为难学生,逼问学生,提出的问题也不可以过于浅显,会让学生没有实际收获,还浪费了课堂教学的宝贵时间。教师可以借助表情语和学生沟通,鼓励学生大胆回答问题。

3. 语调适中,易于学生接受

教师要正确把握提问时的语气和声调,做到语音清晰,语速适中,表情和蔼,以减少学生回答问题的心理压力。对于回答问题困难的学生,可以采取商榷的语调调动其他学生共同思考,帮助回答问题。对于回答问题信心不足的学生,可以使用目光鼓励和语言激励,启发学生深入思考,勇敢回答,让学生在和谐的信息交流中学到知识。

三、讲授语

(一) 讲授语的含义

讲授语又叫阐释语、讲述语,是一种以教师的独白为主,向学生讲述、分析、评价学习内容的语言,它是教师语言中使用频率最高、运用最广泛的教学语言方式。

"课堂教学过程是一个信息传递过程,而信息传递的主要载体是语言。"[①]"心生而言立,言立而文明,自然之道也。"刘勰在《文心雕龙》中指出语言来源于人内心的情感,有了语言,自然就会有文章。这种文章对教师来说不单是用心书写的书面语言,还是用心表达的教学语言。教师在实践中驾驭好讲授语艺术,将对课堂教学的顺利开展、活跃课堂气氛、进行师生互动有很大的帮助。同时,还能牢牢吸引学生的注意力,拉近师生之间的心理距离,增进学生的求知欲望,激发学生的学习兴趣,进而获得课堂活动教与学的最大收益。

(二) 讲授语的要求

著名教育家于漪曾说过:"语文教师必须具备良好的口头表达能力,这种能力不仅是加强教学效果的有力手段,而且能给学生以熏陶,使学生在潜移默化中理解语言,提高使用语言的能力。"教师必须明确课堂语言的重要意义,在语言艺术上下功夫,以期收获良好的课堂教学效果。

---

① 许迅:《教师语言实践教程》,南京师范大学出版社 2010 年版,第 291 页。

1. 语脉清晰，叙述有序

教师不论使用哪种类型的讲授语言，都要紧紧结合教学实际内容和目标要求，提前备课，精心讲练，要把客观事物在时间上的发展、变化，在空间上的状态、位置，以及事物之间的关联性、因果性，清楚有序地讲述出来，做到语言的严谨、准确、简明、流畅、生动、有趣。

2. 深入浅出，通俗易懂

讲授语作为教师授课时常用的表达方式，在设计和使用上一定要切合教育对象的现实水平，尽量少用专业术语，力求通俗易懂。教师要边讲授边交流，根据学生的理解程度及时调整讲授的用语和方式，力争用简单的语言阐释深刻的道理，做到由表及里，深入浅出。

3. 语气得当，语速从容

言语心理学研究表明：人们在听话时不是光听，在听话的过程中要不断地对说者所传递的思想内容进行思考、记忆。教师在讲授语的运用中，有时需要用确定的语气，不容置疑，有时需要用商榷的语气，缓解学生的紧张情绪，激发学生思考；还要做到语速从容，语调在平实中有起伏，语速不宜过快，吐字更要清楚，尤其要突出关键词的重音。

4. 挖掘教材，注入情感

在素质教育的大背景下，各学科的教学都离不开情感渗透。例如，语文教师在备课时，一定要深入教材，了解作者的人生经历、思想历程、写作背景，挖掘作品中的情感因素，让自己的情感与作者跨越时空产生共鸣，用动情的语言点燃学生内心的情愫。在教学内容中注入情感，把复杂的情境具体地、情景交融地描绘出来，以便引起学生的共鸣，加深对事物的认识和感受。

四、过渡语

（一）过渡语的含义

过渡语是指教师在讲授新的内容或知识点之前，有目的、有计划地设计使用的简练概括的教学语言。

过渡语在课堂教学中能够起到承上启下、衔接组合的作用，是课堂教学各环节之间的"桥梁"和"纽带"，能够把各环节的教学内容、教学方法、教学手段等有机地串联起来，使整个课堂上下贯通，结合紧密，浑然一体，让学生随着教师的引导步步深入，自然流畅地完成学习任务。

（二）过渡语的要求

过渡语和导入语同中有异：导入语是在授课开始时使用，而过渡语则是在连接各教学环节时使用；导入语的关键作用是启下，而过渡语则既要启下又要承上。在要求方面，过渡语除了要具备导入语的基本要求之外，更加讲求揭示出各要素间或授课教学要点间的内在联系，承上启下，过渡自然，而非机械罗列。

1. 具有针对性

教学语言的针对性是指针对不同的教育对象、教学环境运用不同的教学语言。教师要针对不同年龄阶段学生的生理、心理特点，以及学习基础、理解能力、接受能力、表达能力等不同情况采用不同的表达方式。因材施教，对症下药，才能取得良好的收效。

2. 具有启发性

教师的课堂教学不应和盘托出，或填鸭式地灌输，在教学过程中用启发性语言教学，可以点亮学生心灵，开启思维之窗。教师应注重"引"与"导"，通过点拨、搭桥等方式让学生积极思考、合作探究、豁然开朗,从而得出结论。

　　3.要有连结性

　　语文课堂教学过程中的过渡语是起了铺垫、承接、小结的作用,是教师带领学生深入钻研教材、抓住内容之间联系的切入口。顺则通,通则美,好的过渡语能够帮助学生理顺学习内容,激发学生思想的火花。教师精心组织提炼的过渡语,如同串起珍珠项链的线,是贯穿整个教学环节的必要步骤。

　　4.要有激趣性

　　课堂上,教师结合教学内容适时、适度地引出的一个有趣的话题,或一个精彩而恰到好处的悬念,可以吸引学生的注意力,激发学生主动去思考,去学习。教师要理解激趣的目的和意义,还要考虑采取何种激趣策略,如何使它更有利于课堂教学。

五、结束语

(一) 结束语的含义

　　结束语是教师在一节课或一个教学环节结束时要说的话,又叫结尾语、小结语、断课语或总结语。它是课堂教学主体部分的最后一个环节,是课堂教学任务的最后一道工序。

　　教师对所教内容进行总结的目的是与新内容的导入和分析讲授形成教学互补,它可以帮助学生对所学内容有整体性的把握,巩固所学知识。富有启发性的总结语,可以推动学生形成探求新知识的心理期望,也能提高学生举一反三的能力,把握学习新知识的思考方向。因此,一堂成功的课,既需要引人入胜的导入语、发人深思的提问语、环环相扣的讲授语、灵活机动的过渡语,也需要画龙点睛的结束语。

(二) 结束语的要求

　　1.明晰、精练

　　作为一节课或教学环节的"收官"之语,结束语要把所教内容总结概括得清晰明了、言简意赅,使学生通过教师的总结语,对所学内容得到再一次的认知加深和理解升华。它既要简明扼要地归纳重点、突出中心,又要给学生留下鲜明而深刻的印象,帮助学生理解新知识,巩固课堂教学新成效。

　　2.优美、流畅

　　人们用"凤头、猪肚、豹尾"来形容好的文章,简洁有力、文质兼美的课堂结束语,会像艺术品一样既能让人感同身受,又能让人得到美的享受。教师的语言要富有感染力,形象生动,饱含情感,给学生以美的熏陶。但是,教师的结束语切忌情感的抒发与所授内容相悖,要自然流畅,恰当适度。

　　3.益智、启思

　　教师要善于发挥结束语总结凝练和拓展延伸的作用,寓教于乐,把课堂教学与实践体验有机结合,让学生通过教师的结束语开启联系实际、指导实践、解决问题的思维和行动,同时把理论传授、思想教育、技能培养、素质提升等有机要素,都合理恰当地运用在结束语的组织和讲述中。

　　4.鞭策、励志

　　明朝文学家谢榛在《四溟诗话》中写道:"凡起句当如爆竹,骤响易彻;结句当如撞钟,清音有余。"一堂完整而成功的语文课,同样离不开含意深远的结束语。教师应当结合课堂教学的内容,巧妙地对学生进行品行人格方面的感召,对学生进行鞭策激励。

第三节　教师教学语言训练

一、设计导入语的方法

（一）游戏式导入

通过做游戏的方法激发学生对新问题、新现象的求知欲望，进而过渡到新知识的学习环节，这是一种遵循学生认知规律、循序渐进的方法。教师应做到根据新课程的内容设计符合学生的年龄特征的游戏和提出问题，及时将学生的注意力从游戏中转移到课堂教学上来。

> **《三角形内角和等于 180 度》教学的导入语**
>
> 进入正题之前，先让学生任意量一个三角形，将三个角的准确角度记下来，然后随便说出两个角的度数。老师能猜出另一个角的度数。学生当然不信。一个学生说："我的三角形一个角是 90 度，一个是 50 度。""第三个角是 40 度"，老师不假思索回答。猜对了！学生惊叹，又有七八个学生没有考倒老师。大家纳闷了，难道老师会变魔术吗？这时老师说："你想不想知道这里的秘密？想不想掌握我的法宝？好，下面我们就来研究三角形内角有什么规律。"

教师没有平铺直叙地讲述"三角形内角的规律"，而是通过组织学生做与教学内容密切相关的活动，激发学生的学习兴趣，活跃课堂气氛，使学生在既紧张又兴奋的状态下不知不觉地进入学习状态；游戏本身就具有趣味性，引起学生对教学内容的兴趣，使之产生急于探究的心理。

（二）故事式导入

故事式导入是通过讲故事的方法导入新内容的一种方式。在课堂导入阶段，使用生动、形象且和教学内容相关的故事，能极大地吸引学生的注意力，从而起到产生联想、引发思考的效果。教师应做到语言自然流畅、生动有趣，讲述绘声绘色。

> **《比较分数的大小》教学的导入语**
>
> 师：今天，老师给大家讲个故事好吗？
>
> 生：好！
>
> 师：天气炎热的取经路上，八戒找到一个西瓜，悟空把它分成四份，师徒四人每人分四分之一。八戒眼一瞪："这样分法可不行，西瓜是我老猪找，我应多吃才合情，我吃六分之一。"悟空一旁偷偷笑，连忙拿刀把瓜分。八戒接瓜说："咦？怎么我的最少，准是猴哥又使坏。"
>
> 师：同学们，这是怎么回事呢？
>
> 生：六分之一比四分之一少。
>
> 师：这就是我们要学的新内容：比较分数的大小。

故事最能拨动小学生的心弦，教师利用小学生普遍爱听故事、趣闻轶事的心理，结合小朋友们耳熟能详的《西游记》中的人物，集中了学生的注意力，也激活了学生们的思维，为新课的学习埋下伏笔，使学生顺利地进入教学内容的学习。

（三）设疑式导入

通过设置问题的方式来设计课堂的导入语。古希腊思想家亚里士多德说："思维是从疑问和惊奇开始的。"宋代陆九渊说："为学患无疑,疑则有进,小疑则小进,大疑则大进。"疑问是思考的发端,探寻是兴趣的源头。教师结合教学内容设置扣人心弦的问题,让学生产生出人意料的悬念,会更吸引学生走入课堂,引发深入思考。这种方法关键在于设计的问题要新颖有趣,悬念的设置要恰到好处,要能够激发学生的疑问和思考。

《记梁任公先生的一次演讲》教学导入语

师:同学们,我们平常说这个人"热心肠"是什么意思?(板书:热心肠)

生:心肠好,喜欢帮助别人,也就是乐于助人。

师:《记梁任公先生的一次演讲》这篇文章最后一小节中说道,"有学问,有文采,有热心肠的学者,求之当世能有几人?"可全篇文章并无一处写到梁先生帮助别人、乐于助人的事,那么在这篇文章中的"热心肠"如何理解?

这个问题是学生事先未曾注意到的,教师在学生疑惑与好奇心被激起时要求同学们带着这个问题去看文章,激发了学生的求知欲望,使学生产生迫切学习的浓厚兴趣,诱导学生由疑到思,由思到知。设疑式导入方式,既满足了学生的好奇心理,又缩短了师生的距离。

（四）情境式导入

孔子言:"工欲善其事,必先利其器。"教师需要运用富于感染力的语言描绘一幅图景或营造一种与教学内容相协调的意境,从而让学生置身于特定的情境之中,想象优美的意境,体验美好的情感,感受心灵的震撼。通过创造情境的导入语让学生领会新课程的意境和主旨,帮助学生塑造和发展良好的心灵与人格,还应做到语言优美,感情充沛,节奏合理。

英语口语教学的导入语

我的牙齿疼了2个多星期。在教学这一话题前,先与学生进行友好的问候:

T：How are you feeling today?

S：I'm fine, thank you, and you?

T：I'm not so well. I think I have a toothache. What should I do?

(老师做出牙疼的动作和表情帮助学生回答:)

S1：I think you should see a dentist.

S2：You had better take some medicine.

教室即刻成了诊所,学生兴致盎然。

通过设置情境,将现实生活与英语口语相结合,激发学生对英语学习的兴趣。通过创设一种与教学内容有关的生活情境,同时也形成一种与教材内容相应的情感意境,容易让学生产生良好的心理态势,从而能引发学生探究问题的兴趣,为课堂教学打下良好的基础。

（五）释题式导入

通过对题目的分析让学生了解文章的主要思想内容,继而为教师和学生共同探究文章的中心奠定基础。在对题目进行分析时,要抓住重点词语。应做到开宗明义,单刀直入,用简洁生动的语言表达丰富的内容。

《丰碑》教学的导入语

（教师先让一生上黑板板书了课题"丰碑"，在指导碑字的写法后）

师：孩子们"碑"是什么？它是用来干什么的？"丰"又是什么意思。那么"丰碑"的意思就是……

生答略

师：现在让我们一起来学习《丰碑》这一课，看看本文中的丰碑是指什么。

题目是文章的"眼睛"，有的概括文章的主要内容，有的揭示文章的主旨，有的能引起读者联想。释题式导入语，不仅让学生理解了题目"丰碑"的含义，同时对课文重点内容也有明确的学习指向。

（六）实验式导入

以生动形象的实验方式进行课堂导入，集中学生注意力，激发学生的好奇心和求知欲望，让枯燥无味的简单说教变得更加直观形象，为教学活动的顺利开展和新知识的教授营造氛围、奠定基础，收到事半功倍的教学效果。

《运动与摩擦力》教学的导入语

教师先拿出一个盛满米的玻璃瓶放在讲台上，并拿出两根筷子。

师：看谁能巧用筷子把米瓶挪到桌子另一端。

有的学生用筷子夹，也有的聪明学生试着用一根筷子插入米瓶当中，最后竟用一根筷子把米瓶提起来。

师：为什么一只筷子能把米瓶提出来？原来摩擦力帮了大忙。什么是摩擦力呢？它有哪些作用和特点？现在我们就来学习这个问题。

教师通过直观形象的实验操作形式导入新课内容，变抽象为具体，变深奥为浅显，学生亲身感受，学习起来注意力集中，记忆准确，既发展了学生的观察力，又对学生理解、掌握"运动与摩擦力"这一新授内容起到事半功倍的作用。

二、设计提问语的方法

（一）正向式提问法

教师根据教学内容从正面提出问题，让学生顺藤摸瓜，在探求问题答案的过程中获取知识，发展智力。教师应做到问题简洁明了，紧扣教学内容。

《"精彩极了"和"糟糕透了"》教学的提问语

师：同学们，今天我们学习一篇新课文，题目是"精彩极了"和"糟糕透了"。同学们有什么认识或者有什么要问吗？……

生：母亲和父亲分别是在什么情况下这样说的？

生：巴迪对这两种根本不同的评价的反应是什么？

生：巴迪写的诗真像他母亲说的那么精彩吗，或者真像他父亲说的那么糟糕吗？

生：母亲说巴迪的诗"精彩极了"，用意是什么？父亲说"糟糕透了"，用意又是什么？

教师直截了当地正面提出问题,并引导学生畅谈了问题,这些问题分别从"精彩极了"和"糟糕透了"的语境、说者的用意、听者的反应以及评价对象四个方面提出问题,反映了学生思考问题的深度,也引导着后续教学的方向。这类提问语的常用句式是:你(大家)有什么要问吗? 你(大家)想到了什么问题? 你(大家)的问题是什么? 你(大家)能试着提些问题吗?

(二) 逆向式提问法

教师为了促进学生深层次的思考,不直接问"为什么",而是从反向的角度提出假设,让学生通过对照分析,作出正确判断。这种提问语要求所提问题具有思辨性。

《田忌赛马》教学的提问语

师:假如第二次比赛中,田忌按孙膑的方法去做,但结果不是胜利,而是失败,这可能是什么原因?

(经过思考,不少学生认为:很可能是田忌以下等马与齐威王的上等马比赛后,齐威王发现了秘密,随即采取了对策,用自己的下等马对孙膑的上等马,先输一场,再用自己的中等马对孙膑的中等马,再胜一场。这样,齐威王最终还是以二比一获胜。)

师(进一步追问):难道孙膑没有考虑到这种情况吗? 孙膑的胜利是不是偶然取得的?

(至此,学生已豁然开朗,十分肯定地说:孙膑断定齐威王不会这样做,因为他看到齐威王已被胜利冲昏了头脑,趾高气扬,忘乎所以,认定战胜田忌不费吹灰之力,是无论如何也不会提防的。)

师(再问):你们从哪里看出齐威王的骄傲自大?

教师提出的第一个问题,是要求学生联系课文去变更思维,从相反的角度去假设,由结果去设想原因。教师在利用逆向式方法提出问题后,提出的第二、第三个问题则是引导学生深入课文学习,使学生进一步认识了孙膑、齐威王的不同心态,更深地了解了人物的内心,感悟了课文的中心思想,培养了思维能力。

(三) 递进式提问法

教师的提问语由易到难依次提出,层层递进,逐步深化,把学生的思维一步一步地引向求知的天地,借以强化学生对教学内容的理解。教师应做到所提问题环环相扣,逐步深入,形成梯形结构。

《丑小鸭》教学的提问语

师:请同学们一边默读课文第 2 节一边想象,丑小鸭长什么模样呢?

生:这只小鸭又大又丑,因此大家叫他"丑小鸭"。

生:丑小鸭长得很丑。他的毛灰灰的,嘴巴很大,身子很瘦,实在太难看了。

师:那么,安徒生又是怎样描写丑小鸭的"丑"的呢? 请再读读最后一个句子。

生:课文是这样写的:丑小鸭的毛是"灰灰的",嘴巴是"大大的",身子是"瘦瘦的"。

师:是啊,安徒生用"灰灰的、大大的、瘦瘦的"这些词语描写了丑小鸭的"丑"。我们把这些词语叫"叠词"。

师:你们也能用这种方法,用叠词来说说其他鸭子的样子吗?(出示其他小鸭子的图片)

生：其他鸭子的毛黄黄的、嘴巴小小的,身子圆圆的,多可爱呀!

生：其他鸭子的毛嫩黄嫩黄的,嘴巴扁扁的,身子胖胖的,多么惹人喜爱呀!

师：瞧,用上了这些叠词,我们更感受到了这群鸭子的可爱!以后我们描写一些小动物的时候,也可以用上一些叠词,句子就会显得更加生动形象了。[1]

　　教师设计了一连串的问题依次展开:先问丑小鸭的模样,再问作者的描写方法,接着让学生用叠词描写其他鸭子,最后引导学生用叠词描写其他小动物。由观察到思考,再到运用,一个阶梯一个阶梯地朝前走。如果一上课就让学生用叠词来描写其他鸭子,肯定很难有理想的教学效果。

（四）探索式提问法

　　教师要设计启发性的课堂提问,在教学中,要把握教学内容的变化,设计具有探索性的问题,为学生提供多思考、多探索的机会,在提问中激发学生独立思考的意识,拓展学生的思维能力。

《Find the right place》教学的提问语

　　教师可以创设"Where is the …"的问题情境,启发学生用"It's next to the …""It's outside the …""It's in front of …""It's behind the …""It's on the left/right side."等多种思维方式回答。

　　教师设计启发性课堂提问,创设问题情境,并多角度给予学生启发诱导,能使学生在多种思维途径里探索出问题的答案,在拓展学生思维能力的同时,提高他们的领悟能力和创新能力。

（五）研究式提问法

　　教师在课堂教学中按既定程序连续地运用引导学生对某个问题进行思考、研究的提问语。这要求教师紧扣研究内容,对所教的问题精心准备,最后进行归纳。

关于"圆"的概念的教学提问语

师：车轮是什么形状?

生：圆形。

师：为什么车轮要做成圆形呢?能不能做成别的形状?比如椭圆形?

生：不能。

师：为什么?

生：因为做成椭圆形的话,车子前进时就会一会儿高,一会儿低。

师：为什么做成圆形就不会一会儿高,一会儿低呢?

　　教师设计了一连串的问题依次展开:先问汽车轮子的形状,再问是否可以换成其他形状,最后问为什么圆就可以。这种提问方式能紧紧扣住学生的答话,巧妙地联系教学内容,寓讲解

---

① 吴聪娣:《追问——促进学生思维的有效策略》,《小学教学研究》,2013年第5期。

于回答之中。由生活常识到思考,再联系到实际生活,一个阶梯一个阶梯地朝前走,实现了真正的学以致用。

运用这种研究式的提问方法,教师可以在学生讨论寻找答案之后,综合讨论得出结果:因为圆形的车轮上的点到轴心的距离是相等的。这样,教师就自然地引出了圆的定义。

三、设计讲授语的方法

(一)叙述法讲授语

叙述法讲授语是教师用叙述的方法对某人、某事、某概念等进行阐明、解释的教学讲授方法。教师的讲授语言应做到简洁明快,朴实无华。

《长城和运河》教学的讲授语

师:长城始建于春秋战国时期,秦始皇灭六国完成统一后,为了防御北方匈奴的南侵,将秦、赵、燕三国的北边长城予以修缮,连贯为一,俗称"万里长城",也叫秦长城。明代为了防御鞑靼、瓦剌的侵扰,前后修筑长城达十八次,西起嘉峪关,东至山海关,总长约六千七百千米,俗称明长城。长城气魄雄伟,是世界历史上的伟大工程之一,并已列入《世界文化遗产名录》。

京杭大运河即大运河,简称运河。它是我国古代伟大水利工作,北起北京,南至杭州,经北京、天津两市及河北、山东、江苏、浙江四省。沟通海河、黄河、淮河、长江、钱塘江五大水系。全长一千七百四十七千米,是世界上开凿最早、最长的人工运河,是与万里长城齐名的伟大工程。

这段采用叙述法的讲授语简略地介绍了长城和京杭大运河的修筑时间、经过地域、总长度、地位等,为学生理解课文的内容及作者的感情提供了必要的背景知识,起到了很好的铺垫作用。叙述式讲授语用于讲明事物特征,事物发展变化的过程,教师明白晓畅的叙述,既可以使学生清楚地了解文章的内容,也可以促使学生写文章时条理清晰,有逻辑性。

(二)论证法讲授语

论证法讲授语是教师在教学过程中用论证的方法对某问题、某观点进行讲授的用语方法。它要求教师观点鲜明,论证充分,逻辑严密,语言干净利索。

《除数是小数的除法》教学的讲授语

师:(先让学生复习旧知识 $10.25 : 125$,然后过渡到 $10.25 : 12.5$)

师:这两题有什么不同?(思维转折处)你怎么把它变为除数是整数的除法计算?(知识关键处)要使商不变,被除数应该怎么办,根据什么?(规律探求处)完整归纳一下,除数是小数的除法如何计算?(理解疑难处)

这段讲授语主要以提问的方式进行论证,论点有一个:除数是小数的除法如何计算?即本课的理解疑难处,论证有三个:知识的关键处(你怎么把它变为除数是整数的除法计算?)、思维的转折处(这两题有什么不同?)和规律的探求处(要使商不变,被除数应该怎么办,根据什么?)提出问题让学生思考回答,引导学生的思维逐步展开,认识逐步深化。

（三）说明法讲授语

说明法讲授语是教师在教学中解释某概念、某事物、某项知识时用说明的方法所构成的教学用语，以此说明事物的性质、结构和功能等。教师应做到语言清晰、流畅、准确，要安排好说明的次序，避免主次不分和前后颠倒。

《黄河大合唱》教学的讲授语

师：《黄河大合唱》共有八个乐章。第一乐章是《黄河船夫曲》，第二乐章是《黄河颂》……第八乐章是《怒吼吧，黄河》。现在我们看看第一乐章的内容。这是吸收了船夫号子的曲调素材，采用主题发展变化的手法，各声部互相呼应的演唱形式写成的四部混声合唱。它由三部分组成：引子和第一部分，描绘了船夫们在一声惊天动地的呼声中，开始了和狂风恶浪勇敢搏斗的惊险场面；第二部分刻画出船夫们快要到达河岸时的内心喜悦；尾声表现了船夫们团结一致和惊涛骇浪搏斗，终于到达了彼岸的必胜信心和战斗精神。

说明法讲授语是以说明为主要表达方式来解说事物、阐明事理的。这段教学案例采用说明法讲授语，准确、简洁、平实地向学生介绍了《黄河大合唱》的乐章及其内容、组成部分及其内容，井然有序、层次分明，学生听后感到清晰明了，易于掌握、记忆。

（四）描写法讲授语

描写法讲授语是运用形象化的手段对教学内容进行讲解的教学用语，它可以化难为易，变抽象为具体。这种讲授方法多用于人物刻画、环境描绘、细节介绍、氛围渲染、情感表达等。教师应做到语言细腻形象，生动有趣。

《如梦令》教学的讲授语

师：同学们，你们看啊！（老师边播放日落美景边描述）黄昏时分，太阳慢慢地从西边落下去了，晚霞染红了整个天空，远山、近水、小亭子，都被笼罩在夕阳的余晖中。水面上波光粼粼，使我们想起这样的诗句：一道残阳铺水中，半江瑟瑟半江红。

这段《如梦令》教学案例，教师精描细绘了黄昏时分的日落美景，将教学内容变得具体可感、生动形象，让学生身临其境，活跃了课堂氛围，激发起同学的热情，为全课的教学奠定了基调。

四、设计过渡语的方法

（一）善于粘连衔接

教师利用语言材料之间的内外部联系和富有情趣的问题创设，进行合理粘连和顺势承启，自然地将学生从一个浪尖带到另一个波峰上去，以实现课堂教学内容的转换和课堂整体结构安排的天衣无缝。教师应做到上下衔接自然，激发学生想象。

《狼牙山五壮士》教学的过渡语

师："为什么五壮士要选择跳下悬崖呢？假如他们不跳，结果会怎样呢？"问题一提出，班级里议论纷纷，讨论的热情马上被激发出来了。有的同学说："是呀，他们明明可以选择另外一条路逃跑的。"有的说："假如他们走另外一条路，就可能把敌人也引到那边去，群众和部队就会有危险。"……接着我要求学生联系课文去变更思路，去想象各种不同的结果。

教师用提出问题的形式引发学生思考、回答,接着学生联系课文去变更思路,去大胆设想……这样一段过渡语可以让学生更深刻、更全面地去了解五壮士跳崖的原因,更深入地去体会壮士们为了群众和部队的安全而英勇就义的大无畏精神。这样就与上文自然勾连,达到了上下贯通的教学效果。

(二) 精于归纳总结

教师在前一个教学内容结束后,要用简明扼要的语言,对所讲授内容的重点进行小结,然后再过渡到下一个环节的施教内容。这种方法的主要特点是,能把教学的重点再现出来,给学生留下更为深刻的印象,实现巩固教学效果的目的。教师应做到语言简洁,重点突出。

《丰碑》教学的过渡语

师(出示一组填空题):这位老战士之所以被活活地(冻僵)在冰天雪地里,是因为(他的御寒衣服单薄得像树叶、像箔片),但是他毫不畏惧死神的降临。因此在临死的那一刻,却显出(镇定自若的神情)。

(学生结合课文和教师先前的讲解读一读、想一想,填上合适词语)

师:同学们从所填的词语中会想到哪些问题?

(学生很自然地想到:老战士在这么冷的冬天为什么穿这么薄的衣服?他的御寒衣到哪里去了呢?这位老战士到底是谁?军需处长怎么会不给他棉衣呢?教师由此进入下一环节的教学)

教师出示填空题,让学生填上去合适的词语,以及衔接顺畅的句子,实现教学的跳跃;通过阶段性的小结和练习,串起课文的本质信息,直奔文章主旨。总结式过渡语既能帮助学生理顺知识,突出重点、突破难点,起到承上启下的过渡作用,为新课作铺垫,还可以提高学生的注意力,优化学生思维。

(三) 巧于制造悬念

清代李渔曾一语道破悬念的魅力,即叫人"揣摩下文,不知此事如何"。在教学中,教师用一句话把上一环节内容概括出来,然后提出一个悬而待解、富有诱惑力的问题,引入下一个环节的施教内容。通过制造悬念提高学生注意力,启发学生思维,激发学习兴趣,吸引学生去深入学习来揭开这个富有诱惑力的谜团,给学生一种"山重水复疑无路,柳暗花明又一村"的感觉。教师应深入研究问题的提出方式,把握问题的层次和梯度,从而引起学生的探索欲望。

《菜园里》教学的过渡语

(从认识生字到理解课文)师:这些蔬菜的名字我们都已经认识了,它们长什么样呢?儿歌中是怎么说的?快让我们读读儿歌吧!

在这段过渡语中,教师简单总结了已学内容,并利用此知识制造悬念,自然过渡到另一个知识。学生根据教师的引导很快进入了课文的学习中,这样既能调动学生的学习兴趣,又给学生的学习指明了方向。

(四) 长于激发兴趣

在低年级课堂教学中,为了激发学生学习的兴趣,活跃课堂氛围,教师往往可以充分联系学生的生活实际,根据学生的年龄特点设置激趣式过渡语。

关于 ang 可以与哪些声母组合的教学过渡语

师:小朋友们猜一猜,ang 最喜欢与哪些声母交朋友呢? 接着用气球带出一个个声母,学生说对一个,那个相应的气球就会变大,出现在小朋友的面前。学生看到一个个五彩缤纷的气球,马上激起了学习的兴趣,纷纷高高地举起了自己的小手,嘴里还轻轻地念叨着:"叫我! 叫我! 叫我!"而且他们很快地掌握了 ang 的拼写技巧。

教师用拟人化的手法,以交朋友的方式教授"ang 可以与哪些声母组合",并用"一个个五彩缤纷的气球",激发了同学们的学习热情,以一种灵活动态的知识呈现方式让学生体会到了学习的快乐,真正做到了乐中作,乐中学,学有所获。

五、设计结束语的方法

(一) 归纳概括重点

教师对所教内容进行大致概括的纲目式总结,抓住重点,点出要害,在轻松愉快的教学总结中把感性认识向理性认识推进一步。教师可以先总述后分述,也可以先分述后总述。教师应做到重点突出,概括准确,表述清晰。

《麋鹿》教学的结束语

师:现在课文全部讲完了,请同学们想一想,课文哪些地方给你留下了深刻的印象? 写法上有什么特点和优点?

生1:麋鹿奇特的外形给我印象深。

生2:麋鹿传奇的经历给我印象深。

…………

师:课文写法上有什么特点和优点?

(学生各抒己见)

师:同学们说得都不错。这篇知识性很强的说明文,以描述情景开头,按先概述后分说的顺序给我们介绍了麋鹿的外形特点和生活习性,接着又介绍了麋鹿的传奇经历。我们不但了解了有关麋鹿的知识,还认识到了保护稀有动物的重要性,重视保护生态平衡。[①]

教师用归纳总结式结束语,回顾和梳理了《麋鹿》一课的教学内容,以问答的形式,带领学生总结出"课文哪些地方给你留下了深刻的印象? 写法上有什么特点和优点?",中心明确,重点突出,帮助学生形成对课文完整清晰的印象。

(二) 拓展延伸知识

"问渠那得清如许,为有源头活水来",学生学习需要时时补充新知。教师除了可以对常规教学内容进行总结以结束授课外,还可以在此基础上延伸到课堂以外,让课堂教学知识得到进一步的延伸和拓展,指导学生进行研究和探索的活动。教师应做到富有启发性,具有诱惑性,既向学生指出思考的方向,又能培养学生研究的兴趣。

---

① 金祥明:《编网织篓 贵在收口——浅谈课堂结束语》,《小学教学参考》,2011 年第 30 期。

自然课堂关于昆虫教学的结束语

师：研究昆虫是一件很有意义的事情。世界上有很多人在研究昆虫，昆虫这门学问不简单呢！知道大科学家达尔文吗？知道著名的昆虫学家法布尔吗？我这里有好多讲他们研究昆虫的书。老师这里还有很多昆虫的图片。介绍昆虫的图片，介绍昆虫的书，谁有兴趣的话可以借去看。另外，老师这里还有好些昆虫的标本，下课后我把它们展览在生物角，请同学们仔细地观察。

下一课，我们开个昆虫研究座谈会，要请大家谈谈看了这些书后得到的知识，谈谈你所知道的关于昆虫的故事。特别是要谈谈你对昆虫生活进行的观察研究以及发现。

教师在总结了"关于昆虫"的教学内容后，又运用一连串的问题启发性地进行诱导，适时推介图片和标本，并鼓励同学们课后去阅读、去观察、去研究，使教学从课堂延伸到课外。教师在施教过程中，立足于课堂，把"研究昆虫"作为一个点，由点及面辐射开来，做好课堂知识的延伸，增加探究的信息量，让更多学生理解科学知识，建构更丰富的科学知识体系。

（三）联系实际启思

教师从课堂教学内容出发，通过联系性的思想教育或对社会热点的关注等方面的评价概括，来作为教学任务的结束语言。这种与实际的联系，要求与课堂所学知识切合紧密。教师应做到过渡自然，能够引起学生的兴趣，切忌生拉硬扯。

《月光启蒙》教学的结束语

师：有一个人，她永远占据你心中最柔软的地方，你愿意用自己的一生去爱她；有一种爱，它让你肆意地索取、享用，却不要你任何的回报……这一个人，叫"母亲"；这一种爱，叫"母爱"。让我们感谢我们的母亲，感谢她给予我们生命，感谢她给予我们深深的母爱，感谢她给予我们的启蒙教育。[①]

"母爱"是人类永恒的话题。这样的联系实际的结束语，融入了强烈的情感，带领学生感念给予我们启蒙教育的母亲，这样的结束语深深地感动着学生，形成了强大的激励力量，丰富学生的心灵世界，引领学生健康成长。好的结束语，既是对全文内容的总结升华，更是对学生寄予的无限期望与启迪。

（四）学科渗透激智

教师教学不能仅仅局限在某一学科领域内，要想全面提高学生的素质，就要注重学生思想品质的教育。课堂教学的思想品德教育，一定要注意与知识、技能的教学有机结合，把知识的掌握与思想品德教育结合起来，做到在知识教学中自然、适时、适量地渗透。

关于"数学课堂生活单位"教学的结束语

如教学"年、月、日"知识后结尾这样设计："时间就像日历一样撕掉一页就不会再回来，说明时间是十分珍贵的，那么同学们要怎样对待时间？"又如教学"元角分"知识后，设计的

---

① 郭芬云：《课的导入与结束策略》，北京师范大学出版社 2010 年版。

结束语是："同学们,今天我们认识了人民币单位元角分,知道它们之间是十进关系,还学会了兑换人民币。我看今后班级同学准是储蓄小能手! 也相信你们会成为很好的理财者。"

教学"元角分"知识,教师用"时间就像日历一样撕掉一页就不会再回来"来"说明时间十分珍贵",自然得体地总结了课堂所学,又联系生活和学生实际,鼓励学生将数学课堂知识应用于社会生活,力求渗透,达到"随风潜入夜,润物细无声"的境界。

课堂教学结束语的设计远不止这几种,教学中往往是几种方式综合运用,概括教学内容,突出重点,强化难点,总结规律,开阔学生视野,激发学生思维,实现学生知识和能力的迁移。

思考与练习

1. 用不同的语调、语气表达出下面这些语句中不同的情绪。

（1）"坐下""进来""过来"。

（2）我同你是亲戚,是老朋友。

（3）你能干好吗?

（4）你会开车?

（5）你怎么做随便你吧!

（6）我要去学校,你也去。

（7）你好啊!

2. 结合教学语言的特点和要求,讨论评析下面这位教师在讲授《看云识天气》一文最后一节时,所组织的教学语言是否完整、清晰、流畅、准确,是否存在主次不分,前后颠倒的问题。如果是你,你将怎样组织你的教学语言?

我们看第一句话,是告诉我们掌握这些知识的用处:对工业生产怎么样啊? 很有好处,及时地掌握天气情况,做好准备工作,使得有的东西不被雨淋,有的不被太阳晒。懂得云和天气的关系,对我们日常生活来讲呢,也能得到方便。另外,这一节还告诉我们,要懂得云和天气的关系:一方面要怎么样啊? 虚心地学习,还有一方面呢,要自己反复实践。因为只有你去用心观察,经常地观察,才能掌握规律,才能总结一些经验。另外文中还告诉我们,光凭云来识天气,还存在着一定的局限,还有一定的限制,科学性就不大可靠,还要考虑其他各方面的因素。因为天气的变化是由多方面的因素决定的,所以,我们还要靠天气预报。但是云呐,一般它可以帮助我们识别天气。——文章最后从云识天气的意义、方法和它还有一定的局限三个方面,给我们作了小结。

3. 结合语文、数学、音乐、体育、英语等学科,选取两个文学家,或科学家,或音乐家,或运动员,或外交家等,了解他们的生平,然后在班级分组进行叙述法的讲授练习。

4. 根据教学语言的分类,运用论证法为下面这段文字设计讲授语,并进行试教和互评。

南沙是祖国巨大的蓝色宝库。它拥有难以计数的珍贵的海洋生物,蕴藏着极为丰富的矿产资源,贮存了用之不竭的海洋动力。仅曾母暗沙,就以丰富的石油储量而享有"第二波斯湾"的美誉。

5. 亮亮是一个很胆小的孩子,很少和小朋友一起玩;小辉是一个非常活泼的孩子,特别喜欢运动。一次体育活动时,亮亮和小辉表现得特别突出,请你设计两段表扬语,分别表扬亮亮和小辉,并说说设计的依据和原因。

6.结合导入语的技巧和要求,试分析下面这位老师运用了何种技巧的导入语。该技巧的导入语有什么优点?

师:"二年级时,我们已经学习过《小蝌蚪找妈妈》和《龟兔第二次赛跑》,其中有一个同样的小动物是——"

生:"乌龟。"

师:"谁记得乌龟长得什么样?"

生:"四条腿,宽嘴巴,背上背着个壳,会游泳……"

师:"今天,老师要带大家认识乌龟的一位亲戚——(出示投影)你们看,它的形状跟乌龟像不像?"

生:"像。"

师:"但和乌龟有什么区别?"

生:"比乌龟大。"

师:"它比乌龟大很多,身长可达1米多,轻的三四百斤,重的则有七八百斤,因为它生活在海里,所以称作海龟。今天我们就来学习《海龟下蛋》这篇课文。学习后,相信大家一定会大开眼界。"

7.试分析并评价该教学实录片段中老师的教学语言。

师:我们先看一段录像,感受一下安塞腰鼓的气势,也许感受之后,我们再来朗读,会有更清晰更明确的感觉。

(学生观看录像,大约2分钟)

师:有什么感觉? 我们请刚才没有说话的同学先讲。

生:有一种野气。

(板书:野气)

师:"野气"是什么? 请你讲一讲。

生:我觉得野气有点像原始人的样子。

师:大家应该做做笔记。

生:非常朴实,所有的东西都来自大自然。

师:太好了! 记下来了吗? 我们同学有这么好的智慧,要把同学的智慧记在笔记本上,集中到我们的脑海中去。

师:带着这样一种感觉我们再来朗读《安塞腰鼓》,肯定会有新的发现。

第六章 教师教育语言

第一节 教师教育语言概述

苏联教育家苏霍姆林斯基指出："教育的艺术首先包括说话的艺术。"教师应把"教书""育人"两种责任统一起来,寓思想教育于教学和活动之中,时刻注意捕捉"育人"的契机,促使学生形成正确的人生观和价值观,给学生以道德、理想、情操的引导与培育。

一、教育语言的含义和特征

教育语言是指教师在对学生进行思想品德和行为规范教育过程中所使用的具有说服力、感染力的语言。教育语言同教学语言一样,是教师必备的基本功,是完成教育任务不可缺少的工具。

教育语言具有两个特征:第一,它是教师的职业语言,它不仅有特定的对象,还有特定的内容和语境;第二,它具有明确的目的性。它是教师依据培养目标对学生进行教育时所运用的语言,其内容主要涉及思想道德情操、行为习惯规范等方面。教师在对学生进行思想品德教育的过程中,应当充分发挥自身的主导作用,通过有效的教育内容和教育方式,给学生以积极的影响,讲究教育的语言艺术,使之产生应有的感染力,以取得较好的教育效果。

二、教育语言的主要特点

教师在对学生进行思想品德教育的过程中,要讲究教育语言艺术,使之产生应有的感染力,以取得较好的教育效果。教育语言主要有以下几个特点:

(一)针对性

教师对学生进行思想品德教育重在有的放矢,教育语言必须有针对性。

教师必须全面了解教育对象在校内的表现,同时要了解其家庭教育的背景;不但要了解学生的个性、爱好、学习等情况,还要了解学生对自己的评价和期待,其他学生对该同学的评价等。在全面了解学生的基础上,教师要做到了解学生的个性,因人施教。根据学生性格的差异,教师在对学生进行教育时不能因为学生的顶撞而使自己情绪失控,要努力在语言中投射情感色彩,尽量用鼓舞性、激励性的语言帮助学生分析问题,指明行动的方向。

(二)诱导性

教育语言的诱导性是指教师运用多种口语形式,如报告、发言、谈心、交谈等,给学生以启发、开导和耐心的指引,让学生通过自己的思考,加深对事物的理解和认识。

对学生进行思想教育,不能简单地认为教师怎样讲学生就应该怎样做,或者讲一些不切实际空洞的道理。教育口语的诱导性,要求教师以积极、健康、富有激励的语言去开启学生的智慧,挖掘学生的潜能,引导学生自觉地分析问题、思考问题、解决问题。只有让学生直接参与,才能达到自我教育、自我提高的目的。对这个问题,苏霍姆林斯基对教师曾有过很好的建议:"道德准则,只有当它们被学生自己去追求获得和亲身体验过的时候,只有当它们变成学生独立的个人信念的时候,才能真正成为学生的精神财富。"

(三)说理性

教师语言的说理性是指用摆事实、讲道理的方法来说明是非得失,辨明曲直,使受教育者从中获得正确的认识。

教育语言的运用对象是学生,他们都有强烈的自尊、自立意识。在对他们进行思想教育时,教师应以正确的理论作为教育说理的依据,晓之以理,以理服人,不能高高在上,以势压人。要通过摆事实、讲道理,"润物细无声"的细心诱导,使学生明理、懂理,心悦诚服地接受教育。

(四)感染性

教育语言的感染性是指教师通过自己的言谈和态势语,把某种情感传达给学生并引起相同的情绪体验。

对学生进行思想教育,不仅要以"理"服人,而且还要以"情"动人。这就要求教师对学生要有爱心、诚心、责任心。在做思想工作时,对学生要有真挚的情感,以诚恳的态度和学生交谈,使学生能体验到教师的爱心诚意和美好愿望,以唤起师生感情上的共鸣,由情动于衷而提高认识,自觉地接受教育。

三、教育语言的作用

我国教育家叶圣陶曾说道:"凡是当教师的人绝无例外地要学好语言才能做好教育工作。"由此可见,掌握口语艺术,是教师取得教育成功的关键。教育语言的作用主要表现为以下几个方面。

(一)以有效的沟通促进师生双方的相互理解

"教育即沟通""沟通是有效教育实现的前提"[1]。教师对学生进行思想工作始于沟通,也成于沟通。师生间良好的言语和非言语沟通能使师生双方加强情感交流、促进理解,达成教师和学生对教育工作的共识,构建和谐的教育氛围,同时促进学生和教师双方的共同成长和发展。反之,如果教师不注重倾听学生的心声,忽视学生的心理需求,再加上表达不当,情感缺位,必定导致双方产生隔膜,造成教育的失败。

(二)以积极的情感强化学生对教师的尊重和信任

教师以饱满的精神、积极的态度与学生进行交流沟通能让学生感受到教师对他们的尊重,教师对学生肯定性的评价能鼓舞学生、激励学生,激发起他们积极向上、不断追求的热情。一旦学生通过教师的言语感受到了教师对他的尊重和信任,他在获得自信、自尊的同时会从心底深处产生对老师的信任和爱戴。因此,在某种程度上,这种爱的情感是一种积极的能量,由教师传递给学生,由学生反馈给老师。这种能量是守恒的,而且有很强的辐射力,它能使师生之间产生更多的尊重和理解。

---

① 张东娇:《教育沟通论》,山西教育出版社 2003 年版,第 1 页。

（三）以合理的建议帮助学生采取积极的行动

教师不但要解决学生的思想问题，帮助他们澄清认识中的误区，加深对某些问题的理解，而且要鼓励并帮助学生把某些思想转化为实际行动。教师要根据不同年级学生心理发展的特点，循循善诱、谆谆教导。例如，小学生的思想比较单纯，解决他们的思想问题并不算太难，但是，由于小学生自制力不强，意志力稍逊一些，因此教师要在日常的教育教学实践活动中加强对学生的检查监督，努力使他们积极行动起来。

陶行知先生的四块糖果

育才小学校长陶行知在校园看到学生王友用泥块砸自己班上的同学，陶行知当即喝止了他，并令他放学后到校长室去。无疑，陶行知是要好好教育这个"顽皮"的学生。那么他是如何教育的呢？

放学后，陶行知来到校长室，王友已经等在门口准备挨训了。可一见面，陶行知却掏出一块糖果送给王友，并说："这是奖给你的，因为你按时来到这里，而我却迟到了。"王友惊疑地接过糖果。

随后，陶行知又掏出一块糖果放到他手里，说："这第二块糖果也是奖给你的，因为当我不让你再打人时，你立即就住手了，这说明你很尊重我，我应该奖你。"王友更惊疑了，他眼睛睁得大大的。

陶行知又掏出第三块糖果塞到王友手里，说："我调查过了，你用泥块砸那些男生，是因为他们不守游戏规则，欺负女生；你砸他们，说明你很正直善良，且有批评不良行为的勇气，应该奖励你啊！"王友感动坏了，他流着眼泪后悔地喊道："陶……陶校长你打我两下吧！我砸的不是坏人，而是自己的同学啊……"

陶行知满意地笑了，他随即掏出第四块糖果递给王友，说："为你正确地认识错误，我再奖给你一块糖果，只可惜我只有这一块糖果了。我的糖果没有了，我看我们的谈话也该结束了吧！"说完，就走出了校长室。[①]

面对犯了错的学生，多数教师会通过批评解决问题，但是，上例中，陶行知先生与王友的对话却充满了人文关怀，陶先生并没有因为学生年龄尚小、思想尚未成熟而轻视和责骂他。相反，他把学生视作和教师一样拥有完整人格的个体，尊重他们，理解他们，语气平和，态度诚恳，虚心向学生承认自己的过错，难怪王友会感动得想让陶先生打他两下。陶行知先生宽容、民主的教育思想值得每一位教师学习。

第二节　教师教育语言类型

"教育语言"是相对于教师的"教学语言"而言的，指的是教师在教育学生的过程中使用的语言。具体地说，是教师跟学生或家长说明道理、阐述态度、沟通感情等场合使用的语言。教育语言的基本类型有沟通语、启迪语、说服语、激励语、表扬语、批评语。

---

① 国家语言文字工作委员会普通话培训测试中心：《普通话水平测试实施纲要》，商务印书馆 2004 年版，第 410 页。

一、沟通语

(一) 沟通语的含义

沟通语是指教师在与学生的沟通活动中,为了建立平等的对话关系、创设和谐的教育情境而使用的一种教育语言。

"教师的教和学生的学是在师生之间的沟通中进行的。沟通是学校实现教育目标、满足教育要求、实现教育理想的重要手段。师生之间如何沟通,用什么样的品质沟通,决定了教育具有多大程度的有效性。"[1]无论是教学活动,还是教育活动,教师都必须首先与学生达成良好的沟通。口乃心之门户,沟通是师生互动的有效途径。通过沟通,教师才能了解学生真实的想法,学生才能理解教师的教育意图,师生之间才能建立信任、平等、和谐、合作和友爱的关系。研究表明:"沟通是教育效能产生的前提。"[2]

(二) 运用沟通语的要求

1. 创设平等的沟通环境

平等融洽的沟通氛围,有利于双方消除顾虑,敞开心扉地进行情感交流。能否创设一个利于沟通的谈话氛围,在于教师是否尊重和理解学生,把学生当作一个和自己在精神上平起平坐、在人格上完全独立的个体。只有教师树立了师生平等的观念,才能重视谈话氛围对学生沟通所产生的心理方面的影响。

教师要选择能使学生心情放松的谈话场景,例如,对于犯了错误的内向的孩子,教师不宜在办公室当着其他教师的面与他谈话,这样会使他感到丢脸,他也因此不愿与教师有什么交流;相反,教师若要表扬、鼓励那些内向且缺乏自信的孩子,在办公室当着其他教师的面倒是一个不错的选择。如果教师把该同学的进步顺便说给其他任课教师听一听,学生会大受鼓舞。创设宽松的谈话氛围要求教师对学生以礼相待,在学生说话的过程中,不居高临下对他进行评价,也不刻意掩饰自己的失误而扮演完人的形象。教师摘下面具向学生呈现一个真实的自己,能使学生在沟通时少一点戒备,多一点真诚。

2. 努力寻求共同语言

教师善于寻找跟学生共同的语言,能使双方沟通起来更顺畅。例如,遇到有争议的问题,教师可以冷静下来设身处地从学生角度来看问题,试着发现他的观点中合理的地方,会减少自己的火气,增强同理心;教师要多关心学生,以学生的爱好、特长、生活习惯以及其他学生关心的事情为谈话的契机,让学生感觉到教师的善解人意,自然愿意说心里话。因此,教师只有了解学生的需求,进行有效的语言沟通,认识一致,师生之间才会产生更多的共同语言。

(三) 运用沟通语的方法

1. 认真倾听,尊重学生

我国最早教育著作《学记》提到了古人为师的标准:"记问之学,不足以为人师,必也其听语乎!"可以看出,教师一定要善于倾听。"打开学生心灵窗户的钥匙是真诚地倾听。"[3]倾听能使学生获得被尊重的感觉,使他们觉得老师可亲,从而乐于向老师敞开心扉。而老师在倾听的过程中,获得了学生的大量信息,捕捉了他们的思想动态,了解了他们生活中的喜怒哀乐。这样

---

①　唐思群、屠荣生:《师生沟通的艺术》,教育科学出版社 2001 年版,第 3 页。
②　唐思群、屠荣生:《师生沟通的艺术》,教育科学出版社 2001 年版,第 3 页。
③　陶志琼:《教师的境界与教育》,北京师范大学出版社 2008 年版,第 98 页。

的教育才有针对性,方能成为有效的教育。例如,教师在和学生交流时,不能一边谈话,一边埋头批改作业,人在此而心在彼;也不能因学生说话时断时续、语无伦次或不着边际,便打断对方的说话,代替学生进行表达,这样会严重影响学生表达的欲望和情绪。积极地倾听要求教师在学生表达时表现出专注的态度,用亲切的目光注视着学生;在学生表达的过程中,用面部表情的变化及时对学生的表达进行反馈;当学生的表达不到位或遇到困难时,运用简单的语言,如"你的意思是?""然后呢?""哦,是这样啊!"等,鼓励学生把谈话进行下去。总之,教师要让学生感受到,老师很愿意听取他们的意见。只有这样,教师才能获得充分的信息去了解学生,走进他们的心灵深处;也只有这样,才能让学生接纳教师,获得成功的沟通。

> 一位学生描述老师在班会课上鼓励大家为文艺汇演出主意时这样写道:
>
> 老师脸上挂着微笑,先看看坐在左前方的文艺委员,又看看坐在最后一排的"智多星"李晓媛。见他俩都没有发言的意思,老师说:"我们班藏龙卧虎,出几个节目不成问题。现在的问题是,我们要出一些好的节目,人无我有的,代表我们班最高水平的,看看谁先来说说?"我最先站起来说,老师睁大了眼睛看着我,脸上露出很感兴趣的表情,把头侧向我这边,认真听我讲。在老师的鼓励下,我讲了自己已经创作完成的校园生活剧,讲到了请谁演男女主角,请谁当导演,下面的同学也听得非常认真……

教师"睁大了眼睛""很感兴趣的表情""把头侧向我这边"等肢体语言和面部表情的运用,向学生传达了教师对学生意见的重视。通过学生的描述,我们发现教师的认真倾听对学生的鼓舞力量是巨大的。

2.语气温和,态度诚挚

古语云:"亲其师而信其道。"一个人只有在亲近、尊敬师长的前提下才会相信老师所传授的知识与道理。因此,教师也应该亲近学生,建立平等的师生关系,成为学生的好朋友。有的教师不太善于表达自己的情感和态度,在学生面前不自觉地板起面孔,语气生硬。例如,有的教师习惯以长者和尊者的身份与学生对话,很少俯下身来流露其率真的一面。发现问题了,就把学生找来,就事论事,指出其学习生活中的不足,提出努力的方向,仅此而已。在表达时,习惯用"你怎么怎么",而不喜欢说"我以为……";未等学生开口说几句话,就迫不及待地进行总结,"我认为你这样想是不对的……"。为了使沟通获得成功,教师不但要考虑沟通切入的角度、谈话的具体内容,还要考虑语气语调的选择。例如,在感情比较冲动的时候,尽量不用疑问句、反问句,这样会使学生觉得教师咄咄逼人;在给学生提建议时,尽量用"我以为……"而不说"你应该怎样……"等。

沟通需要相互理解

我是初二(1)班班主任。一天,班上有位学习成绩及各方面表现都较好的女同学来找我,要求老师允许她到学校集体宿舍住宿。我感到很奇怪,这位学生家住市里,上学方便,况且家庭住宿条件也很好,自己有一个单独的小房间,为什么要从家里搬出,到学校来住呢?通过进一步的谈话我了解到,原来,她和父母产生了矛盾,父母对她生活方面照顾得很周到,并规定了她每晚的学习时间,不准她搞得太迟,晚上九点半准时关灯。为此,她曾偷偷地打着手电筒看书,甚至将台灯拿到被窝里看书。后来被父母发现了,干脆到时间就关电闸。对此,她很反感,认为父母对自己管得太死,太不自由,跟他们说理又说不通,所以想搬到学校来和同学住在一起。

听了学生的叙说，使我联想到很多。父母在子女的教育方法上有一定问题，他们不了解初中生已具有较强的自尊自主意识，不希望别人依然把他们当成孩子看待，这一年龄段的学生与父母常常发生矛盾，对父母的话很反感，这就形成了所谓的"代沟"。要解决这个问题，只有从两方面做工作。我先耐心地劝说这位学生："父母这种做法当然有些欠妥，但他们都是出于对你的关心和疼爱，你应当理解他们，尊重他们，耐心地向他们说明延长学习时间的理由，不能由此与父母闹僵，这样他们会多伤心啊！"接着，我又从生活上的点点细节询问了父母对她的态度，引导她用心去体会父母的感情，最后她悔悟地流下眼泪，承认自己太任性，不能理解父母。几天之后，我又去了这位学生家里，找她父母谈及此事。当他们听说自己的女儿想离家到学校去住宿，十分想不通，认为他们事事为女儿着想，处处都关心她，怎么能这样不理解父母的心呢？于是，我又耐心地给他们分析了中学生的独立意识及心理特点，并指出父母与子女间互不理解的症结所在。听了我的分析，他们不由得点头称是。

在我的劝导下，她的父母最终意识到了自己在管教孩子方面的问题，不再于晚上九点关灯了，这个学生也不再提住校问题了。由于思想沟通了，矛盾也就化解了，这个学生的学习劲头也更足了，以后考上了重点高中。[①]

这位教师出于对学生的关心、爱护，以及对工作的认真负责，能够细心地了解学生身上发生的情况，并耐心地开导她。在学生与家长两方面都做了较细致的思想工作，使双方都达到了情感与认识的沟通，从而化解了矛盾，排除了学生的思想障碍，有效地促进了学生的进步和健康发展。教师应当熟悉和了解学生的心理特点，关心他们的成长，发现问题及时解决，这样才能化消极因素为积极因素。

二、启迪语

（一）启迪语的含义

启迪语是指教师针对学生思想、行为等方面存在的问题，引导学生积极思考，自觉、主动地进行自我教育的一种语言。

学生对事物和道理的认识难免存在肤浅和片面等不足，教师用点拨的方法，运用启发性的语言，引导学生进行积极的思维活动，帮助学生内省，促使他们深化对问题的理解，使其认识得到理性的升华。

（二）运用启迪语的要求

1. 名言引路，激发共鸣

在青少年学生中，不少人喜欢抄录名人闪光的语言与富于生活哲理的格言、警句，用来鞭策自己，激励自己努力奋进。对此，教师在进行思想教育时，也应当时常运用闪光的语言去启迪学生思考、探索。著名数学家陈景润攻克了举世瞩目的"哥德巴赫猜想"，就是源于他的中学老师讲述的"数学皇冠上的明珠"的启迪。饱含知识营养而又富有感染力的语言，能激发学生思想情感的共鸣，鼓舞学生积极进取。

---

① 陈传万、何大海：《教师口语》，合肥工业大学出版社 2008 年版，第 79 页。

2. 热情诚恳,引发顿悟

启迪靠语言传导,教师饱含热情、充满诚意的话语,对学生进行耐心的开导指引,能使学生从中体会到温暖和关怀,在轻松愉快的气氛中接受教育和思考问题。启迪语语调要舒缓柔和,循循善诱,用睿智的语言去打开学生心中的锁,使学生产生顿悟,思想日益成熟,心智日益健全。

(三)运用启迪语的方法

1. 提问法

教师提出具有启发性的问题引导学生思维的正确方向,学生在教师的引导下开展积极的思维活动,最终获得自我教育。教师的提问可以采用多种多样的方式,要注意的是,这类提问不能责问、盘问,更不能是质问。

> 教我们班语文课的汪老师生病住院了,同学们跟汪老师感情很好,心里都很惦记汪老师,有的同学每天跑去向班主任打听汪老师的病情,有的同学直接打电话给汪老师,还有些同学在商量着要去医院看望汪老师。班主任发现后,认为这不仅影响了学生的学习,也影响了汪老师休息。于是,在一次晨间谈话中,班主任这样说道:"大家都为汪老师的病情担心,老师觉得你们都是很有爱心的孩子,汪老师来电请我转告大家,她很感谢大家,让同学们好好学习。今天老师想问大家一个问题:'用怎样的方法向汪老师表达我们同学的关心比较好呢?'"大家七嘴八舌议论开了,大家都认为,汪老师最希望大家不要因为她的病影响了大家的学习,因此,大家应该在汪老师生病的这段时间里把学习搞得更好,汪老师才会放心;汪老师正生病,不宜被打扰,所以大家经常打电话给她影响了她的休息……后来大家讨论决定,选班长、学习委员、语文课代表和一个同学代表去看望汪老师,其他同学每人在健康贺卡上给老师写一句祝福语表达自己的心意。

班主任的提问"用怎样的方法向汪老师表达我们同学的关心比较好呢"启发了大家的思考。通过讨论,同学们认为选几个代表表达大家的心意,既不影响老师的休息,又不影响大家的学习。在班主任的启发引导下,同学们找到了解决问题的最好办法。

2. 类比法

教师要依据教育内容的特点,采用有针对性的故事、生活中的事例等,利用二者之间的联系,运用相似联想进行类比说理,从已知事件中寻找可以借鉴的角度,以及有助于解决问题的办法,从而启迪学生进行积极、深刻的思考,促使他们对自己的言行进行反思。

寓 教 于 喻

一天下午的班会课上,我站在讲台前,从学生们那一张张天真活泼、充满稚气的脸上可以看出,他们准是又在猜测:老师会批评谁? 表扬谁?

我不动声色地转过身,用粉笔在黑板上画了个圈,又在旁边写了"烧饼"两字。我转过身,见同学们都在迷惑不解地发愣,有的还在悄声议论:"老师在黑板上画烧饼干什么呀?"

"大家上了一天课,肚子都饿了吧?"我这一画一问,同学们都感到这堂班会课上得奇怪,心情也就轻松起来。

"饿了。"同学们异口同声地回答。

"你们看着黑板上这个烧饼就不饿了,"我又笑着说道,"画饼吗?"

同学们哄笑起来,笑声里夹着对这荒唐话的反驳:老师开玩笑,这怎么可能呢!

一时间,教室里热闹起来,同学们议论纷纷。

我制止住议论,用和蔼的口气问:"大家再想想,假如饿了不吃饭,只看黑板上画着的这个饼,这个人会怎么样呢?"

"那是自己欺骗自己!"同学们七嘴八舌地回答。

见时机已成熟,我因势利导:"同学们,大家说得很对。可有些同学做作业遇到困难,不自己动脑筋,也不问老师,只是一味取巧,抄别人的。这样做的同学像不像一个'画饼充饥'的小傻瓜呢?这样抄来的高分不就是一张'画饼'吗?"[①]

学生抄作业的问题是教师们都很头疼的问题。有的教师采用"疾风暴雨"式的训斥,有的教师采用"苦口婆心"式的说教,但收效甚微,因此,教师要启发学生对事物的认识。上例中,这位班主任教师采用形象的类比方法,不仅激发了学生的兴趣,还引起了他们丰富的内心体验,使学生受到启迪和教育。

三、说服语

(一)说服语的含义

说服语是指教师通过摆事实、讲道理,把外在的社会角色规范内化为学生的道德认知,从而改变学生的态度,使学生的行为趋于预期目标的一种教育语言形式。颜渊曾感叹夫子对其的教诲说道:"夫子循循然善诱人,博我以文,约我以礼,欲罢不能。"教育如春风化雨,教师在说服学生的时候要让学生发自内心并主动地接受教师的教育。

在传统教育理念下,教师对学生的说服是一种注入式、征服式的教育,教师是说服教育中的主体。但是,在新的教育理念下,教师的说服教育更重视在师生沟通的基础上使学生心悦诚服地接受教师的意见,强调学生在说服教育过程中的主体地位,重视学生内在思想的转变,将教师外在的道德要求主动内化为学生内心的需求,变征服式为诚服式。

(二)运用说服语的要求

1.要有的放矢

教师在使用说服语进行教育时,必须使学生清楚地明白教师的要求,即应该做什么,不应该做什么,这样才能使学生根据教师的要求采取正确的行动。与沟通语不同,说服语要表现出教师比较鲜明的个人意志,并通过合理的表达使学生信服并接受。

2.分析对象特质

在说服中,教师可以根据谈话对象的不同,针对学生的个性特点、心理差异提出不同的要求。例如,对于沉默寡言的学生、性格内向的学生,教师应该语气柔缓,用词婉转;对于性格外向的学生,教师可以直入话题,指出问题的实质,帮助学生克服缺点,及时解决问题。如果不采取恰当的办法说服学生,而用简单、粗暴的办法,就很难收到说服学生的效果。

3.把握恰当时机

说服学生一定要注意观察、把握时机,如果对方正在气头上,或者是对方的抵触情绪正强烈的时候,是很难收到良好效果的,这时,说服者要稍作让步,待对方情绪稳定时再说服教育,

---

[①]　《人民教育》编辑部一编室:《班主任工作一百例》,福建教育出版社1985年版,第285页。

以理服人。说服中最好不要与对方发生正面冲突,以免发生不愉快的事情。

4. 疏导与规劝相结合

教师是否能够通过"说"而使学生"服",关键在于他是否能主动把学生置于和自己平等的地位。说服不是简单的规劝,不是喋喋不休地训导,说服首先在于疏导。教师要给予学生诉说的机会,耐心倾听学生的心声,使学生的情绪得到排解,使他的真实想法得以充分地流露。只有这样,师生的心理才能相容,学生才能成为教师的倾听者,教师的规劝才能起到真正的作用。

5. 语言要亲切诚恳

教师在说服学生时,既要不回避他们身上存在的问题,诚恳地指出来,表明教师的立场和希望,也要看到学生的长处,加以肯定,这样,学生会认为教师是一个客观公正的人,无论批评和表扬都是为了学生更好的发展,就会乐于接受批评或劝导。

(三) 运用说服语的方法

1. 正面说服

正面说服是说服语最基本的方式之一,它要求教师对所要处理的事件摆事实,讲道理,指危害,提要求,使学生明白错误根源在哪里,以实际行动改正错误。

> 　　班主任汤老师所带的班级一直是全校的优秀班集体。可是在汤老师住院治疗期间,这个班级的成绩明显地滑坡了。尤其是在期末考试中,全班 53 个学生竟有一半学生严重作弊。面对这种糟糕的局面,汤老师出院后的第一件事就是开班会。下面是汤老师在班会上的一段讲话:
>
> 　　师:近几年,中央电视台每年 3 月 15 日晚上都要开展 315 晚会,大家知道为什么要搞这个活动?
>
> 　　生:因为市场上的伪劣产品太多。
>
> 　　师:你和你的父母看了这些电视报道以后,有什么想法?
>
> 　　生:对伪劣产品很气愤。
>
> 　　生:非常赞成中央电视台的做法。
>
> 　　生:我们家的那台进口彩电就是假的……
>
> 　　师:你们说得很对。伪劣产品危及我们每个家庭,重要的是危及我们这个国家,我们这个民族。如果,工厂老是出伪劣产品,市场上到处是假货,我们这个国家,我们这个民族还能生存下去吗?工厂出产品,学校出人才。产品和人才,孰轻孰重?产品不行,抓一抓就可以上来,人才不行,可是一生一世,一代人啊。你们是祖国的未来,民族的希望所在。如果你们在学习过程中也掺假,也出伪劣产品,国家和民族就更没希望了。未来的世界是高科技的世界,科学可来不得半点虚假。同学们,你们懂这个道理吗?
>
> 　　汤老师的话刚落,作弊同学刷地站起来了,低着头。汤老师深情地望了大家一眼,又说了一句:"我感谢你们今天的诚实,感谢你们意识到了一种责任!"说完,她庄重地向学生鞠了一躬。全班同学无不热泪盈眶。从此,这个班的同学,不管在什么情况下,再也没有出现过作弊现象了,并继续保持了"优秀班集体"的光荣称号。

这位老师用正面说服的方法,使学生认识到了"科学可来不得半点虚假"的道理,也委婉地批评了部分学生不诚实守信的做法。学生们对考场作弊现象有了深刻的认识,并以实际行动改正了错误。

2. 劝导

劝导就是用感化人心的语言和方法教育学生,使学生放弃原来坚持的某种看法或做法,克服抗拒心理,使正确的道理融入学生心灵深处,达到预期的教育目的。

> 这件事发生在期中考试前的一个下午,当时同学们正在紧张地复习功课,教室里安静极了。突然,不知从谁的书桌里传出了手机铃声,虽然被飞快地关掉了,但这几秒钟足以产生如石击水的效果,教室里顿时议论纷纷。震惊之余,我平静地说:"人无完人,包括老师。希望今天这名带手机的同学能主动向我承认错误并改正错误。"时间一天天过去了,没有人前来认错,我便不动声色地展开了调查,根据平日的感觉和几名同学提供的信息,目标锁定了张某。我想,一个女孩子,肯定被自己惹的祸吓坏了,既然她不敢主动承认,那么我给她个台阶下吧。于是在一个周日的上午自习时间,我叫她到办公室谈话。
>
> 出乎我意料的是,她矢口否认。
>
> 我虽又气又急,但深知,如果此时对她声色俱厉,只能使她心扉更加紧闭,情绪更加对立,百弊而无一利。
>
> 片刻,我调整了自己的情绪,说道:"我知道你是一个自尊心很强的孩子。"她意外地、不解地望着我。我接着道:"你穿着打扮总是那么干净利落;学习成绩也在一点点进步;每次轮到你做值日,都那么认真地把分内的活干得彻彻底底。这些方面也让你母亲感到非常欣慰。""我母亲?""是的。为了你,我们经常通电话,家长和老师都为你的点滴进步而高兴。"她低声道:"我知道您一直对我好。"我乘机道:"我对你的好,才有你母亲对你的多少分之一呢? 她对你倾注了全部的爱啊! 如果你有什么风吹草动,她会伤心的,你说呢? (一劝)你是我的几千名学生之一,如果有什么事没能解决好,我只能说很遗憾。而你呢,日后回忆起高中生活,想起'一直对你好'的班主任,会不会有些愧悔呢? 那可是没法弥补的啊! (二劝)如果你今天和我说实话,你依然是我心中的好女孩,伶俐又坦率。你才十七岁,多美好的年华,把这个小包袱放下,全力以赴地学习,多好! (三劝)。"我拉着她的手,"如果你相信我的话,这件事将是咱俩的小秘密,永远! (四劝)"
>
> 终于,她红了眼圈,连声说道:"老师,对不起,对不起。我知道我该怎么做了,您能和以前一样信任我吗?""为什么不呢? 不愉快已经过去了,不是吗?"
>
> 没有冷漠,没有责罚,我用爱心换来了学生的尊重、信任与感激,用艺术的批评收获了教育的成功。[①]

教师的劝导为什么说服了这位学生呢? 教师的四劝主要从情感入手,将情感渗透教育一点点渗入学生的心灵,使得学生在不知不觉中接受了教育,从而达到了"润物细无声"的效果。

四、激励语

(一) 激励语的含义

激励语是教师用来激发学生积极向上的情绪和意志,鼓励他们积极进取的教育话语。在学生缺乏信心和勇气,或畏缩不前、或悲观失望、或自暴自弃的时候,都需要教师使用激励性的语言,激发他们积极的情绪和精神。教师的肯定、鼓励能消除学生的怯懦和自卑,帮助学生正

---

① 李红梅:《教师的岁月》,光明日报出版社 2014 年版,第 115 页。

确认识自我,增强自信心。激励是使学生健康成长的强大推动力。

激励语的作用包括很多方面,如挖掘学生的内在潜力,调动他们的主动性和创造性;鼓舞士气,增强班集体凝聚力,激励学生朝着共同的目标努力奋斗等。

(二)运用激励语的要求

1.掌握好时机

教师要善于在激励学生的时候,掌握好时机。教师在平时的工作中应多观察了解学生,对其"闪光点"要及时表扬鼓励,使外界刺激与行为之间迅速建立起联系,以巩固良好的行为方式,强化思想认识。当学生获得荣誉和成功时,是教师进行激励的最佳时机。

例如,某女生在中学物理竞赛中获得了二等奖,教师马上组织主题班会,对她进行奖励,并让她向全班同学谈学习体会,号召全体同学向她学习,鼓励她再接再厉,取得更好的学习成绩。这位同学不负众望,第二年又获殊荣。打铁趁火旺,激励要及时,不要等学生已淡忘其"辉煌",教师才施加激励。那么,效果将大打折扣。

2.把握好强度

所谓"强度",是指一定事物保持自己稳定性的数量界限,超出这个界限,就会出现"越限效应"。教师对学生施以激励语时,要注意"强度"问题,要根据学生的不同情况和心理状态进行适度的激励。

例如,有一次,美国著名作家马克·吐温在教堂听牧师关于募捐的讲演。开始,他很感动,从衣袋里掏出所有的钱准备捐献,可是牧师还是讲个不停。马克·吐温生气地把钱又塞回了自己的口袋。最后,当牧师终于结束了那个冗长的讲话时,气愤难忍的马克·吐温从盘子里偷了两元钱走了。

"强度"过大,会引起学生心理不耐烦或逆反现象,"欲速则不达"。"强度"不及,不能使学生感动,起不到作用。因此,教师的激励语一定要把外界的影响与学生思想内部的需要与动机、情感和意志联系起来,把握好分寸,才能恰当地实施有效的激励,收到理想的教育效果。

3.选择好角度

在对学生进行激励时,师生之间感应敏锐,随时会发生心理上的交流和撞击,产生多种效应。因此,教师要选择好激励的角度,巧妙地寻找学生的最佳接受点。

例如,一位男生,平时爱搞恶作剧,经常在女同学的课桌里放一些小麻雀、蟑螂、小昆虫等,同学们都很讨厌他。可是,当班上一位家境贫寒的女生得了重病,住进医院时,他也和班上同学一起捐献了50元钱,并给这位女生送了些营养品。班主任抓住这个契机,在班会上表扬了他这种助人为乐的精神,并因势利导,给同学们讲了如何做一个高尚的人。这位男生很感动,不但改正了爱捉弄人的毛病,还经常帮助同学修车、修桌椅,用自己节省的零花钱资助灾区特困生。后来,这位同学被学校评为"文明标兵"。老师的激励,使他光大了自己身上的"闪光点",克服了自己的缺点。

4.利用好场合

激励学生还要根据学生的年龄、性格等不同特点,事件的性质等,在一定的场合、范围,恰当的时机进行激励。例如,教师在教室、操场、劳动场地等公共场合认可和鼓励学生,周围其他同学都看得见、听得清,不仅该同学感受到了教师对他的肯定,周围人也会受到鼓舞和激励。又如,在每周的主题班会上,教师按照每个主题表扬平日观察到的学生中的"好人好事",就会让大家感觉到积极向上的能量,未被表扬的同学会暗暗发誓自己也要做得更好,期待有一天也受到这样的表扬与激励。

5. 掌控情感的浓度

"感人心者,莫先乎情。"实施激励教育,教师首先应从情入手,把爱心与温情化作清凉的细雨,以自己的亲切、和善和师者风范感染、激励学生,架起师生间的友谊桥梁。

例如,有一位女生,清高自傲,表现欲强,同学们因此而疏远她。班主任了解情况后,找她谈心,首先肯定她的上进心,然后告诉她应该怎样对待自己。初春,学校里布置校园,她从家里搬来一盆含苞欲放的月季。老师抚摸着她的头说:"这盆花太美了,不仅是花色,更因为花香,你要像这月季的花蕊,才名副其实呢。"这位女生很激动,在第二天交的作业本里,夹了一张纸条:"我的老师像妈妈。"老师的温情融化了她的心,她也自觉地把自己融入了班集体中。植树节时,她主动帮同学借来十多把铁锹,全班提前两小时完成任务。后来,大家一致推荐她为"学雷锋标兵"。

(三) 运用激励语的方法

1. 目标激励

学生在学校里的每一种表现,都有一种"诱因",大到人生理想的追求,小到某一行为的实现。运用目标激励,可以有效地激发学生的心理潜能,促使学生为实现目标加倍努力。

一位班主任新接手一个学习、品德双差的后进班,学校其他学生都认为这个班是"垃圾班""处理品",班里同学情绪很低落。这位班主任第一次跟学生见面,了解到学生的这种思想后,对班上同学这样说道:"有人说我们班是'垃圾班''处理品',这是没有道理的,就拿我们班的体育锻炼来说,同学们个个都是好样的。大家身体好,精力旺盛,在学习上就也能像百米赛跑那样奋力追赶,取得优异的成绩。同学们如能认真学习,严肃纪律,我们班就非但不是什么'垃圾班',而且将成为先进班;不但不是'处理品',而且可以争取成为'一级品'。"

听了这些话,同学们振奋起了精神。在班主任老师的带动下,全班同学努力学习,严格遵守学校的规章制度,小组、个人间展开学习竞赛。后来,这个班在学校运动会上勇夺第一,全班的学习成绩越来越好,被学校评为先进集体。

这位老师采用正确的激励手段,他首先肯定这班同学普遍存在的长处,由此激励同学们的信心和勇气。然后,帮助学生确定今后的目标,不断对学生实现目标的行为进行指导、评价,使学生体验到实现某一目标的喜悦,以保持长久的行为内驱力。

2. 榜样激励

榜样教育在中国教育史上源远流长。老子特别重视"行不言之教",主张德育主体以自身的行为树立典范,教化人民。孔子指出"其身正,不令而行;其身不正,虽令不从",强调了管理者以身作则的重要性。王夫之更是提倡"忘言之教",认为教师以"躬行"之教,才能感化学生的心灵。在当今时代,榜样教育仍生生不息,成为教育、影响、发展受教育者的一种教育范式。榜样是无声的教育,正确地利用学生的偶像心理,帮助学生清除心目中的不良"偶像",而代之以一个合乎时代标准和合乎自身理想标准的榜样,并刺激学生不断产生模仿、学习、超越榜样的行为动力,是学校教师的重要任务之一。

某班一位叫东强的同学崇拜明星到了无以复加的地步,在他的书包上、文具盒上,甚至教科书封面上贴满了港台明星的照片,跟别人说话,三句不离明星轶事,并扬言自己某一天会成为追星族的"明星"。一天,班主任找他谈话,对他这种选择偶像的方式给予耐心的指导,他说:"你们这个年龄,喜爱明星十分正常,但你现在是个学生,学生的主要任务不是追星,而是学习。在学习上,我们学校的'明星'也很了不起,就拿我们班上的小叶来说吧,她平时很喜欢音乐,喜欢唱歌,也很喜欢她所崇拜的歌星,但她不是盲目崇拜。你看她每天都在认真学习,是我们学校'十优'学生之一,她以身作则,团结同学,关心班集体,同学们都很喜欢她。在学习阶段,我希望你向这样的'明星'看齐。"

接着,班主任老师又找到小叶,让她在学习上帮助东强,两人结成了互帮互学小组,东强以小叶为榜样,思想认识提高很快,克服了以前的毛病,两年后,进入了"三好学生"的行列。

这位班主任利用本班先进典型,选择与学生生活背景、成长经历相近的典型进行榜样教育,让学生认同身边的榜样,并在榜样的带动下走出心理"误区",同时,努力效仿榜样,最后使自己也成为他人的榜样。

3. 竞争激励

根据学生现状,结合年龄特点、兴趣、爱好和特长,合理地选择竞争内容与形式,鼓励学生选择合适的表现自己和证明自己的机会和方式,是教育语言的又一种方式。

高一五班学习气氛很浓,同学们每天晚上普遍是十二点才睡觉,个别同学甚至更晚。期末体育考试,大部分同学不及格。班主任针对这种情况,组织了一次班会,他对同学们说:"我很赞赏同学们刻苦学习的精神。学习是一项长期的劳动,如果没有好身体,学习再好也不是成功者,身体是工作、学习的本钱,你们要珍惜、爱护自己的身体。现在我们班大部分同学的身体状况不符合中学生身体素质的规定和要求,我希望同学们从现在起开展一项体育达标竞赛活动,看谁能在下学期的体育测试中完全合格,希望同学们有勇气、有能力迎接这个挑战。"

班主任利用全班同学体育测试不合格这个事实,及时组织了班会,并在会上倡导同学们参加体育竞赛这一活动,通过这种竞争机制,同学们人人积极参与竞赛,身体素质提高很快,在高中毕业体育达标测验中,全部达到标准。

4. 全员激励

所谓全员激励,是指激励全体同学克服缺点和不足,充分发挥学生智力、体力等各方面的潜能,用同样的情感和尺度对待每一位学生,教师要怀有同样的工作责任感,机会均等地给每名学生创造成功条件,把他们培养成党和国家所需要的合格人才。

某中学教师激励高中生奋斗的一段话:

我今天的讲话,主要是对那些我放心不下的同学说的。我想说:不要当趴在窗户上的苍蝇——只有光明,没有前途! 有的同学可能想,我现在还很小,这叫前途无量。我想说,因为你年轻,所以你还有光明,但不能保证你有前途。如果你做不到我以下这三句话,你只有光明,没有前途,说白了叫前途不"亮"。

第一句话:不要以为小,就不想努力跑。

吃饭要靠自己的嘴,走路要靠自己的腿! 任何人要掌握自己的命运,不能依赖别人。陶行知曾经说过:"滴自己的血,流自己的汗,自己的事自己干!"

第二句话：世界上最厉害的不是钱袋,而是脑袋。

有的同学可能会说,成功的人不一定是读书好的人。我想问你,你到北京旅游是坐高铁好还是骑自行车好? 当然是坐高铁好呀。知识就如同高铁,有了这样的工具,你实现成功就更快捷而且更舒心。

第三句话：学习上吃苦,一辈子受补。

请同学们记住,没有人能替你去实现自己的梦,苦你只有自己去尝,才能掌握自己的命运,因为你的人生终究是你的"单人旅途"。

正是这样一番醍醐灌顶的讲话,惊醒了无数学生。

五、表扬语

(一) 表扬语的含义

表扬语是指对学生个体或群体表现出来的良好的思想品质、行为习惯、所取得的成绩以及某种进步给予肯定性评价的一种教育语言。

古语说：良言一句三冬暖,恶语伤人六月寒。教师的鼓励性话语很有可能影响孩子的一生。教师恰当的表扬和鼓励能帮助学生形成正确的情感态度和价值观,能满足学生被尊重、被肯定的心理需求,使学生变得更加自信;正确的表扬会帮助学生形成良好的行为习惯,学生会把这些良好行为逐渐内化为自己的道德追求,并且变得更加乐于助人;适度的表扬也会让学生以良好的心态看待他人、赏识他人、赞美他人。

(二) 运用表扬语的要求

1. 表扬要客观

客观即实事求是。有位哲人曾说过："只有真实的赞美,才最能打动心灵。"表扬的事实一定要有根有据,不能虚假。教师必须在表扬前对所表扬的事实进行仔细的调查,并进行具体分析。教师要深入了解学生的学习和生活,善于发现他们每一个细小的优点,并进行恰如其分的评价。表扬的用语要实事求是,不能夸大其词、滥施赞美。大话、空话、套话一类的表扬、赞美和模糊不清、千篇一律的颂词会给学生虚情假意的感觉。

2. 表扬要公正

表扬公正是教育民主的体现。表扬公正指的是教师要面对全体学生,对他们的成长与进步一视同仁地给予肯定和鼓励。无论是优秀生还是后进生,教师都要善于发现和寻找他们身上的闪光点。在日常的教育实践中,教师不能戴有色眼镜看待屡犯错误、成绩较差的学生。事实上,这些学生更需要老师的表扬,更需要老师用肯定性的评价帮助他们树立自信。而且,教师必须注意对学生的各方面表现进行全面评价,不可把目光仅仅落到学生的学习上。

3. 表扬要及时

苏联教育家苏霍姆林斯基说："教师无意间的一句话可以造就一个天才,也可以毁灭一个天才。"表扬是教育学生的一种手段,其目的是激发学生积极进取的愿望,强化学生的良好行为。学生有被他人肯定和认可的心理,而且这种期望十分强烈。因此,教师必须抓住教育的契机,及时对学生的思想言行进行表扬,以强化表扬对他们行为产生的刺激。如果时过境迁,教师再择时表扬,由于被表扬者心中的期待已经消退,表扬的激励效果就大大削弱了。例如,某名自控能力差的学生在一次劳动中表现得非常积极,教师就应该随即对他的劳动表现加以表

181

扬,并以此激励他提高自控能力。

4.表扬要适度

适度有两层意思,一是表扬不能"滥"。子曰:"入芝兰之室,久而不闻其香,即与之化矣。"有的教师习惯性地把表扬挂在嘴边,凡事都表扬,人人都表扬,造成学生对老师的表扬无所谓,表扬就起不到应有的激励作用。二是评价不能过高。过高的评价对学生的教育是有害的,它会使自我意识还欠成熟的学生迷失自我,造成学生自视过高、自以为是、听不得批评等一系列问题。对那些有清醒的自我意识的学生来说,教师过多的表扬、过高的评价会使他们产生被老师轻视甚至愚弄的感觉。

5.表扬要真诚

教师对学生的表扬是发自其内心的对学生的赏识。在表扬学生时,教师要用严肃而不失亲切的口吻进行表达,让学生感到教师不是敷衍,而是郑重其事的;在表扬的过程中,态势语言与表达的内容要协调一致,如亲切地看着被表扬者,面带微笑,说到动情处或颔首或鼓掌等。总之,表扬语要让学生感受到老师对他的真诚的关爱,感到表扬来之不易,从而激励学生珍惜荣誉,争取更大的进步。

(三)运用表扬语的方法

1.直接称赞

直接称赞是指教师对学生表现出来的良好思想行为直接作肯定性评价,这是教师在教育过程中最常用的一种表扬方法。在与学生的接触中,教师会随时发现学生言行中的闪光点,为了强化学生的意识,巩固他们的行为,教师要及时对学生进行表扬。这时候,教师可以采用直接称赞的方式进行表扬。例如,"某某上课听得特别认真""某某学习成绩提高得很快""某某对班级贡献特别大"等。

> 有句老话说"初生牛犊不怕虎",从你的身上老师真切地感受到了"初生牛犊"的魅力。运动会上,别人不报的项目你报,即使跑得满头大汗,仍是笑容满面;课堂上,你经常提出与众不同的假设和见解,虽一次次被否定,仍是劲头不减。同学们不解地问你,你总是憨憨地一笑,但老师知道这笑容背后是你坚定的决心和信心。
>
> 老师相信,只要你不懈地努力,一定能像"初生牛犊"那样排除人生旅途中的一切障碍,成为真正的男子汉。

上例中,老师通过直接的称赞方式,既肯定了该生在运动场上酣畅淋漓的表现以及其在课堂上不折不挠的学习劲头,又进一步地激励他勇往直前,成为一名真正的男子汉。

2.借题发挥

借助其他事情作为话题,从话题转入表扬的正题。运用这种方法表扬要注意抓住借"题"的时机,所借之"题"要准确恰当、灵活多变,不能生搬硬套;"借题"与"发挥"之间要衔接自然,不能生硬。

> 高军因严重违反校纪被学校处分,班上同学瞧不起他,连一些老师也不信任他。他很苦恼,精神不振,成绩每况愈下。一天课外活动,年轻的班主任看见高军在和其他人一起打篮球,于是走过去分成两方一起玩,班主任同高军为一方。班主任几次妙传,为高军创造了

投篮的机会。高军不负众望，连连进球，很快就赢了第一局。休息时，班主任借此为题说："高军，你的小提琴拉得不错，字也写得不赖，想不到打篮球居然也有两下子。"高军听了激动不已，想不到班主任还是那样信任自己，还夸奖自己，于是，他暗暗下了决心。果然，他学习开始用功了，成绩明显进步，干别的事也有劲了，班上的同学也对他刮目相看了。

上例中，班主任创造机会让高军在球场上露了一手，以此增强他的自信心。接下来，教师借题发挥，用看似随意，实则有意的寥寥数语表扬高军的多才多艺，使高军深受鼓舞。在表扬语的激励下，高军各方面都取得了明显的进步。

3. 迂回夸奖

教师不当众表扬学生的优点和进步，而是绕个弯子，通过他人之口传达赞美的信息。这种方式用于激励"后进生"很有效果。或者间接地含蓄地夸奖学生，比如，"从你的身上能看到良好的家教""你原来的学校培养出来的学生就是优秀"等，会让学生由衷地感受到教师的肯定和激励。

有一次，班上的一个爱动手打人、各方面表现都不太好的学生又因小事打了别人。家长来校道歉，谈起了教育孩子的难处："哎！从小把他给惯坏了，将来怎么办呢？"

"其实，他有很多优点……我相信他慢慢会改掉打人骂人的坏习惯的！"

过了一段时间，大家突然注意到，很长时间没有同学告他的状了。家长也纳闷："似乎变了一个人，回家就做作业。"

为了寻找他转变的原因，我单独和他谈了一次话：

"以前，大家都盼望你改掉打人骂人的坏习惯，经常批评你，也经常表扬你的优点，但你为什么不接受呢？"

"……"没有回答。

"你从什么时候下决心改掉坏习惯的？"

"从……从你对我爸爸说我成绩不错，还有许多优点……"

"这些话在班上我对你说过多次呀？"

"……"没有回答。

我猛然记起《中国教育报》上的一篇文章《"遗忘"在讲台上的班务日志》，是不是一个道理呢？文章中引用学生日记中的一段话颇使人深思："这些话老师曾对我说过多次，那时我以为老师是当面奉承我，甚至敷衍我，是企图使我听话和就范的'招数'。自从看了班务日志后，我才知道，这些话是出自老师的真心……"[1]

有些时候，当众表扬会让学生觉得老师是故意给自己"戴高帽子"，显得诚意不够。而背后对学生的美言却能让学生感受到老师的真诚。上例中，教师针对教育对象独特的个性，因材施教，采用迂回表扬的方法，获得了预期的教育效果。

4. 讲述感受

教师用语言表达对被表扬者的良好的思想品质和行为表现的心理感受。这种方法一般要

---

① 陈国安、王海燕、朱全明、郑红勤：《新编教师口语——表达与训练》，华东师范大学出版社 2007 年版，第 209 页。

指出被表扬者的具体行为及其所产生的客观效果,以及表扬者对此客观效果的感受,因而,它能给人真诚热情、具体真实的感觉,容易被人接受。由于这种表扬语表达教师的心理感受,因此使用起来比较灵活随意,只要教师认为值得表扬的都能给予表扬。

> 今天是星期五,老师要总结一下班级的学习工作情况。这一周的每一天,我都过得很高兴,为什么?因为我们班同学的表现特别好,进步特别大。星期一大扫除,劳动委员给大家分工,每一个同学都干得很好,王凌看到蓝兰力气小,拖地板费劲,主动跟她换了工作,学会了体谅他人;星期二,有实习老师来听课,咱班的同学不但守纪律,而且做好了小主人,实习老师都夸大家特别能干;星期三,石磊和梁亮给大家上班会课,他们事先做了精心的准备,PPT 很精美,是不是让大家一饱眼福了?星期四,我们进行了语文单元考试,沈君同学进步很快,卷面整洁,作文写得很感人。这次考试有 30 个同学获得了优秀,这是很不容易的啊。今天早上,我走进教室,发现到校的同学都已经在认真地读课文了,尽管课代表、学习委员都还没到校,但是大家都非常自觉。老师突然发现,昨天的考试我们考得那么好,原来是有原因的。早读、自习时间我们已经学会好好利用起来了。希望大家下周继续努力。[①]

上例中,教师向学生们讲述了一周来大家的良好表现给自己带来的心理感受,抓住“我都过得很高兴”做文章,讲清了我为什么高兴,事情是怎么样的,结果怎样等。用这种方式进行表扬真实、生动,容易与学生的情感达成共鸣。

六、批评语

(一) 批评语的含义

所谓的批评语,是与表扬语相对的教育语言,二者有着共同的教育目的。批评语是教师对学生群体或个体所表现出来的不良行为或错误言行进行否定性的评价,以唤起他们的警觉,使之努力改正错误和缺点。

对于学生思想、态度和行为等方面存在的缺点和错误,教师要根据主要的事实和其演变的过程,和学生一起分析错误产生的根源和造成的影响,提出处理意见。对学生个体来说,教师的批评能使他深刻地认识到自己存在的问题,并下定决心去自觉改正;对学生群体来说,批评是为了帮助大家分清是非,提高道德评价能力,建立良好的班级舆论氛围。教师的批评既要有中肯的分析,又要有热情的勉励和殷切的期望,其最终目的是激发学生的上进心,促进学生的健康成长。

(二) 运用批评语的要求

1. 尊重学生人格,不伤害学生自尊心

我国古语云:“金无足赤,人无完人。”西方教育家马卡连科也曾说:“用放大镜看学生的优点,用缩小镜看学生的缺点。”每名学生都是优缺点并存,所以教师不能通过批评来解恨发泄,批评要以关心、爱护学生为出发点,以学生身心健康发展为目的。教师在批评学生时,应始终遵循爱的原则,以平等的态度,关心爱护的口气,诚心诚意地帮助学生,以理服人,以情感人,引导学生平心静气地认识自己的错误,进而鼓足勇气改正错误。只有当学生感受到了教师对他的尊重和出自内心的真切关怀,学生才会乐于接受教师的批评。

---

① 吴雪青:《小学教师口语》,华东师范大学出版社 2010 年版,第 239 页。

有这样一个教育故事：

学生小明无论怎么也弄不懂植物是怎样吸收营养、怎样呼吸的，怎样从幼芽里发育出叶子，怎样从花里结出果子的。生物教师经常提问他和刺激他："难道你连这么简单的东西都弄不明白吗？你究竟能干点什么呢？"在这个男孩子的心里，渐渐地对自己失去了信心，最基本的知识对他来说也变得复杂了。

有一次上课时，生物教师说："再过几天，幼芽就要长出来了，我们全班都到长着栗树的林荫道去观察。在那里，要是小明还说不出别人都明白的东西，那时候事情就毫无希望了。"结果，当全班学生来到栗树林荫道的时候，教师惊呆了：树上的幼芽全被剥掉了……学生们也垂头丧气地站在那里。而在小明的眼光里，一刹那之间露出幸灾乐祸的火花。

我们看到，教师的恨铁不成钢的评价，让一颗幼小的心灵屡屡受挫。小明的这个行为背后隐藏着什么呢？内心深处长期郁积的自卑、苦恼、屈辱、压抑，变成一股邪恶的力量，爆发在行动上，以此发泄他的抗议。

从上个事例中我们可以看到：在批评中长大中的孩子，责难他人；在称赞中长大的孩子，懂得感恩。那么，在尊重中长大的孩子，才懂得尊重别人；在友善中长大的孩子，不但爱自己也懂得爱他人。伟大的教育家陶行知先生说得好："你的教鞭下有瓦特，你的冷眼里有牛顿，你的讥笑中有爱迪生。"

2. 实事求是，就事论事

教师在批评学生之前要调查了解情况，全面把握事实，忌偏听偏信，忌抱偏见和成见。教师要重视对情况进行全面细致的剖析，不盲目批评。批评时，从事实出发，就事论事，不把错误扩大化。

3. 批评要把握时机

老师批评学生一要选择恰当时间，即深入调查研究，赢得处理时间之后，再根据错误的性质、影响及学生的性格等，斟酌采取批评教育的方法，也给学生留有冷却情绪、平静反思的时间，从而使学生易于接受批评教育。把握不准不仅无助于问题的解决，反而容易火上浇油。心理规律告诉我们：学生犯了错，最初都不肯接受批评，冷静后有一个接受批评的最佳时刻。时间一拖，反而想出了应付教师批评的理由，因而班主任应当把握好批评的最佳时机。

假如两个学生正在打架的时候我们将他们拉开，接着就分析过程、论证对错并进行批评，这时学生火气正盛，即使不进行辩解内心也很难接受批评，有的学生甚至在班主任批评的过程中反而又"干"了起来。正确的方法是教师可以先拉住他们的手（保证他们不再继续打架）用轻松的语言、稳重的表情说："来，先到我办公室歇歇。"然后观察他们的表情，待他们冷静后，再进行批评。反之批评如果不及时，他们的矛盾就可能酿成恶果。

上例中，教师充分把握了批评的时机，充分意识到了"冲动是魔鬼"的不良后果，明白心平气和不仅是对学生的要求，老师更要以身作则，只有找准这样的时机，我们的批评教育工作才能发挥最大的功效。

4. 讲究批评的方法，说话有分寸

教师既要敢于批评，更要善于批评。由于学生的个性不一，所犯错误的严重程度不同，批评的方法也应有所讲究。批评应该因人、因事、因时、因地而异,具有针对性。如有时需要个别谈话,有时需要公开批评;有时只能委婉含蓄地表达,有时必须直截了当地挑明;有时要硬话软说、严话宽说,有时应该软话硬说、宽话严说。批评要和正面教育、表扬鼓励相结合,注意说话的分寸,对学生要"动之以情,晓之以理",切不可因生气而使情绪失控。

> 　　一位平时极为自负的学生,他总是在我上课时高声讲话,随意插话,闹得同学没法听课。有一次,我在课堂上直截了当地批评了他。对于我的批评,他极为不满,当时就把自己所有的课本全收拾好装进书包,不看书,不做作业,趴在桌子上一直到下课。
> 　　上第二节课了,我刚走到教室门口,就发现讲台中间已是一摊水,好在是清水。从学生的目光中,我已看出此事非他莫属了。有了上节课的教训,我不想再刺激他,就走上讲台,给同学们深深地鞠了一躬,说道:"同学们,今天我太荣幸了,很激动,有同学自愿为我擦好了讲台,我谢谢你! 同学们,请大家用最热烈的掌声替我向这位做好事不留名的同学表示感谢。"掌声毕,我又微笑着说:"不过,我有点建议,下次擦的时候,把抹布拧干点儿。"那位从不脸红的同学低下了头。从此,他明显收敛了自己的行为,后来还做了纪律委员。

　　上例中,教师对学生的批评,第一次由于采用直截了当的批评方式不为学生接受,教育以失败告终。第二次,教师根据学生独特的个性,改变了批评的策略,采取了"以柔克刚"的批评方式,使学生减轻了戒备心理,减弱了逆反心理。学生接受了教师用含蓄的语言表达的批评之意,师生之间的隔阂得到化解。

(三) 运用批评语的方法

1. 正面批评

　　教师毫不含糊地直接指出学生存在的缺点、错误,包括事实、根源、结果、处理等,这是教育中最常用的批评方法。正面批评要求批评的目的明确,批评事实集中而具体,语言准确简洁,表情诚恳严肃。一般来说,正面批评措辞比较尖锐,态度比较严肃,适用于错误性质比较严重、屡教不改、态度强硬、持侥幸心理的学生。要注意的是,我们在使用直接批评时,一定得控制自己的情绪,不能伤害学生的自尊心。

> 　　一位老师对一名智力较好但不求上进的学生批评道:"我真替你难过,一个堂堂的男子汉,有聪明的脑袋、充沛的精力,却一点没骨气,不争气! 想想你的父母,辛辛苦苦地养育你长大,挣钱让你读书,难道你就这样回报他们吗? 你以为出了校门就有用武之地了,就可以把任何事情干好了吗? 干什么事情都需要有勤奋的态度、坚强的意志和必要的文化水平,我看你如果现在做不好学生,明天未必会是自食其力的劳动者……"

　　批评是教育的必要手段,适度的批评能够帮助学生克服缺点。上例中,教师对这名学生的聪明才智是给予肯定的,但却严厉地告诫学生不要让聪明变成小聪明,坚强的意志和勤奋努力更为重要。教师巧妙地指出学生的优点与缺点,批评的目的旨在将其隐藏着的良好品质诱导出来,促使学生明辨是非,尽快步入正轨。

2. 以褒代贬

　　教师在批评学生时,首先挖掘其思想行为中的闪光点,用真诚的态度实事求是地表扬对方、肯定对方,然后在此基础上对学生的错误言行提出批评,使学生乐于接受。这类批评能较好地保护学生的自尊心,比较适用于那些上进心较强、自尊心较强、性格内向比较敏感的学生。

换一个角度,就看出是个好孩子
——该批评还是表扬?

一天,我在阅读学生的记事时,其中一篇引起了我的注意。这是班里一位叫陈婷如的女生写的,写她在回家的校车上,因为父母要求到老师那里背诵英语的任务未完成,担心受到父母的责怪,就自己在书上照老师的笔迹写上"A+",回家后瞒过了父母。可心里总是忐忑不安,最后还是鼓起勇气向父母承认了错误,而父母为此很生气,于是她把这件事写在了记事上。日记的最后一句是:"不知老师知道后会不会批评我?"看了日记后,我陷入了沉思:陈婷如是一个非常敏感、胆小的女孩子,如今她能把自己的心里话说出来,已经是很不容易了。这时候的她是多么需要老师的理解和引导啊!如果处理不当,势必会伤害到她稚嫩的心灵。那么,怎样才能巧妙地让她既明白老师对这件事的看法,又不会产生负面影响呢?忽然,我灵机一动:"有了。"

又到了班会课时间。我在黑板上大大地写上"该不该批评?"几个字。同学们都疑惑地看着我,我笑着说:"同学们,老师有一件事想请你们帮忙。""什么事?"性急的同学忍不住问道。"是这样的,我认识一个孩子,她平时的学习很认真,为人也很诚实,可是有一次,她……"我把日记中发生的事情娓娓地道给学生听,边说边观察,发现陈婷如的脸渐渐红了,眼睛躲躲闪闪不敢看我。讲完后,我问:"同学们,你们认为这个孩子该不该批评呢?请谈谈自己的看法。"同学们马上就热烈地讨论了起来,纷纷发表自己的观点,最后得出统一的结论:不该批评。等大家平静后,我笑着说:"同学们都说得很好,我很赞同。尽管这孩子做了错事,可是她能大胆地承认错误,并决心改正,就是一个好学生。我相信我们班的同学都会成为这样的好学生的,是吗?"我边说边朝陈婷如笑了笑,只见她正专注地听着,脸上露出了会心的笑容。[①]

上例中犯"错误"的学生一贯表现好,性格内向,她一心希望在父母面前做个好孩子,她的动机良好但处理问题的方法不妥。教师根据以上这些情况,没有采取直接说教的方式,也没有对她不诚实的行为进行批评,转而采用"迂回战术",从她敢于承认错误入手,引导学生对此进行集体讨论,利用舆论来达到自我教育的目的。这种以褒代贬的批评方法从积极的角度,通过对教育对象的尊重和情感要求的满足完成了教育的任务。

3. 旁敲侧击

考虑到学生的自尊,教师对学生的缺点和错误不是直接指出,而是采用说彼道此、话外有音的方式把批评意见委婉地表达出来。这种批评方式能消除学生的对抗情绪,不致引起学生的反感和对立,能把学生接受批评的心理调节到比较好的状态。一般来说,对悟性较高、个性比较强的学生用这种批评方式能获得较好的效果。

有位教师见一位学生不愿做操,赖在教室里"请"不出来,教师对此暂不作正面批评,而是说:"你观察过动物起身后的动作吗?猫出窝,先把身子弯起来,然后胸腹贴地,它做的是

---

① 傅道春:《新课程中教师行为的变化》,首都师范大学出版社 2001 年版,第 204—205 页。

'腹背运动'；鸭出笼，第一件事是张开翅膀猛力地扇，它做的是'扩胸运动'；小鸡出笼，连蹦带跳，一蹿老高，它做的是'跳跃运动'。看来，运动是生命的本能需要。难道我们人没有这个需要吗？我们有人还不如那些小动物啊！"①

上例中，教师对学生的批评十分委婉。他从猫、鸭子和小鸡起身的第一个动作说起，分别把这些动物的运动概括为腹背运动、扩胸运动、跳跃运动，形象生动，妙趣横生。然后提出"运动是生命的本能需要"，并把人和动物作比，含蓄地批评了学生不愿做操的行为，使学生受到了生动而深刻的教育。

4. 幽默暗示

教师使用风趣诙谐而意味深长的言语委婉地表达批评之意，妙趣横生，令人发笑；鞭辟入里，令人回味。这种方法使批评在轻松愉快的气氛中进行，能收到事半功倍的效果，是教师高超教育语言艺术的体现。

王老师在教学小数除法"商中间有 0 的除法"时，曾反复强调：在求出商的最高位数以后，除到被除数的哪一位不够商"1"时，就对着商的那一位上写上"0"，但还有个别学生老记不住。一次练习中，王老师请一位学生上黑板答题，他就漏写了"0"。这时，为了避免学生再发生这种错误，王老师说："某某同学，商十位的数字'0'跑到哪儿？你是不是想把它带回家（当鸭蛋吃了）？"话音刚落，教室里哄堂大笑起来。接着，他讲解了一个商中间有"0"时不能漏写的例子，同学们留下了极深的印象，商漏写"0"的现象大大减少了。

上例中，教师通过幽默风趣的语言收获了学生的理解与减少犯错的良好效果，由此可见，教师的语言，尤其是恰到好处的幽默诙谐的话语更易于让学生接受。

5. 严话宽说

面对学生的缺点和错误，教师不是给予不留情面的批评，而是采取理解并宽容的态度，"放他一马"，给个台阶让学生下，同时不忘提出暗示或在事后进行批评教育。这样的批评，能保护学生的自尊心，并让学生感受到教师的呵护。

发生在考场上

期末数学考试正在紧张地进行着。

考场上很静，笔尖在纸上发出的"沙沙"声都听得清清楚楚。作为班主任，我正在监考。忽然，我发现一个纸团隔着两排桌子飞到了全校有名的"捣蛋大王"李小强的脚下。他刚要弯腰去拾，我咳嗽了一声，慢慢踱过去，伸手捡起了那个纸团。

过了一会儿，我又发现李小强的考卷不见了。接着我又察觉到考场上的气氛有些异样：不时地这里"嗤"那里"嗤"地发出笑声。仔细一瞧，才发现他们正在偷偷地传阅一张纸，谁看了谁笑，还不时地瞟我一眼。我不由得噌噌几步走过去，一把将那张纸抓过来，谁知考场上竟"哗"地爆发了一阵大笑。

①　万里、张锐：《教师口语》(试用本)，语文出版社 1994 年版，第 288 页。

"笑什么!"我大喝一声。笑声戛然而止。但同学们把笑藏在眼里,带着各种神情盯着我,有的女生忍不住,竟把头埋在桌子底下,用手帕捂着嘴"咯咯儿"地乐。

我往纸上一瞧,心里"腾"地一下就火了。卷子上的题做了没两道,却在下面写了一篇小作文——

"'啪嚓''啪嚓',考场上静极了,只有大皮靴(我穿着一双部队发的那种大头鞋)来回度(踱)步发出的声音。你看他,双手背在背后,昂首挺胸,一副盛气(凌)人的样子,(俨)然像个鬼子指挥官。

"突然,一个纸球滚过来,'大皮靴'几步迎上去,一脚踩住,弯腰伸手……嘴角露出鬼子指挥官常有的那种冷笑,厉声断喝:……"

我觉得头越来越胀,脸发烧,不由得怒从心起:考试捣鬼,还污辱老师,还了得!再说,这个学生平时就调皮捣蛋,今天得趁此机会狠狠地教训他一顿。这时处理方案已在脑海里形成:怒吼一声,把他赶出考场。杀鸡吓猴,看以后谁还敢……

把那张卷子一合,刚要开口,一看同学们都在注视着我,心里便觉"咯噔"一下。老师的责任心提醒我不能蛮干,要慎重。于是,我冷静下来,若无其事地拿起一张备用的卷子连同那篇"作文"一起放在李小强面前,对他说:"你的卷面不能用了,用这张做吧。"我又抬头对那些还注视着我的同学说:"大家做题吧,抓紧时间。"

考试结束,同学们都到外面活动去了,李小强还待在教室里不肯出来。我找他,他摆出一副"任凭你怎么办"的样子,低着头一声不吭。我没有批评他,甚至连刚才发生的事都没有提起,只是说:"我对你太不了解了,过去老看你的缺点,却没发现你的文章写得不错。"

李小强看我不像是讽刺他,脸上的表情不再那么冷漠了。他渐渐抬起头来,显然动了感情,眼里满含着惭愧和后悔。

这时,我又教育他要自觉遵守考场纪律,干什么都要专心,并指出在考试时作弊是不应该的,他愧疚地哭着,主动向我承认了错误。这件事得到了圆满的解决。[①]

上例中,教师对学生在考场上的作弊行为以极其冷静的方式进行处理,避免了矛盾的激化;对学生污辱教师的行为,以博大的师爱采取宽大处理,获得了学生的尊重。但是,在这个过程中,教师对学生的错误思想和行为,并没有放纵和姑息,因为宽容仅仅是一种教育的手段而并非目的。这是教师在运用这种方法时特别要注意的。

第三节　教师教育语言训练

一、针对学生个体的教育语言训练

在学校教育过程中,教师经常会因为工作上的各种原因需要针对学生个体进行个别谈话。与针对学生群体的教育谈话相比,个别谈话具有较强的针对性,能直接增加师生之间的相互理解,帮助教师了解学生对教师工作的意见,掌握班级的具体情况,了解学生的思想动态、学习动

---

① 《人民教育》编辑部一编室:《班主任工作一百例》,福建教育出版社1985年版,第198—200页。

机等方面的问题。

（一）个别谈话的含义

个别谈话，是指为达到一定教育目的而采取的与学生单独进行思想情感交流的语言表述方式，它是教师对学生进行思想教育的重要手段。

（二）个别谈话的基本要求

教师找学生个别谈话，要谈到学生心坎上，使学生乐于接受教诲，这样才能取得较好的教育效果。因此，针对学生个体的教育需要着重注意以下两个方面。

1. 把握适当时机与场合

个别谈话具有较强的针对性，要取得预期的效果，就必须把握谈话的最佳时机。

首先，教师在谈话前要了解学生行为的变化、心境的现状和环境的影响等方面的情况，从中洞悉学生的心理，做到心中有数，由此抓住时机才能谈到点子上，切实掌握学生的真实思想，"对号开锁"，解决问题。如果谈话的时机未到，情况不明，教师就急于"出击"，常常会使学生在心理上产生戒备和疑虑，反而背上思想包袱。有时，甚至会出现学生顶牛僵持的局面，不利于教师把握住谈话的方向。

其次，还要注意谈话的场合、地点，要根据谈话的内容与目的来加以选择。一般情况下，在办公室里与学生谈话居多，但这种场合谈话，往往给人的感觉比较严肃、认真，谈话也往往变成了单向表述式的老师一个人说话，学生"听话"的局面。因此，这种场合只能适宜布置工作、交代任务，或者对犯有错误的学生严肃批评，指出问题，让他们意识到问题的严重性。而如果想要接近学生、了解学生，可以随时随地地选择场合。例如，在校园里与学生一边散步一边谈话；在课间，与学生随便闲聊；在校外与学生相遇，谈上几句……这种个别谈话场合随便，学生感觉也轻松，无拘无束，常常会在随意闲谈中流露出他们的忧愁与欢乐，便于教师从中捕捉学生隐存的思想问题和隐秘的心理活动。

2. 注意谈话方式，尊重个人隐私

个别谈话，首先要知心。人的心理是复杂的，千差万别的，又是多变的，还具有锁闭性的特征，心灵深处的东西往往不轻易直接暴露，这就需要教师在谈话中，既要注意分析学生的复杂心理，又要注意判断学生的心理变化，根据情况调整谈话内容，真正使对方向你敞开思想。其次，要多用商讨式、启发式。可以多用"行不行""这样做有无困难"等询问话语。启发式有时可以引而不发，通过摆情况、点问题，启发对方领悟；有时可以一语点破，把对方引入积极思维状态。教师不要忙于下结论，提出要求，而应启发学生的思维跟随教师输出的信息去思考问题，得出结论。此外，个别谈话还要讲究艺术。例如，对心理承受能力强的学生，谈话可以坦率直言；而对心理承受能力较弱的学生，则应慎言开导；对性格暴躁者，应避其锋芒，有节制地、平静地但是必须坚定地提出要求；对性格懦弱者，应和风细雨，多加鼓励。只有"对症下药"，才能"药到病除"。总之，不管对何种个性的学生，教师都应避免封建家长式的喋喋不休的指责、训斥，应以冷静宽容的态度，心平气和，推心置腹地倾心交谈。

成功的个别谈话，学生常会谈出内心深处的想法，这些想法也许从来未对任何人谈过，也许只对极个别的知己者谈过，学生能谈出来，是基于对教师的信任。教师应尊重学生，保护学生的隐私权。如在涉及谈恋爱、小偷小摸、心理隐患、身体残疾、家庭不和等问题上，注意为学生保密。有意无意地泄密，会对学生造成伤害，可能由此失去学生的信任。

（三）针对具有不同特点学生的教育语言

一个班集体是由几十名智商、情商、道德水平等认知能力不同的学生组成的。优秀的教师总是能兼顾不同认知能力学生的思想教育工作,对不同认知能力学生的教育采取"因材施教"的原则。

所谓学生的认知能力,是指求学时期的学生在智力、意志和道德等方面所能达到的高度,而认知能力的不同则是他们在上述各方面与其他个体的差异。这一差异就是教师对其选择和采取不同内容和方式进行教育的依据之一。

因此,针对具有不同特点的学生,我们按学生的日常表现可以将其划分为优等生、中等生和后进生,按性格特点可以将其分为内向型和外向型学生,并且要特别关照有心理障碍的学生。

1. 与优等生谈话的方法

优等生是指那些品学兼优或在某些方面有特长,有一定工作能力,积极参与班级、学校工作的学生。优等生由于学习刻苦,成绩突出,遵守纪律,聪明、好学、接受能力强,备受教师、家长的宠爱,在赞扬声中长大,因此,有时不能正确评价自己,从而产生诸如高傲、好胜、虚荣、嫉妒、脆弱、易生失落感等心理障碍。与这类学生谈话,教师应采取疏导对策,予以正确引导和教育。可以采取暗示、委婉提醒等方式,也可在适当的时候采取"鞭打快牛"的方式,让其正确认识自己。

一天下午,我记完班务日志,合上簿子,抬起头,只见语文老师满脸怒色地领着垂头"赌"气的班长小A,走进办公室。语文老师翻开记分册,手指敲着桌子:"小A,你看看,这次测试,你的成绩从第一名一下子降到第二十一名。但现在最可怕的是你还不承认与身后小B(一女生)的恋爱关系。"接着连珠炮似地数落着小A的异常现象,此时办公室的几个老师窃窃私语,议论开来,小A脸撇向一边,显出极不耐烦的样子,语文老师生气地将小A交给我这个班主任处理。我知道小A在这种场合是很尴尬的,心中的秘密难以启齿,也难以接受老师的教育。于是,我将小A带出了办公室进行了单独交谈。

在校园小径上,我们并肩而行,"小A啊,你在老师心中一直是为人诚实、好学上进的孩子。学习上勤奋刻苦,成绩优良;班级管理上,积极主动,敢于负责;工作上你与老师配合默契,相互信任。我希望,今天我们的谈话也能体现出师生之间的相互信任,可以吗?"小A微微点了点头。

"现在,我并不要求你回答与小B究竟有没有恋爱关系,但我作为班主任,有责任告诉你,初中生这一特定时期的发展特点。希望你能从我的谈话中,正确地认识自己。"小A长长地舒了口气。

"小A啊,这段时期是人身体、智力、智慧发展的最好时期,所以,人们称之为'黄金期';初中这段时期是少年向青年的过渡期,你们生理、心理都从幼稚趋向成熟,对事物有独到的见解,但还不怎么清晰,所以,人们又称之为'朦胧期';初中时期,由于认识欠全面,感情容易冲动,自控能力较弱,所以人们称之为'危险期'。我们的生活是一片广阔而多变的草原,感情犹如一匹野马,而理智则是牵制这匹奔腾的野马的缰绳,我们只有用理智的缰绳牢牢地控制感情的野马,才能去适应这一广阔而多变的草原。"

"现在就你的情况来说,如果你与小B没有'那一层'关系,说明你抓住了这一'黄金期',我为你高兴;如果有,这也不是你思想上的问题,这是这一特定时期的自然、朦胧的反应。作为聪明理智的少年,如何对待这一特殊的反应,不至于在'危险期'中发生危险,需要你、我共同努力。"小A紧闭双唇,似乎略有所悟。

"人们对于一个问题的认识总是有一个过程的,你也不会例外,没有'负担',感到轻松,有'问题',勇于承认,并迅速改正,也是洒脱,如果不能认识,这意味着将错误留作种子,稍不注意,就会迅速在心里生根、发芽……可能来势会越来越猛烈。"小 A 听着,紧闭的嘴唇微微张开。

"语文老师所列举的现象,也许与你学业成绩迅速下降有着密切联系,这不能不引起你的注意和老师的思考。如果你不思考,不注意,继续发展下去的'苦果'不仅你会品尝到苦涩,我们教师也感到心痛啊。你说呢?"此时,小 A 情绪有些激动,表现出愧疚的神色。①

对于小 A 成绩下降,与女生恋爱等问题,这里有两种明显不同的谈话方式。语文老师不看对象,不分场合,采取正面批评的方式,没有产生好效果;而班主任易时易地采用正面说理的方法,耐心诱导,言语中饱含对学生的信任、担心与期待,终于感化了高傲、好胜的学生,促其自省。

2. 与中等生谈话的方法

在一个班集体中,经常受到表扬或批评的学生总是少数,大多数学生表现平平,这部分学生最容易被忽视。按心理学家赫洛克的实验,受忽视的学生甚至比挨批评的学生境况更差。平时不声不响的学生并不是没有问题的学生,由于这部分学生在各项活动中既不突出,也不落后,"比上不足,比下有余",常常与表扬和批评都不沾边,长期被教师忽视,他们就养成了一种"局外人"的习惯,不争优秀,甘居中游,甘于寂寞,缺乏拼搏精神和上进动力。其实,中等生也和其他学生一样,渴望得到教师的注意和重视,希望得到认可和指导,也有被爱、被尊重和自我实现的需要。教师应尽可能地满足这些学生的需要,多用激励的谈话方式鼓励他们上进。当发现他们有上进的要求时,抓住时机,及时鼓励。改变这些学生受忽视的处境,使每个学生都健康快乐地成长,课间闲聊不失为一种好方法。教师可充分利用课间十分钟,与中等生接触,它不仅可以使学生感受到教师对他的关怀和重视而"受宠若惊",而且由于时间、地点的随意性,使学生消除了防御心理,更容易敞开心扉,并且一次可以同时与多名学生闲聊,缩短与学生的心理距离;教师可以从闲聊中了解到许多通过别的途径了解不到的信息,从而有针对性地做好工作。

王岚一直是个学习用心的学生。这次期中考试的成绩在班内虽仍属中游,但稳中有进。按惯例,在考试后,班主任要找成绩在两头或起伏较大的学生谈话,所以没有考虑王岚。不承想,一天晚上她主动找了我。我先表扬了她有进步,然后与她分析各科的学习情况。谁知,她那双好看的大眼睛闪着异样的神采说:"老师,我本可以考得更好些,只是近两星期,心思总不能集中。""那为什么?"面对这个一贯让我放心的女生我感到很意外。"嗯……"她吞吞吐吐,有些难为情。

或许是办公室内还有别的老师的缘故,我们俩便来到室外的花坛边。她放松下来,向我敞开了一个少女的心扉:"本来一切都很正常,我学习很投入。可是,那天那一件事一下子使我陷入感情的漩涡。""这么严重?"我感到吃惊了。"那天,在餐厅,有个男生……老师,

---

① 黎祖谦:《教师口语艺术》,江西高校出版社 2010 年版,第 212 页。

以前那个无忧无虑、学习投入的王岚不复存在了！我真害怕。我被这种情绪困扰，很苦恼，我的学习成绩已经受到了影响，老师！"王岚说着，啜泣起来。

"噢，是这样。"我终于弄明白王岚的烦恼所在。我宽慰地说："倾慕异性，在你们这个年龄是很正常的心理现象。这种感情也是很纯真很美好的，但不能放纵。你现在为此而苦恼，正说明你还有理智，只不过暂时未能完全战胜情感罢了，不用担心！"她轻轻地舒了一口气。"你知道吗，老师像你这样年龄时，也曾莫名地被一个男子打动，为他而朝思暮想，其实他是一部武打片中的一个武士，好笑不好笑？现在，你要克制这种感情。与生活委员商量一下，换个餐位。平时，多与咱班女性交往，与大家一起活动，不给自己留独处、胡思乱想的机会，时间长了，这种感情就自然淡漠了。""真的会吗？"王岚很急切，又疑惑地问。"会的。烦恼时你再来找老师，我愿给你当忠实、保密的听众。你不用苦恼，也许感情很快会像轻烟飘过白色的苹果林。"我抚着她的肩膀说。她郑重地点了点头。

一个星期过后，笑意又漾在她的脸上，她学习又很投入了，我也不找她提起此事。但这事却给我这个初出茅庐的班主任很大触动。

感谢王岚的信任。

原来一直让教师比较放心的学生王岚，其内心的秘密让班主任大吃一惊，看来，中等生并不是没有问题的学生。好在这位教师很有处事艺术，能以冷静、宽容、同情的态度对待苦恼的学生。首先采取"认同"教育方式，肯定学生的心理现象是正常的，安慰学生。语言真诚亲切、由己及人，感人肺腑。让学生放松情绪，从而拉近了与学生心理上的距离。然后，真心实意地为学生出主意、想办法，帮助其摆脱困境，使学生愉快地接受了教师的建议并变为自己的行动。

3. 与后进生谈话的方法

后进生不是先天的，而是在后天的自身发展过程中没能严格要求自己，或者家庭教育不当，社会影响不良等原因导致的。后进生因基础差对学习感到厌倦，对个人能力和个人前途信心不足，进而自卑，甚至常常主观地认为老师轻视自己，厌弃自己，以致对老师有回避、沉默、对抗的心态。我们绝不能以应试教育的眼光来界定后进生，用分数划定后进生既不科学，也不客观。不能因为不适应学校学习方式而否定一个有潜质的学生，应该努力寻找他们的"闪光点"，用"沙里淘金"的精神去发现、挖掘，并悉心扶持，让它发扬光大。帮助学生正确设置目标，激励他们朝着一个个能够实现的目标努力，激发他们的学习热情和工作热情，使他们奋发向上。这里的"扶持""激励"，就包括用个别谈话的方式多进行正面鼓励、肯定评价，认可他们的点滴进步，及时强化他们的自信心。冰冻三尺，非一日之寒。转化后进生不能急于求成。教师需要善于运用谈话的技巧，用发展的眼光对待后进生，多与他们沟通交流，发现他们的长处，促进后进生的觉醒。例如特级教师于漪谈她的教育经验：

教师语言要能使学生真正有所领悟，有所感动，不能只追求语言的技巧，重要的在于有真实的感情。我曾教过这样一名学生，由于享乐思想的腐蚀，他偷窃扒拿、旷课逃夜、聚众斗殴。花了九牛二虎之力，才把他拽到课堂里学习，并逐步纠正不良行为。但由于积习较深，常有反复。有次又逃学了，好不容易才找到他，我要带他回家，他不肯，对我说："我好不了了，要改那么多坏东西太吃力，你不要管我，我就是枪毙鬼子。"尽管我和同学因找他整整跑了一天，累得要命，但我相信精诚所至，金石为开，责备无济于事，这个时候他需要的是温暖,是勇气,是力量。我对他说:"我还没有丧失信心,你倒没有信心了。你能知道自己不行,承认身上有不少坏东西,分清是非的能力已大大提高,这是改过的实实在在的基础,也是进步的开始。我理解你的苦处,你想和同学一起学习,一起前进,可总有只看不见的手拖着你,要你跟他做坏事,你要摆脱它,又没有力量摆脱,苦得很。我们一起帮你摆脱,我们班级有几十个人,力量大,肯定敌得过那只无形的手。最重要的是你自己要有信心,你不是已经改了不少坏脾气了吗?"这位学生哭了,他泣不成声地说:"老师,我对不起你,我知道你为我好,我改,我一定改!"

对后进生,要注意采取肯定评价的策略,充分肯定后进生品德行为或学习成绩的点滴进步,用其自身的闪光点照亮其阴暗面,促其内因的转化;同时,引导他们认识到,这些进步完全是他主观态度的改变或发奋努力的结果,绝非外部压力或偶然条件造成的,这对巩固他们的进步有重要的作用。

4. 与外向型学生谈话的方法

外向型学生思维灵活、偏好强刺激、富有表现欲,但比较浮躁,意志商数较低。对这类学生应多用激励的方式谈话,提出明确要求,语调坚决而平静。用平等、亲切的态度相谈,尽可能抑制谈话对象的冲动与急躁。直陈事实,发表意见,讲解道理,能让领悟能力较强的人迅速接受教育。

我新接手的班里,有一名绰号"调皮大王"的学生杨某,性格倔强,脾气急躁。一次下课,他背了两个同学在操场上旋转,结果,其中一个小同学从他的头上栽了下来,鲜血直流。开始我跟他谈了两个小时,他不认错;我就采取强压的办法,逼他写检讨,他不写,我发脾气,他不听,无可奈何,这叫"压而不服"。我只好另想办法。

事有凑巧。第二天早上,我看见杨某同学一跛跛地上学来了。由于昨天教育的失败,我便特别留意。走上前去关切地问:"杨某,今天怎么啦?"杨某哭着说:"昨天放学的时候,不小心摔了一跤。"我连忙把他扶进屋里,轻轻卷起裤管,一边替他搽药,一边说:"这一跤摔得不轻,一定很痛吧? 昨天你把那位小同学摔得鼻青脸肿,岂不更痛?"杨某惭愧地低下了头。后来,我又给他搽了几次药。杨某同学不但承认了错误,还主动向那位小同学道歉。从此以后,杨某同学恶作剧减少了,还学会了尊敬老师,关心小同学,学习也进步了,后来考进了重点中学。[①]

"压"是不能令人"服"的,特别对于这样一个个性倔强、性格外向的孩子。但在心灵沟通、情感交流顺畅之后,关爱的语言能让学生感到温暖,生活的真理能促成其认识错误,形成健康的人生观。

5. 与内向型学生谈话的方法

内向型学生心理活动内敛,有较恒久性的内在动机,但在公开场合缺少自信,甚至容易恐惧。对此类学生,应以诱导启发的方式与之交谈,措辞要委婉,最好采用暗示的方法予以引导。

---

① 黎祖谦:《教师口语艺术》,江西高校出版社 2010 年版,第 217 页。

我教过的学生中,有一个女孩叫徐小倩,她父母离异后父亲又组成了一个新的家庭,并又有了一个小弟弟。她跟着奶奶过,特殊的家庭环境,使她的性格内向,并有说谎的现象。

一次,她告诉我,交管理班的钱放在铅笔盒里不知谁拿走了。我随即对她说:"老师先替你交上,不过这件事我要调查清楚。"同学们知道徐小倩丢钱的事,议论纷纷,有两个学生对我小声说道:"我们亲眼看见她把钱藏了。"我对他们说:"这件事要保密。"当天,我留了日记作业。第二天,我收上日记本,那一行行充满友爱的字迹,一次次模糊我的双眼,有的说让她免费上管理班,有的说替她交钱,有名同学写道:"让世界充满爱,不能光唱在嘴上,我愿用这双友谊之手去温暖那颗冰冷的心。"我把徐小倩叫到办公室,和她一起读同学们的日记。读着读着,发现她的脸红了,呈现了内疚的神色。我问她有什么想法,她说:"老师,同学们对我不错。"我接着启发她,对她说:"是啊,大家对你这么好,将心比心,你该怎么做才对得起大家呢? 你是聪明的孩子,你一定知道我找你来,是想听真话。"一阵沉默之后,她终于承认了错误。班会上,我告诉大家:"徐小倩的钱已经找到了,那名犯错误的学生也找我承认了错误,并表示一定要改正,知错就改是好孩子! 让我们为她思想斗争的胜利热烈鼓掌!"掌声久久地在教室的上空回荡,只有她一个人没有鼓掌,可眼里却闪着光。[1]

对待犯错误的学生,教师针对其性格内向及特殊家庭背景,采取了诱导教育方式。从知道"她"说谎,要求同学保密,到"留日记作业",并找"她"来一同"读同学们的日记",可见教师的良苦用心。从行为到语言无不体现教师太阳般的情怀、母亲般的慈爱。她把爱的阳光照进学生的心房,让学生尽情享受爱的温馨与深情,在爱中懂得感动,懂得愧疚。这是超越一般技巧的教育艺术。

6. 与有心理障碍的学生谈话的方法

(1) 搞清病态心理的类型。

① 情感冲动型病态。表现为智能低下,认知判断能力差,在学习上难以适应而引起的厌学、怠学、弃学等不喜欢学习的行为。还表现为性格乖戾、残酷无情,一触即跳、头脑发热,忘乎所以;任性,好冒险,逞强逞能,极度好表现;争吵,好斗,蛮横无理,喜欢追求强刺激;精神过分敏感而又失去自我控制;常喜怒无常,因一点小事便大吵大闹;注意力不易集中,且不是专注学业上,而是在讲求义气上;脆弱无主见,易被暗示和引诱;行为轻率,对人不信任,易产生敌视与报复心理。

② 偏执型病态。比较固执、呆板,我行我素,听不进别人的意见,别人说东他说西。患有"政治幼稚症"。他们还表现为爱吹牛、不诚实,经常跟别人抬杠拌嘴。是非观念差,不管自己的做法是否符合公序良俗,都要偏执己见。

③ 懒惰型病态。表现为上课坐不直,手臂支着脑袋,伏案睡觉;作业不做或求别人代理;值日溜走;不洗脸、不洗手,不换衣服,衣扣掉了也不钉上;放学回到家,油瓶倒了也不扶。

④ 抑郁型病态。表现为孤独寡言,忧心忡忡,愁眉苦脸;动作迟缓,思想呆滞;对人冷漠,对己悲观;对各种活动都无兴趣,不愿参加。

⑤ 狂想型病态。表现为超出客观实际地胡思乱想,想一夜之间变成富翁;想一瞬间天塌地陷,地球上就留下他和一个美丽的异性。这样的学生终日想入非非,异想天开,神魂恍惚。

---

① 黎祖谦:《教师口语艺术》,江西高校出版社 2010 年版,第 218 页。

⑥ 超常欲望型病态。对生活的需求超出了正常的尺度。讲求吃喝玩乐,穿着打扮追求出人头地。只要想拥有就向家长伸手要,满足不了,就会不择手段地偷,从偷家里的钱物发展到盗窃。对生理的需求超出了正常的尺度。对异性特别敏感,沉湎于想象,使学习的注意力分散,扰乱智力活动。由于常常情绪激动、消耗精力,以致精神萎靡,思想呆滞。

（2）分析学生病态心理形成的原因。

学生的病态心理不是一两天形成的,因此矫正工作也不会短期内就奏效。如同一个有多种慢性病患者一样,不能企求吃几剂药或吃几天药就能奏效。需要几个疗程或更长时间。但只要有的放矢,对症下药,坚持治疗,学生的病态心理一定会从根本上得到矫正。

学生病态心理因素的形成,从外部条件上说,来自三个方面。一是家庭的不良教育与不良环境的影响,父母溺爱、迁就;父母以对子女管教过严、要求过高,缺乏正确的办法与措施;家庭成员要求不一致,在管教方式上走极端;父母敷衍应付,忽视教养产生的后果。二是学校教育工作中的问题。如教学过程中要求过高或过低,教育方法不当。三是社会环境的影响。学生在遇到困难时失去信心。

教师要把学生病态心理的成因向学生家长和任课教师讲清楚,共同研究切实可行的矫治学生病态心理的措施。

（3）与有心理障碍的学生谈话的策略。

首先,教师不应抱着疏忽大意、置之不理的态度对待有病态心理的学生,也不应空口讲大道理,而应多方面关心他们,诚恳地帮助他们,要使他们体会到教师的善意,体会到学校是爱护他们的。特别要注意的是,不要在公开的场合下,点名道姓地批评、指责他们,更不应体罚。有经验的教师,当发现学生已经产生疑惧、对抗情绪时,总是很巧妙地在学生的心理上下功夫,使他们对学校、教师产生信赖的情感。这样才能使学生从情感上开始变化引起态度上的转变,进而开始思考自己的问题。只有师生间的关系好转,互相信任,才能有效地矫正病态心理。

其次,教师要抓住学生醒悟和转变的关键时期进行谈话,才能促使他们的不良品德发生转化。

最后,教师谈话时还要有意培养和利用学生的自尊心和集体荣誉感,并引导他们形成是非观念,增强是非感。

塔 杰 的 故 事

塔杰高高的个子,不修边幅,不好交际,安安静静,毫不惹人注意。他在念中学,上课时总独自坐在教室最后边,啥也不做——不做课堂作业,不参加课堂讨论,连测验也不参加,最后他毕业考试自然没过关。

这古怪的少年令我好奇。我翻查他的档案,发现他母亲已去世。他父亲性情暴烈,父子很难相处。我悟出塔杰自卑的缘由,真为他难过。

我开的保健课是门必修课,不及格拿不到毕业证,故来年春天他又来复读,准备参加补考。我真担心他会再次失败。

他还是那样落落寡合,整天默不吭声。一天,我叫学生就自信和自尊问题展开讨论,并叫每人在自己背上贴张白纸,然后每人分别在五个人的纸上各写一条优点。最后我叫他们自己看纸上的内容,并把它合并为一段连贯的文字。一反往常,塔杰竟参加了这次活动。

一个月后，塔杰问我，他可否把他的"作品"亮给同学们看看。尽管这作业早已过期，我仍欣然应允了。

次日，他当堂亮出他的作品，一根绳子串着的三本农业杂志。他说，他一家都在务农，这绳子把他的生命连成了一体。那绳子的下端，系着他曾贴在背上的白纸，上面写着"纯朴、善良、有趣、可爱、正直"等五条优点。

我高高地把这作品挂在黑板上端，让全班都能看见。当塔杰返回座位时，我看见他把椅子往前挪，破天荒和同学们坐在了一起。我不由两眼发酸，油然感觉到一种为人之师的荣幸。塔杰终于和全班融成了一体。

塔杰毕业了。在毕业典礼的悦耳音乐声中，他身着毕业服，高举着毕业文凭，兴冲冲跑到我跟前，握着我的手，顽皮地笑着朝我眨眼，那乐劲儿真难以言表！

从塔杰身上，我真正领悟到了为人之师的意义。

二、针对学生群体的教育语言训练

针对学生群体的教育语言同针对学生个体的教育语言一样，都是有目的性的师生之间思想感情交流的一种形式。针对学生群体的教育语言，常常是为了解决某些带有集体倾向性的问题，或为了开展集体活动而进行的讲解、分析、宣传、动员。在学校教育工作中，针对学生群体的教育语言经常运用集体谈话的形式，集体谈话对学生进行思想品德教育具有很强的针对性和时效性。

（一）集体谈话的含义

集体谈话是一种面对群体的思想教育形式，是教育者针对某种组织的多数人带有共同的精神需求或倾向时采用的交流方式。它面对的群体可以是班级、年级、团队的部分或全体学生，因而适用于晨会、班会、团队会、校会等会议场合。集体谈话主讲人可以以即席发言人、主持人或报告人的身份出现。

（二）集体谈话的基本要求

1. 要摸清情况，有的放矢

俄国教育家乌申斯基曾说："如果教育者希望从一切方面去教育人，那就必须首先从一切方面去了解人。"集体谈话要取得最佳效果，就需要事先调查研究、摸准情况，这样才能针对班集体中的思想倾向、存在问题等实际情况有的放矢地进行思想教育。

在集体谈话之前，首先要做好充分准备，确定谈话的主题，明确谈话的目的和要求，然后收集情况，分析、归纳、突出重点。有了这样的准备，就能避免在集体谈话时东拉西扯或大话、空话连篇。

集体谈话，要多联系学生的实际，多列举与学生有关的实例，揭示生活中的矛盾或反常现象，并对此加以分析、推理，预示出某些认识的有益或有害，这就能使谈话起到正面引导的作用。

2. 要把握时机，抓住心理

有效的集体谈话能产生巨大的影响，能化消极因素为积极因素，有利于形成健康的集体舆论和良好的班级风貌。因此，有经验的教师都十分注重抓住谈话的时机，加以启迪、引导、宣传、鼓励。例如，一般学生对新学期、新的开始，或多或少会产生新的希望，这时教师抓住这一转机,进行富有激励性的集体谈话,就能促使学生群体焕发精神,以新的姿态迎接新学期;在学校开展的学雷锋活动中,一般学生都有较高的热情和表现欲,而这时教师利用这一活动的开展进行集体谈话,大力表扬好人好事,介绍先进,提供榜样,就能有效地树立新风,弘扬正气;在期中、期末考试前夕,教师利用集体谈话,进行有力地动员,鼓舞士气,往往能唤起学生高昂的斗志,调动内在的积极情绪,促使其全力以赴地投入紧张的复习迎考中去;当发现学生中出现带有典型性或倾向性的问题,需要引起全体学生注意时,教师应及时地进行集体谈话,分析开导,辨明是非,晓以利害,统一认识,抑制不良现象的发展,倡导良好班风的形成。

以上这些集体谈话的时机,只要结合在学生的"兴奋点"上,与学生沟通,就能收到集体谈话的实效。

3. 情为先导,语言得当

情为先导,就是要求教师用真挚的情感与群体学生谈话,打动他们的心灵,引起共鸣;教师设身处地地为学生着想,理解学生的需求,在建立情感的基础上摆事实、讲道理,就容易入耳、入心,最终达成共识。教师谈话还必须注意话语的启发性与诱导性,通过谈话揭示出学生没有留意到的或者虽留意了但还不知其中奥秘所在的深层本质的东西,调动学生的思维,使他们在听中受到教育,在想中受到启发,从而把教师的希望和要求变成每个人对自己的要求和行动。

在集体谈话中,教师的语言准确、生动,才会引人入胜,产生吸引力和感染力,才会使学生从中感受到真理的力量,因此,教师在集体谈话时,应力求每句话都符合实际情况,准确地选词用句,科学地推理、判断,尽量避免"假大空"的道理,多给予正面的表扬和鼓励,对于不良现象的批评要注意:既不能用严词诘问、大声训斥和咄咄逼人的强硬语气,也不能像大人教育小孩那样唠唠叨叨、没有条理,而应当言辞恳切,重点突出,诱导说服,以谆谆的告诫使他们懂得是非善恶,什么是应该提倡和鼓励的,什么是应该反对和制止的。这样,分寸恰当,有理有节,不仅能给予学生理性的思考,还能营造一种轻松、愉快的谈话氛围,使学生从谈话中有所获益、得到启迪。

（三）几种主要的集体谈话技巧

1. 组织班会的语言技巧

班会是按照一定的教育目标,由班主任组织全体学生共同开展的一项特殊的集体教育活动,其目的是对学生进行集体主义教育和有针对性的其他思想教育,同时借以营造班集体的正确舆论。班会的基本任务是讨论班集体学习、工作和共同关心的热点问题,开展批评与自我批评,表扬好人好事等。通过组织班会,班主任可以及时了解学生的思想动态,培养学生的自立精神,增强学生的集体观念,活跃学生的思维,形成班级宽松和谐的育人环境。班会上学生是主体,班主任是主导,班主任要当好"导演",起策划、指导、督促、协调作用。因此,班主任讲话必须主题鲜明,目的明确,是非分明,充分调动和发挥学生的积极性和主体性,最大限度地让学生自觉地进行自我教育、自我评价、自我鼓励、自我调节,通过班会达到自己管理自己的目的。班主任和教师的语言应富有启发性、导向性,切忌"一言堂""满堂灌"式的空洞说教。

又到了星期三班会时间,班长问我今天班会的内容是什么。我反问班长,问他有什么意见和想法,我其实是想让班长对班里上一周的好坏苗头,给我作个汇报,然后针对班级动态,当个"消防队员"和"鼓风机"。然而班长却用手指了指教室外边的化粪池,说,老师,厕所又堵了，同学们在看热闹呢！又堵了，我心里一跳，心想，又祸及我们班了。工人师傅说，祸首是白色垃圾。我沉思了一会儿后对班长说，这次班会主题就定为《从厕所是怎样堵塞的说起》，我们来开展一场控制白色垃圾的活动，怎么样？班长点了点头。

班会开始，教室里还弥漫着一股臭气。我自嘲地说，怪不得同学们说我们班"风水好"。同学们哄堂大笑。三五个男同学瞅瞅门外，叽叽喳喳地说，厕所又堵了。我问，厕所又被堵了，大家怎样想。"真讨厌""我们班与厕所为邻，真倒霉""厕所怎么这么容易堵呢？奇怪！"看来同学们只看到事物的表面，埋怨起"地不利"那些客观条件起来。我又问，厕所是怎样堵上的呢？请刚才"观赏"过的同学，给我们来个"现场报道"。他们抢着说，刚才淘粪工人从池里掏起两三车碗筷，还有饮料袋子，下水道之所以被堵住了，是因为一堆塑料碗"梗"在管道的"脖子"里。我说，厕所是排放大小便的，比方一只羊，他只能吃草，你叫他吃钢筋，受得了吗？卫生委员黎清接着说，电视里报道，动物园里的梅花鹿，因为不慎吃了游客装食品的塑料袋，死去了好几只呢。班长补充，我们母亲河长江，由于白色垃圾泛滥，破坏了生态环境，甚至还迫使我们葛洲坝电厂停机打捞，造成国家很大损失……

"那么，我们在说白色垃圾制造危害的同时，是否想到由于自己的不经意或故意参与，使自己成为制造厕所堵塞的同谋呢？"我发问。有几位同学不好意思地把摆在桌上的塑料碗或杯子收到抽屉里。我假装没看见，继续说，为了抑制白色垃圾，为了保证我们厕所的畅通，还自己一个清新的学习环境，我们每个同学能不能做好校园环境小卫士呢？教室里又是一片议论声。有的同学说，根据我们班的地理位置，建议建立监督岗，监督同学们不要把白色垃圾带入厕所；有的同学说，在厕所门口设置一个垃圾桶，专收白色垃圾；卫生委员说，建议我们班发出一份倡议书，号召全校同学不买、不用由塑料包装制造的一次性用品……

我把同学们的想法汇报给学校政教处，得到了他们的大力支持。班里同学积极性也很高，设立监督岗，设置垃圾桶，发倡议书，十分主动。同时，政教处也发出号召，控制白色垃圾污染活动迅速展开，全校师生人人参与，班班落实，实行垃圾装袋，分类处理。一个班的行为，促成全校性大规模行动，校园内白色污染程度大大降低，厕所屡屡被堵的难题也得到了解决。[①]

细读这位老师的讲话，分析一下其语言技巧，启发性、导向性是十分明显的，是他的一席话，激发了学生自我管理、自我调节的主动性和积极性。一次贴近学生生活的主题班会，提升了全班学生的环保意识，促成了全校性的环保行动，令人始料不及，拍手叫好。

2. 处理倾向性问题的语言技巧

倾向性问题是指一定时期在学生中或在班集体内存在的普遍性的问题。苏联教育家赞科夫说："对于一个有观察能力的教师来说，学生的乐观、惊奇、疑惑、恐惧、窘迫，和其他内心活动最细微的表现都逃不出他的眼睛，一个教师如果对这些表现熟视无睹，他就很难成为学生的良师益友。"因此，班主任要有敏锐的观察力，及时发现，正确引导，增强集体的凝聚力，将优良精神发扬光大，将不好的风气扼制在萌芽状态，做到防微杜渐。班主任讲话要有针对性、艺术性，切忌语言干瘪，内容空泛，要善于结合具体的人和事，摆事实、讲道理，旁征博引，深入浅出。

---

① 黎祖谦：《教师口语艺术》，江西高校出版社 2010 年版，第 223 页。

　　一段时间以来,学生阿健上课注意力不集中,经常打瞌睡,还与社会青年有来往,学习成绩下滑。我暗中了解到,他用零用钱买了部二手手机,晚上在宿舍把玩、发短信、点歌,甚至玩游戏。自己睡得少,也影响其他同学休息。我很生气,差点冲动地找到他,逼他交出手机,或通知家长来校解决。冷静下来,我对自己说:尖刻的批评是一把双刃剑,刺向别人的同时也会伤及自己。他毕竟是一个孩子,犯了错误才更需要你的帮助啊!在同学、家长面前公开他的表现,会使他的自尊心受到伤害,产生对抗心理,即使表面承认了错误,也达不到教育的目的。

　　接下来的一堂班会上,我给学生朗读了一篇文章——《生命中不能承受的‘中举’》,文中主人公高中阶段挥霍父母的血汗钱,出入酒店、网吧,致使高考名落孙山,父亲含恨离世。他虽痛悔却已酿成永生遗恨。随着我饱含感情的朗读,阿健的头埋得越来越深,我知道谈话的时机来了。班会后我把他叫到了操场。

　　首先,我肯定了他在班上的良好表现,如尊敬老师,上课反应快,与同学关系融洽等,他流露出惭愧的神色。我接着说:"刚才在班会上,我发现你始终低着头,好像有什么心事。我猜是文章主人公的经历触动你了吧?真的,连我都感动得读不下去了,你那么善良敏感,不被打动是不可能的,对吗?"他若有所思地点点头。我紧接着说道:"你是不是也想起你父母的不易了呢?'可怜天下父母心',一次你母亲来校,为你不明原因的成绩退步而落了泪,我也是母亲,她的泪直落到我心里。你离家在外求学,父母整天牵挂着你,如果能让父母放心,珍惜大好时光,努力学习,铸就立身之本,便是对他们尽孝心了,你说对吗?"谈话至此,聪明的他已明白了我的用心,但还心存"侥幸",顽皮地看着我,揣度我到底了解他多少。是该抖包袱的时候了,我说:"我想当你的手机保管员,等你明夏考上大学后一定完璧归赵。"他扑哧一声笑了:"老师,你怎么什么都知道。"

　　他释然,我亦释然。一个多月后,阿健的成绩进步了三十名。[1]

　　一次心与心的交流,而非生硬地批评指正,教师及时发现问题,找到具体原因,对症下药,这不仅是对这一个孩子的教育,更是对全班同学的间接教育,相信其他孩子也会从中领悟到一些深刻的道理。

　　3. 组织集体活动的语言技巧

　　集体活动既是加强集体建设的措施,又是开展思想教育的重要方式。它不仅能够丰富学生的课余生活,提高学生的知识水平,也有利于培养学生的集体主义观念和组织纪律性,形成学生对班集体的向心力和凝聚力。因此,在建设良好集体的过程中,教师要大力组织学生开展集体活动。如组织学生参加学科兴趣小组、文体活动、比赛活动、社会公益活动、社会调查等。在组织集体活动中,要充分调动学生的求知欲和好奇心,用富有鼓动性、号召力的语言,激发学生的参与欲望和热情,用富有哲理的问题,吸引学生的注意力,把学生领入探索、思维、体验的境地中。

　　某中学的初中一年级,成立两个数学兴趣小组。在第一小组成立会上,指导教师说:"数学是一门重要学科,也是一门难学的科学,不是轻易学好的。在座的同学,有的是看到'海报'上'兴趣'小组的'兴趣'二字才报名的。这可不行。你们单纯从兴趣出发,遇到困难就会打退堂鼓。学海无涯苦作舟,不要只想有趣,要准备吃苦……"

---

　　① 李红梅:《教师的岁月》,光明日报出版社 2014 年版,第 116 页。

　　另一位教师在第二小组的会上,是这样激发学生参加活动的兴趣的。他说:"著名科学家爱因斯坦说过:'兴趣是最好的老师。'大家渴望在'兴趣'这位'最好的老师'引导下,像陈景润那样努力勤奋地学习数学。我做你们的辅导员,为你们服务。我想,兴趣、勤奋都离不开动脑,要勤看、勤读、勤问、勤想和勤做。我在梦中遇见有人问我,'最难拔的钉子,最容易拔的钉子,各是什么样的?用数学知识讲出难与易的道理。'你们想一想,我梦中遇到的这个难题,应该怎样解答呢?"

　　让我们来比较一下,这两位老师讲话的内容、讲话的方式有什么差异。概括地说,学生对后者的客观反应比前者强烈。其原因就在于后者讲究语言艺术。第一,后者非常理解和尊重学生,满腔热情地鼓励学生把个人的志趣化作动力,使学生感到亲切。第二,用爱因斯坦的名言和陈景润的实例引导学生,把学生的注意力引向勤奋、学习的境地。恰当地引用实例,其可信度和感染力要超过一般的语言讲述。第三,还因为后者谈话的思路宽,用一个富于思考性的问题,把学生带入探索、研究的领域,开阔了学生的思维天地。

思考与练习

　　1. 根据教育语言的主要特点和作用,指出下面两则教育案例的得失。如果你遇到这类情况,将怎样处理?

　　(1) 上课时,同学们正聚精会神地读着课文。突然,老师发现一位同学居然趴在桌上睡觉。顿时,他怒火中烧,厉声道:"站起来!"正在专注朗读的学生吓了一跳,这位同学也从睡梦中惊醒。教室里的气氛顿时紧张起来。"萎靡不振! 你没看见大家在干什么! 这是什么学习态度? 不愿学请自便。"老师语气咄咄逼人。这位同学摇摇晃晃地站了起来,两手使劲支撑着课桌,原来他病了,正在发烧。

　　(2) 上课时,有个学生睡着了。教师走过去拍拍肩头叫醒了他,问他是否有病,是否有什么情绪,那位同学不吭声。这时,教师恳切地说:"你的入睡,就是对我的批评……下面,我要把教学调整一下,像《综艺大观》节目一样,来一个'请你参加',怎么样? 你有兴趣吗?"于是那位同学睡意顿消,整个课堂立刻由沉闷转为活跃。

　　2. 沟通语训练

　　(1) 赏析下例中教师的沟通艺术,分组讨论并说说教师的沟通语妙在何处。

　　① 晚上熄灯铃响过后,好几个同学还在床边聊天,宿舍张老师批评了他们,同时推了石洋同学一下,叫他马上上床睡觉,而石同学因此差一点摔倒在床上。石同学认为老师故意整他,当晚即电话告知了妈妈。妈妈以为老师打了儿子,所以答应儿子第二天过来找学校理论。赶在石洋妈妈到来之前,班主任把石同学叫到了办公室。

　　师:石洋,就昨晚的事我们谈谈吧,怎么样? 没有摔着吧? 是不是很生气呀?

　　生:当然生气了,那个张老师总是欺负老实人。(他还列举很多他认为张老师欺负老实人的例子)

　　师:真有这事呀,那倒真的是很让人生气的,怪不得你会找妈妈,要是我也会,我能理解你的感受。

　　生:就是,看我人小、老实就欺负我,我可从小到大没人这样骂过我,还推我,我要是摔伤了,看他怎么负责……

师:其实老师也没有故意要推你的意思,只是他刚好站在你旁边嘛,就顺手想推你赶紧上床睡觉。可能由于他是学体育的,力气比较大。(在这同时,我在他的肩上拍了两下)

师:怎么样,我是学数学的,力气是不是不如张老师的大呀?(这时他的脸上已露出了些许微笑)其实我知道你并不想怎么样,只是心里觉得很委屈才跟妈妈讲的。但是你有没有想过,假如你是值日老师,你能不能容忍在熄灯铃响过后还是这么吵吵闹闹的?

生:……

接下来,班主任给他分析老师为什么会批评他,认为老师的这种做法是负责任的表现。当然,老师推学生是不对的,而他不按时就寝的做法同样也是错误的。

事后,石同学认识到自己的错误,也原谅了张老师。在他妈妈来到学校后,他主动与妈妈沟通好,没有把事情闹大。

② 王磊同学在英语课上把前面女生的头发散开,弄得乱七八糟,我接到英语老师的报告后很生气,准备在放学后处理这件事。放学后,同学们都走了,王磊坐在座位上,一脸的倔强和漫不经心。我一直在考虑怎么处理,正好碰到有个学生有急事找我,就耽误了处理王磊这件事。

天色已晚,我正准备骑车回家,突然想起王磊来,我想大概他早就跑得没影了。我走回教室,出乎我的意料,在暮色里,有个影子还站在教室外。我的心动了动,怒气随之烟消云散了。我想,教育也不是万能的,点石成金大有失败的可能,算了,让他走吧。就在我想草草打发他回家的时候,我看他在冷风里打了个寒战。那一刻,我心里突然升起了一股温情,就和蔼地对他说:"谢谢你还在这儿等着我。你今天衣服穿得有点少了,冷不冷,赶快回家,吃点热的东西吧。"他不相信地看着我。我真诚地点了点头,说:"走吧,我们一起走。"刚开始他一言不发,默默地跟我走着。突然,他冒出一句:"何老师,我错了。"终于,我盼到了这一句十分难得的话。我没有像往常那样乘胜追击,而是十分舒缓地说:"你知道错了就行了,孩子,我相信你不会有第二次。"①

(2)根据下面教学案例提供的情境,设计教师的沟通语。

① 大鹏是一个六年级的男生,聪明能干,成绩中等偏上。他迷恋电子游戏,也常常因此忘记做作业。老师和父母时常找他谈话,但他总是保持沉默。期中考试结束,他的数学成绩没有及格。班主任指着他卷子上的错误,说道:"不知道你回去怎么向父母交代,这么聪明的脑袋,到底在想些什么?你说,你准备怎么办?"大鹏不作声,老师接着又说:"为什么不说话?你以为不说话就没事了?"大鹏还是一言不发。

② 学生在日记上写道:"哎,我的成绩实在太差了,我的爸爸妈妈对我很失望,老师不喜欢我,同学们也瞧不起我,他们背地里都叫我'傻子'。上天太不公平了,为什么王丽丽就那么聪明,不用费什么工夫就能考得那么好?成绩好的同学各方面都很好,为什么我什么都不行,哎,这样的生活真没劲。"

训练评价

评 价 标 准	比 重	得 分
1.沟通交流顺畅,切入角度有针对性,目标明确	30	
2.沟通方法得当,学生易于接受	30	

---

① 范国睿、程灵:《诗意的追求——教师实践智慧案例导引》,华东师范大学出版社 2007 年版,第 146 页。

评 价 标 准	比 重	得 分
3.语调柔和、亲切;语气自然、真挚	30	
4.态势自然,吐字清晰,普通话标准	10	
合 计	100	

3.启迪语训练

(1) 欣赏下面例子中教师的启迪语,说说教师采用了什么技巧进行启迪? 有什么好处?

① 二年级王彬同学站队时总是拖拖拉拉不想站,他不是在教室里磨蹭,就是跑到一边去玩。一天,放学站队的时候,王彬在后面磨蹭着玩,这时一群大雁从头顶上飞过,老师把他叫过来,拍着他的肩膀说:"王彬,你看见了吗? 这群大雁排队排得多整齐呀,它们一会儿排成个'人'字,一会儿排成个'一'字,没有一个不守纪律的。你知道他们为什么没有一个不排队吗?"王彬说:"不知道。"老师接着说:"因为那样会脱离集体,会掉队,掉队就会迷失方向,遇到危险。"王彬渐渐明白过来,说:"老师,我懂了,连大雁都知道排队,我以前还不如大雁呢,我要向大雁学习。"以后王彬同学站队时真的不再磨蹭了。①

② 新转入某班的王方,作业马虎、潦草。班主任把他叫到办公室,拿出一本字迹工整的作业递给他,说:"你看这位同学的作业写得怎么样?"王方看了一眼,没说什么。班主任又拿出了一本字迹潦草、错误较多的作业给他,说:"你看这本怎么样?"王方又看了一眼,说:"跟我差不多。""你再看看两个作业本上的名字。"这一回,王方疑惑了:"都是李林的?"班主任抓住时机,诚恳地说:"差的一本是李林同学去年的作业,这一本是他现在的作业。"然后,亲切地说:"你现在的作业和李林去年的作业差不多,但这不能说明你永远是这样。李林同学经过半年的努力能写出工整漂亮的作业,老师相信你一定会像李林一样,用不了多长的时间就能将作业写好。"②

(2) 根据下列情境设计教师的启迪语。

① 高中毕业之前,学校发出了举行广播体操比赛的通知。听到这一消息,班里同学议论纷纷,有的同学说:"马上就要高考了,谁还有心思参加比赛。"有的同学还说:"都要毕业了,比这个有什么用。"甚至有些同学提出弃权不参加比赛了。同学们这种心情班主任是理解的,但是,考虑到这一阶段学生学习比较紧张,增加体育运动可以缓解学生学习的紧张情绪,班主任决定对班级学生进行一次启迪教育。

② 四年级男生小虎很聪明,平时学习不太用功,家庭(或课后)作业经常抄袭同学的,但成绩倒还不错。父母和老师批评过他,却总不见效。请你分别设计沟通语、启迪语对他进行教育,试比较这两种教育语言的不同作用。

③ 为扩大同学的阅读面,班里准备成立一个"图书银行",请同学们把家里的课外书存到班级的"图书银行"供大家互相交流。请你替班主任设计沟通语和启迪语,使同学明白这样做的目的、好处。

---

① 郭启明、赵林森:《教师语言艺术》(修订本),语文出版社 1998 年版,第 228 页。
② 国家教育委员会师范教育司:《教师口语——中等师范学校课本》,语文出版社 1994 年版,第 397 页。

训练评价

评　价　标　准	比　重	得　分
1.目标明确,循循善诱	25	
2.方法得当,语言具有启发性,学生易于悟出道理	35	
3.语言生动,有感染力	30	
4.态势自然,普通话规范、标准	10	
合　　计	100	

4.说服语训练

(1) 分析下面案例中的教育语言存在哪些问题。你若遇到类似事情,将会怎样说?

<h3 style="text-align:center">调换座位引起的风波</h3>

那是期中测验之后,我根据学生成绩的优劣、个子的高矮及半学期来各方面的表现,对部分学生的座位进行调换。原来坐在第五排中间座位的王志强同学,上课爱讲话、做小动作,影响到了其他同学,我把他调整到了前排,四周安排了一些女生,目的是在环境上对他实行"孤立",使他的捣乱没有"市场"。

在宣布调换座位后,别的同学都立即行动,唯独王志强同学纹丝不动。我连喊他几次,他竟然毫不理睬。这时,班里的几个顽皮生个个喜形于色,有点幸灾乐祸的味道,那神情仿佛在说:"告诉你,我们哥儿们也不是那么好摆布的,看你能怎么样!"面对这骑虎难下的尴尬局面,我火了,一怒之下,将他连人带椅子拖出座位,命令他立即坐到新的位子上去。可是偏偏遇到个"铁头犟",我刚走回讲台,他又气哼哼地在原座上坐了下来。

怎么办? 为了维护我这个班主任的尊严,我在盛怒之下,把他的书包扔出教室,并宣布:"如不听我这个老师管教,请便!"

　　……

放学时,王志强向我要回了他的作业本,看样子,他真想辍学了。这出乎意料的局面,使我感到突然。怎么办呢? 向他赔礼道歉吗? 不行! 要那样,那些调皮生更难管教了。于是,我严厉地说道:"不想读可以,但我劝你三思而后行。走了,就不要再来了!"没想到我这威胁的话语不但没起作用,反而使他的态度更加强硬起来:"我不会来的!"我又一次地失败了。[①]

提示:班主任对学生换座位采用的是压服的方式、命令的口吻,结果遭到失败。如果教师事先和同学沟通一下,说服起来就会简单、有效得多。在了解王志强同学不愿意换座位之后,教师可以说:老师为什么要求他换座位,为什么不愿意换座位,目前这样换,老师的意图是什么等。

(2) 根据下列情境设计教师的说服语。

① 王秀娟与张莉是班上最要好的同学,每天两人形影不离。可是最近两人却因一件小事

---

① 《人民教育》编辑部一编室:《班主任工作一百例》,福建教育出版社1985年版,第145页。

闹翻了脸,平时不在一起学习和交流,看到对方就马上跑得远远的,由于情绪不好,两人的学习成绩急剧下降,双方父母也很着急,劝说无用,只好去找班主任解决问题。如果你是班主任,如何说服这两位同学?

②　张丹丹是班上的生活委员,平时工作认真负责,学习成绩优异。可是,这学期却一反常态。上课经常迟到,课堂上不认真听课,表现出一种心烦气躁的样子,科任教师留的作业也不做,工作也都是应付了事。有一天,班主任找她谈话,了解到张丹丹家里十分困难,由于母亲得了重病,需要很多钱,爸爸是个残疾人,平时也照顾不了她母亲,张丹丹考虑再三,决定辍学,在家里照顾父母。如果你是班主任,如何说服张丹丹同学?

③　学生甲和学生乙在课外活动时,为了争抢篮球场地互相争吵起来,甲乙双方互不相让,最后两人打了起来。甲个子高、力气大,把乙推倒在地。围观的同学上前阻止,把他们二人拉开。乙认为自己当着同学的面被打倒在地,既吃亏又丢了面子,扬言迟早要报复甲,以牙还牙。这时,作为班主任,你该如何说服乙同学?

训练评价

评　价　标　准	比　重	得　分
1. 说服语有针对性,能切中实质,目的明确	25	
2. 方法得当,又有启发性,易于信服并接受	25	
3. 感情真挚,语言生动,有感染力	40	
4. 态势自然,普通话规范、标准	10	
合　　计	100	

5. 激励语训练

(1) 欣赏下面案例中的教育激励语,体会教师激励语的特点。

运动会前,班主任对全班同学进行晨间集训动员:同学们,有一句话大家一定听到过,"不想当元帅的士兵一定不是一个好兵",同样,不想得冠军的选手一定不是一个好的运动员。我相信,大家一定想当一个好兵、好运动员。从高一刚入学开始,我们班屡建战功,每次都在运动会上获得年级总分第一的好成绩,学校的荣誉册上,每年都有我们班同学创造的新纪录。这是我们在高中阶段最后一次参加运动会了,相信大家一定想保持三连冠的纪录,刷新以前创造的学校纪录。我想,大家一定想留下一点美好的东西,作为礼物给母校和同学珍藏。那么,就让我们早早开始准备,锻炼起来,行动起来!

(2) 根据下列情境,设计教育激励语。

①　班主任王老师一早起来去班上查自习。他边走边想,纷纷扬扬的大雪下了大半夜,天亮时,又刮起了大风。这样大的雪,路远的孩子一定要迟到了,肯定不会有人到操场去长跑了。跨进教室,王老师愣住了。全班同学无一缺席,都在座位上早读学习,其中有些同学头上正冒着热气。责任心和兴奋感使他发问:"这么大的雪还有人坚持跑步吗?"只见20多个孩子同时举起了手。① 如果

① 赵林森、郭启明:《教师口语》,河南大学出版社1996年版,第318页。

你是班主任老师,请设计一段针对全班同学的激励语。

②　王晓敏同学是高中二年级学生,在班级里学习成绩不算好,最近生了一场病,学习成绩更是落下一大截,期末考试时,她的成绩在全班排名很靠后。王晓敏担心自己的成绩跟不上,又担心老师和同学们歧视她,心情压抑,整天无精打采,她最大的愿望就是受到老师和同学们的肯定和尊重。请设计一段针对王晓敏同学的激励语。

训练评价

评　价　标　准	比　重	得　分
1. 采取有效的激励手段,目标明确	25	
2. 组织语言精确、迅速,方法恰当	30	
3. 感情充沛,话语亲切	35	
4. 表情得体、态势自然,普通话标准	10	
合　　计	100	

6. 表扬语训练

(1) 分析下列案例中,班主任的做法是否正确。如果不正确,错在哪里? 如果你是班主任,应该如何设计针对这名同学的表扬语?

有一位母亲,诚恳地要求他孩子的班主任:"您别总是批评他,他有什么做得好的,您也表扬表扬他吧。"这位老师后来找到孩子的父亲说:"他母亲让我表扬他,可他什么好的地方都没有,让我怎么表扬他呀?"

其实,这个孩子在班里曾要求过擦黑板,班主任鄙视地说:"这儿没你的事儿,用不着你。"他也曾想干其他好事儿,老师却不屑一顾。久而久之,孩子也就真不知自己身上还有什么可表扬的了。[①]

(2) 根据下列情境设计表扬语。

①　王磊是班级里的体育生,每天都要到学校操场上踢足球,上课时不认真听讲,打瞌睡,同学们都不愿意跟他坐在一起,他认为大家看不起他,所以自暴自弃,集体活动也不参加。有一次,班里一位同学的家长遇到了车祸,班干部组织同学们到该生家里探望,发现这个同学家里十分困难。王磊听说后,就把自己过年时家长给的压岁钱100元捐给了这位同学,老师知道这件事后,在班上对王磊进行了表扬,请你设计一段表扬语。

②　王坤是高一年级学生,每天学习很用功、很刻苦,但就是成绩上不去。在一次表彰大会上,王坤的班上有两位同学被授予"三好学生"称号,她对这两位同学很敬佩,向老师表示以后也要争取当一名三好学生。老师很高兴,对王坤的这种想法加以肯定、鼓励,并给她指出了今后学习的方向。请你根据上述情况设计一段表扬语。

(3) 下面案例中教师的教育语言存在哪些问题? 如果是你,如何设计表扬语?

①　一位女同学拿着98分的单元试卷给老师看。这位同学平时表现很好,作业也很认真,

---

① 　顾虞华:《表扬与批评的心理学思考》,《南通师专学报》(社会科学版),1997年第4期,第108页。

成绩一直优秀。在老师和家长心里是一个优秀的孩子,极少受到批评。老师拿过她的卷子,说:"你看你,怎么搞的,这么粗心大意,才考了98分,白白丢了2分。要是再仔细点就是100分了。你太骄傲了吧?"几句话说完,该同学脸上仅有的一点笑容,一下子全没有了。她失望地低着头,回到了座位上。

② 一位男同学拿着98分的单元试卷给老师看。由于这位同学平时少言寡语,不爱说话,还有些害羞,但是学习很踏实,从不马虎了事。老师问:"你考了多少分?"他说:"考了98分。"老师挥挥手,说:"哦,知道了,下去吧。"老师连试卷也没有看一眼,这个同学下台时表情有些复杂,似笑非笑地掩饰尴尬,甩甩头又恢复到之前满不在乎的样子。

训练评价

评　价　标　准	比　重	得　分
1. 表扬语方法恰当,目标明确	30	
2. 有启发教育性,条理清晰	30	
3. 语言真挚、流畅	30	
4. 态势自然,普通话标准	10	
合　　计	100	

7. 批评语训练

(1) 欣赏下面案例中教师的教育语言,具体分析这样说的好处。

数学教师走进教室,发现地面很脏,脱口而出道:"同学们,我们班真是物产丰富!五彩斑斓的纸屑布满地面,还有瓜子壳、香蕉皮点缀其间。我们生产了这么多'垃圾产品',总得想办法出口外销吧。"学生们听了,哄然大笑,那些垃圾生产者们立即动手把教室打扫得干干净净,讲课也就在愉快的气氛中开始了。[①]

(2) 根据下面教例中的教育情境,设计教育批评语。

女生小艾在科学课上看漫画书,同桌在下课后告诉了老师。老师找小艾谈话,小艾说:"又不是我一个人看,上课时很多同学都看了,为什么老师就批评我?"还嘀嘀咕咕地说:"我知道,一定是某某打的小报告。"

(3) 分析下面案例中班主任的做法是否正确。如果你是班主任老师,将如何处理这件事情?

上课预备铃已响,很多同学仍三五成群地在教室里说着,笑着,吃着,闹着……教室里嘈杂无序,一片混乱。班主任陈老师气不打一处来,使劲把教案往讲台一摔,大声训斥道:"张涛,你这个班长能不能管点事? 当不了班长,就别当啊!"张涛一脸委屈,一言不发。

下课后,张涛的辞职信就放在了毕老师的办公桌上,他辞职的理由是当班长影响学习。陈老师想:"这不是故意拆我的台吗?"他不由得火冒三丈,怒气冲冲地跑到教室,宣布罢免张涛的班长职务。

训练评价

评 价 标 准	比 重	得 分
1. 批评语方法得当,用语贴切	30	
2. 态度诚恳,以理服人	30	
3. 不用粗话,摆事实,讲道理	30	
4. 态势自然,普通话标准	10	
合 计	100	

8. 分析下面的案例,说说教师对后进生错误地运用教育语言的危害。如果你是这位教师,如何对后进生进行教育谈话?

王老师是一个中年男老师兼班主任,工作责任心强,但性格急躁,处理事情的方法有时让家长和学生难以接受。在一次学校例行的评教活动中,他发现自己班的同学和家长给他打了很低的分数,于是他暴跳如雷,一把把门推开走进班级并训斥学生道:"我白教你们了,你们这些没有良心的东西,给我一人写一份1 000字的检查,明天班长收齐送到我办公室,不然看我怎么处理这件事。"全班同学默不作声。

9. 根据下面情境,请你对林强进行个别谈话。

林强是一个各方面表现都不错的学生,担任班里的学习委员。有一次,在家长会结束后,林强的父亲神色凝重地向老师反映了这样一个情况:在前不久学校组织的向灾区学生献爱心捐款活动中,他给了儿子50元用于捐款,可是,他从教室墙壁上张贴的捐款名单上看到,儿子才捐了15元钱。这是怎么回事?是不是班里的其他同学也有类似的问题?[①]

10. 根据下面情境,请你以班主任身份找李琦进行个别谈话。

李琦是一个来自外省的插班生,父母离异,使他形成了内向自卑的心理,情绪也极不稳定。一些学生经常嘲笑他、拿他当笑料,多数同学都不愿跟他一起活动。"李琦把黑板报弄脏了""李琦在上英语课时与老师顶嘴""李琦经常捉弄我们"……开学不久,便有不少同学前来报告李琦爱调皮捣蛋。其实,李琦是聪明活泼、思维活跃的学生,也为班级做了不少好事。老师本来还想让他做小组长呢,只是同学的态度使班主任迟迟没有任命。[②]

11. 请你以一班班主任的身份对全班同学进行一次集体谈话。

一、二两个班进行篮球比赛,场上竞争激烈,场外呐喊加油,双方比分不相上下。一班两名同学为使本班能够取胜,将小黑板上的比分偷偷作了改动。最后一班取胜。二班有个同学发现此举,广为传播,大家议论纷纷。此事尽管是个别同学所为,但影响很不好。

12. 请你自拟题目,设计一次对全班同学的集体谈话。

一天,老师正在班上上课,讲到最兴起的时候,突然有学生鼻子出血了,他一手捂着鼻子,一手向老师示意。血流了很大一摊,他不知所措,很惊恐地看着老师。这时旁边的同学看着

---

① 范国睿、程灵:《诗意的追求——教师实践智慧案例导引》,华东师范大学出版社2007年版,第115页。
② 范国睿、程灵:《诗意的追求——教师实践智慧案例导引》,华东师范大学出版社2007年版,第90页。

他,有的蒙住眼扭过脸去,有的竟哗然大笑……看着这一幕,老师惊诧了。现在的孩子怎么了?为什么看到同伴处于不幸中,会大笑起来?

13. 请你以班主任的身份分别对王钢同学和全班同学进行谈话。

　　周五下午第三节课,实习老师在班上举行"告别会",班主任因开会没有参加。"告别会"上师生依依惜别,互赠留言。许多男生的眼眶都湿润了,一些女生则低声哭了起来,教室里一片伤感。而此时,"调皮大王"王钢依旧嬉皮笑脸,不仅嘲笑伤感的男同学,还骂女同学"假正经"。孩子们由悲伤转为愤怒,由指责转为动手打人。实习老师由于忙于写留言,等他们发现后立即制止,可是迟了。七八个同学一起打骂王钢同学,害得他周一早上都差点不敢来上学,怕再次挨打。发生了这样的事,你怎么做?①

---

　　①　范国睿、程灵:《诗意的追求——教师实践智慧案例导引》,华东师范大学出版社 2007 年版,第 280 页。

第七章 教师态势语训练

第一节 态势语概述

语言是人类社会中最重要的交际工具,但语言不是人与人之间唯一的交际工具,除去语言外,人们还利用其他工具作为辅助性的交际工具,这些辅助性工具我们称之为语用补偿,本章探讨的态势语就属于语用补偿的范畴。态势语言和口头语言、书面语言共同构建了人类三大语言形态,它可以弥补有声语言在表情达意上的不足,具有有声语言和书面语言所不具备的视觉方面的种种优势。

态势语不仅是人们在口语交际中思想感情的外化,同时也是进行言语交际者展示风采、风度的手段。英国语言学家特伦斯·霍克斯认为:"任何言语行为都包含了通过手势、姿势、服饰、发饰、香味、口音、社会背景等这样的'语言'来完成信息传达,甚至还利用语言的实际含义来达到多种目的。"①美国体态语言学家伯德·惠斯特教授认为:在人际交往中,人与人之间所沟通的信息,只是很少一部分是以言语为媒介的,绝大部分信息是通过非言语媒介特别是体态语言传递的。全面了解态势语的构成和态势语在言语交际中的作用,有助于我们更好地进行人际交往活动。

一、态势语的含义

什么是态势语,陈望道先生在其《修辞学发凡》一书中指出,态势语是以面部表情、身势动作、空间距离和装扮服饰为物质材料,在人际交往和社会发展中,凭借视读情感意义的语言形式。在交际中,人们除了使用口头语言、书面语言进行交往沟通外,也存在着大量的非语言的交往。这种非语言交流,通过身姿、手势、表情、目光等配合有声语言传递信息的形式,即为态势语,又称为体态语,它具有交流思想、传达感情、暗示心理、描摹形态、渲染气氛等多种功能。

美国加州大学的心理学教授艾伯特·梅拉比安通过研究提出梅拉比安沟通模型,认为有效的沟通包含三个要素:肢体语言、声调和说话内容。它们的重要性比例是 55:38:7。沟通＝内容(7%)＋语气语调(38%)＋表情肢体语言(55%)。梅拉比安沟通模型进一步证明了态势语在日常交流中的重要作用。

现代神经生理学的研究表明,人的大脑右半球接受形象信号,左半球接受声音信号。态势语辅佐有声语言,两种信号刺激大脑皮层,共同影响接受者的思维,因而能够有效地提高交际

---

① 特伦斯·霍克斯:《结构主义和符号学》,瞿铁鹏译,上海译文出版社 1987 年版,第 25 页。

效果。正如人类学家霍尔评价的那样:"一个成功的交际者不但需要理解他人的有声语言,更重要的是要观察他人的无声信号,并且能在不同的场合正确使用这种信号。"可见,态势语在人际交往中的重要作用。

二、态势语的作用

美国学者莱杰·布罗斯纳安在《中国和英语国家非语言交际对比》一书的绪论中说:"人类交际一般分为书面、口头和身姿三个部分。由于文化教育的偏见,绝大多数受过教育的人往往认为书面语最重要,口语次之。至于身姿动作,是名列最后的。然而,无论是从不断进化的整个人类,还是从个人角度看,这些技能的习得次序、出现频率及其平常提供的信息量,都表明三者之间的重要地位正好相反。"①态势语是信息的载体,它不仅是传递信息的手段,也是获得反馈信息的重要依据。态势语能辅助有声语言完满地表达内容,充分地抒发感情。它具有丰富的表现力,还能对重要的词语、句子进行加重或强化处理,具有补充、强化口语信息的作用,可强化情感思想的表现力,起辅助、加势、渲染作用,可沟通、交流感情,调控交际活动。

(一)补充和强化口语信息

在口语交际过程中,讲话者的身姿体态、举手投足、神情容貌,始终伴随着的有声语言,发送着各种信息。通过动态的、直观的形象,与有声语言协调统一,拓宽了信息传输渠道,补充和强化了有声语言的信息,使有声语言的表现力和感染力得到升华。如果说有声语言承载着讲话者的思想和情感,诉诸听众的听觉器官产生效应,那么,态势语就是讲话者的姿态、手势、动作、表情等,它是流动着的形体动作,配合着流动的有声语言,表达出讲话者的思想情感,加强着有声语言的感染力和表现力,弥补着有声语言的不足。它诉诸听者的视觉器官,引起美感,得到启示,产生效应。正如古罗马政治家和雄辩家西塞罗评价的那样:"一切心理活动都伴有指手画脚等动作。双目传神的面部表情尤为丰富。手势恰如人体的一种语言,这种语言甚至连最野蛮的人都能理解。"

例如:

> 英国首相丘吉尔在一次演讲中说:"我们现在的生活水平比历史上任何时期都高,我们现在吃得很多。"讲到这里,他故意停了下来看着听众,然后,他低下头盯着自己的大肚皮说:"这是最有力的实证。"

丘吉尔在这段演讲中首先运用停顿把听众的注意力吸引到自己身上,然后巧妙地运用眼神"盯着自己的大肚皮",眼神、表情与有声语言配合默契,产生了妙趣横生、令人捧腹的交际效果。

再如:

> 一位教师教学《望庐山瀑布》,用抑扬顿挫的音调朗读着,他的目光随着"遥望"二字远望,同时手向前伸出;学生的目光随着老师的眼睛向远方眺望,好像真的看到壮观的瀑布。"飞流直下三千尺,疑是银河落九天。"读到"直下"二字,教师目光从上往下急速收回,手掌有力向下一挥,学生通过教师一放一收的目光领略磅礴气势、感受祖国山河之壮美。凭借教学语言和非教学语言的辅助,通过教师眼神,学生情感体验的高峰便在瞬间产生。

---

① 莱杰·布罗斯纳安:《中国和英语国家非语言交际对比》,毕继万译,北京语言学院出版社 1991 年版,第 3 页。

（二）沟通和交流情感

如果说"言为心声"，态势语则是无言的心声，是交际双方心理状态和情感的自然流露或有意识的表现。人们可以通过态势语表情达意，也可以通过态势语观察、分析对方说话的内容是否表达了真情实感，达到双方交流、沟通的目的。古人所言"手之舞之，足之蹈之"就是这个意思，尤其是在不便说、不必说、不愿说的情况下，巧妙运用态势语能起到"此时无声胜有声"的作用。

例如：

> 有一次，曾任美国第16届总统的林肯作为被告的辩护律师出庭。原告律师将一个简单的论据翻来覆去地陈述了两个多小时，听众都不耐烦了。好不容易才轮到林肯辩护，只见他走上讲台，一言不发，先把外衣脱下，放在桌上，然后拿起水杯喝了口水，接着重新穿上外衣，然后又喝水，这样的动作重复了五六次，听众被逗得大笑，前仰后合。这时，林肯才在笑声中开始了他的辩护。

林肯与其他听众一样，对原告律师啰啰嗦嗦、翻来覆去的发言极为不满，却又不便直言指责。于是，他上台之后，进行了一系列体态动作的幽默表演，以此抒发出他心中的不满。此举胜过千言万语，收到了无声胜有声的表达功效。

（三）调控交际活动

在口语交际过程中，态势语所表达的情感信息往往具有暗示作用。讲话者或听话者有意识地通过身姿、手势、表情、目光等手段传递信息，调动或影响口语交际对象的情绪，启发或引导对方的思路，调节口语交际的气氛，使口语交际中的主动权掌握在自己手中。态势语具有调控交际活动的作用，可以化不利的、被动的局面为有利的、主动的局面，以达到口语交际的目的。

例如：

> 两千多年前，马其顿国王亚历山大远征印度，途中断水。在面临全军崩溃的危急时刻，亚历山大在高高的战马上，斩钉截铁地说："勇敢的将士们，我们只要前进，就一定会找到水的。"伴随着有声语言，他的右臂向正上方高高举起，五指张开，然后，迅速有力地挥下。接下来讲到"壮士们，勇敢地前进吧"时，亚历山大的右手平肩向后收回，然后迅速有力地将五指分开的手掌猛地推向前方，表现一种势不可挡、所向无敌的气势，给将士们以极大的精神激励。

在亚历山大富有鼓动性的演讲中，他果断而强有力的手势与慷慨激昂的有声语言完美配合，调动和激发了将士们的情绪，引导他们相信并赞成自己的观点，激起了他们奋勇前进的斗志。

三、态势语的基本要求

态势语作为无声语言的一种，具有无声语言所具有的共同性、社会性、民族性、准确性等特征，在表达过程中要符合审美标准，准确、得体、协调，总的要求就是两个字：和谐。和谐是态势语运用的美学要求，包括与有声语言内容、语调、响度、节奏等的协调，与说话者或听话者的心态、情感的吻合，与特定语境的适应，与交际目的的统一等。具体来讲，和谐原则包括三个方面的内容：一是态势语要与有声语言协调一致，有助于补充或者强化语言信息；二是体态动作、目光、表情本身协调一致，不矫揉造作，给人和谐自然的美感；三是态势语的运用要与社会文化背景协调一致。后天习得的态势语具有一定的社会性，什么样的体态动作表示什么意思是约定俗成的，因而，运用态势语也要"入乡随俗"。

（一）自然适时

态势语是讲话者思想情感的外在表现，每一个体态动作都具有一定的含义和表意功能，运用中不要刻意追求所谓的艺术性效果，也无须追求那种千人一招、万人一式的所谓规范、标准的态势，态势语贵在自然，自然才显得动人真挚，"清水出芙蓉，天然去雕饰"。但自然并不等于无意识地随意，而要受口语交际目的的制约。一举手，一投足，一颦一笑都应准确恰切，优美自然，落落大方，鲜明生动。"情动于中而现于形"，态势语只有自然才见其纯真，切忌矫揉造作，装腔作势。

作为辅助有声语言的态势语，其一举一动均受有声语言的制约，因此，必须与有声语言表达协调默契，也就是适时。如果态势语的表达与有声语言的表达相互错位，出示太早或太迟，就会不合时宜，甚至滑稽可笑。例如，我们呼喊口号时，常常采用举拳头的动作相配合，但如果我们将二者割裂开来，口号已经呼喊完了才举起拳头，或者先举起拳头之后才去喊口号，二者之间形成一个较大的时间空隙，那显然会造成"漫画化"的笑柄。因此，态势语表达时必须与口语表达密切配合，这样动作与口语才会变得自然、协调、默契，浑然一体。如果违背了这些要求，态势语不但不能发挥积极的效应，反而会带来负面影响，甚至闹出笑话。

（二）得体适宜

所谓得体，即要求态势语必须与语言环境，与讲话者的身份、年龄、性别等相适宜，一招一式，一颦一笑，都应该给听者以潜移默化的影响，应从有助于口语表达的需要来设计适度得体的态势语，要力戒粗俗、粗暴的情态，避免过多、过繁、喧宾夺主的动作和手势。所谓适宜，即要求态势语必须与说话内容、情绪、气氛相协调，不宜随意盲目，使其游离于所要表达内容之外，为用而用，不要故作姿态，故弄玄虚。

不可否认，态势语具有丰富的表现力和强调的功能，能辅助有声语言更好地表情达意，抒发情感。精练适宜、适度得体的态势语，可以把理性、情感和言词有机地结合在一起，生动形象、简洁明快、疏密有致，给人以美感。但态势语毕竟是口语的辅助手段，因此，使用时切忌过多、过滥、喧宾夺主，应尽量做到少而精、适宜、适度。动作、手势、眼神都必须经过严格选择，有内在的依据，力求准确、优美，尽量剔除那些词语意义不强的习惯性动作和毫无意义的下意识动作。

（三）优美适度

态势语的运用是内容、情感的自然表达，是个性风格的自然流露，随情所至，自然大方，给人以和谐优美之感。力求做到精练、简洁、恰到好处，尽量避免过多、过繁或琐碎的动作和手势，以免影响交际活动的整体效果。

态势语的运用有一个量的问题，过多的态势语容易分散对方的注意力，削弱言语的力量，所以态势语的运用要适量，力求精练、简洁。同时，态势语运用的幅度、力度、频率等均受到有声言语、语境等因素的制约，在使用的过程中要注意把握分寸尺度，动作幅度不宜过分夸张，力度要适中，频率不宜高，形式不宜复杂，要有助于口语表达，而不要喧宾夺主，更不能哗众取宠。此外，态势语的运用还要与题旨情境相契合，动作表情的频度、强度、幅度、向度的变化形成不同的态势语类型。言语交际中应针对交际目的、内容、对象、环境等因素调控态势语诸变量，力求体态动作、面部表情与题旨情境和谐一致。

例如朗读《枫桥夜泊》时可以这样设计手势：首句"月落乌啼霜满天"——可将右手手掌自然张开，掌心向下，手平移并轻轻点动以显现"月落乌啼"之状。然后划一弧形，以形象展示"霜满天"的景致。"江枫渔火对愁眠"——将手掌先半开，掌心向上，先从近往远划，体现"江枫渔火"位置的变化，以引起听者的注意。朗读到"对愁眠"时，则轻收手掌于胸前。读到"夜半钟声"时，将手略靠近右耳，轻柔点动，好像品味夜空里清扬悠越的钟声。然后随诵读声，手从远处划至胸前，以示"到客船"。这些手势语切合诗的意境，简洁，但不失形象生动；切合诗的韵律，轻柔，但富有鲜明的节奏感。与有声朗读相配合，再现了诗中凄清落寞的气氛，具有极强的感染力。

第二节　教师态势语类型

美国著名社会心理学家克特·W.巴克以有无声音、静动态为标准将态势语划分为三大类：

第一类为动态无声类，如头部的各种运动、变化着的面部表情、各种眼神的变化、有动态感的手势和身体动作等。

第二类为静态无声类，如衣着服饰、相对静态的站姿、有稳定性状的气质和精神面貌、讲话中的停顿和突然出现的沉默等。

第三类为有声类，如出声的哭泣、唉声叹气、各种各样的笑、拍打桌椅、击掌、语调的升降、语气、语速和节奏的显示等。①

从常用角度出发，态势语主要包括表情语、手势语和身姿语三大基本类型。

一、表情语

所谓表情语，是指个体在人际言语沟通过程中，通过面部表情和肢体反应来传递信息和表达情绪的非有声言语手段。如说话时的脸部肌肉、脸色、目光指向等。面部表情主要是通过目光语和微笑语来传递信息的，它是态势语表达中的一个最富于表现力也是最重要的组成部分，其使用频率大大高于手势和身姿，产生的作用也比手势、身姿更加直接和广泛。

古希腊最伟大的演说家德摩斯梯尼有一段有趣的对话：

一个演说家最重要的才能是什么？
表情。
其次呢？
表情。
再次呢？
表情。

---

① 克特·W.巴克：《社会心理学》，南开大学社会学系译，南开大学出版社 1984 年版，第 46 页。

法国作家罗曼·罗兰指出:"面部表情是丰富多彩的语言,是比嘴讲得更复杂千百倍的语言。"心理学家的研究表明:在人们传达信息的总量中,55%是靠面部表情来获得的。人的面部表情由脸色的变化和眉、目、鼻、嘴、肌肉的动作来体现,十分丰富,仅眉毛的动作就有20多种。因此,在人际交往过程中,听众十分注意讲话者的面部表情,以增强接收讲话者情感变化和心理活动的信息。而讲话者也很注重利用面部表情来吸引听众的注意力加深与听众的思想感情交流,并对听众施加心理影响,以使口语表达产生极强的感染力。面部表情语要力求做到"五感",即灵敏感、鲜明感、真实感、分寸感和艺术感。

二、手势语

手的姿势,通常称作手势,指人在运用手臂时,所出现的具体动作与体位。手势语是人类最早使用的、至今仍被广泛运用的一种交际工具。在一般情况下,手势既有处于动态之中的,也有处于静态之中的。在长期的社会实践过程中,手势被赋予了种种特定的含义,具有丰富的表现力和高度的灵活性。手势是人类表情达意的最有力的手段之一,在体态语中占有最重要的地位。手势是讲话中使用频率最高、最富有表现力的体态语。手势活动范围分为三个区域:上区为肩部以上,多表现积极、振奋、肯定、张扬等意义;中区为肩部至腰部,表现坦诚、平静、和气等叙述、说明的中性意义;下区为腰部以下,多表现憎恶、鄙视、压抑、否定等贬义。

手势的运用没有什么固定模式,以自然为佳,在日常习惯性手势的基础上,可进行适当的修饰和设计,改掉一些不良的手势习惯。手势语表达要与有声语言密切配合,与身体、表情协调,宁少勿多,不可滥用,切忌生硬、粗俗、琐碎。

三、身姿语

身姿指身体的外部形态,身姿语是人的静态和动态等各种身体姿势所传递的交际信息。俗话说"坐如钟,站如松,行如风",就是强调人际交往过程中身姿语的重要作用,它是展示仪容、表现风度、传递信息的有效手段,主要包括站姿、坐姿和行姿三个方面。

（1）站姿语是通过站立的姿态传递信息的语言。不同的站姿给人不同的印象,也传递出不同的信息。站立时应该挺胸收腹,精神饱满,气沉丹田,两肩放松,胸略向前上方挺起,重心放在脚底中央稍偏外侧位置,双手自然下垂或配合一定的手势。身体挺直、舒展、自然,不要左右摇摆。在正式和公开场合常使用的站姿有两种,一是正规严肃型,即腰板挺直,全身直立,精神振奋,给人以庄重严肃的感觉,适用于就职演说、大会讲话、被人介绍、接受奖励等场合;二是恭谨谦虚型,即略微低头,垂首含胸站立,给人以谦虚、诚恳、恭谨的印象,适用于求学、求助、求救等场合和状态中。

（2）坐姿语是通过各种坐姿传递信息的身姿语。不同的坐姿传递出不同的信息。坐姿有三种基本类型。一是正规坐姿,要求上身挺直,精神集中,两手平放在膝上或手按着手,双腿并拢或略微分开。女性也可以采用双膝并拢或脚踝交叉的姿势。这种坐姿,表示庄重和尊重对方,多用于外事谈判、严肃会议或主席台就座等场合。二是半正规半休闲坐姿,即介于正襟坐姿和轻松坐姿之间,坐的姿态较为轻松,如头稍稍后仰,背靠椅背,手随便放在扶手上,腿可以架在另外一条腿上等。这种坐姿,显得轻松自如,不拘束,可以营造和谐融洽的气氛,缩短交际双方的心理距离。一般适用于交谈、接待、座谈会、联谊会等场合。三是休闲坐姿,即自由自在、轻松自如的坐姿。身体可倾斜着,双手可交叉放在胸前,或抱于脑后,一条腿可以放在另一条腿上。这种坐姿,表示轻松、随意、融洽、和谐、不拘礼节。多用于非正式交际场合中,如在家中或宿舍与非常熟悉的人随便聊天时。坐姿一般要求是：入座时应轻而稳，不要让人觉得毛手毛脚不稳重；坐的姿态要端正、大方、自然，不要将座椅坐得太满；上身挺直，不左右摇晃；腿的姿势配合要得当，一般不要跷二郎腿；与人交谈时，上身要稍作前倾，以表示专心听和对对方的尊重。坐姿的运用同样受交际环境的制约，在不同的场合、气氛中，对不同的对象，我们应该采取与之相适应的坐姿。

（3）行姿语是身姿语的重要构成要素。正确地走动和移步，有助于内容的表达，还可以显示讲话者优美的风度和夺人的气势。在一些正式场合，如演讲、作报告等的行姿，一般来说，向前移步表示积极性的意义，如支持、肯定、坚信、进取等；向后移则表示消极性的意义，如疑虑、否定、颓丧、退让等；向左、右移动则表示对某一侧听众特别的传情致意，可以活跃气氛，有时还可以显示讲话的节奏和层次。行姿语要注意两点：一是表意要明确。走动是为了表达感情，也是为了显示语言的节奏和层次，要心中有数。力求做到该走则走，走出风度、气势；该停就停，停得有韵律、有节奏。决不可盲目地、毫无意义地在台上乱转。二是不可频繁走动。走动不可太多，幅度也不宜过大。倒背双手在台上迈开大步游荡，不仅会分散听众注意力，也会使听众觉得你在虚张声势，甚至产生厌烦的情绪。

第三节　教师课堂教学态势语训练

美国心理学家、举止神态专家布鲁克斯说："教师对本学科的酷爱所表现出来的富于感染力的激情，在很大程度上要通过态势语言显示出来，专心致志、津津乐道的教师的体态总是微微向前倾，面部表现神采飞扬，语气热烈而富于激情。"态势语在课堂教学中有着不可缺少的辅助作用。教师的一个眼神、面部表情、手臂动作以及身体移动等，都可以折射出一个教师的文化素养、心理情感和道德规范。作为一名教师，我们应该掌握好一个度，运用自身的态势语有效地开展课堂教学，优化教学过程。

一、课堂教学态势语的运用

教师的态势语所传递出来的信息会参与其整个教学过程，并影响到教学的有效性。它直接作用于学生的智慧、心灵与个性，影响教学、教育的效果。教师合理地运用态势语不仅可以加强课堂教学中的情感沟通，还可运用它来直观形象地传递知识性信息。

（一）巧用目光语

俗话说得好，"眼睛是心灵的窗户"。在现实生活中，我们对于他人的思想、感情、性格的认识和把握，主要是通过眼睛去窥测的，一个人的眼睛所发出的态势语言信息丰富多彩。作为一名优秀的教师，应该善用自己的目光语。善用目光语往往会收到意想不到的效果。通过教师含义丰富的目光，学生可以从其目光中窥见教师的心理，从而引起相应的心理反应，产生或亲近或疏远、或敬重或反感的情绪体验。这种体验可以产生丰富多样的师生关系，并最终决定教学效果优劣。巧用目光语，要注意以下几个方面：

1. 目光合理分配

在课堂教学过程中，教师的目光分配是极其重要的。国外有学者对教师目光分配的规律进行了研究。美国昂塔里学院教育博士约翰·克勒的调查研究表示：19 位老师在课堂上一刻钟时间内，慈祥时间超过 30 秒。研究还发现：老师平均 44％ 的时间直视前方，39％ 的时间与他右边学生交换目光,只用 19％ 的时间与左边的学生进行目光交流。造成这一现象的原因可能是由于人的大脑左右两半球优势发展不均匀,大多数人(包括大多数教师)左半脑发达,因此它所主司的视觉器官便偏向于右边活动;再就是教师在课堂上大多是进行逻辑思维,主要应用左脑,这也促使视觉器官偏向右边的学生多于左边的学生。可见,在课堂教学中教师的眼睛需要随时与学生直视,并且产生目光交流。

　　合理分配目光的做法是:首先,可采用环视法。例如,上课开始,如果发现学生尚未进入"角色",教室秩序混乱,教师可以采用环顾的目光扫视全场,这种目光可以起到"威慑"的作用;其次,在讲课过程中采用环顾法把目光的中心放在倒数二三排的位置,同时兼顾其他地方,能使学生感到自己处在教师的"观察视域",都有被教师注意的感觉,从而满足他们被尊重的心理需要。教师要特别注意使自己的目光与全班学生的目光保持"对流",以便随时调控课堂教学气氛,真正使教师的目光变成课堂气氛和学生情绪的"控制中枢",对学生学习的信息反馈及心理变化及时了解,进而及时调整教学方法,使教学顺利进行。

　　在课堂教学中最忌讳的是师生之间"零目光接触",教师只顾东张西望,或直视教室后面的墙壁,或目视天花板和地面。这种无意识地躲避视线接触的行为,很可能使学生以为教师目中无人,缺乏自信,分散了学生听课的注意力,势必影响到课堂教学的效果。

　　2. 眼神勿傲勿怠

　　眼神可以反映一个人的心灵。孟轲在《孟子·离娄上》中谈到眼睛对于认识人的作用时说:"存乎人者,莫良于眸子。眸子不能掩其恶。胸中正,则眸子瞭焉;胸中不正,则眸子眊焉。"黑格尔在他的《美学》一书中也说:"不但是身体的形状、面容、姿态和姿势,就是行动和实际,语言和声音以及它们在不同生活情况中的千变万化,全部都要由艺术化成眼睛,人们从这眼睛里就可以认识到内在的无限的自由心灵。"

　　眼睛是心灵的窗户,而透视和折射窗户内外的景物唯一的渠道则是目光。目光所表达的含义有很多,有喜悦的、昂扬的;有气闷的、愤恨的;有忧伤的、低沉的等。教师的目光也是丰富生动的,但必须保持神采,教师要善于用明快变化的目光捕捉课堂上各种信息,既要针对不同的教学内容使用不同的目光,也要针对不同的学生使用不同的目光点视。如对上课认真听讲的学生投去赞许的目光,对跃跃欲试却又不敢举手的学生投去鼓励的目光,对思想开小差的学生投以制止和提醒的目光等。因此,教师在讲课时要扩大目光语的视区,始终把全班学生都置于自己的视野中,采用大角度的环视表达对每个学生的关注,用眼神的交流组织课堂教学。

　　因为在课堂教学中,教师的眼神面对的是几十双审视的眼睛,而学生不仅希望从中看到老师所传达的知识内容,更希望从中看到理解、信任、肯定以及赞许。所以,作为教师,无论我们面对什么样的学生,我们的目光都应当勿傲、勿怠。用恰当的眼神告诉学生我们所想传递的信息,或赞许,或批评,或疑问,用恰当的眼神点到为止,这样既达到了教学的目的又同时尊重了学生的情感,让学生在这样的眼神中积极思考,使得整个课堂在活跃的气氛中有序进行,收到良好的教学效果。

　　不恰当的眼神往往会带来负面效果。如果一个教师用轻蔑的眼神看着学生,或者上课时目光呆滞,心不在焉,那么整个课堂就会死气沉沉,无法收到良好的教学效果。

　　(二) 巧用表情语

　　人类的面部表情千变万化,与人的情绪有极为密切的关系,人们往往能通过面部表情,把某些难以或不宜用语言表达的微妙、复杂、深刻的思想情感,准确、精密地表述出来,而面部表情正是教师内心真情的反应。因此,蕴含着丰富信息的教师的面孔自然就成为学生关注的目标,他们时刻想从教师的表情上获得有关信息,以确定自己做出怎样的反应。

教师的面部表情,一要自然,要让自己的内心活动与外在表情一致,使学生看到教师表里如一的真实形象,以赢得学生的充分信任。二要适度,教师的脸色、脸形的变化不可过分、过频,要恰如其分,做到嬉笑而不失态,哀痛而不失声。三要温和,教师的面孔像一面 X 光屏幕,各种情绪心态都能毫无保留地透露出来。

教育心理学的研究表明,教师的表情温和、亲切、平易近人,师生间的角色差异给学生造成的心理压力就会减少甚至消失,这样不仅打开了师生间的感情通道,学生的思维之门也为之敞开。反之,如果教师的面孔冷漠、"阴雨连绵",则会使学生产生惧怕心理,从而妨碍师生之间的感情沟通,阻塞学生的思维,给学生的心理和学习带来不良影响,也不符合新课程的教学理念。

培根有句名言:"含蓄的微笑,往往比口若悬河更为可贵。"微笑的力量由此可见。一名讲究教学艺术的教师,应当经常在学生面前保持微笑,露出亲切慈祥的面容。自然、谦和、恬静和端庄的表情永远都是学生最愿意看到的。

如上所述,表情是心灵的屏幕,它能够把人的内心活动表现出来。具体地讲,教师在教学中的表情可分为两种:一种是常规的,即和谐、亲切、热情、开朗、面带微笑,这就是教师面部表情最基本的要求。另一种是变化的面部表情。比如,我们在教学过程中随着教学内容而产生的喜怒哀乐等。在传授知识的过程中,教师把从教材中领会到的作者爱与恨的感情,通过自己的表情传达给学生,使师生之间产生心灵的交流、撞击与感情的交融。同时教师和蔼可亲,才能使学生产生良好的心态,才能为学生创造和谐轻松的学习氛围。课堂上,教师给认真听课的学生一个默许的微笑,使他们信心倍增;提问时,教师一个疑问的表情,便激起他们探索的欲望。总之,教师灵活地运用生动丰富的表情会使课堂效果更生动、更丰富,充满活力。

上文已经讲到,面无表情是课堂的大忌,因为没有一名学生会喜欢一名永远板着脸、目光呆滞的老师。一名语言抑扬顿挫,表情跌宕起伏,能较好地运用态势语传情达意的教师,总是比那些紧张呆滞、动作死板、毫无生气的教师更受学生的欢迎。有时,教师只要一个眼神、一个细微的动作,就足以让学生明白教师的想法、态度和意图,引领他们做出正确的行为,改变他们正在进行着的错误行为。正因为如此,我们坚信,教师是教学活动中不可或缺的单元,教具的先进可以提升学生学习的兴趣,然而一个活生生的教师形象更能引领学生的学习生活,影响他们的人生选择。尤其是一名语文老师,在课堂教学中,讲解时的表情牵引着学生对课文的理解,带领着学生进入课文的氛围中。如课文《老王》的课堂教学应该是沉重但不失温情的,所以表情应该是和缓温煦而绝不嬉皮笑脸的;《荷花淀》的感情基调是比较轻松欢快的,所以表情上应该展示中国抗战时期女性的坚强,当讲到她们将鬼子打得落花流水时,表情应该是带有强烈的自豪感的,所以应该表情坚定,台风活泼。下面我们以《奥斯威辛没有什么新闻》为例,谈谈教师表情的选择。

1. 从某种意义上说,在布热金卡,最可怕的事情是这里居然阳光明媚温暖,一行行白杨树婆娑起舞,在大门附近的草地上,还有儿童在追逐游戏。

2. 这真像一场噩梦,一切都可怕地颠倒了。在布热金卡,本来不该有阳光照耀,不该有光亮,不该有碧绿的草地,不该有孩子们的嬉笑。布热金卡应当是个永远没有阳光、百花永远凋谢的地方,因为这里曾经是人间地狱。

3. 每天都有人从世界各地来到布热金卡——这里也许是世间最可怕的旅游中心。来人的目的各不相同——有人为了亲眼看看事情是不是像说的那样可怕，有人为了不使自己忘记过去，也有人想通过访问死难者受折磨的场所，来向他们致敬。

4. 布热金卡在波兰南方城市奥斯威辛城外几英里的地方——世人对奥斯威辛这个地名更熟悉。奥斯威辛大约有 12 000 名居民，距华沙 120 英里，地处被称为摩拉维安门的山口的东头，周围是一片沼泽地。布热金卡和奥斯威辛一道组成了被纳粹称为奥斯威辛集中营的杀人工厂的一部分。

5. 十四年前，最后一批囚徒被剥光衣服，在军犬和武装士兵的押送下走进毒气室。从那时起，奥斯威辛的惨状被人们讲过了很多次。一些幸存者撰写的回忆录中谈到的情况，是任何心智健全的人所无法想象的。奥斯威辛集中营司令官罗道夫·弗兰斯·费尔南德·霍斯在被处决前也写了回忆录，详细介绍了这里进行的集体屠杀和用人体作的各种试验。波兰人说，共有 400 万人死在那里。

6. 今天，在奥斯威辛，并没有可供报道的新闻。记者只有一种非写不可的使命感，这种使命感来源于一种不安的心情：在访问这里之后，如果不说些什么或写些什么就离开，那就对不起在这里遇难的人们。

7. 现在，布热金卡和奥斯威辛都是很安静的地方，人们再也听不到受难者的喊叫了。参观者默默地迈着步子，先是很快地望上一眼；接着，当他们在想象中把人同牢房、毒气室、地下室和鞭刑柱联系起来的时候，他们的步履不由得慢了下来。导游也无须多说，他们只稍用手指一指就够了。

8. 每一个参观者都感到有一个地方对他说来特别恐怖，使他终生难忘。对有的人来说，这个地方是经过复原的奥斯威辛毒气室。人们对他们说这是"小的"，还有一个更大的。对另外一些人来说，这样一个事实使他们终生难忘：在德国人撤退时炸毁的布热金卡毒气室和焚尸炉废墟上，雏菊花在怒放。

9. 还有一些参观者注视着毒气室和焚尸炉，开头，他们表情茫然，因为他们不晓得这是干什么使的。然而，一看到玻璃窗内成堆的头发和婴儿的鞋子，一看到用以关押被判处绞刑的死囚的牢房时，他们就不由自主地停下脚步，浑身发抖。

10. 一个参观者惊惧万分，张大了嘴巴，他想叫，但是叫不出来——原来，在女牢房，他看到了一些盒子。这些三层的长条盒子，6 英尺宽，3 英尺高，在这样大一块地方，每夜要塞进去五到十人睡觉。解说员快步从这里走开，因为这里没有什么值得看的。

11. 参观者来到一座灰砖建造的建筑物前，这是在妇女身上搞不育试验的地方。解说员试着推了一下门——门是锁着的。参观者庆幸他没有打开门进去，否则他会羞红了脸的。

12. 现在参观者来到一条长廊里。从长廊两边的墙上，成排的人在注视着参观者。这是数以千计的照片，是囚徒们的照片。他们都死了——这些面对着照相机镜头的男人和妇女，都知道死亡在等待着他们。

13. 他们表情木然。但是，在一排照片的中间，有一张特别引人注目，发人深思。这是一个二十多岁的姑娘，长得丰满，可爱，皮肤细白，金发碧眼。她在温和地微笑着，似乎是为着一个美好而又隐秘的梦想而微笑。当时，她在想什么呢？现在她在这堵奥斯威辛集中营遇难者纪念墙上，又在想什么呢？

14. 参观者被带到执行绞刑的地下室去看一眼,这时,他们感到自己也在被窒息。另一位参观者进来了,她跪了下来,在自己胸前画十字。在奥斯威辛,没有可以作祷告的地方。

15. 参观者们用恳求的目光彼此看了一眼,然后对解说员说:"够了。"在奥斯威辛,没有新东西可供报道。这里阳光明媚,绿树成阴,在集中营大门附近,孩子们在追逐游戏。

由内容可见,这篇文章的基调是庄严而肃穆的,所以教师在表情的选择上应该以庄重为主,凸显文章氛围。但在不同段落的讲解上,可以根据具体内容选择不同的表情。

1—3 自然段是本篇导语。开篇讲解的时候就应该带有庄严沉重的神情,阳光明媚的地方可以在讲解时语气和煦一些,但是讲到奥斯威辛是"人间地狱"的时候语气和表情都要显出沉重和庄严,带领学生进入那种凝重的环境中,感受奥斯威辛的历史厚重感。

4—15 自然段是这篇新闻的主干。大致按先整体概述后局部说的顺序展开。4—5 自然段介绍集中营的方位、居民、环境、历史等概况。作者援引具体数据与个人回忆录要点等确凿事实证明这里曾经是"杀人工厂"。第 6 自然段交代写作动机,"今天,在奥斯威辛,并没有可供报道的新闻"这一句呼应标题,强调法西斯犯下的滔天罪行罄竹难书,出于记者职业的神圣使命感,出于对遇难者在天之灵的告慰,他不能不向世人报道他所见到的一切。这就再次拉近了记者与受众的心理距离。8—15 自然段叙述参观者的见闻感受,大体依照参观地点的转换,即"毒气室→焚尸炉→死囚牢→女牢房→灰砖房→长廊→地下室"的顺序,择要记录参观者的印象。这里作者运用了多重视角,不仅写历史遗迹(物)的特征,而且刻画参观者的表情反应;不仅写参观者的观感印象,也写自己对参观者反应的反应。这一部分是最需要通过表情表现课堂氛围的,参观者的表情变化,想要让学生具体可感,老师在讲解时就要正确选择表情,跟着参观者和作者安排情绪的起伏,或沉默、或愤慨、或眉头紧锁,都能让学生感受到和平年代的人们在进入奥斯威辛后的内心的起伏变化。

结语"在奥斯威辛,没有新东西可供报道"一句再次点题,呼应第 6 自然段首句,这不仅使全文结构收尾圆合,而且激发读者旧事重拾,温故知新。"这里阳光明媚,绿树成荫,在集中营大门附近,孩子们在追逐游戏"呼应首段,反复展现今天布热金卡的安谧、秀丽的风景,这是用乐景寄托对遇难者的哀悼,同时提醒人们"前事不忘,后事之师",要百倍珍惜今天的自由与幸福。

(三)巧用肢体语

人的肢体可以辅助交际更顺利地进行,"在言语交际中,由交际者伴随言语而运用的各种手势,可以形成一种伴随语境,在理解言语信息时,适应这种伴随语境十分重要"[1]。

教师的动作姿势主要指手的动作和站立的姿势。手臂的不同姿势、造型能描摹事物的复杂状貌,传递人们的潜在心声。教师的手臂动作不同于日常生活中的手势,它应当严格服从教学内容、教学目的的需要,与教学内容保持和谐一致。运用肢体语要做到以下几点。第一,动作准确。动作应根据需要灵活掌握、慎重使用。需要铿锵有力的动作时,绝不使用有气无力的动作。第二要站立自然平稳。在课堂上,教师不同的站立姿势,对学生的心理有不同的影响,站着讲课有助于教师的动作、表情的阐述,容易使教学富有感染力。当学生回答问题时,教师的身体要微微前倾,侧耳倾听,这样能增加学生对教师的亲切感,获得较好的教学效果。教师

---

[1] 冯广艺:《语境适应论》,湖北教育出版社 1999 年版。

不能举止无措,更不能有厌倦、失望的动作姿势。

二、课堂教学态势语的训练

态势语在课堂教学中起着不可忽视的作用,是有声语言的重要补充。苏联教育家马卡连柯说,做教师的绝对不可以没有表情,不善于做表情的人绝不能做教师。马卡连柯特别重视在课堂教学中教师传达给学生的情绪,认为教师自信、饱满的情绪能使学生进入积极亢奋的学习状态,充满乐观进取精神。

(一) 培养身姿语技能

身姿语包括行姿、站姿、坐姿等,是构成教师口语交际中说话者或听话者整体形象的重要因素。

教师的身姿语给学生以第一印象,好的教师能产生磁铁般的吸引力。教师的站姿要端庄、稳健、挺直、精神饱满,弯腰驼背会让学生感到别扭、压抑、精神不振。教师讲课时站累了,可将身体重心轮换放在一条腿上,作稍息的站姿,但身体不要后仰、歪斜,或左摇右晃,不要把另一条腿伸得太远或下意识地抖动,不要长时间将双手撑着讲台或将上身俯在讲台上。

在教师技能课上,要根据上面的要求对每位学生进行认真的培训,并且要在微格教室进行,录影后把录影带进行回放,让学生切实明白自身存在的问题,并进行积极的改正,以达到教师的身姿语要求。

(二) 培养手势语技能

手的动作是态势语的重要组成部分,它有助于表情达意,可以传递部分信息,同时具有增加美感、魅力的作用。有人说,手是人的第二张脸。手势表达的含义相当丰富,可以大致分为四种:一是情意手势,主要用于表达说话者的情感;二是指示手势,用于指明要说的人、事物、方向等;三是象形手势,用来描摹、比画具体事物或人的形貌;四是象征手势,用来表达抽象概念。

教师在课堂教学中要"以手势助说话",手势要目的鲜明,克服随意性,要针对不同教学对象、教学内容正确选用不同含义、不同区域、不同指向的手势;手势要适度,包括速度、频度、幅度、角度等。要注意克服教学中常见的不良手势,如抓耳挠腮、抠鼻子、摸胡子、手沾唾液翻书或讲稿、用手指敲击讲台或对着学生指指点点等;手持教本或教具讲课,不要挡住面部。

(三) 培养表情语技能

表情是心灵的屏幕,它像镜子一样把交际双方复杂变化的内心活动反映出来。口语表达时,表情力求做到五感,即灵敏感、鲜明感、真实感、分寸感和艺术感。要尽力克制影响交际效果的表情。听人说话时,要"听其言而观其色",观察对方面部表情的变化,窥测对方的心态或言不由衷处。面部表情包括面部肌肉、眉、唇等的变化,其中微笑是面部表情的基本形式,学会在口语交际中多一些真诚的微笑,会有助于你与对方的沟通,有助于交际目的的实现。

教师在教学中的表情语可以分为两种:一种是常规性的,做到和蔼、亲切、热情、开朗,常带微笑,这是教师面部表情的基本要求,它能使学生产生良好的心理态势,创造和谐轻松的学习氛围。另一种是变化的面部表情,如随教学内容而产生的喜怒哀乐,随教学情境与学生产生的感情共鸣等,它能使课堂效果丰富、生动而又充满活力。教师的表情变化要适度,不能过分夸张,以避哗众取宠之嫌;更不能板着面孔讲课,毫无生气,令人生厌。

在进行这项技能训练时可以让学生对着镜子进行练习,或者把学生分成小组,两两相对,互相纠正,效果较好。

（四）培养目光语技能

目光是面部表情达意最丰富的渠道,是表情语中的核心。在课堂教学中,要根据需要恰当运用各种眼神来帮助说话,如正视表示庄重、诚恳,斜视表示轻蔑,环视是与听众交流,点视具有针对性和示意性,仰视表示崇敬或傲慢,俯视表示关心或忧伤,凝视表示专注,漠视表示冷漠,虚视可以消除紧张心理等。

教师要防止目光语运用中的一些不良习惯,如视线不与对方交流以致冷落听话者;长时间死死盯住对方,使对方受到目光侵犯;眼球滴溜溜乱转或眼动头不动;做手势时手到眼不到;边想边说时频繁眨眼或闭目思索;当众说话时挤眉弄眼等。

教师的目光要保持神采,用丰富明快的眼神使口语表达更加生动传神。教师讲课时要扩大目光的视区,始终把全班同学都置于自己的视野之中,并用广角度的环视表达对每个学生的关注。要用眼神的交流组织课堂教学,捕捉反馈信息,针对不同的学生使用不同的目光点视,如对听讲认真、思维活跃的学生投去赞许的目光,对思想开小差的学生投以制止的目光,对回答问题胆怯的学生投以鼓励的目光等。教师的眼神忌黯淡无光;忌视线老盯着天花板、窗外或讲义,不敢正视学生;忌视角频繁更换,飘忽不定,给学生心不在焉的感觉。

（五）培养空间距离语技能

口语交际双方空间距离的远近,往往反映了谈话双方的人际关系、谈话内容和效果等,被人们称为"空间距离语"或"界域语"。一般说来,近距谈话,表示双方关系较密切或话题具有不宜扩散性;中距谈话,说明双方关系一般,大多是公事交谈;站位距离较远的谈话,双方关系就显得比较疏远。在口语交际中,教师要根据特定谈话情境和对象,适当调节空间距离,以实现口语交际目的,但要注意,距离过近,会使对方受到"空间侵犯"而不安;距离过远,又使对方受到冷落,削弱谈话效果。

教师讲课时,站位以讲台后边为主,根据教学需要可适当变化,缩小与学生之间的空间距离,密切师生关系。如走下讲台,站在前排或深入学生座位之中去指导、帮助;走近后排学生,使他们感到亲近;貌似不经意地走向做小动作的学生,以距离作提醒性暗示等。上课走动不宜频繁,以免分散学生注意力;不宜脚步匆匆,也不宜过于迟缓。教师与学生个别交谈时的空间距离要适中,一般对小学低年级学生或幼儿园小朋友可用较近距离,可用手抚摸学生的头以示亲近;对中学或小学高年级学生尤其是异性学生,空间距离不可太近,更不要随便用手触、拍学生头部或肩部,以免引起学生反感。

（六）培养服饰语技能

作为人体包装的服装、饰品等与身体姿态融为一体,通过色彩、款式等因素显现人的性格、修养、风度和精神面貌,影响口语交际的效果。不同情境的口语交际中的服饰,要注意坚持双重标准,既要美观,更要审时度势,要同特定的口语交际情境和口语交际目的协调。

一名优秀的教师不仅仅要学问做得好,更要有良好的品行和仪容仪表,要穿得合体、整洁、大方、端庄,容易拉近师生之间的距离。

总体来看,教师的服饰仪表要整齐干净、协调自然、高雅大方、美而不俏、美而不俗,体现作为教育者应有的风貌,服装色彩不能太耀眼,也不要太灰暗;不能穿奇装异服,也不能不修边幅。

首先,要遵循协调自然的原则。教师是自然人,更是社会人,是学生生活的领路人,学习的掌舵者。教师的服饰也会关系到学生的舒适度,还可能成为学生争相模仿的对象。有调查显示,大部分学生会在课后议论教师服饰,所以得体的服饰对拉近师生距离,显示个人魅力是不可或缺的。幼儿园的教师,需要搭配不同色调吸引好动的孩子们,而中学教师服饰过多的色彩只会让学生反感;一名引领时尚的舞蹈老师的服饰可以紧跟潮流,但一名语文老师紧跟潮流未免会被学生议论为奇装异服。所以说,服饰语必须与自己的身份、场合、交流对象密切相关。

教师应该切记:讲台不是时装秀舞台。据媒体报道,成都某学校由于女教师穿露脐装,导致这名女教师所任教班级的二十多名学生要求集体转班。这则消息在向我们提出这样一个问题:教师着装是否应该有一定的要求?或者说,是否所有的服装都可以穿进课堂?有人认为:我们在大街上看到的任何服装,只要其他地方允许穿戴,也就应该允许教师穿进课堂。作为一个独立存在的人,教师穿什么服装都无可指责,难道因为是教师这个职业,就必须放弃个人的基本爱好和生活习惯吗?这话看起来有些道理,但仔细分析,就会发现有些荒谬。讲台毕竟不是"T台",而一个自由存在的人,一旦选择一种职业的时候,就应该要有与这职业相适合的一些最基本的外表形象。对大多数人来说,得体大方是最基本的要求,教师也是如此。这就像上班不能穿拖鞋,不能穿背心一样,是一种约定俗成的最基本的原则。

我们常说"言传身教",其实,教师的穿着也能给学生以一定的影响。讲台毕竟是严肃的地方,当一名老师站上讲台教授孩子们知识的同时,也应该教会他们怎么做人。可以想象,一个穿着超短裙、吊带衫、露脐装的老师,给孩子树立的是怎样的榜样!我们允许年轻老师的穿着可以活泼靓丽,但这绝不意味着"奇装异服",更不应该是"暴露"。因为,讲台毕竟不是"T台",自然协调的服饰会让学生身心愉悦。

其次,要注重搭配。一成不变会引发学生的审美疲劳,搭配不当的服饰也会降低服饰的品位。服饰是由色彩、款式和质地等因素构成的,色彩是构成服饰的第一要素。研究表明,人们在观察物体的时候,色彩感觉占到 80%,服饰的协调主要是色彩的协调。色彩一般被分为三大类:以蓝色为基调的称为冷色调,多表现忧郁、悲凉的情调。以红色为基调的称为暖色调,多用来表现欢快和喜庆。黑、白、灰被称为无彩色或中性色,在色彩搭配时比较随意。

总之,教师的服饰搭配要严谨、适度,以不分散学生的注意力为目的,从而通过服饰彰显个人身份、气质特点,更好地提高教学的效果和教师的威信。

顾泠沅先生曾说:"知识分为两种——显性的知识和潜在的知识。"如果把知识比作大海里的冰山,显性的知识就是海平面以上的部分,潜在的知识就是海平面以下的部分。显性的知识是可以以语言为媒介,口传身授的知识;而潜在的知识则是学习者必须充分发挥了自己的主动性,靠自己感悟得到的知识。在学习的过程中,有时学习者也是需要迦叶尊者般"拈花一笑"似的觉悟的。这就需要作为教育者的教师们,用尽可能丰富的信息渠道向学习者传达知识、技能、情感和态度,而不仅仅是语言,这样也就可以为学生的"觉悟"留下更加广阔的空间。

综上所述,教师的态势语是其内心修养的外在表现,教师应自觉加强自身修养,自主训练,培养能充分展示自己个性的富有吸引力的态势语,并能在工作中准确、适量、自然、恰当、得体地运用,使态势语的独特作用得以充分发挥,让学生在美好、和谐的氛围中学习成长。

思考与
练习

1. 给下面每句话设计一个合理的手势。

(1) 大家安静,安静!

(2) 我讲的这个问题非常重要!

(3) 注意,有一点切不可大意!

(4) 这么一讲,我们不就完全明白了吗?

(5) 有人想这么办不行,这是触犯法律的,绝对不行!

(6) 请关闭手机,保持会场秩序!

(7) 请大家紧靠楼梯右边行走,不要拥挤!

(8) 这道题不会的同学请举手!

(9) 请课代表收齐作业,并将没交作业的同学名单统计出来!

2. 分组讨论下面的眼神可能透露了什么? 并尝试进行演示。

(1) 听着听着,目光凝滞住了。

(2) 听着听着,眼睛忽然湿润了。

(3) 听着听着,身子不停地扭动起来。

(4) 听着听着,忽然眼睛闪动了一下,向别处看去。

(5) 听着听着,眼珠转动,不自觉地搓着双手。

(6) 听着听着,一面点头,一面打起哈欠来。

(7) 听着听着,单手托腮,轻咬嘴唇,眼帘下垂。

(8) 听着听着,眼睛转向窗外,脖子伸长,头探了出去。

(9) 听着听着,身子越来越不直,依靠着后面同学的桌子,几乎是用腰坐在自己的凳子上。

3. 按照下面的提示边讲边练习手势。

古代巨人的眼睛,像现今我们的眼睛一样,曾经看见尼亚加拉(右手在自己眼前比画表现巨人用眼睛张望的情景)。一万年前的尼亚加拉,和现在的是同样的新鲜有力! 水从天上飞落人间,激荡起白色的浪花(右手从空中快速划落,表现出瀑布从山上落下的情景)。一群群的古人从山下走过,踏着起伏的山麓,蜿蜒向前,伴着瀑布的浪花,蜿蜒向前(左手起伏状波动,表现古人在起伏山麓上蜿蜒行走的样子)……他们一直在观察着瀑布,一直在做着思考(右手食指指向大脑,再现古人思考时的样子)……

4. 按下面的提示边讲边做情意手势。

那就是朝阳! 充满希望的朝阳(双手托起,掌心向上,体现出太阳的光辉之美)! 它喷薄而出,带给我们新的一天(摊怀拥抱,表达对新生活的迎接,体现新生活的美好)! 的确,太阳每天都是新的,让我们抓住这青春时光,努力奋斗吧(双拳紧握,体现青年人奋斗的激情和壮美)!

5. 试讲电影《高山下的花环》中雷军长的一段台词,并根据内容来设计手势。

我的大炮就要万炮轰鸣,我的装甲车就要隆隆开进! 我的千军万马就要去杀敌,就要去拼命! 就要去流血! 可刚才,有那么个神通广大的贵妇人,竟有本事从千里之外,把电话打到我这前沿指挥所。她来电话干啥? 她来电话是要我给她儿子开后门不上战场,让我关照关照她的儿子! 哼! 走后门,她竟敢走到我这流血牺牲的战场上! 我在电话里臭骂了她一顿! 我雷某人不管她是天老爷的夫人,还是地老爷的太太,走后门,哼,谁敢把后门走到我这流血牺牲的战场上,没二话,我雷某要让她儿子第一个扛炸药包去炸碉堡! 去炸碉堡!

6. 站姿、坐姿、行姿训练。

(1) 观看某晚会,观察主持人的站姿。观看访谈类节目,观察主持人与受访者的坐姿。指出其正确与不正确之处,并谈谈自己的体会。

(2) 设置各种场合,训练不同的坐姿,如熟人间交谈、座谈会、居家、开会、主席台就座、受访等。

(3) 模仿受奖者上台领奖,注意行姿的变化。

(4) 同学之间互相观察,并指出各自存在的问题。

7. 古人云:"言之不足,故嗟叹之;嗟叹之不足,故咏歌之;咏歌之不足,不知手之舞之、足之蹈之也。"试就此论断来说明有声语言与态势语之间的关系。

第八章　教师交际语言训练

第一节　交际语言概述

交际是人类社会最为普遍的一种社会现象，是人们运用一定的方式与手段，传递信息、交流思想、联络感情，以求达到某种目的的社会活动。这样的社会活动对个人、群体乃至整个社会的发展都具有十分重大的意义。交际是人的本能，语言是交际的必备工具，美国心理学家马斯洛就把交际需要列为仅次于生理和安全需要的基本生存需要。

交际语言对教师而言尤为重要，教师除了在教育教学活动中运用工作语言之外，还有其他的工作语境，如召开家长会、学校工作例会、领导座谈等，需要面对学生家长、同事、领导等。这些场合的交际对象不再是教育对象，彼此身份和社会地位不同，为达到融洽沟通的目的，教师要具备良好的口语交际的能力，语言要文明、礼貌、得体，体现新时期教师的职业修养。

一、交际语言的内涵

交际是人们凭借一定的载体来传递信息、交流思想、传达感情，以求达到某种目的的社会行为。交际泛指人与人之间的往来接触，是人类生存、生产、生活不可或缺的组成部分。

交际语言是人们在人际交往时运用的语言，就是人们在日常交往和公关交际活动中用来交流信息、联系公众、沟通感情、优化社交的语言。其形式包括谈心、对话、讨论、辩论、采访、问答、讲课、演讲等。教师交际语言是指教师因各种目的和需求，针对不同的非教育工作对象，在不同工作场合进行的与教育关联的工作性口语交际活动。它既包括了一般交际语言的共性特点，又具有教师其他工作语言的个性特点。

教师交际语言是教师必须掌握的一种言语技巧，要体现其职业语言的规范性、教育性、启发性等特点，也要体现教师作为从事育人工作的文化人所特有的高尚情趣、丰厚的文化底蕴和良好的沟通能力，通过向他人展示自己的睿智思想和饱满、健康的高尚情感，凸显作为教师的人格魅力。

二、交际语言的特点

美国人际关系学家戴尔·卡内基说过，"一个人的成功，约有 15％ 取决于知识和技术，85％ 取决于沟通——发表自己意见的能力和激发他人热忱的能力"。我国也有这样一句古话："听君一席话，胜读十年书。"这说明交际语言是十分重要的，其特点如下：

（一）具有互动性

互动是彼此联系、相互作用的过程。日常中的互动是指社会上个人与个人之间，群体与群体之间等通过语言或其他手段传播信息而发生的相互依赖性行为的过程。言语交际的互动性是交际主体之间的互相作用，这种互动性受交际双方的职业、经历、身份、文化背景等诸方面的影响。交际语言是在听与说双方的互动过程中产生的，只有互动才能体现交际功能，所以交际语言最突出的特点就是双向互动性。交际的主体是说者，客体是听者，信息主体需要对方对发出的信息当面作出反应，根据信息客体的信息反馈，信息主体再不断调整传输信息方式和内容。如果信息的接受者不能对发出的信息迅速作出反应，就有可能使交际陷入尴尬的境地，甚至导致交际的失败。

（二）具有情境性

情境是指在一定时间内各种情况的相对的或结合的境况，包括戏剧情境、会议情境、教学情境、社会情境、学习情境等。交际语言在一定程度上受情境场合的影响，交际双方所处的情境直接制约着交际语言的内容、形式、含义、进程等。交际语言的场合选择是影响语言交际效果的重要因素。很多时候，特定的话语、特定的表达方式只有在特定的场合下，才能达到最佳效果，特定场合的特定氛围为话语表达的最终效果增添了光彩。

（三）具有多变性

交际语言一般出现在临时应对的情况下，各种各样的问题，不同的场合与听众，使具体的交际语言如同不可控制的黑箱，又似无形的魔方，令交谈者双方都难以把握。若想取得良好的交际效果，使交谈在和谐愉悦的环境中进行，这就需要交谈者双方随时留意对方的言谈，及时调整各自谈话的内容。要随机应变，因势制宜，而不能似书面语那样字斟句酌地从容准备。即使像教师讲课这样的独白语，也必须随时观察学生的反应，不断调整自己的表达方式和讲解内容。

三、交际语言的原则

交际是一门艺术，交际语言是人际交往过程中使用的语言，交际语言的使用必须遵循一些基本原则，才能收到满意的交际效果。对于教师而言，除了遵循交际语言中共有的一般原则以外，还需要遵循教师职业所需的特有原则。

（一）得体原则

得体这个概念的文化内涵很丰富。古人认为言语的得体性不仅与人的文化素质有关，也与人的道德修养有关。《论语》中"有德者，必有言；有言者，不必有德"强调道德与言语的紧密关系。荀子直接提出"言当"之说，"言而当，知也""言必当理"，认为言语的"当"在于合乎礼义，合乎道理。"当""当理"，都是说言语要恰当，也就是要得体。荀子所说的"心合于道，说合于心，辞合于说"，更进一步揭示了言语得体与"心"（主观认识）、与"道"（客观规律）的逻辑关系。

王希杰先生在《修辞学通论》中指出："'得体性原则'，归根到底，是交际活动的主体……社会的人、文化的人……的社会文化心理的价值评价，对语言资料和语言运用方式的一种主观评价，一种集体的有意识的或者是无意识的评价。"可见，言语表达、言语交际必须符合得体性原则，才能取得良好的表达效果和交际效果。

（二）礼貌原则

礼貌是一种社会现象，任何一个国家、民族或语言社会集团都存在着礼貌问题。只是不同时期的不同国家、民族或语言社会集团的礼貌的内容不同而已，但什么是礼貌，其核心内容却是一致的。礼貌的核心内容是尊重,对他人的尊重,在对他人的尊重之中包含着对自我的尊重。中国素有礼仪之邦的美誉,孟子曾说:"礼貌未衰,言弗行也,则去之。"赵岐注:"礼者,接之以礼也;貌者,颜色和顺,有乐贤之容。礼衰,不敬也;貌衰,不悦也。"这里的"礼貌"侧重以庄肃和顺之仪容表示敬意。尊重别人是人际沟通中最起码的美德,也是有依赖于维持的条件,更是建立良好人际关系的基础。在言语交际中,礼貌待人,体现尊重是非常重要的,要向对方传递出友善的信息。

在言语交际中,礼貌原则是一个非常重要的原则,也是一个最为普遍的原则。礼貌原则要求说话和善,平等待人,多称赞别人,少炫耀自己,谦虚谨慎,彬彬有礼,要真诚地接受别人的正确观点,构建融洽、和谐的交际氛围。即便同对方发生分歧,也要坚持以理服人、以巧取胜的交际原则,不以恶语伤人,不以优势压人。

(三) 真诚原则

真诚是指真心实意,坦诚相待以从心底感动他人而最终获得他人的信任。《中庸》有言:"诚者,天之道也;诚之者,人之道也。"认为真诚,是上天赋予的品德,追求真诚,是做人的原则。交际语言缺少不了尊重和真诚,交际的出发点是真诚地用心沟通。林肯在一次总统竞选辩论中说:"你能在所有的时候欺骗一些人,也能在一些时候欺骗所有的人,但是不能在所有的时候欺骗所有的人。"事实上,只有真诚,才能真正激荡人的心灵,才能使人的信誉和威望得以在他人面前长久存在。真诚待人是交际双方取得成功的重要保证,教师无论在什么场合接触他人,都要从真诚的意愿出发,坦率地与人交流和沟通,表明自己的态度,说明自己的想法,并用适当的方式表达自己的真实感受。这样,能赢得对方的信任和理解,取得预期的沟通效果。

除了以上交际语言中共有的一般性原则外,教师交际语言还要符合教师的职业特点,要有身份意识,尤其是在非教育教学的工作语境中,与不同职业、不同性格的人进行谈话交流时要努力体现教师的职业内涵和文化修养,努力塑造自身端庄、大方的教师形象。同时教师要遵循对象性原则、场合性原则和时效性原则。

(四) 对象性原则

对象性原则是指教师交际的内容和形式要随着交际对象的不同而有所区别。与不同的对象进行交流,就要重视交流对象的差异,从实际出发,区别对待,有的放矢,这样才能收到良好的沟通效果。学校里的孩子来自四面八方,家长也来自社会的各个阶层,文化修养不同,经济条件不同,对子女的期望值不同,家庭教育的方法也不同。有的家长认为自己是大学教授,与人交流时有一种高高在上的感觉,认为自己受的教育比教师多,在孩子的教育问题上,教师应该听他的;有的家长是公司的老总,有权有钱,因事务繁忙而无暇顾及孩子,认为自己出钱给孩子上学校,教育就是学校教师的事了;有的家长文化层次较低,见了教师什么都不敢说不敢问,沟通也成问题。面对形形色色的家长,教师首先要做到一视同仁,平等地对待各种家长;其次要因人而异地采取适合的谈话方式和沟通技巧。

(五) 场合性原则

场合性原则中的"场合",是指一定的时间、地点、情况。时空的转换、情况的变化,为教师创设了各不相同的工作场合,相应地,教师必须加强教育的针对性,以适应各种复杂的情况。教师面对不同的交际场合,同样的意思要用不同的语言表达出来。例如,教师在家长会上与家长集体的谈话和与个别家长的谈话因谈话的目的不同、对象不同,所使用的语言要有所区别;对同事的评价,在教研组会上的发言和教研室内相互的交流用语也应有所区别;等等。

（六）时效性原则

教师交际语言具有一定的时效性。一是因为教师的教育教学工作任务繁重,时间宝贵;二是教师的身份和职业性质决定了所参加的活动需要解决与教育教学相关的问题,教师要能够清晰准确地表明意图或阐述态度,对场面有一定的应变能力和调控能力,确保交流目标达成。教师语言的时效性影响着交流活动的效果。

第二节　教师交际语言训练形式

交际是人的本能,语言是交际的必备工具。要想在人际交往中获得好的交际效果,就要自觉加强语言训练,一般交际语言训练的形式有很多,较为常用的包括思维能力训练、听话能力训练和说话能力训练等形式。

一、思维能力训练

语言是思维的外壳,思维是语言的内核。交际语言表述与思维活动之间呈现出同步发展的态势。一般来说,伴随着人的思维能力的发展,交际语言能力就会有所提高。因此,在一般交际语言活动中,要准确无误地表达,就必须加强思维和表达的同步训练,这对教师来说尤为重要。

（一）逆向思维

逆向思维,也称求异思维,它是对司空见惯的似乎已成定论的事物或观点反过来思考的一种思维方式。逆向是与正向比较而言的,正向是指常规的、常识的、公认的或习惯的想法与做法。逆向思维则恰恰相反,是对传统、惯例、常识的反叛,是对常规的挑战,它能够克服思维定式,破除由经验和习惯造成的僵化的认识模式。

传统思维模式是由"因"至"果",逆向思维模式为"新因"至"否定旧果",或由"新果"至"否定旧因"。培养逆向思维的能力,可以从传统观念中认为正确的观点、现象中发现不足之处进行批判,从错误的观点、现象中发现真理进行阐述。如司马光砸缸的故事,有人落水,常规的思维模式是"救人离水",而司马光面对紧急险情,运用了逆向思维,果断地用石头把缸砸破,"让水离人",救了小伙伴的性命。

再如,某时装店的经理不小心将一条高档裙子烧了一个洞,其身价一落千丈。如果用织补法补救,也只是蒙混过关,欺骗顾客。这位经理突发奇想,干脆在小洞的周围又挖了许多小洞,并精于修饰,将其命名为"凤尾裙"。一下子,"凤尾裙"销路顿开,该时装商店也出了名。逆向思维带来了可观的经济效益。

人们往往习惯于沿着事物发展的正方向去思考问题并寻求解决办法。其实,对于某些问题,尤其是一些特殊问题,从结论往回推,倒过来思考,从求解回到已知条件,反过去想或许会使问题简单化。尤其是教师在指导学生解题或实验的过程中,逆向思维或许更易达到所要达到的效果。

（二）发散思维

发散思维,又称辐射思维、放射思维、扩散思维或求异思维,是指大脑在思维时呈现的一种扩散状态的思维模式。不少心理学家认为,发散思维是创造性思维的最主要的特点,是测定创造力的主要标志之一。

发散思维对问题从不同角度进行探索,从不同层面进行分析,从正反两极进行比较,因而视野开阔,思维活跃,可以产生出大量的独特的新思想,如"一题多解""一事多写""一物多用"等。例如 7+4=11,这就是聚合思维,而如果问:"还有哪些数相加也为 11 呢?"就有多种结论,这就是发散思维。

发散思维是一种求异思维,聚合思维是一种求同思维,二者是一种辩证关系,既有区别又有联系,既对立又统一。与聚合思维相比较,发散思维属于一种"一花引来万花开"的有创意的放射性思维模式,这种思维能够突破传统思维定式的约束,更利于创造性思维的培养。

(三) 延展性思维

延展性思维也叫联想思维,是利用联想物之间时空上接近的关系、特点方面的相似与对立关系等,在原先看上去没有关系的联想物之间建立有机联系。例如用"橘子、马桶、字典、抹布"几个词联想成文。有位学生比较了这四种事物"表里不一"的特点后,找出了橘子"才不外露"、马桶是"金玉其外,败絮其中"、字典是"纸老虎"、抹布具有"毫不利己"的奉献精神,从而连缀成一篇短文《切勿以貌相物》。延展性训练的侧重点是培养学生"发现"的能力,它要求学生发掘自己联想思维的能力,把零散材料连接成有机统一的整体,并且由此显示出一定的思想意义。

二、听话能力训练

听话能力在现代人的生活和学习中有着举足轻重的作用,是人际交往中的一种最基本的能力。有关言语交际功能的资料表明,在人类言语交际的过程当中,有近一半的时间都在听。听话能力是一般交际语言中不可缺少的环节,倾听是发现对方需要的重要手段,说者把自己的思想传递给听者,听者接受对方传递的信息,听是为了更好地说,因此,听话能力是一般交际语言训练的基础,也是教师教书育人必须具备的能力之一。听话能力的训练有利于提高教师的理解能力,可以有效地增强记忆力,增强被训练者捕捉语言信息敏感度的能力。听话能力主要包括记忆力、理解力、辨析力、推测力等。

(一) 记忆力的训练

记忆是一切智力活动的起点,听话能力训练中最基本的就是记忆能力训练。听了一段话之后,首先要把对方说的话记下来,然后才能在此基础上作出反应,学生上课记笔记就是这个道理。因此,教师也好,学生也好,都要加强记忆力训练,听话时必须听清楚、听明白,并根据不同的听话内容进行分类记忆。

1. 要点记忆

抓住讲话中的主要内容或关键词语记忆。抓要点可以从说者话语的层次来捕捉要点,说者前面说的一段话往往是引导,是提示;后面一段话,也许是结论,是对主要意思的强调或引申。还可以从说者的语气、手势变化来捕捉要点。说者在强调某些重点语句时,常采用故意放慢语速、突然停顿、提高声调等加以提示。

2. 提纲记忆

对于较长的话语,要抓住说者的思路,可以记录讲话的内容提纲。借用一些速记的技巧进行提纲记忆,有助于提高听记技能,如用符号代表字词的符号式;记内容的出处便于查找的索引式;记下主题词、关键话语的浓缩式;记下可推出其意思的起始句、分论点或小结语的首尾式等技巧。

3. 有意识记忆

有意识记忆指材料本身有意义,人们对这些材料在充分理解的基础上的记忆。一般情况下,听话时有意识识记的效果要好于无意识识记;识记有丰富情节的材料比识记无生动情节的材料效果好;识记有韵的诗歌比识记无韵的散文效果好。例如联想法:由一事物想到另外一种事物的记忆。又如歌诀法:按事物的内容要点编成韵文或整齐的句子来记忆;如把我国各省市自治区编成七言诗来记忆:两湖两广两河山(湖南、湖北、广东、广西、河北、河南、山东、山西),五江云贵福吉安(江苏、浙江、江西、黑龙江、新疆、云南、贵州、福建、吉林、安徽),川藏陕甘二宁海(四川、西藏、陕西、甘肃、辽宁、宁夏、青海、海南),内台港澳北上天(内蒙古、台湾、香港、澳门、北京、上海、天津),中华锦绣幅员阔,莫忘重庆记心间。

(二) 理解能力训练

理解能力训练是对话语表层意与深层意理解的能力训练。理解是听的目的。理解对方话语的能力是听话能力的核心组成部分。人们在说话的时候总带有一定的目的,有时也含有某种感情色彩,或褒或贬,或赞成或反对。有的话立意错了,整段话都不到位;有些话,立意是好的,但内容有差错,使得正确与错误杂糅。而且不同的人表达技巧有别。这就要求教师学会透过表面看实质,真正理解学生话语的内涵;同时还要有个人的是非观,对话语的是非曲直有一个正确的理解。理解力的强弱是听知能力高低的主要标志之一。

听话活动中理解话语包括两个方面:一是理解话语的表层意思,二是理解话语的深层意思。理解话语的表层意主要指说话者使用的字词句。话语的表层意一般不难理解,因为交际语言多使用通俗易懂的词语。但由于汉语中同音字、多义词的出现,容易给听话带来困难。因此,听话时要区别同音字词,调整词序,去掉废话,话语的表层意思就不难理解了。理解话语的深层意思,即说话人的意图和目的。有时,人们说话时,对于一些不便直说的话语采用隐晦曲折的表达,语言比较含蓄、委婉,弦外有音,言外有意,话中有话,听的时候就不易抓住话语中的真意,此话就需要深层理解。

三、说话能力训练

(一) 解说训练

解说即解释说明,是解析事理、说明事物的一种口语表达形式,是一种实用性很强的口语表达形式。生活中如"产品介绍""影视评介""宣传广告""展览解说""赛场解说"等都属于解说。在教学中,教师的例题讲解、实验分析、答问释疑等离不开解说。在书面语中,各种各样的说明文运用的也是解说技能。

从不同的角度可以把解说分成不同的类别。从形式上分,有简约性和细致性等类别;从功能上分,可以分成阐明性和纲目性等类别;从用语特点方面分,则可以分为平实性、形象性和谐趣性等类别。下面介绍几种主要的类别。

1. 简约性解说

简约性解说是用简洁、概括的话语说明事物。

例如对寓言概念的解释:

> 什么是寓言?寓言就是运用假托的故事来说明某个道理或教训的文学作品,常带有讽刺和劝诫的作用。

2．阐明性解说

阐明性解说是指将事物或事理讲明白。这种解说可以运用举例、比较、分解等方法，从而更清楚地阐述事物。

例如对对虾名字的解说：

> 对虾的名字是怎么来的呢？是不是因为它们一雄一雌常常成对地相伴而得来的呢？不是的。它之所以被称为对虾，是因为它体形较大，过去在市场上常以一对为单位来计算它的售价；渔民统计他们的劳动成果时，习惯上也是按"对"计数。

这种阐述，讲明白了对虾名称的由来，使人一目了然。举例时要力求真实、典型，对所举的例子，只宜概述不宜详细分析。

3．纲目性解说

纲目性解说是提纲挈领地分点说明事物或事理的方法。它与简约性解说属于一种类型。说明时可以采用划分或列举的方法。其要领是，在深刻理解了说明对象后，对信息做筛滤，并分解为几个方面，每个方面用一两句话去说。这种解说，因舍弃了枝叶，信息浓缩，可以收到以少胜多的效果。

例如这段对地震的解说：

> 地震也就是平常所说的地动。地动有突如其来的，有像脉搏一样周期性连续扰动的，还有人工制造出来的。突如其来的地震是天然的地震，按其成因可分为构造地震、火山地震和冲击地震。连续扰动造成的地震和地球表面的脉动有关，按其成因可以分为三种类型：与天气有关的、水力引起的、人类和动物的活动引起的。

运用列举时要注意，以分析、比较、综合为前提的，可以全部列举，也可以摘要列举，列举之后，只作简单解释即可。

4．平实性解说

平实性解说是指话语朴实、极少修饰，直截了当地讲解事物或事理。

例如对会议礼仪的解说：

> 参加会议也是要讲究礼仪的。与会人员要按时到会，遵守会议纪律。开会时要尊重会议主持人和发言人。当别人讲话时，应认真倾听，可以准备纸、笔做记录。不要在别人发言时说话、随意走动、打哈欠等。会中尽量不离开会场，如果必须离开，要轻手轻脚，尽量不影响发言者和其他与会者，如果长时间离开或提前退场，应与会议组织者打招呼，说明理由，征得同意后再离开。

这段话没有具体的描绘与修饰，但它简朴明快，容易被人认同。

5．形象性解说

形象性解说是指运用生动形象的语言，对人或物的特征进行描述，使解说更加具体和生动。

例如这段对苏州的解说：

> 苏州城内园林美,城外青山有雅趣。一座座山头活脱脱像一头头猛兽,灵岩山像伏地的大象,天平山像金钱豹,金山像条卧龙,虎丘山犹如猛狮,那也是苏州一景,名叫"狮子回头望虎丘"。

解说要注意以下要求。一是内容正确。解说内容的真实、准确是第一位的,必须是正确的科学知识或主观经验。同时,解说者要本着科学的态度和实事求是的精神进行解说,要尊重客观事实,避免主观臆断。二是条理清晰。解说要根据解说的对象本身的条理性和特点,以及人们认识事物的规律妥善安排顺序,做到层次分明,条理清楚。三是语言简练。解说的语言要简练精当,用最少的语言表达出完整的内容和主要的特点,言简意赅。

(二) 演讲训练

演讲又叫演说、讲演,是指演讲者在特定的时空环境中,面对特定的听众,以有声语言和相应体态语作为手段,针对某一问题,或围绕某一中心,表述见解,阐发事理,抒发感情,从而影响听众态度和行为的一种带有艺术性的社会实践活动。演讲是口语表达的高级形式,从广义上理解,教师的每一节课都是一节课堂教学演讲,掌握演讲技巧可以提高教师教学的魅力,提升教师有声语言和无声语言的表达能力。

演讲作为一种社会实践活动,尤其是在现代社会中有着不可估量的社会价值和作用,演讲具有促进教师成长、不断自我完善的作用,是培养良好人际关系的一种重要交际工具,也是一种较为普遍使用的宣传手段。演讲具有现实性、艺术性、工具性、鼓动性等显著特征。

1. 演讲的基本要求

演讲要求内容与形式的和谐统一。演讲的成败,首先决定于内容,就其内容而言,演讲有以下要求:

(1) 演讲要有口语性、通俗性、生动性。演讲不同于书面文章,文章一遍看不懂,还可以再看一遍,演讲靠语音传递信息,稍纵即逝。因此,要让听众容易听懂,演讲的语言就必须讲究口语性,通俗易懂,生动形象。鲁迅先生曾说,我们要说现代的、自己的话,用活着的白话,将自己的思想感情直白地说出来。马克思说得更干脆:你怎么说就怎么写,怎么写就怎么说。

(2) 主题要鲜明、集中。主题是演讲的中心思想,是演讲的灵魂。演讲的主题决定着演讲者在选材立意、结构布局、论证方式与语言表达上的取舍。一般来说一篇演讲只能有一个主题,主题过多,中心就不突出,观点就会模糊松散,也就很难说服听众、打动听众。因而,主题要贯穿于全篇,能够给听众留下深刻的印象,引起强烈的反响。

(3) 演讲要有魅力。演讲的语言要美,要善于运用语言技巧,在准确精练的同时要生动形象。演讲的情感要美,诚挚的情感是演讲成功的决定因素,"动人心者莫先乎情",唯有炽热真实的感情,才能使"快者掀髯,愤者扼腕,悲者掩泣,羡者色飞"。演讲的语音要美,语音要纯正、发音吐字要清新、声音要圆润。演讲的风度要美,演讲者的仪表和风度是演讲是否有魅力的重要一部分。仪表、风度除了使听众得到美的享受,还能使听众对演讲者产生好感。

(4) 演讲的内容要新颖、独特。所谓新颖,是指演讲的内容要具有时代的特征。要注意针对性,要讲听众普遍关心和迫切需要的热点问题。独特也叫独创,是指演讲者要有自己独到的见解,"言前人所未言,发古人所未发",不能抄袭别人的观点,也不能生搬硬套别人的语言,要形成自己的风格。

2. 不同类型演讲的训练方法

演讲按内容划分,有政治性演讲、生活演讲、学术性演讲、法庭演讲、宗教演讲及礼仪演讲等;按表述方式划分,有命题演讲、即兴演讲、论辩演讲等。常用的类型是按表述方式进行划分的。

(1)命题演讲。命题演讲是根据指定的题目或限定的主题,事先有准备的演讲。命题演讲因为有较充分的准备,无论是材料的选择,主题的确立,讲稿的设计,还是登台演讲,都是十分严谨的,具有严谨性、针对性强、内容稳定、结构完整等特点。

命题演讲的训练,一是要做好演讲准备,即登台演讲之前的演练工作。首先,要熟记演讲内容,抓住中心思想,把演讲稿分析透彻,在头脑里编制成一个内容简明扼要、条理清晰的大纲,强化记忆;其次,要进行模拟演练,可采用单项练习、个人练习和综合练习等多种方式。二是要具备临场发挥的能力。首先,演讲者必须能够据现场情况加以调整,控制场上的气氛和秩序,使之向有利于达到演讲目的的方向发展;其次,要有较强应变能力,在整个演讲过程中,演讲者面对突发事件和意外情况,如怯场、忘却、失误或意外停电、有人故意捣乱等,要敏锐、及时、准确地做出反应,并采取有效的应对措施加以迅速、巧妙、果断地排除和平息,从而使演讲能够持续进行。

(2)即兴演讲。即兴演讲即演讲者在事先毫无准备的情况下就眼前场面、情境、事物、人物等临时起兴发表的演讲,如婚礼祝辞、欢迎致辞、丧事悼念、聚会演讲等,它要求演讲者要紧扣主题,抓住由头,迅速组合,言简意赅。它的特点是应用的临时性、内容的即时性、表现手法的简短性和思维的敏捷性。即兴演讲可采用以下六种方式进行训练:

一是理查德的"结构精选模式":美国公共演讲专家理查德所归纳的"结构精选模式"是即兴演讲构思常用的一种方法,运用这个模式可以帮助我们开启思维,紧扣话题组织语言,而且可以让我们在演讲时言之有序,言之成理。理查德认为,即兴演讲应当记住以下几句话,它是四个层次的提示信号:

① 喂,请注意!(开头就激起听众的兴趣)

② 为什么要费口舌?(强调指出听演讲的重要性)

③ 举例子。(用具体事例形象化地将一个个论点印入听众的脑海里)

④ 怎么办。(具体地讲请大家做些什么)

这四句话,既可作演讲前构思的启发,又可作演讲过程中思路线索的提示;既可以预防"放野马"式的信口开河,又有助于较好地切中题旨。

二是"要言不烦"式:又叫作"一句话演讲"法。运用这种方式,要"一言以蔽之",用一句话简明扼要地表明一个观点。由于这个观点极易为听众理解和接受,因而不需要再进行烦琐论证。

三是"扩句成篇"式:这个方式是"要言不烦"式的扩展。所"扩"之"句",乃是通篇演讲的中心意思或者说是核心句,可将这核心句称作"意核"。运用"扩句成篇"式进行演讲时,先要开门见山,展现"意核",然后加以扩展,对"意核"进行阐发,引用适当的事例或名言加以论证。

四是"三部曲"式:这是演讲常用的一种方式,即开头、主体、结尾三部分,一般要求是"开头扣现场,中间谈看法,结尾表希望"。

五是"借题发挥"式:此方式通常是由与演讲有关的某句话、某个词语触发灵感,再抓住这个触发点进行发挥,引申出另一番新意来。

六是"散点连缀"式:即演讲者发言前,有时会想到一些不相关联事物——即思维的散落

"点"。这时如果能确定发言的意脉,用这根意脉之"线",将这些"散点"连缀起来,就会组成一篇很有意义的演讲。

(3) 论辩演讲。论辩演讲指的是由两方或两方以上的人们,因对某个问题产生不同意见,而展开的面对面的语言交锋。论辩具有对抗性、逻辑性、应变性等特点。论辩演讲的目的在于坚持真理、批驳谬误、明辨是非。论辩时要求论辩者做到思维机敏,语言应对快,且要有理有据。论辩的方法与技巧多种多样,下面就几种常用的技巧加以说明。

一是三段论法:由于三段论是由一般前提推出特别的结论,所以这种辩论非常有利,结论往往可靠,不容置疑。

二是选言法:所谓选言法,就是以选言命题为大前提,并根据选言命题的逻辑性质来进行推演的推理。

《战国策》中"冯谖客孟尝君"一文,冯谖使用的就是一个选言推理:孟尝君让收完债后的冯谖看家里缺什么就买些什么回来。冯谖认为:或买珍宝,或买牛马,或买美女,或买"义";孟尝君家里不缺珍宝,不缺牛马,不缺美女,所以买"义"。

三是二难法:即在辩论中运用二难推理的方法,这种方法是辩论中常见的诡辩方式之一。一方提出具有两种可能性的结论,迫使对方不论肯定还是否定其中哪种可能性,结果都会陷入为难的境地。

四是反证法:用证明与原论点相矛盾的反论点的虚假方法来确立原论点的正确性。它的一般步骤是设立与原论点相矛盾的反论点,并由一个假定三段论来否定反论点。由于反论点与原论点相矛盾,因此反论点假,原论点就必然真,这样就从反面论证了原论点的真实性。

五是归谬法:这种方式就是反驳对方的论题,即确定对方的论题为假。为达到这一目的,首先假定它为真,然后由它推出显然荒谬的结论,从而间接地证明被反驳的论题为假。

六是喻证法:即建立在比喻基础上的辩论。论辩中,通过比喻的方法说理,可以将抽象、深奥的道理讲得浅显、具体、通俗。

七是类比法:类比法在生活中俗称"打比方",即针对自己要说明或反驳的观点,选取相似或相反的事物进行描述,以启发对方的认知,使之迅速理解和体会,使自己的论证和反驳更加有力,达到事半功倍的效果。

八是假言法:即运用假言推理进行辩论的方法。假言推理是指前提至少有一个是假言判断,并根据假言判断前后件之间的关系而推出结论的推论。

(三) 主持训练

主持是以传播为目的的艺术表现形式,主持工作的主要特征就是传播节目信息及内容,即主持人以自身作为载体,串联节目,传播信息。其作用是串联节目,招呼观众和听众,掌握节目进行的具体步骤,活跃气氛,推动节奏。除了我们大家所熟知的电视、广播节目主持外,生活中还有很多其他的形式,如会议主持、仪式主持、比赛活动主持、班级活动主持、文艺演出主持等。对于教师而言,班级活动主持相对使用频率较高一些,但其他类型的主持也是工作或生活当中经常遇到的,如会议主持、仪式主持、比赛活动主持等,通过主持的训练,可以提高教师对课堂的把控能力,提高教师教书育人的水平。因此,具备一定的主持技巧是提高教师职业技能的方式之一。

1. 主持的技巧

主持人是公众人物,需要具备较高的主持素养与主持技巧。一名优秀的主持人必须具备较强的语言表达能力,合理调控现场气氛、应对突发事件的能力和有机串联节目,并注意交流尺度,科学把握节奏的能力等。

（1）语言表达技巧。主持语言是一种通过传播媒介进行的有声语言创作,主持人语言的质量直接决定节目的效果。因此,出众的语言表达能力是节目主持人最重要的素质之一。首先主持的语言要规范、标准,要能够准确熟练地运用普通话,这是最基本的要求;其次,要自然而流畅,要能使用独特的、个性的、富于创造性的语言方式,表达出自己的想法,以情感人;此外,主持人还应具备清晰的思维、准确的语感、严密的逻辑,一定要注意自己的言谈举止,在合适的场景说最合适的话,要"善言"而不"轻言"。主持人在话筒前必须保持端庄、郑重的气质和态度,"庄重而不呆板,活泼而不轻浮"。

（2）有机串联技巧。串联词主要有两类风格,一类是组织专门的撰稿人创作的庆典式的、朗诵风格;一类是交流感强、可以即兴发挥的口语化风格。主持人在对节目的主题、内容、参加演员等情况有了深入了解之后,就可以针对节目不同对象,运用不同的语言艺术和主持技巧有机串联。每一台或每一档节目,都是由一个明确主题下的若干个不同样式、不同内容的小节目或板块节目组成的,如何将这些小节目有机巧妙地组合起来,达到形散而神不散的目的就看主持人如何运用主持技巧了。但不论选择哪种技巧,主持人都应将自己的串联始终统一协调在整台或整档节目的主题之下。如节目开头时的开场语,主持人应根据实际需要科学设计,既要用简短精练的语句为整台节目定准基调,又要给人一种耳目一新的感受。此外,在节目进程中,需要灵活的衔接语,衔接语在节目中起着承上启下、设置悬念、铺路搭桥的作用。因此,主持人要加强衔接语技巧的训练,要根据节目现场所发生的事件即兴给予总结,要说得恰到好处、情真意切,为节目增添热烈气氛。衔接语可以是即兴式的,也可以是独白或对话式的,而在衔接当中,点评是不可缺少的一种常见方式。主持人点评是在动态语境中的随机性表达,以思维反应的灵敏性为前提。在点评的过程中,要注意点有选择、评有针对,要把握好分寸,点到为止,同时为引出下一个节目做好铺垫。在节目的结尾处要使用结束语,主持人要利用结束语把节目的意图说出来,或进行概括、总结,或提醒或指导。需要注意的是,结束语不一定长篇累牍,要水到渠成,不需多说就不必再说,以免让人觉得有画蛇添足之嫌。

（3）调控现场技巧。控场能力是主持艺术的核心,主要表现在常规控场和应变控场两个方面。常规控场是指准确体现节目基调、风格,和谐流畅地串联起整台节目。主持人不仅是每一台或每一档节目主题的提炼者和传达者,还是节目高潮迭起的引导者,互动交流、引发共鸣的带动者。要想让观众在现场能忘却自我沉浸其中、陶醉其中,除了事先要对现场的基本氛围进行精心设计和多种设想的准备外,更要在节目进行中保持对现场气氛的敏锐洞察。这就要求主持人必须不断地进行"潜意识自我激发",保持兴奋,把握好节奏,注意交流尺度,感染观众,促其参与现场互动,点燃观众和演员的激情。当然,在节目的进行中常会出现意料之外的突发情况,这就是所谓的应变控场,如技术方面的故障、人员分工的不够科学,节目统筹安排得不够细致,表演的失误、忘词的窘迫等,给主持人的工作带来许多不便和干扰。此时主持人要正确面对,灵活机动,巧妙应对,及时补救。

2.不同类型节目的主持训练

（1）主持大型文艺节目。大型文艺节目通常是在节日或者有重要意义的日子里举行,通常是由歌舞、相声、戏剧等组成,内容五花八门,形式多种多样。因此,大型文艺节目主持人首先要熟悉节目内容,写好串联词。串联词是衔接每个节目,让观众了解各个节目的解说词。好的解说词应当能以一种很灵活的方式精要地涵盖每个节目的内容和特点,既要对节目进行精练概括,又要引起观众的兴趣。因此,主持人在主持大型文艺节目之前要做好充分的准备,搜集与该节目相关的各种信息和背景资料,充分了解这台文艺节目的主题、宣传宗旨、节目内容、节目形式、出席人物、观众对象、播出范围等,并根据文艺节目的内容写好串联词;其次是掌握艺术线索,把好过渡关。大型文艺节目不是一个个节目的简单组合,而是在一个统一的线索和艺术连接之后,去告诉观众要表达的主题,因而对主持人来说,就要弄清楚整个的过渡是如何展开的,这样才能引导观众去理解节目的安排。

（2）主持联欢会。联欢会通常有很强的时效性,有的时候是临时性的安排,因而无须做过多的准备,并不像大型的文艺节目那样需提前精密筹划。联欢会的宗旨是愉悦身心,活跃气氛,加深友谊。因此,联欢会的主持人集编导和主持于一身,包打全场,灵活应对。需要鼓励所有在场的人都来参与,各尽所能。联欢会的主持一是要精心设计开场白,把大家的情绪调动起来,做到先声夺人,令人耳目一新,精神为之一振。二是要调动一切积极因素。首先选出两三个水平较高的节目,安排在关键的环节;其次要发挥活跃分子的骨干作用,在联欢会的开始、关键时刻以及低潮时积极发挥骨干分子的作用,更好地推进联欢会的进程;最后要热情友好地邀请来宾参与联欢活动,欢迎他们表演节目,这样更容易将联欢会推向高潮。三是认真对待结尾。联欢会结尾处可安排几个精彩的节目,或者因势利导地安排一个多人登场的歌舞节目,使台上台下融为一体,将联欢会推向高潮。总之,联欢会的主持人应当用自己的观察、机智幽默让整个现场气氛保持热烈、欢快,从而成为连接台上和台下的关键纽带。

（3）主持演讲会。演讲会不同于文艺汇演类节目,是相对严肃的一种节目类型,主持人的主要责任通常是介绍。在主持之前,主持人应当进行周密的准备,了解演讲者的基本情况,如姓名、性别、年龄、政治面貌、文化程度、性格特长等,了解每个演讲者演讲的题目、内容,将事先准备好的主持词谙熟于心。同时,在听演讲的过程中,可以根据会场效应及时修改润色。演讲会的串联词很大程度上决定了演讲会的气氛,好的串联词要有机地衔接各个演讲者的演讲,既要风趣幽默,又不失庄重;既要语言精彩,又不能喧宾夺主。

当演讲会正式开始,主持人首先要介绍演讲者、演讲活动的基本情况,如比赛的性质、演讲者如何产生、演讲的进展情况,以及举办演讲会的目的和意义,还有演讲的主旨、内容、演讲者的出场先后顺序等。同时还要根据现场的具体情况介绍到场的领导和来宾以及评委。在演讲过程中,主持人要发挥一个组织管理者的作用。适当地维持会场秩序,调动演讲者的积极性。演讲结束时,主持人应当对整体的演讲进行最后的评论小结,同时别忘了请评委作评论,最后则应当向到场的领导、评委、演讲者和观众致谢。

（4）主持会议。会议主持人是会议进程的推动者和引导者,要成为一名称职的会议主持人,必须具备因势利导、处理难题的能力,从而灵活驾驭会议进程,有效调动与会者充分发表意见,巧妙解决会上出现的争端。

会议的开场白要直截了当,简洁明快。尽管会议通知和资料已经在会前发到与会者手中,主持人仍有必要强调一下会议的目的和议题,限定讨论的问题,这能够消除会议开始时人们思绪的混乱状态,集中与会者的注意力。同时开场白要指出议题的重要性,充分估量会议的价值,给与会者树立一个明确的目标。会议过程中要启发调动与会者,让大家开口讲话。召开会议的目的是集思广益,要引导与会者充分交流信息,讲出所有的真心话,可采取提问、点拨、复述等方式,甚至使用激将的方式激发并引导讨论。主持人要及时调控会议气氛,缓解对立情绪,要机智灵活,反应敏捷,公正无私,既要有容纳百家之言的胸怀,又要善于鉴别挑选,有时还要充当法官和调解员。最后以精要的总结,结束会议。结束会议前需引出结论,这一时刻,主持人应根据整场讨论会的情况做出正确、全面、精练的总结,并向与会者宣布已得出的结论、仍然存在的分歧、会后应采取的行动等。

第三节　教师交际语言针对不同对象的运用

在现实生活中,每个人都处于各种各样的人际关系之中,这些关系是客观存在的。人际关系的亲疏好坏,会对我们的生活、工作和学习产生不同的影响。教师根据不同对象,运用恰当的交际语言,做到态度得体,说话富有感染力和说服力,能够成功达到交际目的。

教师的主要教育工作对象是学生,其他非教育工作对象包括家长、同事、领导等。本节主要探讨教师与家长的沟通、与单位领导的沟通、与单位同事的沟通三种工作语言的运用方法。

一、教师与家长的沟通

学生的成长离不开学校教育,也离不开家庭教育,与家长互通情况,争取家长配合,是学校教育不可缺少的一部分,因此,教师与家长的沟通谈话,是教师工作不可忽视的一个环节。与家长的交流形式主要有教师接待家长来访、家庭访问、电话交流、家长会等。

(一) 教师与家长个别谈话的语言表达方法

教师与家长的个别谈话主要是指在家庭访问、家长来访或电话交流时,为了促进同一教育对象健康成长,与家长"一对一"地进行思想感情交流的一种语言表达方式。通过教师与家长的个别交流与沟通,为达到教师、家长、学生互相理解与信任的目的,需要掌握以下方法:

1. 热爱学生,态度诚恳

教师平时对待学生的一言一行,直接影响到教师在学生心目中的威信与信赖程度,教师切实做到热爱学生,热爱自己的本职工作,是谈话成功的基础,也是取得个别谈话成功的前提条件。教师在同家长谈话时,态度应诚恳,语言要热情,要以关心、爱护学生为出发点和立足点,努力站在家长的角度"将心比心",让家长真切地感受到教师对自己的孩子是十分关心和充满期望的。任何一个家长都希望自己的孩子遇到一位优秀的老师,在与家长的谈话时,教师要注意通过语言来塑造自己的良好形象,通过自己丰富的学识、诚恳的态度、生动的语言主动而自然地表现出自己良好的修养、能力和信心。这样,一方面可以缓解家长与教师交谈中内心的不安,另一方面可以让家长感到教师的诚意,愿意与教师沟通,共同解决问题。

2. 因人而异,创造和谐

首先,教师在与家长进行交谈时,教师作为谈话的主动方,应该抓住家长的心,了解他们最关心的话题。只有这样,家长才能感受到教师的真心,在达到家校沟通目的方面取得事半功倍的效果。

其次,学生家长的职业、地位、文化修养和性格爱好各不相同,教师要针对家长的不同情况,努力寻找和认真准备同家长交谈的"共同语言",进而顺利地切入正题。对于平时接触较多、比较熟悉的家长,或是真诚、坦率的家长,教师可以开门见山地把交谈的目的说出来,和家长共同探讨最佳的教育方法。对于平时接触较少的家长,或是严厉、粗暴的家长,教师应首先缩短与家长之间的心理距离,可以先说一些学生或班级的趣事,或者先问问学生近期在家的表现,创造一个轻松愉快的谈话环境,对于孩子需要改进的地方要婉转地提出,努力争取家长的配合。对于娇宠孩子的家长,教师不要直接指出学生的缺点,先多谈优点,让家长感觉到自己的孩子不错,老师也是喜欢的,在此基础上再指出其子女的不足和缺点,并强调家长与教师的配合对学生改正缺点大有裨益,这样家长就比较容易接受。对于放任不管的家长,教师应注意把谈话的重点放在改变他们的思想观念上,因为这类家长对自己孩子的在校表现、学习成绩不闻不问,把孩子的一切都托付给教师和学校,教师要强调家庭、家长在教育中的重要作用。

无论面对怎样的家长,无论家访的动机是什么,教师在进行家访时,一定要从关心、爱护学生的角度出发,以肯定学生的成绩和进步为主,切忌当着家长的面数落学生的缺点,这样家长才能在情感上认同教师,从而接纳教师的教育策略,更好地配合教师。

另外,在谈话过程中,如果出现教师与家长的观点不一致的情况,教师要保持冷静,认真听取家长的看法、意见,合理的观点应该积极吸收采纳,片面的观点应平心静气地加以说服和解释,以诚恳的态度、巧妙的语言来化解分歧,努力创造轻松和谐的谈话氛围,切忌以居高临下的态度教训、命令家长,否则会因为"话不投机半句多",导致谈话没什么效果或不欢而散。在孩子的教育问题上,教师要采用商量的语气主动征求家长的意见,让家长体会到教师的心意,这样家长才能积极地配合教师工作。

3. 目的明确,情理结合

教师与家长的每一次谈话都是事先带着某种目的性的,因此,教师必须始终围绕着它,采取主动的调控措施,才能把握住整个谈话内容不偏离既定目标。

首先,教师的目的若是向家长汇报学生在思想学习、劳动纪律、基本技能等方面的情况,就应该实事求是地介绍,同时还应随时举出事例来给予恰当的评价,让家长信服。教师还可以在有利于学生成长且对家长负责的前提下,多报喜少报忧,杜绝告状式或暗示家长打骂学生的不良做法。针对不同表现的学生,谈话的内容应有所侧重。在谈到优等生的成绩时,教师应该赞扬其家长教育有方,绝不能以功臣自居,还必须适当指出其不足之处,防止学生和家长滋生骄傲自满情绪。教师在肯定称赞中等生的优点的同时,重点是与家长分析其子女缺乏"更上一层楼"的主客观因素,促使学生进步。与后进生的家长谈话,教师不能说出责怪、训斥的话语,应在言语中表明教师该承担的责任,且多赞扬学生身上的闪光点、可贵之处,多强调其身上的优点和内在的潜力,主动引导家长共同分析问题产生的各种原因,扫除家长心中有可能产生的不安与急躁情绪,纠正其不良的教育方法,指导家长设计出一系列解决问题的办法。

其次,教师的目的若是向家长了解学生在家中的表现或其家庭状况,征求对学校工作的意见和要求,就必须做到耐心细致地倾听家长的谈话,听清其主要内容,弄清其言外之意、难言之隐。教师还要注意问话的形式与方法,启发家长朝着与目的有关的方面谈,引导家长说出教师想知道的内容。若遇到家长的谈话偏离了中心,教师不要急于打断对方的话,需冷静下来,继续倾听,然后选择时机不露痕迹地把家长的谈话内容重新引到预定内容上。若遇到不该出现的沉默场面,教师应及时转移话题,待气氛活跃,再将谈话推进。教师如果不能将家长的谈话调控在特定的范围之内,就不能够达到了解情况、收集意见和要求,研究对策,形成共识的目的。

另外,教师在把握与家长谈话重点的同时,以真诚之心,换取家长之心。教师要既为学生的进步感到由衷的高兴,又为学生的落后或退步深感忧虑,更为学生美好的前程细细地打算,真心地操劳。以恰当、得体的话语,实事求是、平等、征询、协商的言谈作风,与家长共同研究制订出教育其子女的方案,才是真正有效的谈话方式。

家 访 记 录

一个双休日的晚饭后,在一个学生家的客厅里。

教师:陈局长,您好!

家长：洪老师，您好！欢迎您！请这里坐。请喝茶。

教师：谢谢！

家长：洪老师，您辛苦了！我的孩子在校表现还好吧？

教师：我今天来拜访您，就是想跟您谈谈陈建军同学的有关情况，该不会耽误您的休息吧？

家长：不会，不会。

教师：陈建军同学在学习、劳动、纪律、团结同学、关心班集体等方面的表现都不错。学习成绩几乎门门冒尖，还在各级各类的比赛中为我班争得了许多荣誉。可是，这个学期以来，常发现他上课无精打采，作业也不如以前认真，精神状态不佳。在前不久参加市里举行的语文能力竞赛中，他没有取得决赛权，出乎老师们的预料。他这次期中考试的各科成绩也均有所下降。

家长：他成绩退步了？这到底是怎么回事？

教师：我正是为这个而来。您最近发现他的生活有什么变化吗？

家长：没有太大的变化呀！只是前段时间他不知从哪里借来一台电脑游戏机，常偷偷地玩，有次玩得忘了睡觉，被他母亲骂了才停手。

教师：他在家能保证有足够的睡眠时间吗？

家长：一般能。

教师：您想想看，还可有其他什么原因？是不是有心事？

家长：还能有什么原因？什么心事？看来，他一定是被电脑游戏机迷住了，关起门来偷偷地玩个够。明天，我就叫他把电脑还给人家。

教师：请先别着急。假如他真的是因为贪玩游戏机而影响了学习，也不必马上叫他把电脑拿走。再说，说不定还有其他的原因呢。我想先找个机会跟他谈谈，把情况了解清楚，您是不是也注意一下他这几天玩电脑的情况，千万别责怪他。然后我们再来商议，看看怎么解决好。您看，这样安排行不行？

家长：可以。我因忙着局里的工作，对这孩子的事情没怎么管。这孩子却让你操心了。

教师：这是应该的。陈建军同学的学习成绩有所退步，主要是我没有尽到责任。要是我早点了解情况，早点解决的话，就不会出现这样的问题了。您是当领导的，工作自然很忙。不过孩子年龄还小，抵御外界不良影响的能力还比较弱，容易产生情绪波动，这就需要您对孩子平时的学习和生活情况，尽可能多了解些，多注意一下。您说是吗？

家长：那是当然，那是当然。说实在的，我非常感谢你这么关心我的孩子。[1]

这是一次成功的家访谈话。教师始终围绕目的，把握着整个谈话的主动权。谈学生在校的表现，实事求是，突出优点，同时中肯地指出存在的问题。主动引导家长分析问题产生的原因，显得耐心仔细。当找出可能的原因之后，家长产生了急躁情绪，对此，教师运用诚恳的语言、协商的语气，说服家长对问题进行冷处理，以避免因采取过急行动而有可能伤及学生自尊。教师接着主动承担责任，委婉地请求家长的配合，获得了家长的敬佩与感激，实现了家访的

---

[1] 黎祖谦：《教师口语艺术》，江西高校出版社2010年版，第231页。

目的。

（二）教师与家长群体谈话的语言表达方法

教师与家长群体的谈话主要指教师在全体家长会，在同一时间与许多家长面对面地进行思想感情交流的一种语言表达方式。家长会是学校教育与家庭教育密切联系的重要途径之一，它具有阶段性、共同性、时效性、开放性、激励性等特点。教师要使它开得圆满、开得成功，必须借助一定的谈话方法才能实现。

1. 目的明确，准备充分

与家长群体谈话，事先做好充分的准备，才能使谈话有明确的目的，谈起来条理清晰，内容具体，事例生动，就能从容自若。谈话的准备应从事实材料和思想材料两方面去搜集、整理。具体包括如下：① 学生方面，教师要熟悉每一位学生在校思想表现、学习成绩，与同学之间的关系等情况，能较全面地介绍和准确地评价学生。② 学校方面，向家长介绍学校的校风和学风，班级开展的活动及具体设想，任课教师的教学情况和联系方式，学生的各种心态等，使家长了解学校教育的情况，并给予支持与配合。③ 家长方面，要求家长确立正确的教育观点，了解孩子的需要，改进或完善家庭教育的方法，配合学校教育，检查、督促孩子明确学习目标，完成学习计划。

对于以上准备，教师事先还必须梳理出一个头绪，先谈什么，后谈什么，需要出示和列举什么事例、数据等，都要详细考虑到，这样才能临场不乱。

2. 报告情况，简洁清楚

教师向家长介绍学校或班级工作、学生们的有关情况时，对取得的成绩，存在的缺点、问题，面临的困难，采用的措施、方法以及今后的打算等，应该针对谈话目的，或详细具体，或简要概括，用简洁的语言层次分明地讲述清楚，做到实事求是，有理有据，将所讲内容响亮、准确地送进每一个家长的耳朵里、心坎上。这样，才能使家长们听后，不会因失真而产生怀疑，因啰唆而摸不着边际，因听不清晰而不知所云。

3. 态度谦和，良性沟通

教师在家长会上会向家长们提出一些合理化的建议或要求，必须用真挚、诚恳、和蔼可亲的态度，关心、尊重的语气，针对实际情况，有的放矢。教师应向家长们讲清必要性，明确有关的具体内容，说明该怎样做，不该怎样做等。让家长们听了入耳、入心、满意，感到教师所讲的既符合实际、行得通，又合情合理，都是为了学生们的切身利益，从而不仅从心理上赞同、采纳，而且在行动上自觉地给予密切配合与支持。

在家长会上，教师应主动地、虚心地向家长们征求各种有关学校管理、教师工作等方面的意见或看法，以达到改进工作方法、提高办学质量的目的。教师应该用征询、商量的语气，提出一些具体的、便于回答的问题，引出话题，引导和鼓励家长们乐于发表意见和看法，同时注重倾听家长发言，真正做到广泛地收集意见。

　　各位家长：你们好！很高兴各位家长在百忙之中来开家长会，感谢你们对我们班学生的关心和爱护，感谢你们对我们班工作的大力支持。

　　就目前的班级来讲，我也有更大的信心带出更好的成绩，但前提条件是要得到家长的大力支持。我们的起点成绩虽然很高，但是，最近我发现有部分学生学习态度不端正，这种现象不容乐观。一切为了孩子的健康和学习，今天约家长朋友来，和我们教师一起，召开这次特殊的会议，主要目的就是研究一下这一学期同学们面临的任务，制订好措施，通过我们双方的共同努力,搞好学生的工作,使每位学生在本学期都能取得更好的进步,为使每一位同学都健康、活泼地成长而共同努力。可以说,今天这次家长会意义重大,我希望大家集思广益,真正把这次家长会开成一个有意义的家长会。

其次,谈谈这次家长会的主要内容:

一、学习方面

1. 我首先把上学期期终检测学习成绩和抽考成绩向大家汇报一下。

2. 接下来我跟各位家长分析一下孩子们具体的学习情况。知识学习广泛了,教师在出题方面有更多比较"活"的题,这就对学生提出了更高的要求,基础还必须扎扎实实地掌握,同时还要拓展孩子的思维,从不同角度去考虑问题。学生学习方面的改变还表现在内容增加了,难度加强了,这就要辛苦我们各位家长,要辅导孩子进入中年级,再顺利过渡到高年级。一些学生因为学习基础没打好,学习困难,与其他学生拉开差距,学习不主动,为了逃避写作业在家长面前说:"今天老师没布置作业。"或者说:"在校已经做好了。"这就要我们家长检查一下是否已经完成。为什么有的孩子越来越想学,成绩越来越好。如周会、潘思利、陶晴天、田吕等把学习当作是一件愉快的事。特别是陶晴天同学学习进步很大。学习有进步了,显然精神状态也就好了。每天都是喜笑颜开的。而有的孩子学习成绩越来越差,很明显心情不好。孩子的成绩不能提高,除了孩子的主观原因以外,相应还要我们家长多抽点时间看看孩子的作业,辅导一下他们的学习,帮他们把成绩搞上去。

二、家长配合

家长的善导是家庭教育的黄金,要掌握孩子的心理,抓好萌芽教育,才能使孩子逐步进入正道。教育孩子是我们教师的责任,也是家长们的责任。学生来到学校接受教育,提高和进步,是我们老师的愿望,也是家长们的愿望。在接下来的这半学期里,我希望家长朋友们多费点心思,配合我们做好以下几个方面的工作:

1. 多给孩子一点信心,做孩子成长的强有力的后盾。由于孩子的个体差异,成绩免不了有好有坏,孩子由于不肯学习,导致成绩差,我们是该适当地批评,但是有的孩子学习已经很用功了,成绩却不怎么理想,我们更应该给他信心,而不是一味地给他泼冷水,这样反而使孩子对学习产生反感情绪,面对成绩差的孩子,家长不应该放弃,应该想办法让孩子把学习搞上去。

2. 教育孩子遵守纪律。家有家法、校有校规,班级也有班级的纪律,常言道,没规矩就不成方圆,这些规定和纪律是学生们提高成绩的保证,学生们只有好好地遵守这些纪律,才能够形成一个良好的班级,才能够全面提高自己的水平。加强纪律观念,做到文明守纪,就显得格外必要。要教育孩子明白,一个懂得规矩,并且自觉遵守规矩的人,才能够时刻按照规矩办事,才能够使自己进步。假如哪个学生在遵守纪律方面做得不好,不仅仅对自己是一种伤害,对于那些刻苦学习、一心求学的孩子来说是一种伤害,对于我们班级也是一种伤害,这是我们不愿意看到的,也是绝对不允许的。

针对学生的情况,及时和老师联系,及时沟通。我们班级学生比较多,我们老师和家长的联系不是很频繁。我觉得在教育孩子的问题上,首先要了解学生,要做到真正有效果,家长朋友们应多和老师联系,了解孩子的在校情况,以做到及时教育,有个别孩子家长老师两头瞒,自己落得逍遥自在,结果可想而知。假如我们提前做好了这部分学生的工作,我想至少可使他们更进步一些,这就需要我们进一步交流。请家长注意培养孩子各方面的能力及良好品德,为了使每个孩子都可以成人,都可以成才,使每一个孩子都在班里生动、活泼、健康地发展,我们会尽最大努力与孩子们建立起民主、平等、和谐的师生关系。在课堂上,老师带领孩子们一起学习、探究质疑问题,让每个孩子的智慧火花在每节课上闪亮,希望在座的家长与老师一起来实现这个美好的理想。

希望家长能做到以下几点:

① 支持课任老师的工作,提出宝贵的意见及建议;

② 创造良好的育人环境,尽量抽时间与孩子们在一起,经常与孩子沟通,善于发现他们的长处,耐心地引导孩子正确看待自己的不足,并帮助他们改正缺点;

③ 教育学生正确对待每一次的作业,让孩子把完成作业、替老师分忧、为班级争取荣誉,当成自己的责任和义务,帮助孩子从小树立责任意识,使孩子的身心健康成长;

④ 正确看待孩子的分数,要善于追根求源,找出问题本质,善于发现孩子的闪光点和进步的一面。

为了孩子们的健康成长,我们走到一起来了。为了我们的理想,我们必须一起努力! 为了实现这个理想,教师愿意从一点一滴做起。希望在座的家长们与我们携起手来,一起努力!

这位班主任老师在家长会上的讲话,简明扼要且实事求是地介绍了学生在校的学习情况,并且为寻求家长的配合,语重心长地提出对学生发展有用的宝贵意见,既表现出对学生、家长的尊重,又对未来教学的前景充满了乐观与自信。可以说这位班主任在家长会前做了充足的准备,教育语言层次分明,逻辑清晰,态度诚恳、谦和,相信一定会得到许多家长们的认同。

二、教师与领导的沟通

由于工作关系,教师经常要接触各级领导,如学科组长、级部主任、教导主任、校长等。为了更好地开展工作,教师要掌握一定的语言技巧,以便向领导请示、汇报工作,寻求帮助或向领导提出建议和意见。

(一) 教师与领导沟通的语言类型

在教师与领导沟通的语言交际活动中,主要有请示语、汇报语和配合语三种类型。

(1)请示语。即由教师请求上级指示工作而形成的语言交际活动。一般说来,请示语要注意话语中心明确,条理清晰,言辞简洁。弄清需要请示的问题、问题的迫切程度、如何解决等。

(2)汇报语。即由教师综合相关材料向上级报告而形成的语言交际活动。汇报语必须注意语言真实准确、不能夸大其词,要注意对领导的态度是尊重而不是谄媚,切忌在领导面前"告状"。

(3)配合语。即由教师配合领导找自己谈话而形成的语言交际活动。教师要态度谦虚,注意聆听。如果遇到不能解决的问题,应委婉含蓄地进行说明。如果有合理、可行的建议,应及时向领导提出。

在这三种口语交际活动中,前两种承担着教师谋求上级领导对其教育、教学工作的信任、理解、支持和帮助的交际目的。第三种则承担着教师配合领导了解自己的思想动态、工作情况的交际目的。

校长与年轻教师谈话记录

时间：20××年9月16日

地点：校长室

谈话对象：吕老师

校长：吕老师在学校工作三年了，最近工作和生活状态怎么样？

老师：谢谢校长对我的关心。我这一段时间以来，工作、生活状态都不是特别好，整天没有工作动力、没有压力，有时候还很烦，我也不知道怎么办。

校长：你能意识到这一点，说明你对自己还是比较负责任的。但是这种状态是极其不健康的。我们来研究一下你形成这种状态的原因。是不是你的心不静，心态的问题？

老师：您说得对，我就是心静不下来，浮躁，自己控制不住自己。

校长：关于这个问题，我有个主意，说给你听听。你回去之后可以试试。如果有用的话，你可以用下；如果不行，咱们再坐在一起探讨。一是练字，当你心烦气躁的时候，拿出字帖来练练，用心写，直到自己平静下来。二是读书，读一些励志的书、杂志，看看别人成功的例子，锻炼培养自己的心理素质。我可以推荐几本，比如《教师》《读者》。三是做自己擅长的事，就当是转换注意力。当你的心静下来时，再面对其他的让你感到烦累的事情就会好很多。这样的话，工作学习感觉很充实，又没有浪费时间。这几条你可以试试看。

老师：嗯好，谢谢校长，我回去试试。

校长：其实，你们这个年龄的人，最缺乏的是吃苦的精神，缺的是执着的精神，很多事情做一个头就没有了尾，还缺的是一个健康积极向上的心态和一种敢做敢当的气魄。而在一些成功人士的心里，永远都有一条信念支撑着他。你是一个聪明的人，并且你的人际关系很和谐，如果你能够认真思考自己的未来，给自己的职业生涯定一系列的小目标，立长志，相信你的未来一定是美好的，一定会成功。

老师：谢谢校长！今天的谈话使我受益很多，我会尽快调整好自己的心态，投入到以后的工作中，请您放心。

（二）教师与领导沟通的语言表达方法

教师在与领导沟通时，要注意谈话方法，以获取领导的重视、信任与支持。

1. 摆正位置，语气谦敬

教师在接触领导时，要严格遵守上下级关系，恪守语言交际规则，识大体，顾大局，巧于服从，调整好自己的社会角色，摆正位置，按照言语行为规范进行。同时，还要认真地聆听领导讲话，记住主要内容，了解和领会领导的意图，揣摩言外之意，积极服从领导的安排，尊重领导意见，维护领导威信，学习领导丰富的工作经验和处理问题的独特方法。

同时，在与领导沟通时，教师还要做到不卑不亢，尊重领导并不意味着要曲意奉迎，处处唯唯诺诺，甚至低三下四，而是要保持一颗平常心，既不要把领导看成高高在上、不近人情的人，连话也不敢说，也不要一味地在领导面前溜须拍马，刻意讨好，曲意逢迎。

说话时，语气要谦逊，表现出对领导的尊重，这是开展口语交际活动的基础。在进行口语交际时，称呼必须准确。一般以称呼领导的职务为主，尤其是在公务场合，称呼领导要用"姓氏＋职务"的模式，不可过于随意，不宜采用显示自己与领导交情非同一般的称呼。多使用表示尊敬的人称代词"您"，谦敬的语气，往往能让交际双方保持良好的心态，创造和谐的口语交际氛围。

在与领导交谈时,教师宜多使用疑问句和陈述句。疑问句用于提出问题,含有商量、征求意见的口气,能表示出下级对上级的尊重。陈述句是对客观事情或现象加以说明,有利于教师方便、快捷地向领导提供信息。在与领导交谈时,不用祈使句,因为祈使句表达要求受话人采取行动或制止受话人行动的语气,带有命令的口吻,容易使人不愉快。

2. 找准时机,言简意明

由于领导需要处理的工作很多,时间有限,所以教师有事情需要向领导请示或汇报,除非突发事件或紧急情况,一般不要心血来潮,想找就找,以自己意愿为转移,以免给谈话带来负面影响。应当根据事情的轻重缓急,选准最佳时机,谈话才更易成功。

教师在向领导陈述观点,介绍、汇报情况,请求对问题的答复时,要做到语句简短,直截了当,内容精练,应当事先把有关内容归纳成几个要点,使之条理清晰,主次分明,安排好详略和先后顺序,使之重点突出,中心明确。不能想到哪里就说到哪里,或者颠三倒四地解释、强调,更不能废话连篇,喋喋不休。同时,应当口齿清楚、语速适中。如果领导因为教师说话模糊含混、语速不当而失去交流的耐心和兴趣,这对于教师及时开展工作、较好地完成工作任务是非常不利的。

教师还应该考虑不同的领导的性格和工作作风。对格外爱惜时间的领导,汇报时要长话短说,重点突出。对工作严谨细致风格的领导,汇报时要重条理性,提出问题、分析问题,谈意见或建议;对于比较感性的领导,可以从情和理两个角度来论述,让领导理解、接受自己的主张。

在某中学校长的办公室里。刘校长正在浏览当天的报纸,陈老师敲门而进。

陈老师:刘校长,您好!

刘校长:(抬头,放下手中的报纸)噢,是陈老师啊。有事吗?

陈老师:根据您的指示,上星期,我走访了几名失学学生的家庭。现在想向您汇报一下,您有空吗?

刘校长:有。你坐下来说吧。

陈老师:我班上共有四名失学学生。因为家庭生活困难,目前都在附近的花厂或小五金厂打工。这四名学生及其家长,我都做了工作。经过我反复动员和劝说,有三名学生表示愿意返回学校。

刘校长:说定了返校的时间吗?

陈老师:说定了。就在这个星期内。

刘校长:还剩下一位,就需要我们再做工作了。

陈老师:是的。工作我会全力去做。但是,她的情况不怎么妙。她的父亲因为身负重伤,已不能工作了,还在治疗中。她的母亲,体弱多病,不能干重活。她本人因此表示不回学校了,要继续打工,为父母减轻负担。

刘校长:她叫什么名字?看来困难确实不小。

陈老师:她叫张燕。学习成绩不错,我真为她感到可惜。

刘校长:不要放弃对她做工作。另外三名,你也要抓好落实。落实不了,说明我们做思想工作的力度还不够。

> 　　陈老师：是。张燕同学的处境很令人同情。我想先在主题班会上发动全班同学为她捐款，然后向全校师生提出倡议，帮她渡过难关。您看，这样做行吗？
>
> 　　刘校长：好，行。我们要让张燕同学感受到学校这个大家庭的温暖。帮助她复学是我们做教师的责任！如果你还有解决不了的困难，届时学校领导再来研究解决。
>
> 　　陈老师：（激动地）感谢您的支持！[①]

　　这是一次成功的集汇报、请示于一体的谈话。教师抓住校长正在看报、有点空闲的有利时机，先简明扼要地向领导汇报了走访流失学生的家庭等情况。然后，根据领导的意图，提出解决特困失学学生复学问题的建议，请示校长是否得当，得到了校长的支持与鼓励。在谈话中，教师一直用谦恭、坦诚、征询的语气同领导说话，并且条理清晰、重点明确、语言简洁，表现出对领导的尊重，也显示了教师较高的语言技巧。

三、教师与同事的沟通

　　同事关系是建立在工作基础之上的，它直接关系到教师工作的效率、事业的成功和心情的舒畅。良好的同事关系，有利于教师之间建立和谐、团结的工作氛围，达到与同事共同提高的目的。掌握与同事相处的语言交际方法，要注意以下几个方面：

　　1. 真诚相待，注意礼节

　　同事关系不同于亲友关系，同事之间一旦发生矛盾，造成人际关系紧张，往往很难解决，甚至会给正常工作造成阻力。因此，教师在与同事的沟通交往中，要做到工作上相互合作，生活上关心、尊重对方，本着一颗真诚的心和同事交往，态度诚恳。当同事有困难请求帮助时，应该热情回应，尽力帮忙，如果实在不能帮忙要说明原因，表示歉意。

　　在与同事交谈时应注意礼节周到，进行寒暄性谈话、情感性谈话时，不可在人前随意议论他人长短，有意披露同事的隐私，或到领导面前"告状"，避免与他人制造矛盾，引起人际关系紧张甚至恶化。在交谈中，语速要放慢些，语气要婉转些，注意把握好与同事亲与疏的分寸，不要亲此疏彼，要团结所有同事，保持合适的距离，这样有利于维护各自利益和彼此的合作。

　　2. 因人而异，灵活表达

　　同事之间存在着年龄、资历、性格等方面的差别。因此，与同事交谈时不能千篇一律，而要因人而异，灵活表达。

　　年长的特别是老同事有丰富的工作经验和深广的阅历，对事物往往有独到的见解，考虑问题更周详、处理事务更老练。因此，跟他们谈话，要有礼貌，虚心请教。面对问题，多征询他们的意见，认真聆听，回答问题或发表意见时，不能敷衍马虎、自以为是。教师既要控制说话的速度，又要考虑到说话的内容真实可靠，并且能够符合对方的心理期待，维护他们的威信。当老同事真正感受到被尊重时，会给予对方必要的关照、提醒和帮助，其中的收获，有的将受益终身。

　　教师面对同辈，说话态度要真诚友好。可以用简洁的语言开门见山地说明谈话的目的，让对方尽快明白谈话的主旨。注意谈话时不要炫耀自夸，不独自一人滔滔不绝；不可用命令的口吻说话；不要把己见强加于人；不要妒忌对方的能力、学识和成果。教师应多倾听对方的讲话；多用协商的口吻说话；辩证地看待对方的意见，求同存异；由衷地赞美和肯定对方的长处。总

之,教师要做到与人为善,全面地看问题,善于取长补短,不固执己见,心胸广阔。教师与同辈之间的沟通尽量营造出平等、融洽的谈话氛围,避免出现不愉快的局面,这样便会得到对方的信任和敬重。

教师面对年轻的同事,沟通谈话要主动热情、亲切友好。谈话时多用关心的语气询问对方的有关情况,及时帮助对方解决所遇到的难题,以满足对方的需要,给对方以亲切、温暖的感觉。在与年轻同事交流有关问题的想法和意见时,如果对方的观点是正确的,要给予肯定;如果是片面的、不成熟的,甚至是幼稚的想法,也不能取笑或挖苦,不要简单予以否定。这样,才能维护对方说话的积极性,使谈话能够顺利地继续下去。

> 小李老师是刚大学毕业参加工作的新教师,还有种初入社会的畏怯感。她不敢主动大胆地和同事们交往,往往只把交往的圈子局限于少数几个同事,或只跟新来的其他大学生交往,或独来独往。这样很不利于自己尽快融入学校这个大集体,很不利于让更多的同事了解和认可。孙老师是学校的老教师,非常理解小李老师所处的状态,所以主动找她聊天,或是主动邀请她参加学校的活动,或是主动提出帮她买份午餐,慢慢地小李老师就适应了工作生活,与同事们的交流也频繁了起来,同事之间的友谊也越来越深厚。

上例中,孙老师是老前辈,但他却没有摆老资格,反而主动关心新来的同事,带她一起慢慢适应工作环境,从孙老师身上我们不仅可以感受到教师间和谐友爱的氛围,而且可以学到与人相处的基本方法。

第四节　教师交际语言在不同工作场合的运用

教师交际语言,既包括针对非教育对象的交际语言,还包括在不同的工作场合中,以一名教师的身份参加的,与学校活动相关的社会活动中使用的交际语言。教师经常参加的社交场合包括座谈会、教研活动、参加社会部门组织的教育教学活动等。

一、参加座谈会和教研活动

为提高教育教学工作水平,教师经常会参加或主持一些各级教育部门、学校组织的座谈或教研活动,这是教师专业水平以及个人能力提升的重要途径。成功的座谈教研活动有助于开阔视野,是分享教学经验、拓展教育信息的来源。教师在座谈教研活动时的语言表达要注意以下几点:

1. 紧扣主题,观点鲜明

教师参与座谈会或研讨活动,应紧扣主题、有的放矢,要围绕与会者所关注的、所要讨论的话题进行交流。不要语无伦次、颠三倒四,也不要漫无边际、喋喋不休。发言时必须明确地亮出自己的观点,言之成理,言之有据。要有独到的见解,不人云亦云。听的时候要专注,认真思考发言者的讲话内容,吸取有价值的信息。

2. 表述准确,言简意赅

教师参加的座谈、教研活动往往都是比较正规的,尤其是教研活动,带有一定的学术研讨性质。教师要把自己的观点说清楚,需要有完整的结构和清晰的条理。如果是学术报告、专题讲座,可以事先写好讲稿或列好讲话提纲,有条件的还可运用多媒体展示。如果是座谈讨论,需要即兴发言,教师在了解讨论主题的情况下先厘清说话的思路,提前列好提纲,打好腹稿,这样有助于说话结构完整,条理清楚。有些活动会对与会人员的发言时间加以规定,言语的简练就尤显重要。如果是带有学术性质的教研活动,那么,教师的讲话内容要科学,用语、措辞要严谨、准确,不要说没有把握的话,更不可信口开河。

3. 态度谦和,求同存异

教师参加的座谈会或教研活动都是围绕某一个问题开展的,往往会有不同的观点。谈话时注意教师语气平稳,态度谦和,用得体的举止来表达自己的观点,耐心地倾听其他教师的不同观点,不可随便打断别人的发言,盛气凌人地指责、咄咄逼人地质疑,不可将自己的观点强加于人。如果要求对方回答或解释问题,要尽量做到语气谦恭,多用征询语气,让对方有被尊重的感觉。态度谦和,求同存异,可以营造融洽的交流气氛,便于活动的顺利开展,有助于我们开阔视野,获得启示。

二、参加社会部门组织的教育教学活动

学校作为专门进行教育的机构,除了与相关教育部门保持密切联系外,还同社会上的许多单位、部门,如学校所在地的政府、居委会、爱卫会、派出所等有着联系。学生通过参加上述活动,可以开阔视野,增进实践能力。因此,教师除了在校园里、讲台上完成特定的教育教学工作外,还有义务带领学生参加这些活动。在参与这些活动的过程中,教师应把教育教学工作和社会联系起来,注意自己的职业身份和语言表达效果,其用语应注意以下几个方面的问题:

1. 用语礼貌,态度友好

教师无论在什么场合,都应该注意交流时使用礼貌用语,如"您好""再见""请""麻烦""打扰""谢谢"等。这一方面可以树立自己良好的形象,另一方面也让对方感到自己被尊重,有利于促进双方合作。在初次接触时,教师要进行恰当的自我介绍,包括本人的姓名、工作单位等。在联络社区活动的过程中,教师要多站在对方的立场,以协商、合作的语气进行交谈,如运用得体的称呼赢得对方好感,运用情感性较强的语气词增强话语的感染力等,可以起到较好的沟通效果,最终实现交际的目的。

2. 目的明确,表述准确

在这些活动的联络、组织过程中,教师的交际语言具有非常明显的目的,承担着重要的交际任务,在交际活动中,应该以促成公务的办理以及相关工作的解决和完成为宗旨。通过相互沟通,达到特定的工作目的,这是每一个教师在联络社区时首先应该清楚的问题。

教师联系的目的要很明确。在交谈中,要努力使双方谈话的中心紧扣沟通的目的,详细地与工作人员开展交流合作事项,比如合作的形式、双方的负责人、活动的安排、资金的投入和使用等细节,使每一次交谈都有一些实质性的进展。语言表述要做到准确、清晰,言简意赅,注意语言使用的规范性,多用通俗化语言,不用或少用专业术语,避免对方产生因不能理解某些术语内涵而产生误会的情况。

3. 因人而异,用语得体

教师在联络不同的单位或部门时,接触到的情况和相关工作人员是多样的,要注意把握语言风格的适宜性。例如,居委会的工作人员每天处理的都是与人民群众日常生活最为密切的事务,教师与他们交流时不妨多寒暄几句,拉拉家常,给人亲切的感觉;政府部门的工作人员以处理公务为主,教师说话时就要开门见山,言辞精练,谈话风格要注意一定的庄重性;属于民间

组织的社会各界人士往往具有较高的文化素质,甚至在某一方面有相当的造诣,教师在与他们接触时,语言风格应该文雅规范,表现出教师良好的人文素养。总之,教师要因人因事而异,力争在和谐、融洽的氛围中有效地完成交际任务。

> 为了增强孩子的消防安全意识,提高孩子们逃避火灾的能力,学校准备充分利用社区消防大队的有关人力、物力资源对小学生进行消防安全教育,特制订了参观消防大队的方案。
>
> "您好,我是某某,是某小学的老师。请问队长贵姓啊?"
>
> "张队长,您好,我今天到这儿来,是代表某小学跟你们消防队谈谈关于参观贵单位的相关事项,请问你们什么时候方便我们过来呢?"
>
> "这是我的计划书,这次活动可能会给你们的工作带来一定的麻烦和影响,真是感到很抱歉。但是我们真的希望通过此次活动,使学生从小具有初步的消防安全知识,提高自我保护的意识及应对突发事故的能力。就算以后真的遇到火灾,也知道该怎么做。"
>
> "这次活动我们希望你们可以做一个关于消防知识的专题讲座,内容多以图片为主,介绍一些简单的消防器材以及使用方法,如果能让学生穿上消防服、坐坐消防车'体验'一下消防队员的工作那就更好了。如果可以的话,请问你们需要我们给予什么配合?"
>
> "真的很感谢你们能够给我们提供这么大的帮助,我代表全体教师和学生再次感谢你们。"[①]

这位教师在与消防大队队长沟通时,态度诚恳,用语礼貌,表述清楚,目的明确。通过对上例的分析我们可以发现,该教师沟通成功的关键在于:一是较好地掌握了沟通的技巧,二是在沟通前做了精心准备,对这次沟通做了很全面细致的考虑。

思考与练习

1. 你认为教师交际语言包括哪些? 主要特征是什么?

2. 请结合实际谈谈教师学习交际语言的重要意义。

3. 主持有哪些技巧? 谈谈你对主持艺术的理解。

4. 口头解释下列物件的功能、结构和使用方法。

筷子;圆规;信封;粉笔;优盘;台灯。

5. 听五条简明的新闻录音,边听边记录,听后复述,看谁记得准确。

6. 听一则故事,边听边记关键词,听后复述,看是否有所遗漏。

7. 用简约性解说方法,给下列词语下定义:

绝招;心明镜;放烟幕弹;敲警钟。

8. 运用分解、举例、比较、数字说明等方法,把下列话题作阐明性解说:

体育锻炼的好处;男生与女生之间的差别;介绍自己的一条生活经验。

9. 根据下列情境,运用纲目性解说的方法作出解释。

---

①　钱维亚:《幼儿教师口语》,高等教育出版社 2008 年版,第 322 页。有改动。

说说接打电话的礼仪;说说某个运动项目(如游泳、跑步)在训练时应注意的问题;说说目前交通事故频发的原因。

10. 运用形象性解说的方法,解释下列词语,注意不要用态势语。

潜水艇;飞机;UFO;卫星;脚蹼。

11. 命题演讲练习:

以"我的中国梦""什么是真正的幸福"为主题,结合个人经验和社会实际,设计演讲具体内容,演讲题目自拟(时间为 6 分钟)。

12. 逆向思维训练:

一个人要将一狼、一羊、一棵白菜这些东西都运送到河对岸。渡船太小,一次只能带一样。因为狼要吃羊,羊会吃白菜,所以狼和羊,羊和白菜不能在无人监视的情况下相处。你能做到吗?

13. 思维延展性训练:

用"馒头、汽车、乐队、总统竞选"四个词串成一段有逻辑性的小故事。

14. 思维敏捷性训练:

德国诗人海涅因为是犹太人,经常受到各种非礼。在一次晚会上,有一个旅行家对海涅讲述他在环球旅行中发现的一个小岛,他说:"你猜猜看,在这个小岛上有什么现象最使我感到新奇? 那就是:在岛上竟没有犹太人和驴子。"很明显,将犹太人和驴子相提并论,是隐含恶意的。海涅白了他一眼,沉着机敏地做了回答,给了他有力的回击。海涅回答了什么?

15. 接力听记比赛:

同学们分行坐定以后,教师把事先写好的一段话写在纸条上,分别发给坐在各行第一个位置的同学看,看后把纸条交给教师。各行第一位同学立即轻声(不让第三者听见)告诉第二位同学,依次传下去,最后一位同学听到后立即跑到黑板前,把听到的那句话写下来。比一比哪行同学听后转述的话最准确,哪行传得最快。

16. 读后请回答名人说的那句话是什么。

某人很自负,写了一篇文章,言语不通,却感觉极好。他去访问一位名人,假意请求指点,实则想自我炫耀。名人看了说:"名人的文章七窍,如今你已经通了六窍。"他听了大为高兴,到处向人转述自己"已通六窍"。一个朋友忍不住大笑,这时他才醒悟过来。

17. 读后请回答水手的言外之意是什么。

杰克住在英格兰的一个小镇上。他从来未见过海,非常想去看看,有一天,他有机会来到海边。那儿正笼罩着雾,天气又冷。"啊,"他想,"我不喜欢海。幸好我不是水手,当一名水手太危险。"

在海岸上,他遇到一位水手。他们交谈起来。"你怎么会爱海呢?"杰克问,"那儿弥漫着雾,又冷。"

"海不是经常都冷和有雾,有时候是明亮而美丽的。但不管什么天气,我都爱海。"水手说。

"当一名水手危险吗?"杰克问。

"当一个人热爱他的工作时,他不会想到什么危险。我们家庭的每一个人都爱海。"水手说。

"你的父亲现在何处呢?"杰克问。

"他死在海里。"

"你的祖父呢?"

"死在大西洋里。"

"那你的哥哥呢?"

"他在印度一条河里游泳时,被鳄鱼吞食了。"

"既然这样,"杰克说,"如果我是你,我就永远也不到海里去。"

"你愿意告诉我你父亲死在哪里吗?"

"啊,他在床上断的气。"杰克说。

"你的祖父呢?"

"也是死在床上。"

"这样说来,如果我是你,"水手说,"我就永远也不到床上去。"

18. 试以下列材料作为话题,主持一次小型的座谈会。

为了改变过去家长会由教师确立主题、讲座,家长被动聆听的局面,学校成立了"家长俱乐部",把一次全体集中的家长会开成几次的"家长小型座谈会",这一改变,取得了明显的效果。

该校的"家长小型座谈会"的程序如下:

抛出问题——由教师或家长,根据孩子的表现或共同关注的热点问题,确定家长会的谈话主题,如"如何开展亲子阅读""学生喜欢打游戏怎么应对"等。

家长报名——根据谈话主题由家长自愿报名,视报名情况组合,确定"小型家长会"的参加名单和开会时间。

聚焦问题——与会家长围绕主题问题,结合自己的观察讲一讲孩子的表现。之后教师又巧妙地将家长的问题抛给有经验的人解答。通过交流,引发家长判断、比较、分析,进一步反思自己的教育行为。

提炼总结——随着话题的深入讨论,临近结束,教师对家长零乱的发言内容进行梳理,提炼出实用的、具体的、有价值的内容。

在这样的"家长小型座谈会"中,家长和教师基于平等的位置,互相启发、学习,教师对家长的指导显得更为直接、有效。

19. 教师与家长的沟通训练。

(1)分角色模拟演练。

王明和陈楠是四年级学生,平时关系要好。有一次课间休息时,两人在操场上打闹,王明不小心用一块石头将陈楠的头打破了,流了血。事发后班主任第一时间赶到现场将陈楠送往医务室包扎,还好伤口不大没有出现更为严重的后果。但是,自从这事之后,两名同学就不再说话了。

针对上述情境,请分别对两个学生进行家访,设计谈话内容。

(2)改说训练。

一位青年教师在家长会后,要求一位家长留步,说:"研究一下你孩子的事。"等其他家长走了,教师热情地请他坐下来谈,可是家长已经是怒气满面了。他第一句便说:"我孩子怎么了?你当这么多人的面太叫我难堪了!"这位教师费了好多唇舌才挽回局面。

如果你是这位刚参加工作不久的青年教师,请将上述情境中教师的话改说。

(3)对比训练。

不少班主任在做学生工作最困难的时候,都希望得到家长的支持和配合,往往将家长请到学校来谈话。对比实例中教师与家长的两种不同的口语表达,分析听到某种话后家长的心情、对老师的态度以及谈话的效果。将你认为不妥的说法进行改说,并对你认为较好的一种说法进行仿说。

教师对家长的谈话

一种说法："这孩子我管不了啦!""太不像话,真是少教养。""学校教育不了他,家长你领回去吧!"。

另一种说法:有一位女教师,虽然有点气愤和无奈,却很善于组织自己的语言。家长来了,她先说:"您看,我又麻烦您了。请您来帮助我!"经她这么一说,家长被请到学校一路上的疑惑、不满都消失了。教师又说:"我知道,孩子是听您话的,他也是一时在气头上,您来就好了。"

(4)对话训练。

家长给学校写了一封匿名信,说他的孩子在学校没有受到老师的重视。如果你是信中的老师,你会怎么处理?

20.教师与领导的沟通训练:

假设你是一名班主任,将你们班近期的学习情况或发生的大事,向校长作一次汇报谈话。

21.教师与同事的沟通训练:

根据下列情境,自己设计话题,分角色演练。

(1)你是一名刚刚毕业上岗的青年教师,怎样与不同年龄的同事交谈,并给对方留下良好的第一印象? 与你谈话的对象是一位年长的教师和一位与你同龄的青年教师。

(2)单位举行了一次基本功大赛,其中一位青年教师获得了三字(钢笔字、粉笔字、毛笔字)冠军,你作为同龄人前往祝贺、取经。

(3)一位中年教师刚刚做完手术在家卧床休息,作为同一教研组的同事,你前去探望,见面后,你将如何安慰并鼓励他?

(4)小王和你是同事,你晋升为年级主任后他和你疏远了,你怎么做?

22.分角色模拟演练:

(1)丰收的季节来到了,学校组织学生参观郊区的果园。

如果你是负责这次活动的教师,你打算如何与果园负责人联系,成功地完成这次活动?

(2)你是一位青年教师,被学校派往省城参加一次省级研讨会,研讨内容是关于"建设当代教师师德师风"的,发言时间 10 分钟以内。

请根据上述要求,准备一段发言材料,在备课组进行模拟演说。

参 考 文 献

[1] 郭启明,赵林森.教师语言艺术[M].2版.北京:语文出版社,1998.

[2] 李兴国,田亚丽.教师礼仪[M].上海:华东师范大学出版社,2006.

[3] 黎祖谦.教师口语艺术[M].南昌:江西高校出版社,2010.

[4] 路伟.教师口语[M].北京:北京师范大学出版社,2011.

[5] 张锐,万里.教师口语训练手册[M].北京:北京师范大学出版社,1994.

[6] 陈国安,王海燕,朱全明,等.新编教师口语:表达与训练[M].上海:华东师范大学出版社,2007.

[7] 刘伯奎.教师口语训练教程[M].3版.北京:中国人民大学出版社,2017.

[8] 陈传万,何大海.教师口语[M].合肥:合肥工业大学出版社,2008.

[9] 翟雅丽.教师口语技巧[M].广州:暨南大学出版社,2001.

[10] 张丽珍,袁蕾,何文征.教师口语[M].北京:中国书籍出版社,1997.

[11] 秦海燕.教师口语训练教程[M].济南:山东人民出版社,2008.

[12] 刘春勇.普通话口语交际[M].北京:北京理工大学出版社,2009.

[13] 韩承红.教师语言[M].北京:北京师范大学出版社,2013.

[14] 张祖利.教师口语技艺[M].济南:山东人民出版社,2010.

[15] 张颂.朗读学[M].3版,北京:中国传媒大学出版社,2010.

[16] 刘金同,李兴军,裴明珍.大学生实用口才与演讲[M].2版.北京:清华大学出版社,2009.

[17] 邵守义,谢盛圻,高振远.演讲学教程[M].2版,北京:高等教育出版社,2006.

[18] 李次授.演讲艺术品评[M].武汉:华中理工大学出版社,1997.

[19] 颜永平.演讲艺术与实践[M].北京:海潮出版社,2002.

[20] 舒丹.演讲口才培训手册[M].北京:中国电影出版社,2005.

[21] 欧阳友权,朱秀丽.口才学教程[M].北京:高等教育出版社,2005.

[22] 曾致.节目主持技能训练[M].银川:宁夏人民教育出版社,2004.

[23] 李丹.节目主持人实用技能训练教程[M].重庆:重庆大学出版社,2014.

[24] 翁如.主持人思维训练教程[M].北京:中国传媒大学出版社,2007.

[25] 李元授,李军华.演讲与口才[M].武汉:华中科技大学出版社,2004.

[26] 岑运强.言语交际语言学[M].北京:中国人民大学出版社,2008.

[27] 孙维张,吕明臣.社会交际语言学[M].长春:吉林大学出版社,1996.

[28] 金正昆.教师礼仪规范[M].北京:中国人民大学出版社,2010.

[29] 张舸,吴震,黄梓咏,等.教师口语基础训练教程[M].广州:广东高等教育出版社,2018.

[30] 杨霞,李园.教师语言文字表达与应用[M].北京:北京师范大学出版社,2013.

[31] 颜红菊.教师语言技能训练教程[M].2版.武汉:华中科技大学出版社,2021.

[32] 茅海燕.教师语言[M].2版.南京:南京大学出版社,2019.

[33] 魏饴,程水源.教师职业技能训练[M].2版.北京:高等教育出版社,2015.

后　记

　　《教师语言》自 2016 年出版以来，承蒙学界同仁的厚爱，在诸多学校使用，并于 2020 年获得省级优秀教材奖。本次修订坚持以教师职业专业化发展理念为指导，以学生为中心，结合新文科建设，国家"双一流"专业建设和课程建设核心要素，聚焦新时代教师教育专业学生的实际需要，突出"两性一度"，把我们对我国教师教育专业课程改革方面的探索与思考，近年来教师教育专业最新的理论研究和实践成果补充到新版教材中去。本次修订，教材的总体框架结构、主体章节内容均有较大改变，具体如下：

　　一是章节调整。本次修订，章节调整大，全书由第一版教材的三编十三章改为八章，第一版教材是按照普通话训练、一般交际语言训练、教师职业语言训练思路进行编写的，而本次修订版紧紧围绕"教师语言"为中心设计章节，侧重于教师职业语言的技巧与训练。第一章、第二章是从总体上把握教师语言的内涵、特征与表达基础；第三章、第四章是教师语言训练最基础的两种类型，即朗读训练和讲述训练；第五章、第六章是教师语言的核心内容，围绕教学语言和教育语言的概念、要求、类型及其训练技巧进行集中阐释；第七章是教师态势语言训练；第八章是教师交际语言训练。

　　二是内容调整。本次修订版紧紧围绕"教师语言"为中心选择内容，删除了关联度相对不大的章节，去除意义不大、日常熟知、内容陈旧或网络上方便获取的内容，如普通话水平测试、一般交际语言中的礼仪用语等；增加了当下学界关注和教学实际需要的内容，如网络语言在教学中的运用、说课技能训练等。各章节内容重新编排，如第一版教材中的第七章"演讲训练"和第八章"主持训练"，在第二版中不单独设置，而是选取其中与教师语言直接相关的核心内容整合至新版第八章中。调整后的内容更合乎教师语言的总体需要，更为科学规范。

　　三是案例调整。案例调整幅度较大，突出案例的代表性和传统文化内涵，注重立德树人。第一版教材中文科案例较多，各学科案例不均衡，本次修订尽量关注到其他学科。选取既具有能够帮助学生深入理解内容的，又能够对树立正确的世界观、人生观、价值观有积极影响作用的案例。同时，案例的选择突出与中华优秀传统文化相关的内容，例如"司马光砸缸"中体现的逆向思维原则的案例等。

　　四是理论阐释。对一些概念的解释更为严谨、规范，阐释中结合语言学相关理论论著，增加了中外具有代表性、典型性的观点和看法，比如"态势语"概念引用陈望道《修辞学发凡》中的相关论述，"讲述法"概念引用《简明教育词典》《教学法词典》中的相关论述。此外，对相关概念的理解增加了传统文化的溯源，如"得体"这个概念就引用《论语》《荀子》中的相关论述阐释其深刻的文化内涵等。

　　五是附录调整。第一版教材中附录占一定的篇幅，本次修订采用新方式，设置二维码，通

254

过扫描方式获取。

　　本次修订由大连大学孙惠欣教授和辽宁师范大学李红梅教授共同完成,孙惠欣教授负责完成第一章第一节,第二章,第三章,第四章,第七章,第八章第一、二节内容的修订工作并统稿,李红梅教授负责第一章第二、三节,第五章,第六章,第八章第三、四节内容的修订工作。在此,感谢本教材第一版编写过程中赵玉霞、卢杰、李聆汇、何永贤、曲俐俐等几位教师的通力协作和多方面的帮助,为此书的出版做出了重要的贡献。同时,承蒙高等教育出版社不弃,将此教材列入再版计划,再次感谢编辑的大力帮助与辛勤劳动!

孙惠欣

2022 年冬于大连大学

教学资源服务指南

扫描下方二维码，关注微信公众号"高教社极简通识"，学生可学习名校通识课，教师可学习教师培训课程、免费申请课件和样书、观看直播回放等。

名校通识课

点击导航栏中的"名校通识"，点击子菜单中的"课程专栏"，即可选择相应课程进行学习。

教师培训

点击导航栏中的"教师培训"，点击子菜单中的"培训课程"，即可选择相应课程进行学习。

课件申请

点击导航栏中的"教学服务"，点击子菜单中的"课件申请"，填写相关信息即可申请课件。

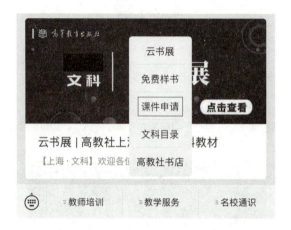

 ## 样书申请

点击导航栏中的"教学服务"，点击子菜单中的"免费样书"，填写相关信息即可免费申请样书。

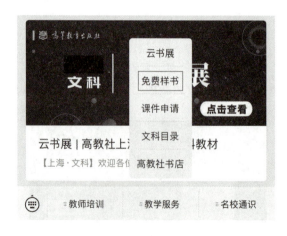